Buch-Updates

Registrieren Sie dieses Buch
auf unserer Verlagswebsite.
Sie erhalten dann
Buch-Updates und weitere,
exklusive Informationen
zum Thema.

Galileo BUCH UPDATE

Und so geht's
> Einfach **www.galileocomputing.de** aufrufen
<<< Auf das Logo **Buch-Updates** klicken
> Unten genannten **Zugangscode** eingeben

Ihr persönlicher Zugang
zu den Buch-Updates

162279120995

Andreas Stöckl, Frank Bongers

Einstieg in TYPO3 4.0
Installation, Grundlagen, TypoScript

Galileo Press

Liebe Leserin, lieber Leser,

der Einstieg in TYPO3 muss kein Problem sein! TYPO3 ist ein komplexes und leistungsfähiges Content-Management-System, mit dem Sie auch große Websites betreiben können. TYPO3 geht aber der Ruf voraus, dass es nicht nur hohe Anforderungen an Hardware und Bedienung stellt, sondern auch schwierig zu erlernen ist. Unsere beiden Autoren Andreas Stöckl und Frank Bongers verfügen über jahrelange Erfahrung mit dem CMS und zeigen mit Ihrem Buch, wie Sie unkompliziert Ihre erste Website erstellen.

Mit diesem Buch haben Sie den ersten Schritt zum eigenen TYPO3-Projekt getan. Unsere Autoren zeigen Ihnen detailliert, wie Sie TYPO3 installieren und Ihren Webauftritt planen und umsetzen. Einsteigergerecht und anhand vieler Praxisbeispiele erfahren Sie, wie in der neuen TYPO3 Version 4.0 Seiten und Seiteninhalte aufgebaut sind, wie Benutzer angelegt werden und wie Sie mit Designvorlagen und Templates arbeiten. Wenn Sie bereits fortgeschritten sind, können Sie mit Erweiterungsmodulen und der TYPO3-eigenen Skriptsprache TypoScript Ihren Webauftritt professionalisieren. Natürlich behandeln die Autoren auch alle Neuigkeiten der Version 4.0 wie beispielsweise die Template-Engine TemplaVoilà.

Mit viel Sorgfalt haben Autor und Verlag dieses Buch produziert. Ein perfektes Buch kann es leider dennoch nicht geben. Ich freue mich daher, wenn Sie sich mit Ihren kritischen Anmerkungen an mich wenden oder den Kontakt zum Autor in unserem Forum suchen.

Und nun viel Freude bei der Lektüre

Stephan Mattescheck
Lektorat Galileo Computing

stephan.mattescheck@galileo-press.de
www.galileocomputing.de
Galileo Press · Rheinwerkallee 4 · 53227 Bonn

Auf einen Blick

	Vorwort zur neuen Auflage	17
1	TYPO3 – ein Open-Source-CMS	21
2	Installation von TYPO3	37
3	Seiten anlegen	85
4	Einstieg in TypoScript	105
5	Seiteninhalte anlegen	147
6	Einstieg in Designvorlagen	187
7	Menüs erstellen mit TypoScript	225
8	Bildverarbeitung in TYPO3	237
9	Grafik- und Layer-Menüs	247
10	Mehrsprachigkeit	263
11	Benutzerverwaltung und Zugriffsrechte	271
12	Erweiterungsmodule	303
13	TemplaVoilà	337
14	TypoScript – eine Kurzreferenz	365
15	Übersicht: TYPO3 Backend	455
A	Installation von XAMPP	467
B	TYPO3-Installer	481
C	Backup mit phpMyAdmin	489
D	Online-Ressourcen	503
E	Inhalt der Begleit-DVD	507
	Index	513

Der Name Galileo Press geht auf den italienischen Mathematiker und Philosophen Galileo Galilei (1564–1642) zurück. Er gilt als Gründungsfigur der neuzeitlichen Wissenschaft und wurde berühmt als Verfechter des modernen, heliozentrischen Weltbilds. Legendär ist sein Ausspruch *Eppur se muove* (Und sie bewegt sich doch). Das Emblem von Galileo Press ist der Jupiter, umkreist von den vier Galileischen Monden. Galilei entdeckte die nach ihm benannten Monde 1610.

Gerne stehen wir Ihnen mit Rat und Tat zur Seite:
stephan.mattescheck@galileo-press.de bei Fragen und Anmerkungen zum Inhalt des Buches
service@galileo-press.de für versandkostenfreie Bestellungen und Reklamationen
stefan.krumbiegel@galileo-press.de für Rezensions- und Schulungsexemplare

Lektorat Stephan Mattescheck
Korrektorat René Wiegand
Fachberater Marc Czesnik
Cover Barbara Thoben, Köln
Titelbild Barbara Thoben, Köln
Typografie und Layout Vera Brauner
Herstellung Vera Brauner
Satz SatzPro, Krefeld
Druck und Bindung Koninklijke Wöhrmann, Niederlande

Dieses Buch wurde gesetzt aus der Linotype Syntax Serif (9,25/13,25 pt) in FrameMaker. Gedruckt wurde es auf fein holzhaltigem Naturpapier.

Bibliografische Information der Deutschen Bibliothek
Die Deutsche Bibliothek verzeichnet diese Publikation in der Deutschen Nationalbibliografie; detaillierte bibliografische Daten sind im Internet über http://dnb.ddb.de abrufbar.

ISBN 978-3-89842-836-1

© Galileo Press, Bonn 2006
2., aktualisierte und erweiterte Auflage 2006,
2. Nachdruck 2007

Das vorliegende Werk ist in all seinen Teilen urheberrechtlich geschützt. Alle Rechte vorbehalten, insbesondere das Recht der Übersetzung, des Vortrags, der Reproduktion, der Vervielfältigung auf fotomechanischem oder anderen Wegen und der Speicherung in elektronischen Medien. Ungeachtet der Sorgfalt, die auf die Erstellung von Text, Abbildungen und Programmen verwendet wurde, können weder Verlag noch Autor, Herausgeber oder Übersetzer für mögliche Fehler und deren Folgen eine juristische Verantwortung oder irgendeine Haftung übernehmen. Die in diesem Werk wiedergegebenen Gebrauchsnamen, Handelsnamen, Warenbezeichnungen usw. können auch ohne besondere Kennzeichnung Marken sein und als solche den gesetzlichen Bestimmungen unterliegen.

Inhalt

Vorwort zur neuen Auflage 17

1 TYPO3 – ein Open-Source-CMS 21

1.1 Aufgaben eines Content-Management-Systems 21
1.2 Kommerzielles Produkt vs. Open Source 22
    1.2.1 Hosting des CMS 23
    1.2.2 Installation, Wartung und Erweiterbarkeit des Systems 24
    1.2.3 Dokumentation des Systems 24
    1.2.4 Unterstützung durch Dienstleister 25
    1.2.5 Möglichkeit des lokalen Probebetriebs des CMS 25
1.3 TYPO3 als Web-Content-Management-System 26
    1.3.1 Geschichte von TYPO3 26
    1.3.2 Positionierung von TYPO3 26
    1.3.3 Technische Hintergründe von TYPO3 28
1.4 Systemvoraussetzungen von TYPO3 28
1.5 Vergleich der Hosting-Möglichkeiten für TYPO3 31
    1.5.1 Einfacher Provideraccount mit PHP und MySQL 31
    1.5.2 Spezialisierter TYPO3-Hoster 32
    1.5.3 TYPO3 auf eigenem Server 33

2 Installation von TYPO3 37

2.1 Voraussetzungen für die Installation von TYPO3 37
2.2 Installation von TYPO3 38
    2.2.1 Entpacken der TYPO3-Archive 39
    2.2.2 Starten des Installationsvorgangs 40
    2.2.3 Vorgehen nach Abschluss des Installationsvorgangs ... 45
2.3 Konfiguration der Testinstallation 48
    2.3.1 Die Meldungen des Install Tools 50
    2.3.2 Überprüfung der Grundkonfiguration »Basic Configuration« 52
2.4 Installation von ImageMagick 57
    2.4.1 Übergeben des ImageMagick-Pfads an das Install Tool 58
2.5 Konfiguration von ImageMagick 61
    2.5.1 Prüfung der Unterstützung der Dateiformate 61

	2.5.2	Prüfen der Grafikerzeugung im GIF- und PNG-Format ...	62
	2.5.3	Prüfen der Bildskalierungsfunktionen	63
	2.5.4	Prüfen der Funktionen zur Bildkombination	64
	2.5.5	Prüfen der GDLib-Effekte	65
2.6	Finetuning mit »All Configuration«		66
	2.6.1	Beispiel: Anpassung zweier Werte für ImageMagick	66
2.7	Konfigurationsdateien direkt bearbeiten		68
	2.7.1	Datei in typo3conf betrachten oder bearbeiten	69
	2.7.2	Sicherungskopien im Install Tool erzeugen	69
	2.7.3	Ein Blick auf localconf.php	71
2.8	Änderung des Backend-Passworts		72
2.9	Einstellung der deutschen Benutzeroberfläche		76
	2.9.1	Wahl der Backendsprache in den Benutzereinstellungen	76
	2.9.2	Download des Sprachpakets über den Extension Manager	78
	2.9.3	Überprüfung und Installation der Sprachpakete	79
2.10	Sprachwechsel auf Benutzerebene		81

3 Seiten anlegen 85

3.1	Der TYPO3-Seitenbaum		85
	3.1.1	Anlegen von neuen Seiten über das Kontextmenü	86
	3.1.2	Änderungen der Seiteneigenschaften	89
3.2	Kontextmenüs und Shortcut-Buttons		89
	3.2.1	Das Kontextmenü eines Seitenelements	89
	3.2.2	Kontextmenüs vs. Shortcut-Buttons	90
3.3	Manipulation des Seitenbaums		92
	3.3.1	Kopieren über das Kontextmenü	92
	3.3.2	Kopieren und Verschieben per Drag and Drop	95
	3.3.3	Löschen und Wiederherstellen von Seiten per Kontextmenü	97
	3.3.4	Rekursives Löschen und Kopieren	100
3.4	Eine Seite anzeigen		103
3.5	Zusammenfassung		104

4 Einstieg in TypoScript 105

4.1	Das Konzept des TYPO3-Templates		105
	4.1.1	Anlegen und Verwalten von Templates	106
	4.1.2	Aufbau des Template-Datensatzes	108
	4.1.3	Template-Setup mit dem Setup-Feld	109

	4.1.4	Erste Gehversuche in TypoScript	110
	4.1.5	Das wrap-Prinzip des TEXT-Objekts	111
	4.1.6	Mehr Komplexität durch Content-Objekt-Arrays COA	113
	4.1.7	Kopieren und Referenzieren von Objekten in TypoScript	115
4.2		Vererbung eines TypoScript-Templates	120
	4.2.1	Erweiterungs-Templates +ext auf Unterseiten	121
4.3		Löschen eines Templates oder Erweiterungs-Templates	124
4.4		Der TypoScript Object Browser	124
	4.4.1	Wechsel in den TypoScript Object Browser	125
	4.4.2	Arbeit mit dem TypoScript Object Browser	125
4.5		Seitenlayout mit TypoScript	128
	4.5.1	Einbindung von Grafik-Ressourcen	128
	4.5.2	Erzeugen einer Layouttabelle	131
	4.5.3	Anlegen eines Inhaltselements	133
	4.5.4	Ausgabe des Inhaltselement in der Seite	136
	4.5.5	Erzeugen des Navigationsmenüs	138
	4.5.6	Textressourcen – eine Fußtabelle als externe Datei	141
	4.5.7	Das komplettierte TypoScript-Layout	143

5 Seiteninhalte anlegen ... 147

5.1		Erzeugen einer Sitestruktur mit dem Modul »Funktionen«	147
	5.1.1	Unterseiten zur aktuellen Seite erzeugen	148
5.2		Einführung in die Seiteninhaltstypen von TYPO3	148
	5.2.1	Seiteninhalt »Normaler Text« (CType: text)	148
	5.2.2	Seiteninhalt »Aufzählung« (CType: bullet)	155
	5.2.3	Seiteninhalt »Text mit Bild« (CType: textpic)	156
	5.2.4	Seiteninhalt »Bild« (CType: image)	161
	5.2.5	Seiteninhalt »Tabelle« (CType: table)	165
	5.2.6	Seiteninhalt »HTML« (CType: html)	168
	5.2.7	Seiteninhalt »Dateilinks« (CType: uploads)	169
	5.2.8	Seiteninhalte sortieren, kopieren, löschen, referenzieren	171
	5.2.9	Referenzen mit Seiteninhalt »Datensatz einfügen«	173
5.3		Backups von Seiten und Seiteninhalten	175
	5.3.1	Export eines Seiten-Backups	176
	5.3.2	Import eines Seiten-Backups	179
	5.3.3	Export und Import eines Inhaltselements	181
	5.3.4	Export und Import einer kompletten Site	183
5.4		Zusammenfassung	186

6 Einstieg in Designvorlagen 187

- 6.1 Von TypoScript zur HTML-Designvorlage 187
  - 6.1.1 Erzeugen einer HTML-Designvorlage 188
  - 6.1.2 Einbinden der Designvorlage 189
  - 6.1.3 Editieren der Vorlage im Fileadmin 192
  - 6.1.4 Anlegen und Bearbeiten einer Vorlage im HTML-Editor 193
  - 6.1.5 Platzhalter für Inhalte 194
  - 6.1.6 Marker – Positionsmarkierungen 195
  - 6.1.7 Subparts – Bereichsmarkierungen 196
  - 6.1.8 Subparts vs. Marker 198
  - 6.1.9 Die Rolle des Templates für die Designvorlage 199
- 6.2 Einbinden der Inhalte per TypoScript 200
  - 6.2.1 Ablage der Vorlagendatei im Fileadmin-Bereich 200
  - 6.2.2 Ein Subpart für den zu bearbeitenden Bereich 201
  - 6.2.3 Ansprechen der Marker 203
  - 6.2.4 Zuweisen der Content Objekte an Subparts und Marker 204
  - 6.2.5 Einfügen des Menüs in einen Marker 205
- 6.3 Eine Designvorlage für ein Beispielprojekt 207
  - 6.3.1 Das Screendesign des Beispielprojekts 207
  - 6.3.2 Einfügen der Marker in den Screenentwurf 208
  - 6.3.3 Einbinden des Stylesheets in die Designvorlage 208
  - 6.3.4 Quelltextbeispiel: Designvorlage 209
  - 6.3.5 Neues von CSS styled content 212
  - 6.3.6 Die Verwendung von styles.content.get 212
  - 6.3.7 Einfügen von Beispielinhalt 214
  - 6.3.8 Darstellungstuning mit CSS styled content 216
  - 6.3.9 Der Constant Editor 216
  - 6.3.10 Mehr über den Object Browser 217
- 6.4 Standardlayouts mit statischen Templates 219
  - 6.4.1 Statische Template-Einbindung – Include static 219
  - 6.4.2 Einsatz von Standard-Templates 219
- 6.5 Workspaces und Versionierung 220
  - 6.5.1 Workspaces 221
  - 6.5.2 Versionierung 222

7 Menüs erstellen mit TypoScript ... 225

- 7.1 Das Basisobjekt HMENU ... 225
  - 7.1.1 Das Property entryLevel von HMENU ... 226
  - 7.1.2 Das Property special von HMENU ... 226
  - 7.1.3 Die Properties minItems und maxItems von HMENU ... 229
  - 7.1.4 Das Property excludeUidList von HMENU ... 230
  - 7.1.5 Das Property begin von HMENU ... 230
- 7.2 Textmenüs mit dem Objekttyp TMENU ... 230
  - 7.2.1 Einfaches Textmenü ... 230
  - 7.2.2 Einfaches Textmenü mit Untermenü ... 231
  - 7.2.3 Die Properties der Zustände des Textmenüs ... 231
  - 7.2.4 Quelltextbeispiel: Das Menü im Beispielprojekt ... 232
  - 7.2.5 Die Menüzustände NO, RO, ACT, CUR und IFSUB ... 234

8 Bildverarbeitung in TYPO3 ... 237

- 8.1 Aufgaben der Bildverarbeitung in TYPO3 ... 237
- 8.2 Bildverwaltung und Bildeinbindung ... 238
  - 8.2.1 Bilder als Inhaltselemente einbinden ... 238
- 8.3 Dynamische Grafiken – der GIFBUILDER ... 241
  - 8.3.1 Quelltextbeispiel: Seitentitel als GIFBUILDER-Grafik ... 241
  - 8.3.2 Quelltextbeispiel: Ein Grafikobjekt in eine Designvorlage einbinden ... 242
  - 8.3.3 Quelltextbeispiel: Das BOX-Objekt von GIFBUILDER ... 244
- 8.4 Caching – das Gedächtnis von TYPO3 ... 245

9 Grafik- und Layer-Menüs ... 247

- 9.1 Grafische Menüs ... 247
  - 9.1.1 Quelltextbeispiel: Einfaches grafisches Menü ... 247
  - 9.1.2 Quelltextbeispiel: Grafisches Menü mit zwei Hierarchie-Ebenen ... 249
  - 9.1.3 Quelltextbeispiel: Grafisches Menü mit Hintergrundgrafik ... 250
  - 9.1.4 Quelltextbeispiel: Grafisches Menü mit Rollover-Effekt ... 251
  - 9.1.5 Mischung aus grafischem und textbasiertem Menü ... 253
- 9.2 Layer-Menüs ... 253
  - 9.2.1 Quelltextbeispiel: Einstufiges Aufklappmenü ... 253

	9.2.2	Quelltextbeispiel: Einstufiges Aufklappmenü, formatiert 256
	9.2.3	Quelltextbeispiel: Mehrstufige Layer-Menüs 259

10 Mehrsprachigkeit 263

10.1	Einrichtung weiterer Sprachen 263
	10.1.1 Anlegen der Sprachvariante in der Website 263
	10.1.2 Anlegen der Sprachvariante einer Seite 264
	10.1.3 Die Eingabemaske für eine alternative Sprache 266
	10.1.4 Die Definition der Sprachauswahl im Template 268
10.2	Mehrsprachige Menüs 268
	10.2.1 Konfiguration im Haupttemplate 269

11 Benutzerverwaltung und Zugriffsrechte 271

11.1	TYPO3 – ein Mehrbenutzer-System 271
	11.1.1 Das Modul »Benutzer Administrator« 271
	11.1.2 Datensätze für Benutzer 272
	11.1.3 Benutzer und Benutzergruppen 273
11.2	Benutzergruppe anlegen 273
	11.2.1 Benutzergruppen sind auch Datensätze 274
	11.2.2 Die Option Include Access lists 276
11.3	Benutzer anlegen 279
	11.3.1 Benutzer anlegen im Beispielprojekt 282
	11.3.2 Die Gruppe »Newsredakteure« im Beispielprojekt 282
	11.3.3 Backend-Anpassung für Newsredakteure 283
	11.3.4 Die Ansicht »Benutzerrechte« 285
	11.3.5 Bearbeiten der Nutzerrechte 286
	11.3.6 Mit neuen Rechten ins Backend 286
11.4	Dateifreigaben für Nutzer 288
	11.4.1 Dateifreigaben einrichten und zuordnen 288
11.5	Frontend Editing 289
	11.5.1 Auswahl zwischen Frontend- und Backend-Login 289
	11.5.2 Aktivieren des Administrator-Panels 290
	11.5.3 Anpassen der Frontend-Editing-Rechte über TypoScript 293
	11.5.4 Das Administrator-Panel vollständig aktivieren 294
11.6	Gleichzeitige Benutzerzugriffe 296

11.7		Frontend-Benutzer anlegen – passwortgeschützte Bereiche	296
	11.7.1	Einrichten eines Systemordners für Frontend-Benutzer	297
	11.7.2	Anlegen von Frontend-Benutzern und Frontend-Benutzergruppen	297
	11.7.3	Erfassungsmaske für Frontend-Benutzer	298
	11.7.4	Ansicht des Systemordners im List-Modul	299
	11.7.5	Definieren der Zugriffsbeschränkung	300
	11.7.6	Das Login-Formular für Frontend-Benutzer	301

12 Erweiterungsmodule 303

12.1		Der Erweiterungs-Manager	303
12.2		Beispiel News	307
12.3		Beispiel Volltextsuche	318
	12.3.1	Installation der Erweiterung Indexed Search Engine	319
	12.3.2	Anlegen einer Seite für die Suchresultate	320
	12.3.3	Einfügen eines Seiteninhalts vom Typ Erweiterung: Indexsuche	320
	12.3.4	Einschalten der Indexierung im Template	321
	12.3.5	Überprüfung der Indexierung	321
	12.3.6	Spracheinstellung	322
	12.3.7	Formatierung der Ausgabe	323
	12.3.8	Anbindung des Suchformulars der HTML-Designvorlage	324
	12.3.9	Externe Dateien indexieren	324
12.4		Beispiel Newsletter	325
	12.4.1	Konfiguration des Moduls	328
	12.4.2	Template und Designvorlage des Newsletters	329
	12.4.3	Versand eines Newsletters	330
	12.4.4	Newsletter-Anmeldung	335

13 TemplaVoilà 337

13.1		Installation der Erweiterung TemplaVoilà	337
13.2		Einbinden einer HTML-Designvorlage mit TemplaVoilà	338
	13.2.1	Vorarbeiten – Anlegen eines SysOrdners	339
	13.2.2	Einbinden von TemplaVoilà ins TypoScript-Template	342
13.3		Mapping der Dokumentvorlage	342
	13.3.1	Mapping des Dokumentkörpers	344
	13.3.2	Erstellen eines weiteren Bereichs	345

Inhalt

	13.3.3 Speichern des Mappings und Betrachten der Datenstruktur	348
	13.3.4 Fortführen des Mappingvorgangs	352
13.4	Arbeiten mit dem TemplaVoilà-Template	354
	13.4.1 Zuweisen der TemplaVoilà-Datenstruktur an die Startseite	354
	13.4.2 Einbinden der Stylesheetdatei	355
	13.4.3 Einfügen von Inhalten	356
	13.4.4 Anlegen weiterer Seiten	357
	13.4.5 Verwendung des Headline-Bereichs	358
	13.4.6 Einbinden des Menüs	361

14 TypoScript – eine Kurzreferenz 365

14.1	TypoScript – die Grundlagen	366
	14.1.1 Ähnlichkeiten und Unterschiede zu Programmiersprachen	366
	14.1.2 Operatoren in TypoScript	367
	14.1.3 Bedingungen (Conditions)	368
	14.1.4 Datentypen in TypoScript	371
14.2	Die Objektmetapher von TypoScript	373
	14.2.1 Einteilung der Objekttypen	373
	14.2.2 Wertzuweisung an Objektproperties	374
	14.2.3 Bildung von Objektinstanzen	374
	14.2.4 Objektzugehörige Arrays	378
14.3	Seiten definieren – das PAGE-Objekt	379
	14.3.1 TL-Objekt PAGE	379
14.4	Erzeugen von Framesets – FRAME-Objekte	387
	14.4.1 TL-Objekt FRAMESET	388
	14.4.2 TL-Objekt FRAME	390
	14.4.3 Quelltextbeispiel: Frameset mit TypoScript	391
14.5	Inhalt einbinden – Content-Objekte	392
	14.5.1 cObject COA	393
	14.5.2 cObject FILE	395
	14.5.3 cObject CONTENT	396
	14.5.4 cObject TEMPLATE	399
	14.5.5 cObject TEXT	402
	14.5.6 cObject HTML	402
	14.5.7 cObject IMAGE	403
	14.5.8 cObject IMAGE_RESOURCE	405
	14.5.9 cObject CLEARGIF	405

	14.5.10	cObject OTABLE	406
	14.5.11	cObject CTABLE	408
	14.5.12	cObject COLUMNS	411
14.6	Dynamische Grafiken – GIFBUILDER		415
	14.6.1	Objekt GIFBUILDER	415
	14.6.2	Objekt TEXT (von GIFBUILDER)	419
	14.6.3	Objekt BOX (von GIFBUILDER)	428
	14.6.4	Objekt IMAGE (von GIFBUILDER)	429
14.7	Menüs erstellen – Menü Objekte		431
	14.7.1	Objekt HMENU	431
	14.7.2	Objekt TMENU	436
	14.7.3	Objekt TMENUITEM (NO, ACT, CUR, etc.)	437
	14.7.4	Quelltextbeispiel: Textmenü mit TypoScript	442
	14.7.5	Objekt GMENU	444
	14.7.6	Objekt GMENU_LAYERS	446
	14.7.7	Quelltextbeispiel: Layermenü-Objekt	451
14.8	Userkonfiguration – cObjekt EDITPANEL		452

15 Übersicht: TYPO3 Backend ... 455

15.1	Die Bereiche des Backends		455
	15.1.1	Die Modulleiste	455
	15.1.2	Der Arbeitsbereich	456
	15.1.3	Der Menübereich	457
15.2	Der modulare Aufbau des Backends		457
	15.2.1	Die Modulgruppe Web	458
	15.2.2	Die Modulgruppe Datei (File)	460
	15.2.3	Die Modulgruppe Dokumente (Doc)	460
	15.2.4	Die Modulgruppe Benutzer (User)	460
	15.2.5	Die Modulgruppe Tools	461
	15.2.6	Die Modulgruppe Hilfe (Help)	462
	15.2.7	Die Modulgruppe Admin Funktionen	463

Anhang ... 467

A	Installation von XAMPP		467
A.1	XAMPP unter Windows		467
	A.1.1	Installation	468
	A.1.2	Deinstallation	468
	A.1.3	Steuerung von XAMPP unter Windows	469

		A.1.4	Konfiguration der XAMPP-Komponenten unter Windows	469
		A.1.5	Das XAMPP Control Panel	470
	A.2	XAMPP unter Linux		471
		A.2.1	Installation	473
		A.2.2	Deinstallation	473
		A.2.3	Steuerung von XAMPP unter Linux	473
		A.2.4	Konfiguration der XAMPP-Komponenten unter Linux ...	473
	A.3	XAMPP unter Mac OS X		474
		A.3.1	Installation	475
		A.3.2	Deinstallation	475
		A.3.3	Steuerung von XAMPP unter Mac OS	475
		A.3.4	Konfiguration der XAMPP-Komponenten unter Mac OS	476
	A.4	Konfiguration und Sicherheitseinstellungen		476
		A.4.1	Konfiguration und Statusanzeige	476
		A.4.2	Sicherheitseinstellungen	477
	A.5	Dokumentation von XAMPP		479
B	TYPO3-Installer			481
	B.1	Typo3Winstaller (Windows)		481
	B.2	TYPO3 WAMP (Windows)		483
	B.3	LAMP Testsite (Linux)		485
	B.4	TYPO3 4.0 Quickstart für OS X		486
	B.5	Weitere TYPO3-Komplettpakete		487
C	Backup mit phpMyAdmin			489
	C.1	Was ist phpMyAdmin?		489
		C.1.1	Spracheinstellung von phpMyAdmin	490
	C.2	Dump der TYPO3-Datenbank mit phpMyAdmin		491
		C.2.1	Export der vollständigen TYPO3-Datenbank	493
	C.3	Wichtige Tabellen der TYPO3-Datenbank		495
		C.3.1	Export einer einzelnen Datenbanktabelle am Beispiel tt_content	498
	C.4	Einlesen eines Datenbank-Dumps bei Installation		500
D	Online-Ressourcen			503
	D.1	Onlineressourcen zu TYPO3		503
	D.2	Weitere Onlineressourcen		505
E	Inhalt der Begleit-DVD			507
	E.1	Installation		507
		E.1.1	Windows	507
		E.1.2	Linux	508
		E.1.3	Mac OS	508

E.2	Dokumentation	508
E.3	Erweiterungen	511
	E.3.1 Volltextsuche	511
	E.3.2 News	511
	E.3.3 Newsletter	511
	E.3.4 TemplaVoilà	512
E.4	Dateien_zum_Buch	512
E.5	videotraining	512

Index 513

Video-Lektionen auf der DVD

Sie finden die Video-Lektionen im Verzeichnis */videotraining* auf der Buch-DVD.

1	**Installation & Konfiguration**
1.1	Einleitung
1.2	Die TYPO3-Installationsdateien
1.3	Installation unter Windows
1.4	Installation unter Linux
1.5	Die Grundkonfiguration (1)
1.6	Die Grundkonfiguration (2)
	Zusammenfassung
3	**Einführung in TypoScript**
3.1	Einleitung
3.2	Einführung in
	Zusammenfassung
8	**Einen Online-Shop betreiben**
8.1	Einleitung
8.2	Die Commerce-Extension installieren
8.3	Kategorien & Attribute
8.4	Produkte und Artikel erzeugen
8.5	Einen Warenkorb einbinden
8.6	Den Bestellvorgang abschließen
8.7	Bestellungen abwickeln
	Zusammenfassung
	Wissenstest

Warum jetzt einen Einstieg in TYPO3? An wen richtet sich dieses Buch und für wen ist es nicht gedacht? Was ist an diesem Buch neu gegenüber der vorherigen Auflage? Was befindet sich auf der Begleit-DVD?

Vorwort zur neuen Auflage

Dieses Buch soll Ihnen einen Einstieg in TYPO3 bieten, in das faszinierende Open-Source-Content-Management-System, das auch hochpreisigen kommerziellen Konkurrenzlösungen Paroli bietet. Dem Status des absoluten Geheimtipps ist TYPO3, wie man wohl mit Fug und Recht sagen kann, inzwischen entwachsen: Seit Jahren bewährt sich das System als Rückgrat mittlerweile tausender Websites.

Warum ein Einsteigerbuch für TYPO3?
TYPO3 gilt als schwierig und komplex. Letzteres ist durchaus richtig, was jeder bestätigen wird, der versucht hat, sich durch mehrere tausend Seiten Online-Dokumentation und Foren durchzuarbeiten. Eine entsprechend vollständige Referenz hätte den Umfang dieses Werkes mehr als verdoppelt. Wirklich schwer ist die Arbeit mit TYPO3 allerdings nicht. Genau dies soll dieses Buch zeigen. Es wird Ihnen helfen, die unvermeidlichen Klippen und Anfangsschwierigkeiten erfolgreich zu meistern.

Die Version 4.0 von TYPO3, die kurz vor Erscheinen dieses Buchs in endgültiger Fassung verabschiedet worden ist, stellt einen bedeutenden Sprung in der Weiterentwicklung dieses Content-Management-Systems dar: TYPO3 ist schneller, sicherer und eleganter in der Bedienung geworden und bietet in der aktuellen Version Features, die man nach kurzer Zeit nicht mehr missen möchte. Ein guter Grund also, zu diesem Zeitpunkt einen Einstieg in TYPO3 zu wagen: TYPO3 4.0 stellt eine stabile und ausgereifte Anwendung dar, die auch in Produktionsumgebungen eingesetzt werden kann.

Warum ein quasi »neues« Buch?
Die Version 4.0 von TYPO3 kann als »State of the Art« betrachtet werden. Die Vorgängerversionen werden noch eine Weile lediglich in Umgebungen weiterbetrieben werden, in denen ein Update auf die neue Version technisch unmöglich, kritisch, oder aus anderen Gründen nicht wünschenswert ist.

Einsteiger sollten sich jedoch in die aktuelle Version einarbeiten, die für die Zukunft als maßgeblich betrachtet werden kann. Ein Buch für TYPO3-Einsteiger muss dies widerspiegeln, daher wurden die Inhalte dieses Werkes in weiten Teilen überarbeitet und neu erstellt.

Dies betrifft insbesondere das Kapitel »Installation«, das durch Abschnitte zu Linux und MacOS ergänzt wurde, die Beschreibung des Backends und seiner Bedienung, die vollkommen neu erstellt wurde, sowie das aktualisierte, nach gegenwärtigem Stand des Webdesigns auf XHTML- und CSS-Basis aufbauende Beispielprojekt mit zahlreichen Nebenerläuterungen. Erweitert und aktualisiert wurden die Kapitel über Designvorlagen, Templates, Erweiterungsmodule und Benutzerverwaltung. Ebenfalls auf den Stand von Version 4.0 gebracht und erweitert wurde die Referenz zu TypoScript.

Für wen ist dieses Buch gedacht?

Zielgruppe des Buches sind ambitionierte Webentwickler, die ein leistungsfähiges Content-Management-System privat oder beruflich einsetzen und sich schnell in TYPO3 einarbeiten möchten. Einige Grundkenntnisse in HTML und JavaScript sollte ein Leser dieses Buches allerdings mitbringen.

Das vorliegende Buch soll als Einführung in TYPO3 in der aktuellen Version 4.0 dienen und dem Leser ermöglichen, mit dem System ein erstes Projekt von der Installation bis zur Verwendung von Erweiterungsmodulen zu realisieren.

Für wen ist dieses Buch nicht gedacht?

Dieses Buch dient als Einführung in technische Konzepte sowie Design- und Webentwicklung, nicht in die Redakteursarbeit. TYPO3-Redakteure finden in unserem Buch sicherlich zwar manchen nützlichen Hinweis und auch Einblicke in das System – als Einführung in die Redakteursarbeit mit Content-Management-Systemen ist dieses Buch jedoch weder konzipiert noch geeignet.

Wer schreibt dieses Buch?

Beide Autoren bringen viele Erfahrungen in Theorie und Praxis mit. Frank Bongers, der in diesem Buch die Bereiche Installation und die Einstiegskapitel schrieb, arbeitet in Berlin als freier Webentwickler und als Dozent an der Fachhochschule für Technik und Wirtschaft Berlin (**www.fhtw-berlin.de**) und setzt TYPO3 seit längerer Zeit erfolgreich bei verschiedenen Projekten ein. Professor Andreas Stöckl, der im Buch die Themen Beispielprojekt, Workspaces, Erweiterungen bis Nutzerverwaltung beschreibt, unterrichtet das Fach Content-Management-Systeme an der Fachhochschule Hagenberg (**www.fh-hagenberg.at**) in Linz. TYPO3 setzt er nicht nur hier ein, sondern auch im Rahmen seiner Internetagentur Cyberhouse (**www.cyberhouse.at**), wo sich TYPO3 im kommerziellen Wettstreit mit anderen Content-Management-Systemen und gegenüber anspruchsvollen Kundenanforderungen erfolgreich bewährt hat. Mit »Content Management mit TYPO3« hat er das weltweit erste Buch zum Thema geschrieben, auf dessen Grundlage auch das vorliegende Werk basiert.

Was ist auf der Begleit-DVD zu finden?

Auf der Begleit-DVD finden sich alle aktuellen Packages und Installer von TYPO3: Der XAMPP-Installer (Apache, MySQL, PHP) für alle derzeit unterstützten Betriebssysteme, hierfür benötigte Zusatzmodule und ausgesuchte TYPO3-Erweiterungen. Beigefügt sind Dokumentationen in Form von OpenOffice.org-Dokumenten (OpenOffice.org ist in der aktuellen Version 2.01 ebenfalls enthalten) sowie alle zum Nachvollziehen des Beispielprojekts und der restlichen Übungen erforderlichen Dateien.

Danksagungen

Der ausdrückliche Dank beider Autoren gilt in erster Linie dem, durch die langwierige Arbeit arg strapazierten Familien- und Freundeskreis, der die starke Einbindung durch die Schreibarbeiten geduldig ertrug und so erst möglich machte. In zweiter Linie geht Dank an Kasper Skarhøj und die TYPO3-Community, ohne die TYPO3 weder existieren würde, noch die heutige, ausgereifte Form erreicht hätte, sowie an Andreas Beutel und Lars Leuchter, die uns ihre TYPO3-Installer für die Begleit-DVD zur Verfügung stellten. Weiterer Dank geht von Linz und Berlin nach Bonn, zum Team von Galileo Press und hier vor allem an unseren Lektor Stephan Mattescheck, der mit seinen Anregungen wieder außerordentlich zum Gelingen beigetragen hat und an seinen Kollegen Marc Czesnik, ohne dessen unermüdliche Aufmerksamkeit manch Fehler im Manuskript geblieben wäre.

Der letzte, und nicht der geringste Dank geht selbstverständlich an Sie, den Leser, der dieses Buch nun in seiner aktuellen, zweiten Auflage in Händen hält: Ohne Sie wäre dieses Buch nicht entstanden.

Wir hoffen, dass es Ihnen gefällt und Nutzen bringt.

Viel Spaß und Erfolg wünschen Ihnen

Andreas Stöckl & Frank Bongers
Linz und Berlin

Der Markt für Content-Management-Lösungen hält eine Vielzahl unterschiedlicher Systeme vor. Im Vordergrund in diesem Kapitel steht, ob man sich für ein kommerzielles Produkt entscheiden soll, oder ob eine Open-Source-Anwendung wie TYPO3 eine annehmbare Alternative darstellt.

1 TYPO3 – ein Open-Source-CMS

In der heutigen Zeit werden von vielen Seiten immer höhere Ansprüche an Internetpräsenzen gestellt. Ihr Umfang, ihre Komplexität sowie die Anforderung an die Aktualität der Inhalte kann eine Pflege auf herkömmlichem Wege sehr schnell erschweren bis unmöglich machen. Schnell wird man nach einer Lösung suchen: ein **Content-Management-System** (CMS)[1] muss her.

1.1 Aufgaben eines Content-Management-Systems

Die Erwartungen an ein CMS sind hoch. Zum einen soll die **Verwaltung der Inhalte** vereinfacht und möglichst auf mehreren Schultern (Redakteure) verteilt werden. Da dies nicht zu Chaos und Wildwuchs führen soll, müssen auch **Workflow** und **Zugriffsrechte** im System geregelt werden. Diese Verwaltungsarbeit – und auch die technische Betreuung des Systems – besorgt ein mit allen erforderlichen Rechten ausgestatteter **Administrator**.

Zum anderen sollen auch Layout und Corporate Identity einer Site konsistent gehalten werden, dabei aber möglichst einfach anpassbar bleiben. Die Antwort finden wir in der vollständigen Trennung von Inhalten und Darstellung. Der Inhalt kann in einer **Datenbank** abgelegt werden, die Darstellung in Form von leicht zu modifizierenden **Layoutvorlagen** (»Templates«) zentralisiert zur Verfügung stehen.

Das gesamte System befindet sich stets auf einem **Webserver**; der Zugriff auf die Inhalte – auch die Erstellung und Bearbeitung – erfolgt über einen herkömmlichen **Webbrowser**: Redakteure müssen lediglich im Besitz eines entsprechenden

---

1 Für Internetzwecke spricht man, streng genommen, von einem WCMS (Web-Content-Management-System).

Passwortes sein und können somit ortsungebunden und ohne die Notwendigkeit der Installation spezieller Software agieren.

Darüber hinaus kann ein CMS im Internet weitere Aufgaben übernehmen, beispielsweise den Versand von Newslettern, die Durchführung von Online-Umfragen und Polls, die Verwaltung von geschützten Bereichen von Nutzergruppen (wichtig beispielsweise auch für Intranets), sowie die zeitgesteuerte Freischaltung von Inhalten oder deren parallele Vorhaltung in mehreren Sprachen.

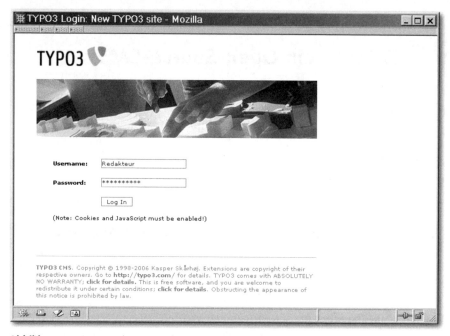

Abbildung 1.1 Benutzerlogin von TYPO3 im Webbrowser

1.2 Kommerzielles Produkt vs. Open Source

Die oben genannten Kernanforderungen werden von eigentlich allen derzeit verfügbaren Content-Management-Systemen erfüllt. Das Spektrum[2] in Bezug auf Leistungsumfang, Performanz, Bedienbarkeit und – last not least – Preis ist jedoch ausgesprochen breit: **Kommerzielle Systeme** sind schon für wenige hundert Euro erhältlich, genauso gut aber kann die reine Software (und das auch nicht ohne Berechtigung!) mit sechsstelligen Beträgen zu Buche schlagen. Systeme dieser »Enterprise«-Klasse sind für sicherheitskritische Unternehmens-

---

2 Derzeit (Frühjahr 2006) gibt es – grob geschätzt – etwa 400 bis 500 CMS-Lösungen, WCMS, Redaktionssysteme und Vergleichbares.

anwendungen gedacht, bei denen zugleich Wert auf Funktionsreichtum wie auf höchste Leistungsfähigkeit gelegt wird.

Daneben gibt es einige so genannte **Open-Source-Systeme**, darunter auch **TYPO3**, die den kommerziellen Systemen in nichts nachstehen, aber im Gegensatz zu diesen – was die Kosten der Software angeht – gratis verfügbar sind. [3]

Bevor man jetzt aber begeistert zugreift, sind ein paar weitere Faktoren abzuwägen – da sich dieses Buch mit TYPO3 auseinandersetzt, greifen wir speziell fünf Entscheidungskriterien auf.

Vor der Entscheidung für ein CMS sind folgende fünf Punkte zu bedenken:

1. Hosting des CMS
2. Installation, Wartung und Erweiterbarkeit des Systems
3. Dokumentation des Systems
4. Unterstützung durch Dienstleister
5. Möglichkeit des lokalen Probebetriebs des CMS

1.2.1 Hosting des CMS

Hochpreisige kommerzielle Systeme wird man auf (firmen-)eigenem Server hosten, der zu diesem Zweck abgestellt ist. Einige preisgünstigere kommerzielle Systeme können vorinstalliert in Verbindung mit dazugehörigem Webspace auch bei verschiedenen Providern angemietet werden, wobei Flexibilität und Funktionalität jedoch oft dem niedrigen Preis entsprechen.

Auch für ein Open Source CMS muss im Zweifelsfall die Anschaffung oder Anmietung eines eigenen Servers ins Auge gefasst werden, der dem Administrator die erforderlichen Freiheiten bezüglich Installation und Konfiguration bietet. Für einige Open-Source-Systeme (darunter auch TYPO3) können bei spezialisierten Dienstleistern vorinstallierte Systeme angemietet werden.

> **Dedizierter Server**
>
> Für **TYPO3** empfiehlt sich, sofern man dessen Stärken voll ausnutzen möchte, in jedem Fall ein dedizierter, nicht mit anderen Webpräsenzen geteilter Server. Sie sollten hierfür unbedingt Kenntnisse in Serveradministration besitzen. Für kleinere bis mittlere Sites kann man alternativ die Angebote spezialisierter TYPO3-Hoster in Betracht ziehen, die zwar, abhängig vom gewählten Account, weniger Performance bieten, dies jedoch zu wesentlich günstigeren Preisen.

---

3 Ebenfalls geschätzt existieren gut 100 Open-Source-CM-Systeme, die Mehrzahl auf PHP/MySQL-Basis. Unter diesen gehört TYPO3 mit einigen Zehntausend betriebenen Installationen zu den erfolgreichsten.

1.2.2 Installation, Wartung und Erweiterbarkeit des Systems

Ein kommerzielles System wird im Allgemeinen »schlüsselfertig« geliefert oder gemietet; man braucht sich um Installation und technische Wartung (Updates) nicht weiter kümmern, sondern kann sich auf Pflege der Inhalte konzentrieren. Ohne administrative Tätigkeiten (z. B. Rechtevergabe, Backups) und die Aneignung entsprechender Kenntnisse geht es allerdings auch hier nicht. Bei Problemfällen wird man immerhin eine Hersteller- oder Providerhotline zur Verfügung haben. Für später gewünschte funktionale Systemerweiterungen wird man meist auf Produkte des gleichen CMS-Herstellers angewiesen bleiben und hat mit weiteren Kosten zu rechnen.

Ein Nachteil der Open-Source-Systeme besteht darin, dass die, mehr oder weniger anspruchsvolle, Installation und technische Systemwartung dem Nutzer überlassen ist. Auch ein Hersteller, dessen man bei Havarien habhaft werden kann, existiert in diesem Sinne nicht: Der erforderliche Kenntnisstand zum erfolgreichen Betrieb eines solchen Systems ist daher höher. Zumindest teilweise ausgeglichen wird die fehlende Herstellerunterstützung durch Webseiten und öffentliche Foren der jeweiligen Entwickler- und Nutzergemeinde. Updates und Verbesserungen werden gewöhnlich erst bei ausreichender technischer Reife freigegeben.

> **Installation**
>
> **TYPO3** liegt in Form von Installationspaketen vor, die in einer entsprechend vorbereiteten Serverumgebung leicht zu installieren sind. Updates sind bei ein wenig Erfahrung unproblematisch vorzunehmen. Systemerweiterungen existieren in großer Zahl und können auch selbst programmiert und eingebunden werden. Hat man eine TYPO3-Hostingpaket gemietet, so wird sich der Provider um notwendige Updates kümmern.

1.2.3 Dokumentation des Systems

Die Dokumentation eines kommerziellen CMS wird vom Hersteller (Systemhaus oder Agentur) geliefert und beschränkt sich meist auf die programminterne Hilfe und das Begleithandbuch, was nicht als Manko zu werten sein muss. Zusätzlich sind (eventuell kostenpflichtige) Schulungsangebote direkt durch den Hersteller oder unabhängige Consulter denkbar. Herstellerunabhängige weiterführende Literatur ist dagegen eher selten, Internetforen mag es für verbreitetere Systeme gelegentlich geben.

Open-Source-Systeme sind durch ihre ausführliche Dokumentation im Vorteil: meist kann man von der Website der jeweiligen Entwickler-Community in reichhaltiger Menge alle erforderlichen Informationen beziehen. Ein Verschweigen von Defiziten und Problemen des CMS aus verkaufstaktischen Erwägungen gibt es nicht. Da die Texte jedoch selten aus einer Hand stammen, fallen sie qualitativ oft heterogen aus.

> **Dokumentation**
>
> **TYPO3** ist dank einer in dieser Hinsicht sehr aktiven Nutzergemeinde hervorragend gut dokumentiert, dazu beschäftigen sich eine Reihe – auch deutschsprachiger – Foren mit diesem Thema, sodass zu beinahe allen denkbaren Fragestellungen Informationen zu finden sind. Auch Schulungsangebote und Literatur zum Thema finden sich inzwischen in ausreichender Menge.

1.2.4 Unterstützung durch Dienstleister

Will oder kann man die Erstellung der Formatvorlagen für sein CMS, sprich die Seitengestaltung, nicht selbst vornehmen, so kann man die Hilfe entsprechend spezialisierter Agenturen in Anspruch nehmen, was in jedem Fall einen zusätzlichen Kostenfaktor darstellt – unabhängig, ob man sich für ein kommerzielles oder ein Open-Source-System entscheidet.

> **Unterstützung**
>
> Für **TYPO3** gibt es, dank seiner inzwischen großen Verbreitung eine Vielzahl von Webagenturen, welche die Erstellung auf diesem System basierender Sites anbieten. Oft ist dies auch mit einem Hosting-Angebot verbunden.

1.2.5 Möglichkeit des lokalen Probebetriebs des CMS

Ein (lokaler) Testaufbau eines hochpreisigen CMS ist im Vorfeld einer endgültigen Entscheidung aufgrund von Komplexität und Hardwareanforderungen schwierig oder zumindest zeitraubend. Dies trifft für bei Providern angemietete CMS-Lösungen in ähnlichem Maße zu, jedoch eher, weil downloadbare Testversionen gar nicht erst, oder nur in zeitbeschränkten Versionen zur Verfügung stehen. Einige kleinere und mittlere kommerzielle Systeme stehen jedoch durchaus als (teilweise sogar unbeschränkt nutzbarer) Testdownload zur Verfügung und können somit im Vorfeld ausprobiert werden.

Bei Open-Source-Systemen stellt sich die Frage nach kostenlosen, unbeschränkten Testversionen naturgemäß nicht: allesamt können sie bei genügenden Kenntnissen auf einem lokal betriebenen Webserver installiert werden, was ausgiebig Zeit für Testläufe, Design- und Programmierexperimente lässt.

> **Probebetrieb**
>
> **TYPO3** kann sowohl auf Windows-Rechnern als auch auf Linux- oder Mac-Systemen lokal betrieben und getestet werden – wenn nötig, sogar in mehreren parallelen Installationen. Eine Site kann im Testaufbau in Ruhe entwickelt und später für den Onlinebetrieb auf einen Hostrechner übertragen werden.

1.3 TYPO3 als Web-Content-Management-System

1.3.1 Geschichte von TYPO3

TYPO3 ist ein vom Kopenhagener Programmierer **Kasper Skårhøj** seit 1997 entwickeltes Web-Content-Management-System (WCMS), das sowohl der Entwicklung als auch der Pflege einer Website dient. Im Jahr 2000 wurde TYPO3 von Skårhøj als Open-Source-Software unter der GPL (GNU Public License) freigegeben. Seit 2002, ab der mit 3.0 bezeichneten Version und noch immer unter Skårhøjs Aufsicht, wird es von einer wachsenden Entwickler-Community betreut.

Die wohl bedeutendste Neuerung bestand in dem mit TYPO3 3.5.1 eingeführten Extension Manager, der die modulare Erweiterbarkeit des Systems ermöglicht. TYPO3 wurde in mehreren Schritten (3.6, 3.7, 3.8) bis zum Release 3.8.1 auf dieser Version basierend ausgebaut und punktuell verbessert, wobei neue Features wie Versioning in das System einflossen.

Der Sprung von Version 3.8.1 auf den **aktuellen Versionsstand 4.0** von TYPO3 stellt einen echten Meilenstein in der Entwicklung dar. Neben einer optischen Runderneuerung der Nutzeroberfläche des Systems (basierend auf so genannten Skins) ist nun, in Form so genannter »Workspaces«, die Arbeit an Inhalten erstmals mit einer Unterscheidung zwischen einer veröffentlichten Ansicht (»Live«) und einer Entwurfsansicht (»Draft«) implementiert. Dies ermöglicht ein gefahrloses Arbeiten am System, ohne auf umständliche Versionierung zurückgreifen oder veröffentlichte Inhalte überschreiben zu müssen. Durch die Implementierung eines Datenbankabstraktionslayers ist erstmals auch die Zusammenarbeit mit anderen Datenbanken (derzeit Oracle und PostGresSQL; weitere geplant) außer MySQL möglich.

1.3.2 Positionierung von TYPO3

TYPO3 arbeitet als plattformunabhängige Serverapplikation. Zur Bedienung genügt ein Webbrowser. TYPO3 bietet eine Vielzahl von Entwicklungs- und Erweiterungsmöglichkeiten. Dem Leistungsumfang nach gehört das System, obwohl als Open Source-Software kostenlos verfügbar, in die Klasse der **Enterprise-Lösungen**.

Bei TYPO3 profitiert der **Webredakteur** von den komfortablen Möglichkeiten, die Inhalte einer Website (auch zeitgesteuert) zu veröffentlichen und zu verwalten. Den Entwickler oder **Administrator** einer Website unterstützt das System mit Designvorlagen und Templates bei der Gestaltung einer Website. Außerdem bei der Einrichtung von Navigation und Menüstruktur und bei der Vergabe von Berechtigungen und Zugriffsmöglichkeiten für Redakteure.

TYPO3 stellt hierfür eine, **Backend** genannte, umfassende Administrationsoberfläche zur Verfügung. Die von außen sichtbare, vom CMS erzeugte Webpräsenz wird als **Frontend** bezeichnet.

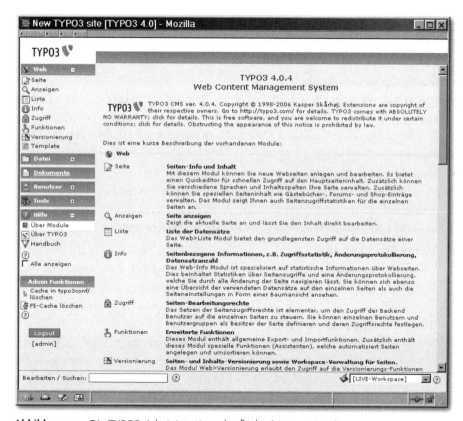

Abbildung 1.2 Die TYPO3-Administrationsoberfläche (Version 4.0.4)

Darüber hinaus kann TYPO3 als **Entwicklungsplattform für Webapplikationen** genutzt werden, die in die Website über einen eigenen Erweiterungsmechanismus eingebunden werden können. Dies sind PHP- und Datenbankanwendungen, die die Grundfunktionalitäten des CMS erweitern. Seit der Einführung des Extension Managers hat die TYPO3-Entwicklergemeinde bereits eine Vielzahl von

Anwendungen (Erweiterungsmodule) erstellt, die in eigene Webanwendungen integriert werden können.

1.3.3 Technische Hintergründe von TYPO3

TYPO3 ist als offenes System konzipiert, das weder auf ein bestimmtes Betriebssystem festgelegt noch auf bestimmte Funktionalitäten beschränkt ist.

- **PHP und MySQL als Basis**
  TYPO3 ist in **PHP** entwickelt und verwendet (bislang vorwiegend) **MySQL** als Datenbank. Für den Betrieb des Systems muss auf dem Server notwendigerweise PHP vorhanden sein. MySQL stellt den Quasi-Standard für Webdatenbanken dar. Mittlerweile unterstützt TYPO3 jedoch auch andere Datenbanksysteme.

- **Multiplattform-Support**
  Für Windows, Mac OS X und Linux werden fertige Pakete zur Installation angeboten. TYPO3 ist jedoch mehr oder weniger auf jedem Betriebssystem lauffähig, das die technischen Minimalvoraussetzungen (Webserver mit PHP, Datenbank) bietet.

- **Modulare Erweiterbarkeit**
  Eine TYPO3-Installation kann durch Erweiterungen mit fast beliebigen Zusatzfunktionalitäten ausgestattet werden. Auch eigene Webapplikationen können in Form von Erweiterungsmodulen in PHP geschrieben werden.

- **Eigene Skriptsprache**
  Für die Steuerung des Systems und die Entwicklung von Vorlagedateien und Webprojekten steht die TYPO3-eigene Konfigurationssprache *TypoScript* zur Verfügung.

- **HTML/CSS-Templates möglich**
  Neben rein TypoScript-basierten Templates können auch HTML/CSS-Templates eingesetzt werden, die auf herkömmliche Art mit entsprechenden Editoren (Dreamweaver, GoLive etc.) entwickelt werden. Außer CSS können auch JavaScript- sowie PHP-Scripte eingebunden werden.

1.4 Systemvoraussetzungen von TYPO3

TYPO3 ist unter den wichtigen PC-Betriebssystemen Windows (alle Versionen), Mac OS X, Linux, Unix oder Solaris lauffähig. Das Betriebssystem des heimischen Rechners ist also für den Betrieb einer lokalen Testinstallation nicht ausschlaggebend. So wird man für den Online-Betrieb (Produktionsumgebung) zwar vorwiegend Linux-Systeme (SUSE, Debian, Mandrake oder andere) einsetzen, nichts spricht jedoch gegen die lokale Entwicklung einer Site auf einem Windows- oder Mac-Rechner.

Minimale Softwarevoraussetzungen für einen Betrieb von TYPO3 sind:

- **Apache 1.3.9** oder höher
  Wir wählen den aktuellen Release Apache 2.2.3. Für TYPO3 ist die Version des Servers jedoch unerheblich: Sie können unbedenklich einen bereits installierten Apache 1.3.x weiterverwenden.

  Aktuelle Informationen sowie Download-Möglichkeiten finden Sie unter **www.apache.org**.

- **PHP 4.3.0** oder höher (neuere Versionen empfohlen)
  Wir werden PHP 5.2.0 einsetzen. Sie können allerdings genausogut eine bestehende PHP-Installation in der Version 4.xx verwenden (möglichst jedoch PHP 4.3 oder neuer).

  Aktuelle Informationen sowie Download-Möglichkeiten finden Sie unter **www.php.net**.

> **Anmerkung**
>
> Beachten Sie, dass PHP-Beschleuniger wie der PHP-Accelerator (**www.phpa.co.uk**; Freeware) oder der ZEND-Accelerator (**www.zend.com**) nur für die Betriebssysteme Linux oder Solaris zur Verfügung stehen. Dies mag für die Wahl Ihrer Produktionsumgebung eine Rolle spielen.

- **MySQL 3.23** oder höher
  Wir setzen die aktuelle Version MySQL 5.0.27 ein. Die MySQL-Version ist für TYPO3 relativ unerheblich. Sie können auch hier eine bestehende (gegebenenfalls ältere) Datenbankinstallation verwenden.[4]

  Aktuelle Informationen sowie Download-Möglichkeiten finden Sie unter **www.mysql.com**.

> **Anmerkung**
>
> Der Einsatz anderer Datenbanksysteme ist mit TYPO3-Versionen vor 4.0 nicht möglich, da TYPO3 direkt mit MySQL als DBMS kommuniziert. Die Einführung eines »Database Abstraction Layers« (DBAL) soll es für die Zukunft durch eine dazwischengeschobene Abstaktionsschicht ermöglichen, Datenbanken beliebigen Typs einzusetzen.

---

4 Legen Sie bei der Installation eine neue, leere Datenbank in ihrem DBMS an und verwenden Sie nicht eine bereits bestehende, mit Daten gefüllte. Achtung: Für MySQL-Versionen vor 3.23 funktioniert das Versioning von TYPO3 nicht!

> **Anmerkung**
> Obwohl MySQL vorläufig das Datenbanksystem der ersten Wahl bleiben wird, kann TYPO3 4.0 dank des hier bereits implementierten DBAL 1.0 auch mit Oracle 8i oder PostgreSQL arbeiten. Für die Zukunft geplant ist die Unterstützung von MSSQL, MAXDb, Sybase und anderer Datenbanksysteme.

Weiterhin benötigt man (optional):

- **GDLib 1.8.3** oder höher (aktuell ist 2.0.33)
  GDLib ist eine Grafikbibliothek, die es erlaubt, Grafiken wie Linien, Kreise, Texte und Ausschnitte aus Bildern zu kombinieren.

  Aktuelle Informationen sowie Download-Möglichkeiten finden Sie unter **www.boutell.com/gd/**.

> **Anmerkung**
> GDLib 2.0.3x ist seit PHP 4.3 in das PHP-Installationspaket integriert. Der Entwicklungsstand ist seit 2004 stabil.

- **Freetype 1.2** oder höher (1.3.1 empfohlen)
  FreeType ist für den Umgang mit Schriften verantwortlich. In Kombination mit der GDLib können so zum Beispiel Schriften im Format TrueType in Grafiken eingefügt werden. Zu diesem Zweck muss die entsprechende Datei mit den Schriftinformationen auf den Server geladen werden. TYPO3 ist mit diesen Bibliotheken zum Beispiel in der Lage, Menüeinträge aus den Seitentiteln und den dazugehörigen Hintergrundgrafiken automatisch zu generieren. Die aktuelle Version von Freetype ist 2.1.10.

  Aktuelle Informationen sowie Download-Möglichkeiten finden Sie unter **www.freetype.org**.

- **ImageMagick 4.2.9** oder höher (4.2.9. empfohlen)
  ImageMagick ist eine Sammlung von Werkzeugen, mit deren Hilfe Grafikformate konvertiert und Grafiken bearbeitet werden können. Bilder können skaliert, geschärft oder rotiert werden. Die Vielzahl der unterstützten Grafikformate räumt dem TYPO3-Redakteur größtmögliche Freiheit ein. Die Umwandlung in ein webgerechtes Format übernimmt dann das Content-Management-System.

  Aktuelle Informationen sowie Download-Möglichkeiten finden Sie unter **www.imagemagick.org/**.

> **Anmerkung**
> Es wird absichtlich eine »veraltete« Version empfohlen. Die aktuelle Version 6.2.6 von ImageMagick funktioniert zwar ebenfalls, ist entwicklungsseitig jedoch nicht auf TYPO3 abgestimmt und arbeitet daher nicht immer vorhersehbar. Eine sich »orthodoxer« an die API-Vorgaben haltende Alternative finden Sie unter **www.graphicsmagick.org**.

1.5 Vergleich der Hosting-Möglichkeiten für TYPO3

Eine stetig wachsende Zahl spezialisierter Webspace-Provider stellt fertige TYPO3-Installationen als Hosting-Angebot zu Verfügung. Eine Suchmaschinenrecherche – beispielsweise nach »TYPO3 Hosting« – liefert Ihnen eine Auswahl. Je nach ihrem Kenntnisstand oder dem gewünschtem Ergebnis – beispielsweise erhöhte Performance oder mehr Kontrolle über die Sicherheit – mögen Sie jedoch einen eigenen Webserver vorziehen.

Grundsätzlich gibt es drei unterscheidbare Varianten, wie eine TYPO3-Produktionsumgebung (Online-Präsenz) gehostet werden kann:

1. Einfacher Webspaceaccount mit PHP und MySQL
2. Spezialisierter TYPO3-Hoster
3. TYPO3 auf eigenem Server (Managed Server, Root oder Virtual Server)

Diese drei Varianten unterschieden sich anhand des persönlichen Aufwands, anhand ihrer Performance und hinsichtlich der entstehenden Kosten.

Zu beachten sind Aspekte wie Installation und Wartung, Sicherheit (Backups, Absicherung des Servers) und Aktualisierung der Umgebung (Updates). Stellen Sie sich die Frage, wieviel davon Sie selbst zu übernehmen bereit sind und wo Sie es vorziehen, Verantwortung abzugeben.

1.5.1 Einfacher Provideraccount mit PHP und MySQL

Es mag zunächst verlockend erscheinen, TYPO3 im Rahmen eines »normalen« bereits angemieteten Webspace-Accounts selbständig zu installieren, sofern dort in Form von PHP und MySQL die technischen Grundvoraussetzungen erfüllt scheinen. **Diese Option muss jedoch ausdrücklich als problematisch bezeichnet werden.** Ein erfolgreicher Betrieb von TYPO3 ist für solche Providerpakete, auch die hochpreisigeren, nicht in jedem Fall zu garantieren.[5]

---

[5] Es sind sowohl Fälle des Fehlschlags wie auch des Gelingens bekannt. Es ist daher ratsam, sich in den TYPO3-Foren soweit möglich über den gewählten Provider und das anvisierte Paket zu informieren.

Zu bedenken ist obendrein, dass diese Lösung, verglichen mit einfachen Paketen bei TYPO3-Hostern nicht einmal kostengünstiger ist.

Probleme können durch verschiedene Umstände auftreten:

- **Hoher Resourcenbedarf von TYPO3:**
  Auf einem für diese Pakete typischen »Shared Server« ist der einzelnen Webpräsenz und ihrer Datenbank nur ein limitiertes Kontingent an Rechenzeit oder ein zu niedriges MemoryLimit für PHP (empfohlen: 32 MB; Default: 8 oder 16 MB) zugeteilt. Dies lässt einen stabilen Betrieb von TYPO3, zumal unter Last, kaum zu. Betroffen sind hiervon nicht nur Grafikfunktionen, sondern auch die Anzeige des Frontends.

> **Hinweis**
> Das MemoryLimit wird in der Ini-Datei von PHP eingestellt, auf die man bei »Shared Server«-Paketen keinen direkten Zugriff hat. Dass man den Provider zu einer Anpassung überreden kann, ist wenig wahrscheinlich, da dies stets mehrere Accounts betreffen würde. TYPO3 4.0 benötigt 32 MB, die Vorgängerversionen sind auch mit 16 MB zufrieden. Im lokalen Probebetrieb reichen meist sogar 16 bzw. 8 MB.

- **Ungenügend konfigurierte Umgebung:**
  Sie benötigen einen SSH-Zugriff (Secure Shell) oder eine andere Möglichkeit, Rechte zu setzen: TYPO3 benötigt Schreiberlaubnis auf bestimmte Verzeichnisse. Eventuell ist auch ein serverseitiges Entpacken des Installationsarchivs nicht möglich. Hierfür muss der serverseitige Start des zuständigen Unzip-Programms gestattet sein.

- **Nicht zur Verfügung stehende Grafikfunktionen:**
  Eine Installation von ImageMagick kann oft nicht ohne weiteres durchgeführt werden, weil entsprechende Rechte fehlen. TYPO3 kann allerdings zur Not auch ohne die Grafikfunktionen betrieben werden. In diesem Fall muss jedoch auf Grafikmenüs, serverseitige Bildverarbeitung und Bildvorschau (Thumbnails) im Backend verzichtet werden.

> **Kein Providerwechsel gewünscht?**
> Besitzen Sie ein solches Paket bereits und möchten Sie einen Providerwechsel in jedem Fall vermeiden, versuchen Sie im Vorfeld eines Installationsversuchs von Ihrem Provider Auskunft über die **TYPO3-Fähigkeit** ihres Accounts zu erhalten.

1.5.2 Spezialisierter TYPO3-Hoster

Für kleinere bis mittlere Webpräsenzen, die voraussichtlich nicht unter Hochlast laufen werden, bieten sich die Einstiegspakete spezialisierter TYPO3-Hoster als kostengünstigste Variante an. Sie mieten mit ihrem Webspace ein bereits vorinstalliertes TYPO3-System, auf das Sie ihre lokal mit TYPO3 entwickelte Webpräsenz hochladen können.

Beachten Sie, dass Sie sich bei den preisgünstigeren Paketen den Server mit anderen Webpräsenzen teilen (»Shared Hosting«). In diesem Fall ist die Performance geringer als bei einem dedizierten Server. Auch ein solches Angebot werden Sie bei TYPO3-Hostern finden, jedoch zu einem höheren Preis. In der Regel als Managed Server.

Der Hoster nimmt Ihnen in der Regel auch weitere Aufgaben (Backups der Site und der Datenbank, Updates von TYPO3) ab. Dies kann jedoch variieren und sollte im Einzelfall in geklärt werden.

Wenn Sie Ihre Entwicklungsumgebung auf die vorzufindende Produktionsumgebung abstimmen möchten, informieren Sie sich bei Ihrem ausgewählten Hoster über:

- **Versionsstand von TYPO3**
  Dies wird Version 3.8 oder 4.0 sein. Ältere Versionen[6] werden Sie bei aktuellen Hostingangeboten nicht antreffen.

- **Versionsstand von PHP**
  Die meisten Provider setzen inzwischen von vornherein PHP 5.x ein oder bieten die Wahl zwischen verschiedenen Versionen an (»Version-Switching«). Für TYPO3 4.0 ist die aktuelle Version von PHP vorzuziehen, aber nicht zwangsläufige Voraussetzung.

- **Versionsstand von MySQL**
  Auch die Version des MySQL-Datenbankservers ist unkritisch. Aktuell ist die Version 5.1. Wesentlich ältere Versionen wird man jedoch nicht vorfinden. Seit MySQL 4.1 sind keine Schwierigkeiten in Zusammenhang mit TYPO3 bekannt.

Der Versionsstand des **Apache Servers** ist für TYPO3 unbedeutend. Die meisten Provider haben inzwischen auf Apache 2.x umgestellt. Aktuell ist Version 2.2.

1.5.3 TYPO3 auf eigenem Server

Ein optimaler Betrieb einer TYPO3-Umgebung ist auf einem eigenen, dezidierten Server möglich. Hier haben Sie die Option einer vollständigen Kontrolle über die

---

[6] Bestehende Projekte mögen mit älteren Versionen weiterbetrieben werden, falls dies gewünscht ist. Auch können ältere TYPO3-Versionen bei manchen Providern gezielt angefragt werden – einen vernünftigen Grund, dies zu tun, gibt es jedoch nicht.

Systemumgebung, können nach Ihrem Belieben Programme installieren und teilen Ihre Datenbank(en) nicht mit anderen Teilnehmern. Insbesondere für Webpräsenzen, die unter Hochlast laufen (sehr viele parallele Zugriffe), bietet sich die Variante »eigener Server« an. Im Bedarfsfall kann TYPO3 sogar mit mehreren parallel geschalteten Servern (Cluster) betrieben werden.

Mittlerweile ist das Anmieten eines eigenen Servers erschwinglich geworden und wird in unterschiedlichen Varianten angeboten:

Root-Server

Unter einem Root-Server versteht man einen eigenen, autarken Rechner, auf den Sie vollen Zugriff für Konfiguration und Installation besitzen (»Root-Rechte«). Sie besitzen im Gegenzug auch die Verantwortung für Backups und die Absicherung des Servers gegen Hacker-Angriffe.

> **Warnung**
> Entscheiden Sie sich für für einen Root-Server **nur dann**, wenn Sie bereits eingehend mit Serververwaltung vertraut sind! Ansonsten gehen Sie mit dieser Variante ein hohes Risiko ein (auch in finanzieller Hinsicht).

Managed Server

Ein Managed Server bietet fast alle Freiheiten eines Root-Servers, belässt den kritischen Teil der Verantwortung (beispielsweise Sicherheitsaspekte und Backups) beim Provider.

Da der Preisunterschied in der Regel gering ausfällt, ist ein Managed Server dem Root-Server in der Regel vorzuziehen. Bei zahlreichen TYPO3-Hostern können Managed Server mit bereits vorinstalliertem TYPO3 gemietet werden. Hierfür können Sie aber auch Hilfestellung von spezialisierten Dienstleistern erhalten.

Virtual Server

Ein »virtueller« Server ist die abgespeckte Version des eigenen Servers. Es handelt sich jeweils um eine isolierte Partition, einen so genannten »Virtual Private Server« (VPS), von denen mehrere parallel auf einem einzigen physikalischen Server existieren können. Pro VPS wird ein bestimmtes Ressourcenkontingent (Rechenzeit) zugeteilt. Von außen betrachtet verhält sich ein VPS weitestgehend wie ein echter Root-Server, besitzt also beispielsweise eine eigene IP-Nummer.

Verglichen mit einem Root- oder Managed Server bietet der VPS **deutlich geringere Leistung**, was Performance oder verfügbaren Plattenplatz angeht. Schließlich hat man es hier nicht wirklich mit einem eigenen Rechner zu tun, sondern lediglich mit dessen Simulation. Die zugrunde liegende Virtualisierungstechnik belohnt im Gegenzug mit quasi eingebauter Sicherheit gegen bestimmte Arten von Angriffen von außen (z. B. »Denial of Service«-Attacken).

Virtual Server werden vorwiegend mit einer Linux/Apache-Kombination angeboten, seltener mit Windows Server 2003. Je nach Art des Accounts stellt der Provider eine Administrationsoberfläche zur Verfügung (in der Regel »Plesk«; siehe **www.swsoft.com)** und gibt Hilfestellung bei Backups oder Installation. Kenntnisse des entsprechenden Betriebssystems und der Serververwaltung sind auch bei einem Virtual Private Server empfehlenswert.

Welche Serversoftware?

Als verbreitetste Serversoftware für TYPO3 hat sich **Apache 2.x** etabliert. TYPO3 kann jedoch auch auf anderen Serversystemen betrieben werden. Auch kommt ein Account mit Windows Server 2003 oder vergleichbar in Frage, sofern PHP und MySQL vorhanden sind. Falls Sie also bereits einen Windows-Server angemietet haben, können Sie dort auch TYPO3 installieren. Einige (wenige) TYPO3-Extensions, die explizit eine Unix-Umgebung benötigen, können dort jedoch nicht eingesetzt werden.

Dieses Kapitel zeigt Ihnen, wie Sie TYPO3 als lokale Testinstallation auf Ihrem Rechner selbst installieren können und die ersten Konfigurationsarbeiten vornehmen. Die Beispiele des Buchs werden mit der in diesem Abschnitt beschriebenen Installation durchgeführt.

2 Installation von TYPO3

Die Website **www.typo3.org** bietet TYPO3 in verschiedenen Varianten zum Download an. Grundsätzlich kann man dabei zwischen so genannten Installern unterscheiden, die neben TYPO3 auch Webserver und Datenbank enthalten, und den reinen TYPO3-Paketen, die für den Einsatz in einer bereits vorhandenen oder separat zu installierenden Webserverumgebung nebst Datenbank gedacht sind.

2.1 Voraussetzungen für die Installation von TYPO3

Für welche Variante Sie sich für Ihre lokale Testinstallation entscheiden sollten, hängt vom Zustand Ihrer aktuellen Rechnerkonfiguration ab:

- **Webserver, PHP und MySQL sind bereits installiert.**
  Verfügen Sie auf Ihrem Testrechner bereits über eine lauffähige, für TYPO3 taugliche Umgebung aus Server mit PHP und Datenbank, so können Sie direkt mit der Installation und Einrichtung von TYPO3 fortfahren.

- **Webserver, PHP und MySQL sind nicht installiert.**
  Zur vorausgehenden Installation eines Apache Webservers mit PHP, MySQL und weiteren Komponenten bietet sich Ihnen in Form von **XAMPP** ein vorbereitetes Installationspaket an, das für **Windows**, **Linux** und **Mac OS X** vorliegt (letzteres allerdings nur als Beta-Version). Sie finden alle entsprechenden XAMPP-Installer auf der Begleit-DVD des Buches. Auf die fertig gestellte XAMPP-Installation setzen Sie anschließend TYPO3 auf.

Alternativ können Sie einen der für die Betriebssysteme **Windows**, **Mac OS X** und **Linux** existierenden **TYPO3-Installer** einsetzen, die neben Webserver und Datenbank auch bereits TYPO3 4.0 enthalten. Sie finden diese Pakete ebenfalls auf der Begleit-DVD.

2 | Installation von TYPO3

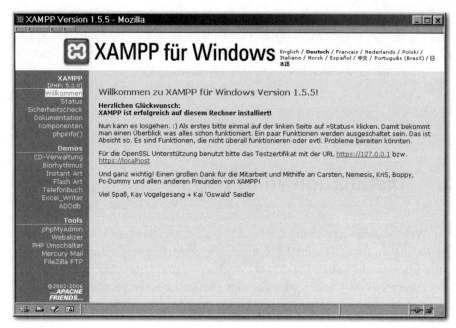

Abbildung 2.1 Die Startseite einer XAMPP-Installation (Windows)

> **Hinweise zu TYPO3-Installationspaketen**
> Erläuterungen und Hinweise zur Installation dieser Pakete finden Sie in Anhang B.1, *TYPO3-Installer*.

Wir empfehlen Ihnen die erste Vorgehensweise. Auf ihr basiert auch die für dieses Buch verwendete Konfiguration. Die Installation von XAMPP erfolgt für alle Betriebssysteme gleichermaßen problemlos und verhilft Ihnen auf die schnellstmögliche Art zu einer lauffähigen Testumgebung.

> **Hinweise zur Installation von XAMPP**
> Nähere Beschreibungen zur Installation finden Sie in Anhang A 1.1, *Installation von XAMPP*.

2.2 Installation von TYPO3

Die Installation von TYPO3 besteht aus zwei Paketen, von denen das eine den **TYPO3-Source** und das andere eine leere **Dummy-Site** enthält. Sie benötigen in jedem Falle beide Pakete für ein lauffähiges System. Sie finden diese für alle gängigen Betriebssysteme auf der Begleit-DVD.

> **Keine Quickstart- und Testsite-Pakete mehr**
> Das Konzept der Quickstart- und Testsite-Pakete älterer TYPO3-Versionen wurde für TYPO3 4.0 nicht länger beibehalten. Geplant ist jedoch, entsprechende Pakete zukünftig als importierbare T3D-Dateien[1] zur Verfügung zu stellen.

2.2.1 Entpacken der TYPO3-Archive

TYPO3 residiert im **Dokumentenverzeichnis** *htdocs* des Webservers. Sie können das TYPO3-Source-Paket also direkt dorthin extrahieren[2]. Günstiger ist es jedoch dort ein entsprechendes **Unterverzeichnis** einzurichten. Dies gibt Ihnen die Möglichkeit, problemlos in weiteren Unterverzeichnissen zusätzliche TYPO3-Installationen zu betreiben. Diese müssen dabei nicht den gleichen Versionsstand besitzen und können unterschiedlich konfiguriert sein. Rechnen Sie jedoch für jede TYPO3-Installation ca. 45 MB Speicherplatz ein (ohne Daten).

Alle TYPO3-Installationen teilen sich eine MySQL-Installation, (wobei für jede eine eigene Datenbank eingerichtet werden muss), sowie eine Installation von ImageMagick (bzw. GraphicsMagick).

Die Position Ihres Dokumentenverzeichnisses ist abhängig von Ihrem Betriebssystem und Ihrer Webserverinstallation. Bei einer vorhandenen Apache-Installation liegt dessen Dokumentenverzeichnis *htdocs* im Apache-Verzeichnis, im Falle einer XAMPP-Installation ist es das Verzeichnis *htdocs* im XAMPP-Verzeichnis. Lassen Sie sich nicht davon irritieren, dass es im XAMPP-Verzeichnis auch ein Apache-Verzeichnis gibt.

- **XAMPP (Windows)**
  Ihr Dokumentenverzeichnis befindet sich in
  C:\Programme\xampp\htdocs
- **XAMPP (Linux)**
  Ihr Dokumentenverzeichnis befindet sich in
  /opt/lampp/htdocs/
- **XAMPP (Mac OS X)**
  Ihr Dokumentenverzeichnis befindet sich in
  /Applications/xampp/htdocs/

---

1 TYPO3-Archivdateien, die in komprimierter Form alle Daten einer TYPO3-Site enthalten können.
2 Wenn Sie dies tun, überschreiben Sie dabei die `index.php` von XAMPP – da dies aber nur eine Weiterleitungsseite ist, bleibt XAMPP zu Konfigurationszwecken über `http://localhost/xampp/` nach wie vor erreichbar. Sie können anschließend immer noch zusätzliche TYPO3-Installationen in Unterverzeichnissen anlegen – haben Sie dies ohnehin vor, empfiehlt sich, der Übersichtlichkeit halber von vornherein mit Unterverzeichnissen zu arbeiten.

Entpacken Sie das **TYPO3-Source Paket** in ein neu erstelltes Verzeichnis im Wurzelverzeichnis des Webservers. Letzteres ist im Buchbeispiel mit »cms1« benannt. Sie können analog weitere Installationen beispielsweise als »cms2«, »cms3« usw. anlegen. Selbstverständlich ist die Wahl des Verzeichnisnamens Ihnen überlassen.

Das **TYPO3-Source-Paket** enthält mit den Verzeichnissen *t3lib* und *typo3* die grundlegenden Bibliotheken, Funktionen und Skripte der TYPO3-Installation. Das Dummy-Paket steuert die Verzeichnisse *fileadmin*, *typo3conf*, *typo3temp* und *uploads* bei, die der Konfiguration des kompletten Paketes dienen.

Entpacken Sie das **TYPO3-Dummypaket** in das Verzeichnis, in das Sie das **TYPO3-Source-Paket** entpackt haben. Die Reihenfolge, in der Sie die Pakete entpacken, ist prinzipiell gleichgültig. Einige gleichnamige Dateien werden dabei überschrieben. Es handelt sich um die in beiden Paketen redundant vorhandenen Dateien *INSTALL.txt, RELEASE_NOTES.txt, README.txt* und *index.php*.

> **Vorsicht beim Entpacken der Installationspakete**
> Sie benötigen nur die in beiden Paketen enthaltenen **Dateien**, *nicht* beim Entpacken eventuell entstehende **Unterverzeichnisse**. Legen Sie die Dateien aus beiden Zips im gleichen Ordner ab!

2.2.2 Starten des Installationsvorgangs

Starten Sie jetzt den Webserver. Die folgenden Schritte der Installation von TYPO3 erfolgen direkt von Ihrem Browser aus: Geben Sie in das Adressfeld des Browsers die Home-Adresse des lokalen Servers und den Verzeichnisnamen Ihrer Installation ein.

Beispiel:

http://localhost/cms1/

oder alternativ

http://127.0.0.1/cms1/

Die in diesem Verzeichnis liegende Datei `index.php` sorgt nun für den Fortgang der Installation. Sie werden jetzt nach dem Betätigen einer Sicherheitsabfrage automatisch zum »TYPO3 Install Tool« weitergeleitet. Von Haus aus wird die nun folgende, eigentliche Installation, im so genannten »123mode« angeboten, die am schnellsten zu einer lauffähigen TYPO3-Umgebung führt.

> **Cookies müssen definiert sein**
> Um die nachfolgende Installation durchführen zu können, müssen Sie **Cookies** auf Ihrem System zulassen.

Schritt 1 – Datenbankverbindung

Im ersten Schritt des Install Tools müssen Sie zunächst die Daten (Username, Passwort und Host) für den Datenbankserver angeben. Im Beispiel (siehe Abbildung 2.2) läuft der Datenbankserver auf dem »localhost« (s. Feld »Host«). Dieser Eintrag wird von TYPO3 automatisch vorgenommen.

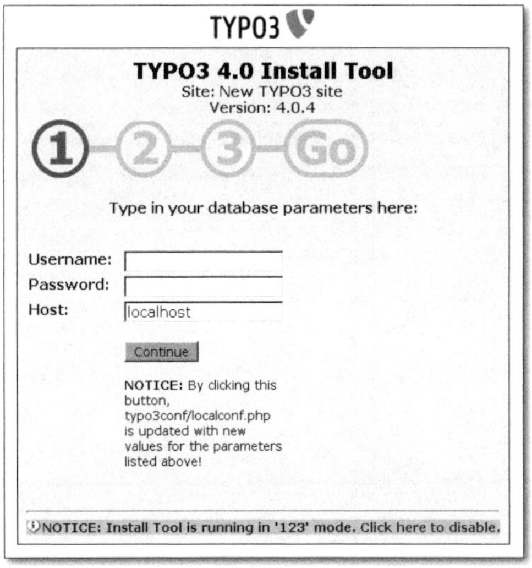

Abbildung 2.2   TYPO3 4.0 Install Tool 123mode, Phase 1

Geben Sie nun einen Benutzernamen für die Datenbankverbindung ein. Dies wird im Allgemeinen der **Nutzer** »root« sein, wenn Sie eine Standardinstallation von MySQL einsetzen. Wenn Sie für Ihren Datenbankzugang ein **Root-Passwort** vergeben haben, beispielsweise im Rahmen des Sicherheitschecks von XAMPP (siehe Anhang A.4, *Konfiguration und Sicherheitseinstellungen*), so geben Sie es in das Feld **Password** ein – ansonsten bleibt dieses Feld leer.

Username: root

Password: ihr_passwort (in diesem Beispiel »typotest«, oder leer)

Host: localhost

> **Hinweis**
>
> Ein Root-Account ohne Passwort ist bei einer Datenbank höchstens für Testzwecke zu empfehlen. Bei einer realen Web-Installation wird man aus Sicherheitsgründen stets einen Nutzernamen sowie ein Passwort für die Datenbankverbindung benötigen.[3]

---

3   Dieses ist nicht mit den Zugangs- bzw. Installationspasswörtern von Typo3 zu verwechseln, sondern wird meist vom Provider zugeteilt.

Bestätigen Sie jetzt die Eingabe, indem Sie auf den Button **Continue** unterhalb des Formulars klicken (siehe Abbildung 2.3). Dies speichert Ihre Eingaben und führt Sie zu Schritt 2 der Installationsroutine, in der die Datenbank gewählt wird, mit der die TYPO3-Installation arbeiten soll.

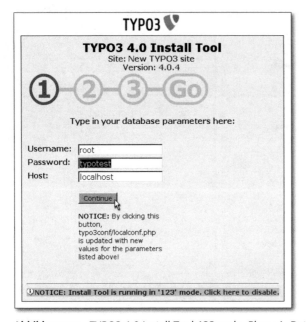

Abbildung 2.3 TYPO3 4.0 Install Tool 123mode, Phase 1, Datenbankverbindung

Schritt 2 – Erzeugen der Datenbank

In Schritt 2 können Sie entweder über das Dropdown-Menü unter Punkt **1: Select an existing EMPTY database** eine im Datenbankserver bereits angelegte Datenbank wählen. TYPO3 wird hier seine benötigten Tabellen anlegen und eventuell bereits bestehende gleichnamige überschreiben. Vorsicht also, falls Sie bereits eine TYPO3-Datenbank in Betrieb haben – an dieser Stelle könnten Sie sie zerstören!

Die bessere Wahl ist es, im Eingabefeld unter Punkt **2: Create new database (recommended)** einen Namen für eine neue Datenbank anzugeben und diese so anzulegen (Abbildung 2.4).

> **Der Name der Datenbank**
>
> Der Datenbankname ist frei wählbar, muss aber für MySQL »zulässig« sein. Er darf sich aus allen alphanumerischen Zeichen (Buchstaben und Ziffern) sowie dem Unterstrich _ und dem Dollarzeichen $ zusammensetzen. Leerzeichen und andere Interpunktionszeichen sind nicht erlaubt.

Installation von TYPO3 | **2.2**

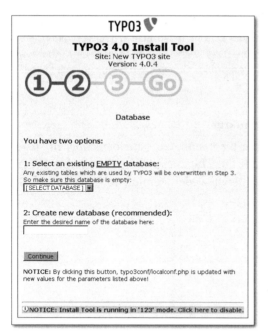

Abbildung 2.4 TYPO3 4.0 Install Tool 123mode, Phase 2

Im Beispiel wird eine neue Datenbank mit dem Namen **typo340** angelegt.

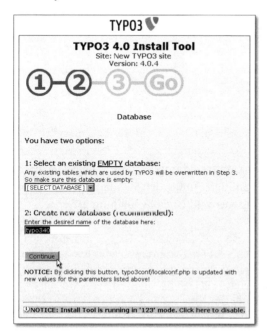

Abbildung 2.5 TYPO3 4.0 Install Tool 123mode, Phase 2, Datenbankanlage

Tipp

MySQL kann problemlos eine Vielzahl von Datenbanken gleichzeitig verwalten. Sie können aus diesem Grund auch mehrere TYPO3-Installationen parallel betreiben, auch solche mit unterschiedlichem Versionsstand. Geben Sie bei einer Parallelinstallation einfach einen anderen Datenbanknamen an.

Schritt 3 – Anlegen der Datenbankstruktur

Nun wird die Datenbankstruktur (also die benötigten Datenbanktabellen) angelegt und für den Betrieb nötige Inhalte eingefügt. Diesen Schritt erledigt TYPO3 automatisch für Sie. Sie benötigen hierzu weder Kenntnisse in SQL noch in MySQL.

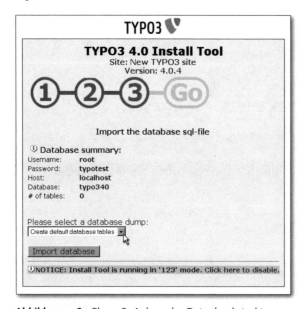

Abbildung 2.6   Phase 3, Anlage der Datenbankstruktur

Das Dropdown-Menü **Please select a database dump** zur Wahl eines Database-Dumps wird an dieser Stelle nicht benötigt. Außer der Standardoption **Create default database tables** bietet es keine Auswahl (siehe Abbildung 2.7).

Sie haben allerdings die Möglichkeit, eine passende SQL-Datei im Verzeichnis *typo3conf* abzulegen und an dieser Stelle als Alternative anzuwählen (sie würde dann im Dropdows-Menü als Option erscheinen). Dies mag dann interessant sein, wenn Sie die Datenbankstruktur und -inhalte einer TYPO3-Installation kopieren wollen, die Sie in Form eines Datenbank-Dumps vorliegen haben. Wie Sie selbst einen solchen Dump erstellen, wird in Anhang C, *Backup mit phpMyAdmin* erläutert.

Installation von TYPO3 | **2.2**

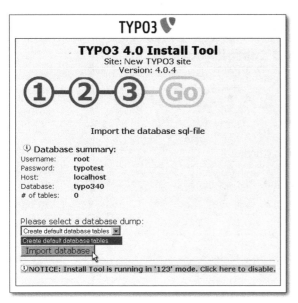

Abbildung 2.7 Abschluss der Phase 3 mit »Import database«

Klicken Sie jetzt auf den Button **Import database**. Das Install Tool meldet anschließend »You're done!«. Der wesentliche Teil der Installation ist damit beendet.

2.2.3 Vorgehen nach Abschluss des Installationsvorgangs

Das Install Tool bietet Ihnen nun drei Möglichkeiten fortzufahren (siehe Abbildung 2.8):

- **Go to the frontend pages**
  Sie können über diesen Link zur vom CMS erzeugten Website (»Frontend«) wechseln.

  Zu diesem Zeitpunkt sind im CMS allerdings weder Seiten noch irgendwelche Inhalte angelegt – es gibt also nichts zu sehen. Sie erhalten die Fehlermeldung »No pages are found on the rootlevel!« (Abbildung 2.9).

- **Go to the backend login**
  Dieser Link führt Sie in den Administrations- und Redaktionsbereich (»Backend«) von TYPO3.

  Da dort gegebenenfalls auch sicherheitsrelevante Einstellungen vorgenommen werden können, verlangt das System für den Zugang eine Autorisation mittels Angabe eines Nutzernamens und Passworts (siehe Abbildung 2.10).

45

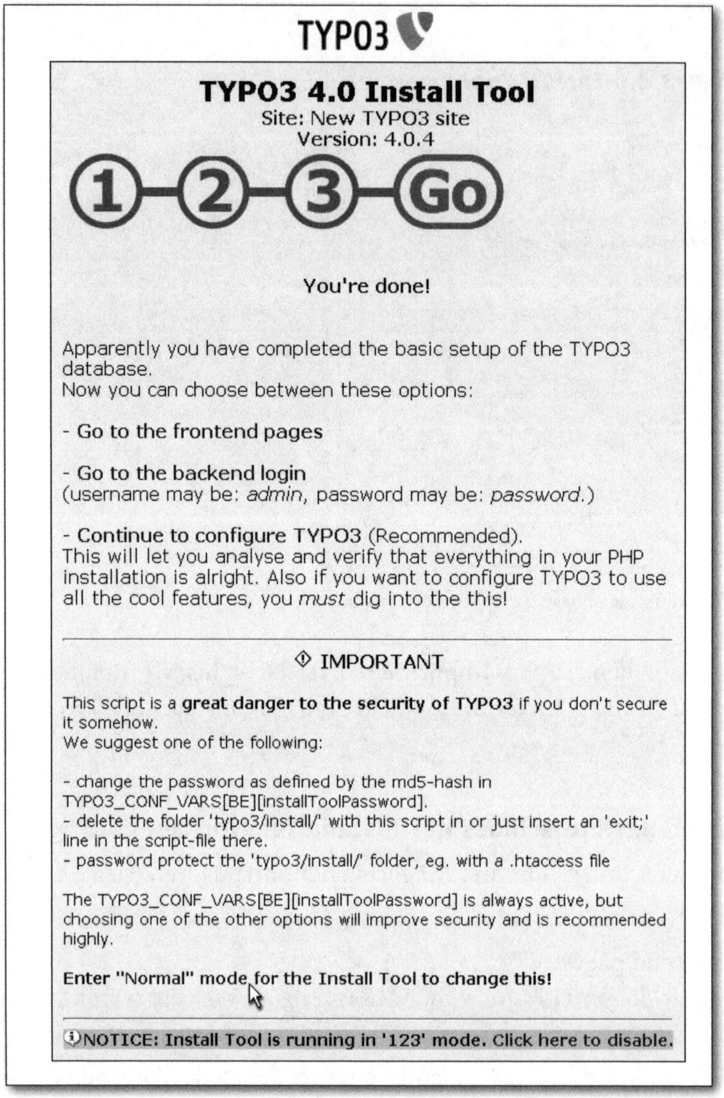

Abbildung 2.8 Abschluss der Installation

Abbildung 2.9 Fehlermeldung des Frontends bei fehlender Site

Das »Dummy-Paket« hat für das Backend standardmäßig bereits einen Benutzer mit Administratorrechten[4] mit folgenden Daten eingerichtet:

Username: admin

Password: password

Sie werden nachfolgend diesen Account verwenden, um sich im Backend anzumelden. Sie können später Ihren Nutzernamen und Ihr Passwort beliebig ändern.

Abbildung 2.10 Login als »admin« mit Kennwort »password«

> Selbstverständlich sollte ein Administrator-Account mit dieser Kennung in einer Produktionsumgebung **nicht** belassen werden – das CMS stünde damit jedem Missbrauch weit offen. Für eine reine Testinstallation ist gegen eine Beibehaltung dieses Accounts nichts einzuwenden.

▸ **Continue to configure TYPO3 (recommended)**
  Dieser Link startet das Install Tool erneut, diesmal allerdings in einem anderen, menügesteuerten Modus (»normal mode«).

  Sie können hier im Anschluss an die Standardinstallation erforderliche Feineinstellungen vornehmen. Da nie alle Parameter automatisch gesetzt werden können, wird dieser Weg ausdrücklich empfohlen.

Im Beispielprojekt werden daher im nächsten Abschnitt der Test und die Konfiguration des Systems fortgesetzt. Wählen Sie also den dritten Link.

---

4 Dies ist nicht identisch mit dem Administratorrecht für das Install Tool (siehe nächstes Kapitel)!

2.3 Konfiguration der Testinstallation

Zu diesem Zeitpunkt verfügen Sie schon über eine weitgehend funktionstüchtige TYPO3-Installation. Sie könnten nun, wie schon erwähnt, bereits das Front- bzw. Backend des CMS aktivieren. Mit beidem werden wir uns in Folge ausführlich beschäftigen. Sinnvoller ist jetzt aber die Kontrolle und weitergehende Konfiguration der Installation.

Der Installationsbereich kann sowohl dazu verwendet werden, einzelne Komponenten der Installation zu überprüfen als auch Einstellungen in der Konfigurationsdatei zu verändern.

Da auch im Install Tool sicherheitsrelevante Einstellungen vorgenommen werden können, wird dieses, ebenso wie das Backend, über ein hiervon unabhängiges **Passwort** (diesmal allerdings ohne Nutzernamen) abgesichert.

TYPO3 legt hierfür in den Konfigurationsdateien ein **Default-Passwort**[5] fest:

Passwort: joh316

Ein User-Name ist nicht vorgesehen, da dieser Bereich ohnehin nur für Backend-Administratoren zugänglich ist. Ein »normaler« Redakteur sollte an der Systeminstallation nichts ändern können.

> **Hinweis**
> Es wird dringend empfohlen, das Default-Passwort des Install Tools aus Sicherheitsgründen für eine Produktions-Anwendung von TYPO3 zu ändern, denn mit ihm kann das Install Tool von der Administrationsoberfläche[6] aus aufgerufen werden. Das Install-Tool-Passwort sichert ausschließlich die Konfiguration ab und ist verschieden vom Administratorpasswort für die CMS-Verwaltung. Das geänderte Passwort sollte notiert und sicher verwahrt werden.

Die Änderung des Passwortes kann jetzt oder zu einem späteren Zeitpunkt vorgenommen werden. Lassen Sie es zunächst unverändert.

---

5 Kasper Skårhøj hat als Passwort einen Hinweis auf das Evangelium des Johannes eingebaut, genauer, auf Kapitel 3, Vers 16.

6 Oder – schlimmer – einfach von außen über einen URL. Um ganz sicher zu gehen, schützt oder entfernt man das entsprechende Verzeichnis *typo3/install* oder benennt es um.

Konfiguration der Testinstallation | 2.3

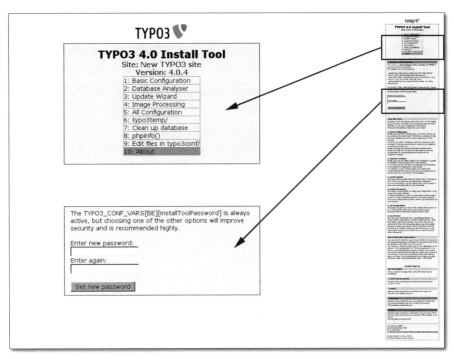

Abbildung 2.11 Eingabe des Passworts im Bereich »About« des Install Tools

Betrachten Sie jetzt das **Menü**, das sich in der Tabelle im oberen Bereich der Seite befindet. Es zeigt folgende Menüpunkte:

- **1: Basic Configuration**
  Dient der Kontrolle von Grundeinstellungen wie Schreibrechten, PHP-Ini, Mailserver, Grafikbibliotheken, Datenbank etc.
- **2: Database Analyser**
  Dient zur Bearbeitung und Aktualisierung der bestehenden Datenbank. Ebenso können Inhalte und Datenbankdefinitionen (per SQL-Dump) importiert werden.
- **3: Update Wizard**
  Dies benötigen Sie nur, wenn Sie Ihr System updaten wollen.
- **4: Image Processing**
  Testet die Funktionalität von ImageMagick und FreeType bzw. GDLib.
- **5: All Configuration**
  Direkter Zugang zu den Systemvariablen von TYPO3, jeweils mit Änderungsmöglichkeit über Eingabefelder.

- **6: typo3temp/**
  Statistik über die von TYPO3 im hier bezeichneten Ordner abgelegten temporären Dateien (meist Grafiken) mit der Möglichkeit, diese zu löschen
- **6: phpinfo()**
  Abfrage der PHP-Umgebung durch Aufruf der PHP-Funktion `phpinfo()` – allerdings ohne Änderungsmöglichkeit.[7]
- **7: Clean up database**
  Hier können Sie überflüssige Daten aus der Datenbank löschen – beispielsweise Cache-Informationen.
- **8: phpinfo()**
  Hier können Sie mit der PHP-Funktion `phpinfo()` den Zustand Ihrer PHP-Installtion auslesen.
- **9: Edit files in typo3conf/**
  Liste der Systemkonfigurationsdateien im Ordner *typo3conf*. Alle Dateinamen können angeklickt und die Inhalte vor Ort bearbeitet[8] werden.
- **10: About**
  Startseite des Install Tools mit Erklärungen und Legende. Hier kann auch das Passwort geändert (aber nicht eingesehen) werden.

Von Interesse sind der erste und der vierte Menüpunkt. Hier können Sie weitergehende Einstellungen vornehmen und erhalten Auskunft über den aktuellen Zustand Ihrer Installation.

Tipp: Sehen Sie sich ruhig auch die Möglichkeiten hinter den restlichen Menüpunkten an. Hier sollten Sie aber erst eingreifen, wenn Sie mit dem System vertraut sind!

2.3.1 Die Meldungen des Install Tools

Beachten Sie in diesem Zusammenhang die Legende im unteren Drittel der »About«-Seite. Die hier vorgestellten Icons dienen überall im Install Tool der Visualisierung des Systemzustands. Sie haben folgende Bedeutung:

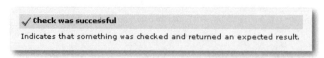

Abbildung 2.12   Grünes Häkchen – »Funktion gewährleistet«

---

7   Die Datei php.ini liegt nicht im TYPO3-Ordner und ist daher aus dem CMS nicht zugänglich. Sie müssen Sie separat in einem geeigneten Editor bearbeiten.
8   Sie sollten natürlich wissen, was Sie tun. An dieser Stelle kann – und sollte – aber auch jeweils eine Sicherungskopie erstellt werden.

Symbolisiert, dass der überprüfte Punkt in Ordnung ist. Alle so markierten Systemeigenschaften sind korrekt konfiguriert.

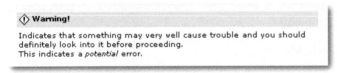

Abbildung 2.13 Ausrufezeichen in gelber Raute – »Warnung«

Markiert ein mögliches Problem mit der Konfiguration; das System ist aber prinzipiell lauffähig. Eine Überprüfung dieses Konfigurationspunktes ist sinnvoll, jedoch nicht vordringlich.

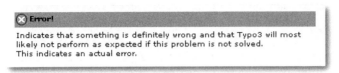

Abbildung 2.14 Rot unterlegtes weißes Kreuz – »Kritischer Fehler«

Hier liegt ein Fehler in der Konfiguration vor, der die Lauffähigkeit von TYPO3 beeinträchtigt oder gefährdet. Es empfiehlt sich, in dieser Weise markierte Punkte genau zu untersuchen und den gemeldeten Fehler zu beseitigen.[9]

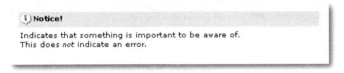

Abbildung 2.15 Sprechblase mit blauem Ausrufezeichen – »Zur Beachtung«

Zeigt einen wichtigen Hinweis, bei dem es sich aber nicht um eine Fehlermeldung handelt. Dies kann z. B. PHP-Umgebungsvariablen betreffen, die gesetzt oder verändert werden können bzw. sollten (aber nicht müssen).

Abbildung 2.16 Grau unterlegter Text – »Erläuterung«

Hiermit wird rein informativer Text mit weniger wichtigem Inhalt angezeigt.

---

9 In der Standardinstallation wird so das Fehlen von ImageMagick angezeigt, denn die entsprechenden Bibliotheken müssen erst noch installiert werden.

2.3.2 Überprüfung der Grundkonfiguration »Basic Configuration«

Wählen Sie jetzt den ersten Menüpunkt **Basic Configuration** des Install Tools. Die Überprüfung der Installation betrifft in dieser Reihenfolge von oben nach unten folgende Komponenten:

▶ **Schreibrechte** (»Directories«)
Existieren die benötigten Verzeichnisse und sind für sie Schreibrechte gesetzt? Hier sollte vor allen geprüften Verzeichnissen das grüne Häkchen stehen.

Erklärung:
TYPO3 benötigt Schreibberechtigung für eine Reihe von Verzeichnissen wie beispielsweise *typo3*, *typo3temp*, *typo3conf*, *uploads* und *fileadmin* sowie für einige ihrer Unterverzeichnisse, damit dort durch das CMS Dateien abgelegt oder modifiziert werden können.

> **Hinweis**
>
> Zum Zeitpunkt der Erstellung des Buches liegt ein geringfügiger »Bug« in der TYPO3-Installation vor: Die **drei Unterverzeichnissse** *typo3temp/pics/*, *typo3temp/GB/* und *typo3temp/temp/* werden nicht automatisch angelegt.[10] Sie erhalten für diese Verzeichnisse eine Fehlermeldung (Abbildung 2.17 links). Legen Sie die Unterverzeichnisse einfach innerhalb von *typo3temp* manuell an und laden Sie danach die Seite des Install Tools neu.

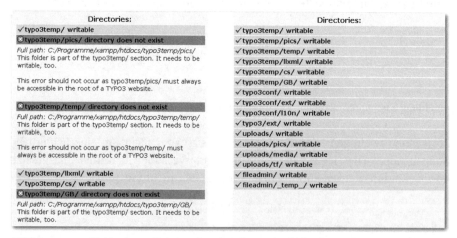

Abbildung 2.17 Meldung vor (links) und nach Anlegen der fehlenden Ordner

---

10 Gelegentlich fehlen auch die Ordner *typo3temp/llxml/* und *typo3temp/cs/*. Legen Sie in jedem Fall alle als »missing« gemeldeten Verzeichnisse an. Mit dem Update zu TYPO3 4.0.4 scheint das Problem behoben.

▶ **Kontrolle der php.ini** (»php.ini configuration checked:«)
Ist PHP mittels der php.ini-Datei richtig konfiguriert?

Solange hier nur grüne Häkchen und Info-Sprechblasen zu sehen sind, ist das System arbeitsfähig. Die mit Infos versehenen PHP-Systemeigenschaften könnten noch für TYPO3 optimiert werden.

Erklärung:
Empfehlenswert ist z. B. das Speicherlimit[11] für PHP auf 16 MB zu erhöhen. Dies geschieht in der `php.ini` durch Setzen von `memory_limit=16M`. Dies können sie jedoch nicht direkt von TYPO3 aus vornehmen. An dieser Stelle können nen Sie lediglich die vorhandenen Einstellungen überprüfen.

▶ **Lokaler Mailserver** (noch in **php.ini**)
Können vom System E-Mails verschickt werden? Sie können dies durch das Versenden einer Test-Mail überprüfen.

TYPO3 verwendet den Mailserver für Benachrichtigungen im Rahmen von Workflow-Aufgaben. Zum Test geben Sie Ihre E-Mail-Adresse in das Feld ein und betätigen Sie den Button **Send test mail**. Sofern die PHP-Funktion `mail()` korrekt arbeitet, erhalten Sie eine Mail von TYPO3 mit dem Absender »test@test.test«.

Erklärung:
Unter Windows fehlt bei einer lokalen Installation der Einzelkomponenten oft ein SMTP-Server. XAMPP installiert hierfür den »Mercury Mail Transport System for Win32«. Alternativ kann auch ein lokaler Mailserver wie beispielsweise »Hamster« (**www.elbiah.de**) zu diesem Zweck eingesetzt werden. Linux besitzt gewöhnlich von Haus aus einen eigenen Mailserver.

▶ **Grafik-Bibliothek GDLib**
Ist die GD-Bibliothek verfügbar und funktionstüchtig? Sie wird für die Erzeugung von dynamischen Grafiken benötigt.

Aus rechtlichen Gründen wurde die Erzeugung von GIF-Dateien durch GDLib vorübergehend ausgesetzt, ist aber nach Ablauf entsprechender Patente in den neuen Versionen wieder integriert. Darüberhinaus werden die Formate PNG und JPG unterstützt. JPG wird von TYPO3 nicht für dynamische Grafiken verwendet.

Erklärung:
Unkritisch, sofern die grafischen Funktionen nicht wirklich benötigt werden (wie z. B. für grafikbasierte dynamische Menüs). Sofern, wie bei dieser Instal-

---

11 Das Speicherlimit steht defaultmäßig auf 8 MB (memory_limit=8M). Dies kann jedoch für eine lokale Installation durchaus ausreichen.

lation der Fall, eine geeignete PHP-Version gewählt wurde, wird die entsprechende Bibliothek jedoch vorliegen.

▶ **FreeType**
Die Unterstützung von TrueType-Schriftarten durch die FreeType-Bibliothek wird überprüft.[12]

Ein grünes Häkchen signalisiert die generelle Funktionstüchtigkeit von FreeType. Zusätzlich muss beachtet werden, ob die erzeugte Beispielbeschriftung innerhalb der gelben Fläche bleibt oder (wie in der Abbildung Abbildung 2.18 gezeigt) beschnitten wird.

Erklärung:
Die FreeType2-Library ist in der Installation enthalten. TYPO3 ist jedoch von Haus aus auf Zusammenarbeit mit der alten Version FreeType 1.3.1 eingerichtet, was zu diesem geringfügigen Fehler führt.

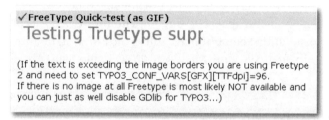

Abbildung 2.18 FreeType-Test – der Text ragt aus der gelben Fläche hinaus

Außer einer kleinen Konfigurationsänderung ist zur Anpassung nichts zu unternehmen. Bleibt die erzeugte Beschriftung bei Ihnen innerhalb der gelben Fläche, so ist eine Anpassung, wie sie in Folge beschrieben wird, nicht notwendig.

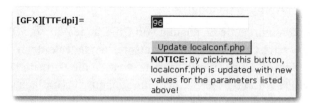

Abbildung 2.19 Beheben des FreeType-Fehlers durch Ändern der dpi-Angabe

Scrollen Sie die Seite bis (fast ganz) nach unten, bis Sie einen Eintrag [GFX][TTFdpi] finden (Abbildung 2.19). Setzen Sie im danebenstehenden Eingabefeld den Wert auf 96 und klicken Sie den Button **Update localconf.php**.

---

12 Auch dies ist für graphische Menüs erforderlich. Ansonsten ebenfalls unkritisch.

Die Install Tool-Seite wird neu geladen und die erfolgten Änderungen als Protokoll ausgegeben. Klicken Sie nun auf den Link **Click to continue...** unterhalb der Protokollliste.

Der FreeType-Test sollte nun bestanden werden und der Text nicht mehr aus der gelben Fläche der Grafik hinausragen (siehe Abbildung 2.20.) Sollte dies nicht der Fall sein, sehen Sie noch die alte Grafik aus dem Browsercache. Laden Sie in diesem Fall die Seite einfach neu.

Abbildung 2.20 FreeType-Test – diesmal bestanden

- **ImageMagick**
  Es wird an nach den vorhandenen Installationen von **ImageMagick** gesucht, die für die Bildverarbeitung innerhalb von TYPO3 zuständig sind.

  Wurde ImageMagick vom System gefunden (hier werden eine Reihe »üblicher« Pfade überprüft), so steht vor **Available ImageMagick installations** ein grünes Häkchen.

  Ist dies nicht der Fall, ist das Programm jedoch installiert, so geben Sie in das Eingabefeld den Pfad zu Ihrer Installation an und bestätigen ihn mit dem Button **Send**. Andernfalls installieren Sie ImageMagick wie im nächsten Kapitel beschrieben.

  Erklärung:
  Hier erhalten Sie zu diesem Zeitpunkt noch eine Warnung ähnlich der in Abbildung 2.21, dass keine derartige Installationen aufgefunden wurde. Sie sollten ImageMagick in diesem Fall installieren.

- **Datenbankverbindung**
  Die Verbindung zur MySQL-Datenbank wird überprüft.

  Hier wird (in Klartext!) gemeldet, welcher Zugang (Account) für die Datenbankverbindung verwendet wird.[13]

---

[13] Beachten Sie, dass diese Daten folglich auch in einer Produktionsumgebung für jedermann zugänglich sind, der Zugang zum Install Tool besitzt!

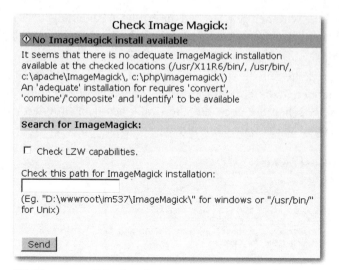

Abbildung 2.21 Keine Installation von ImageMagick gefunden

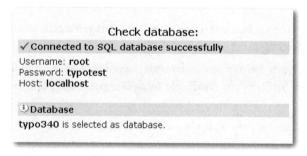

Abbildung 2.22 Überprüfung der Datenbankverbindung

Sollte keine Verbindung aufgebaut sein, sehen Sie eine Fehlermeldung. Scrollen Sie in diesem Fall abwärts, bis Sie ein Eingabeformular wie in Abbildung 2.23 finden, in das Sie »Username«, »Password«, »Host« und »Database« eingeben können. Geben Sie die korrekten Werte ein und bestätigen Sie diese Eingabe (noch weiter unten) mit dem Button **Update localconf.php**.

Weitere Informationen über die Datenbank erhalten Sie im zweiten Menüpunkt **Database Analyser**. An dieser Stelle kann dies jedoch beiseite gelassen werden.

Erklärung:

Das Tool sollte melden, dass die Verbindung zu Datenbank steht und welche Datenbank von TYPO3 verwendet wird. Bei unserer Installation wurde der Name »typo340« gewählt. Sollten Sie einen anderen Namen verwendet haben, so sehen Sie diesen.

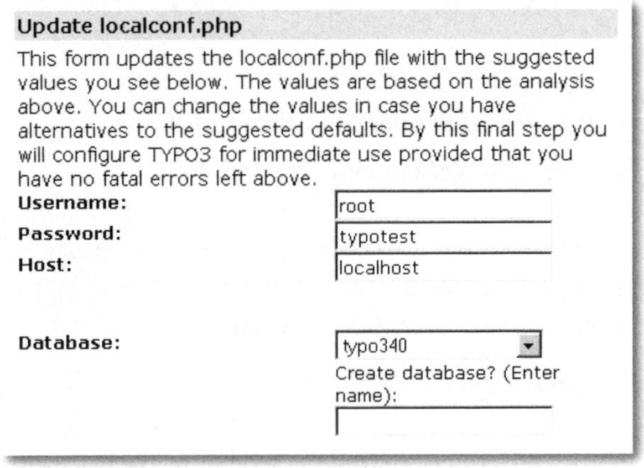

Abbildung 2.23 Eingabe der Datenbankverbindung ist hier auch möglich

> **Tipp**
> Sie können die Konfiguration jederzeit unterbrechen und zu einem späteren Zeitpunkt fortsetzen. Dies kann nötig sein, um die erfolgreiche Beseitigung eines gefundenen Fehlers zu überprüfen.

Wenn Sie die Installation bisher wie angegeben vorgenommen haben, werden Sie bemerkt haben, dass TYPO3 im Install Tool das Fehlen von **ImageMagick** moniert hat. Als nächstes müssen Sie daher die fehlenden Dateien installieren und ihre Position dem System bekannt geben. Rufen Sie danach das Install Tool erneut auf, so werden Sie feststellen, dass die Fehlermeldung verschwunden ist.

2.4 Installation von ImageMagick

Um TYPO3 mit den benötigten Bildverarbeitungsfunktionen auszurüsten, ist es nötig, das Programmpaket **ImageMagick** zu installieren und zu konfigurieren. Es wird nach wie vor zur etwas älteren Version 4.2.9 geraten. Neuere Versionen des Programms, die mehr Ressourcen benötigen, führen zu einer deutlich schlechteren Server-Performance. Ihre erweiterten Funktionalitäten werden von TYPO3 eigentlich nicht benötigt. Alternativ können Sie das funktionsidentische, aber modernere **GraphicsMagick** einsetzen.

Ausführliche Installationshinweise finden Sie unter

- www.imagemagick.org
- www.graphicsmagick.org

Wir beschreiben nun kurz das entsprechende Vorgehen für Windows, Linux und Mac OS.

Installation unter Windows – ImageMagick oder GraphicsMagick

Auf der DVD-ROM ist das benötigte **ImageMagick**-Paket für Windows als Zip-Archiv im Verzeichnis *Installation/Windows/ImageMagick* in der empfohlenen, mit TYPO3 am besten zusammenarbeitenden Programmversion 4.2.9 enthalten. Entpacken Sie es in ein Verzeichnis Ihrer Wahl. Im Fall der Beispielinstallation werden die Dateien unter *C:\Programme\ImageMagick* abgelegt.

Alternativ können Sie auch **GraphicsMagick** verwenden, das als Installer im Verzeichnis *graphicsmagick* liegt. Klicken Sie den Installer einfach an und folgen Sie den Instruktionen. Das Programm installiert sich standardmäßig nach *C:\Programme\GraphicsMagick-1.1.6-Q8*.

Installation unter Mac OS X – ImageMagick oder GraphicsMagick

ImageMagick steht auch unter Mac OS zur Verfügung. Der Einfachheit halber sollte statt der Version 4.2.9 (als tar-Archiv auf der Begleit-DVD) die als Installer *imagemagick-5.5.7.pkg.tar.gz* vorliegende Version 5.5.7 im entsprechenden *macosx*-Unterverzeichnis gewählt werden. Das Paket installiert sich nach */usr/local*.

GraphicsMagick kann unter Mac OS ebenfalls verwendet werden, muss hierfür allerdings kompiliert (beispielsweise mit Xcode) und im Verzeichnis */opt/local/bin* oder */user/local/bin* abgelegt werden. Das entsprechende tar-Archiv finden Sie auf der Begleit-DVD.

Installation unter Linux – ImageMagick oder GraphicsMagick

Linux-User finden ihre Version von **ImageMagick** auf der Begleit-DVD im Verzeichnis *Installation/linux/imagemagick*. Entpacken Sie es und konfigurieren Sie es mit `./configure`. Anschließend installieren Sie es mit `make install` nach `/usr/local/bin`.

GraphicsMagicks liegt als Tar-Archiv vor. Das Vorgehen zur Installation ist analog zu derjenigen bei ImageMagick. Die Installation erfolgt standardgemäß nach */usr/local/bin*.

2.4.1 Übergeben des ImageMagick-Pfads an das Install Tool

TYPO3 sucht von sich aus in einem Standardpfad nach einer ImageMagick-Installation. Unter Linux ist dies */user/local/bin*, unter Mac OS gewöhnlich */opt/local/bin* oder gleichfalls */user/local/bin*, unter Windows sucht TYPO3 in *C:\apache\ImageMagick* oder *C:\php\ImageMagick*. Wählen Sie für Ihre Installation

Installation von ImageMagick | **2.4**

eines dieser »üblichen« Verzeichnisse, so ist die Fehlermeldung beim nächsten Start des Install Tools verschwunden.

Legen Sie die Dateien jedoch in einem anderen Verzeichnis ab, so müssen Sie dem System den Pfad zu ImageMagick (bzw. GraphicsMagick) mitteilen. Dies geschieht wiederum im Menüpunkt **Basic Configuration** des Install Tools, wo Sie unter der Fehlermeldung zu ImageMagick ein Eingabefeld finden, das diesem Zweck dient (Abbildung 2.24).

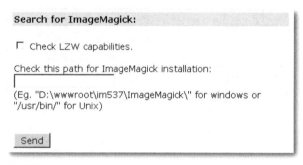

Abbildung 2.24 Einbinden von ImageMagick

Tragen Sie den Pfad in das hierfür vorgesehene **Inputfeld** ein. Beachten Sie, dass Sie als unter Windows den Backslash (\) und im Falle von Unix- oder Linux den normalen Slash (/) verwenden müssen:

- **Windows** (Beispielpfad):
  C:\Programme\ImageMagick
- **Linux** (Beispielpfad):
  /usr/local/bin
- **Mac OS X** (Beispielpfad):
  /opt/local/bin

Oberhalb des Eingabefeldes sehen Sie eine weitere Checkbox. Mit ihrer Hilfe können Sie überprüfen lassen, ob die verwendete Version von ImageMagick die LZW-Komprimierung des GIF-Dateiformates unterstützt. Wählen Sie die Checkbox an. Betätigen Sie jetzt den Button **Send**. Das System überprüft dann den von Ihnen eingegebenen Pfad. Statt der Warnung (gelbe Raute) muss nun das Okay (grünes Häkchen) erscheinen.

Abschließend dürfen Sie nicht vergessen die Einstellungen zu speichern, indem Sie den Button **Update localconf.php** am unteren Ende der Seite betätigen. Kontrollieren Sie nach dem Betätigen des Buttons, ob TYPO3 die ImageMagick-Installation korrekt eingetragen hat. Unmittelbar über dem Update-Button werden die Pfadvariablen für ImageMagick ausgegeben.

2 | Installation von TYPO3

Abbildung 2.25 Eine GraphicsMagick-Installation wurde gefunden (Windows)

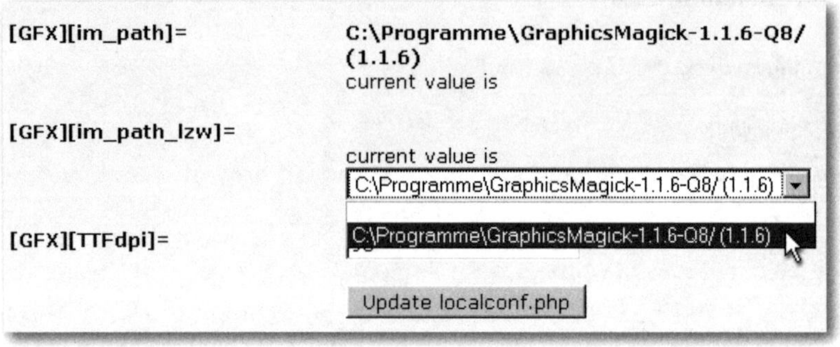

Abbildung 2.26 Überprüfung der Pfadvariablen

In beiden Variablen **[GFX][im_path]** und **[GFX][im_path_lzw]** muss jeweils der Pfad zu der von Ihnen verwendeten Installation stehen. Für die zweite Variable muss gegebenenfalls mittels des Pulldown-Menüs »nachgeholfen« werden (siehe Abbildung 2.26). Betätigen Sie in diesem Fall nochmals **Update localconf.php**. Ein korrekter Pfadeintrag ist notwendig für die nun erfolgende Konfiguration der Bildverarbeitung.

Hinweis
Es kann nachfolgend erforderlich sein (schadet aber in jedem Fall nicht), dass Sie TYPO3 seine Datenbankaufräumroutine ausführen lassen. Gehen Sie hierfür nach **7: Clean up database** und wählen Sie die Option **Clean up everything** (Abbildung 2.27).

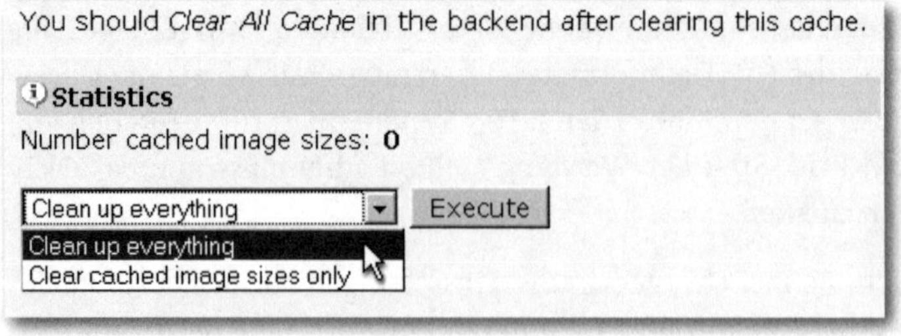

Abbildung 2.27 Datenbank aufräumen in »Clean up datebase«

2.5 Konfiguration von ImageMagick

Für die Überprüfung der Bildverarbeitungsfunktionen stehen Ihnen im Install Tool detaillierte Tests zur Verfügung. Wählen Sie dafür den vierten Menüpunkt **Image Processing** des Install Tools.

Über ein Menü können Sie verschiedene Bereiche der Bildverarbeitungsfunktionen testen:

- **1: Reading image formats**
  Welche Bildformate können gelesen werden?
- **2: Writing GIF and PNG**
  Funktioniert das Erzeugen von GIF- und PNG-Dateien?
- **3: Scaling images**
  Ist die Größenänderung von Bildern möglich?
- **4: Combining images**
  Können Bilder kombiniert werden?
- **5: GD library functions**
  Werden geometrische Objekte in Kombination mit Bildern von der GD-Bibliothek erzeugt?

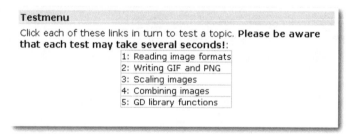

Abbildung 2.28 Submenü der Bildverarbeitungstests

2.5.1 Prüfung der Unterstützung der Dateiformate

Wählen sie zunächst den ersten Menüpunkt **Reading image formats**. TYPO3 testet nun eine Reihe von Bildformaten daraufhin, ob diese vom System erkannt werden können. Es sind dies die Formate JPG, GIF, PNG, TIF, BMP, PCX, TGA, PDF und AI.

TYPO3 bedient sich hierfür der Dateien `identify.exe` und `convert.exe` von ImageMagick, um vorinstallierte Testdateien aus seinem Systemordner *typo3\sysext\install\imgs* zu laden und probeweise zu konvertieren.

Da ImageMagick eine Vielzahl von Dateiformaten unterstützt, werden diese einzeln getestet. In Abbildung 2.29 sehen Sie zum Beispiel einen erfolgreichen Test des BMP-Formats.

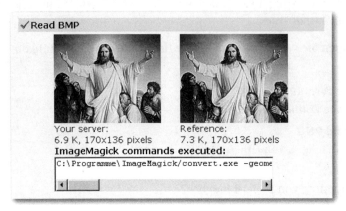

Abbildung 2.29 Erfolgreicher Test des BMP-Formats

Fällt ein Test negativ aus und ist damit die Unterstützung des jeweiligen Formats nicht gegeben, wird eine entsprechende Fehlermeldung angezeigt (siehe Abbildung 2.30).

Abbildung 2.30 Fehlermeldung nach erfolglosem Test eines Formats

2.5.2 Prüfen der Grafikerzeugung im GIF- und PNG-Format

TYPO3 verwendet ImageMagick zur Erzeugung von Menügrafiken – vorwiegend im GIF-Format. Dieser Test überprüft die Fähigkeit, diese GIF bzw. PNG-Dateien tatsächlich zu erzeugen.

> **Tipp**
>
> Sie können in der Konfiguration wählen, ob Sie anstelle von GIF das Format PNG benutzen möchten. Setzen Sie hierfür in der **Basic Configuration** den Wert von **[GFX][gdlib_png]** mittels des Pulldown-Menüs auf 1 (PNG). Defaulteinstellung ist der Wert 0 (GIF) (siehe Abbildung 2.31).

Konfiguration von ImageMagick | 2.5

Abbildung 2.31 Test der Grafikerzeugung im GIF-Format

Abbildung 2.32 Umstellen der Grafikerzeugung von GIF auf PNG

Eine gleichwertige Möglichkeit besteht im Menüpunkt **All Configuration**, wo für die Umstellung der Variablen **[gdlib_png]** eine Checkbox anzuwählen ist (Default: Checkbox leer).

2.5.3 Prüfen der Bildskalierungsfunktionen

TYPO3 verwendet die Skalierungsfunktionen einerseits, um per Upload auf den Server geladene Bilder auf das gewünschte Displayformat für das Frontend zu bringen, andererseits, um die für die Voransicht im Fileadmin-Verzeichnis nötigen Vorschaubilder (Thumbnails) zu erzeugen. Auch hierfür wird `convert.exe` von ImageMagick eingesetzt.

Beim Skalieren kann gleichzeitig auch eine Konvertierung des Grafikformates geschehen, wie in diesem Falle von GIF nach JPG (siehe Abbildung 2.33).

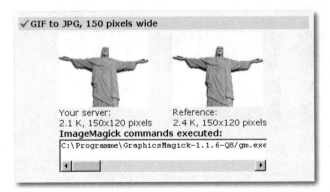

Abbildung 2.33 Skalierung bei gleichzeitiger Konvertierung

2.5.4 Prüfen der Funktionen zur Bildkombination

ImageMagick kann zwei Grafikdateien mit einer Filterdatei zu einer einzigen zusammenfügen.[14] Dies kann in Form einer einfachen Einbettung geschehen oder durch graduelles Überblenden zwischen beiden Grafiken mit Hilfe einer Graustufenmaske.

Für beide Varianten wird die Datei `combine.exe` von ImageMagick eingesetzt.

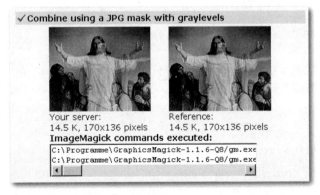

Abbildung 2.34 Test der Kombination mit Graustufenmaske

Der Test in Abbildung 2.34 kombiniert drei Grafiken aus dem Ordner *typo3\sysext\install\imgs* (siehe Abbildung 2.35) zu einer Ergebnisgrafik.

Tipp: Sie können diese Funktion verwenden, um Bilder innerhalb Ihrer Website mit Hilfe eines graphischen Logos zu kennzeichnen.

---

14 Für ImageMagick-Versionen über 4.2.9 muss für korrekte Funktion gegebenenfalls in »All Configuration« der Wert der Variablen [im_negate_mask] und [im_imvMaskState] geändert werden.

Konfiguration von ImageMagick | **2.5**

Abbildung 2.35 An der Bildkombination beteiligte Grafiken

2.5.5 Prüfen der GDLib-Effekte

Die GDLib ermöglicht sowohl das Erzeugen einfacher geometrischer Grafiken als auch deren Kombination mit Schrift bis hin zu Schattenwurfeffekten.

Hierfür werden wiederum die ImageMagick-Dateien `combine.exe` und *convert.exe* eingesetzt.

Interessant sind hier in erster Linie die Möglichkeiten der Grafikbeschriftung, die GDLib bietet. Mit Hilfe der Filter von ImageMagick (eine Folge aus Skalierung, Schärfen und Kombination) kann ein als »niceText« bezeichnetes, optisch ansprechendes Ergebnis erzielt werden.

Der Text kann nach Wunsch auch mit Schlagschatten versehen werden. Hier hängt das Ergebnis (siehe Abbildung 2.36) jedoch von der verwendeten GDLib-Version und gleichzeitig von der Version von ImageMagick (in manchen Versionen 5.x steht bei letzterem der Unschärfefilter nicht zur Verfügung), GraphicsMagick, GDLib und FreeType ab.

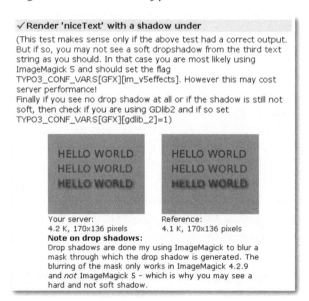

Abbildung 2.36 Texteffekte im Test

Den Einsatz der Bildverarbeitungsfunktionen finden Sie in Kapitel 8, *Bildverarbeitung in TYPO3*.

2.6 Finetuning mit »All Configuration«

Die bisher betrachteten Menüpunkte des Install Tools boten übersichtliche und absichtlich einfach gehaltene Möglichkeiten, bestimmte Aspekte der Systemkonfiguration zu betrachten und diverse Grundeinstellungen vorzunehmen. Oft genügt die Auswahl an Konfigurationsmöglichkeiten, die hier geboten wird, allerdings nicht. Sie stellen tatsächlich auch nur einen Ausschnitt der möglichen Einstellungen dar.

Entsprechend weitgehende Systemeinstellungsmöglichkeiten bietet der fünfte Menüpunkt **All Configuration** des **Install Tools**. Die hier vorgenommenen Einstellungen entsprechen dem Setzen von Systemvariablen in der Konfigurationsdatei `localconf.php` von TYPO3. Diese Datei könnte auch natürlich per Editor direkt bearbeitet werden, in den meisten Fällen ist dies über das Install-Tool jedoch einfacher möglich.

> **Erläuterung**
>
> TYPO3 wird im Unterverzeichnis *typo3conf* des Installationsverzeichnisses konfiguriert, auf dessen Inhalt auch über das Install Tool zugegriffen werden kann. In der darin enthaltenen Datei `localconf.php` sind grundlegende Einstellungen und die globale Konfigurationsvariable `TYPO3_CONF_VARS` definiert.

2.6.1 Beispiel: Anpassung zweier Werte für ImageMagick

Da das im Beispielprojekt verwendete XAMPP-Paket die **GD-Bibliothek** in der **Version 2** und die Freetype-Bibliothek in der Version 2.1.5 verwendet, sollten folgende Konfigurationseinträge in der Datei `localconf.php` erzeugt worden sein:

```
$TYPO3_CONF_VARS["GFX"]["gdlib_2"] = 1;
$TYPO3_CONF_VARS["GFX"]["TTFdpi"] = '96';
```

Der erste Eintrag teilt TYPO3 mit, dass die neue GD-Bibliothek der Version 2 verwendet werden soll. Der zweite Eintrag erhöht den dpi-Wert (Dots per Inch = Pixel pro Zoll) Wert von 72 auf 96, was für eine korrekte Anzeige mit Freetype 2 nötig ist.

Die Einstellungen können in **All Configuration** komfortabel über das Install Tool vorgenommen werden, das dafür entsprechende **Eingabefelder** bietet. Beachten

2.6 Finetuning mit »All Configuration«

Sie, dass die hier vorgestellten Einstellungsfelder im Formular nicht unmittelbar benachbart sind.

Suchen Sie zuerst nach einem Feld, das mit **[gd_lib2]** betitelt ist (Abbildung 2.37). Um den Zahlenwert 1 in die Konfiguration zu übertragen, muss hier der Wert 1 eingetragen werden (der Ausgangszustand entspricht dem Wert 0).

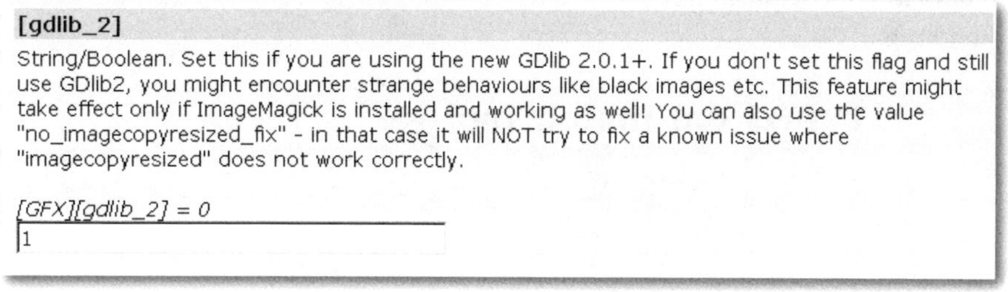

```
[gdlib_2]
String/Boolean. Set this if you are using the new GDlib 2.0.1+. If you don't set this flag and still
use GDlib2, you might encounter strange behaviours like black images etc. This feature might
take effect only if ImageMagick is installed and working as well! You can also use the value
"no_imagecopyresized_fix" - in that case it will NOT try to fix a known issue where
"imagecopyresized" does not work correctly.

[GFX][gdlib_2] = 0
1
```

Abbildung 2.37   Aktivieren von GD-Lib 2 in »All Configuration«

Überspringen Sie die folgenden Punkte. Weiter unten befindet sich ein Eingabefeld für **[TTFdpi]** (Abbildung 2.38), in das der gewünschte Wert eingetragen werden soll: Geben Sie in dieses Feld gegebenenfalls den Wert 96 (ohne Anführungszeichen) ein.

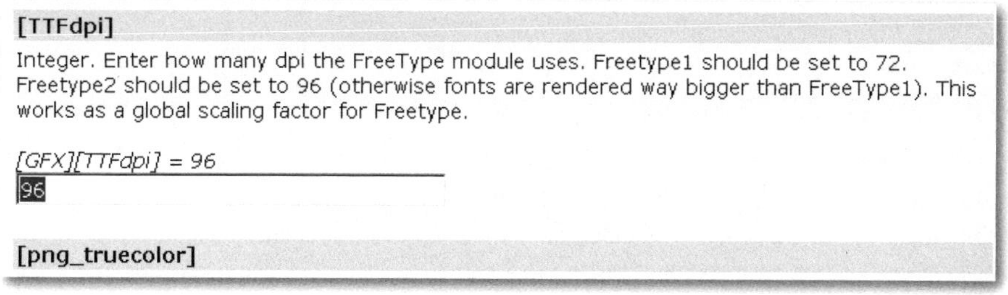

```
[TTFdpi]
Integer. Enter how many dpi the FreeType module uses. Freetype1 should be set to 72.
Freetype2 should be set to 96 (otherwise fonts are rendered way bigger than FreeType1). This
works as a global scaling factor for Freetype.

[GFX][TTFdpi] = 96
96

[png_truecolor]
```

Abbildung 2.38   Setzen des dpi-Werts für FreeType in »All Configuration«

Die restlichen Einstellungsmöglichkeiten sind für unser Ziel ohne Belang, bieten aber viele Optionen. Merken Sie sich jetzt nur, dass es sie gibt und scrollen Sie die Seite bis ganz nach unten. Betätigen Sie hier den Button mit der Aufschrift **Write to localconf.php**.

In der Konfigurationsdatei erscheinen jetzt die beiden, oben im Listing gezeigten Einträge. Das Install Tool bietet Ihnen einen weiteren Menüpunkt, unter dem Sie sich von dieser Änderung überzeugen kann.

2.7 Konfigurationsdateien direkt bearbeiten

Die Zieldatei der eben vorgenommenen Änderung finden Sie im Ordner typo3conf ihrer Installation. Sie können Sie mit einem beliebigen externen Text-Editor betrachten. Eine direktere Möglichkeit bietet Ihnen wiederum TYPO3 selbst. Innerhalb des Install Tools finden Sie über den Menüpunkt **Edit Files in typo3conf** eine anklickbare Liste aller Dateien in diesem Verzeichnis (siehe Abbildung 2.39).

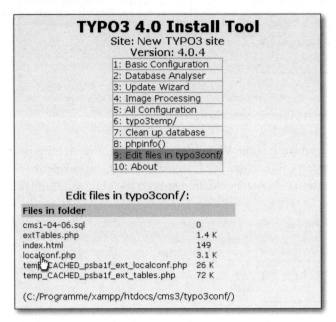

Abbildung 2.39 Die Dateien im Konfigurationsverzeichnis »typo3conf«

Darunter sind unter anderem:

- database.sql
  Dies ist die SQL-Dump-Datei, die Sie bei der Erstinstallation eingesetzt haben, um die Tabellenstruktur der TYPO3-Datenbank zu erzeugen und mit Inhalten zu füllen.

- localconf.php
  Dies ist die zentrale Konfigurationsdatei von TYPO3. Sie enthält alle Informationen, die TYPO3 für seine Umgebung benötigt.

- index.html
  Diese Datei dient zum Schutz des Verzeichnisses vor unerwünschten Besuchern, indem es diese automatisch in das Wurzelverzeichnis der Webpräsenz weiterleitet (mittels META-Refresh).

Zusätzlich sind hier zwei temporäre Cache-Dateien zu finden. Sollten Sie weitere Dateien in diesem Verzeichnis abgelegt oder dort Sicherungskopien der vorhandenen Dateien erstellt haben (hierzu gleich mehr), so finden Sie diese ebenfalls in der Liste.

2.7.1 Datei in typo3conf betrachten oder bearbeiten

Mit einem Klick auf den Dateinamen können Sie eine Ansicht auf localconf.php. oder eine der anderen gelisteten Dateien erhalten. Die Datei wird in einem Textfeld oberhalb des Konfigurationsmenüs geöffnet und kann so betrachtet und auch bearbeitet werden.

Oberhalb des Textfeldes befinden sich zwei Buttons:

- **Save file**
  Änderungen, die Sie an der Datei vorgenommen haben, werden gespeichert, wenn sie diesen Button betätigen. Die Datei bleibt weiterhin geöffnet.

- **Close**
  Die Datei wird geschlossen. Beachten Sie, dass vorgenommene Änderungen verworfen werden, wenn Sie nicht zuvor den Button **Save file** betätigt haben!

Unterhalb des Textfeldes, in dem Sie die Datei öffnen, befinden sich zwei Checkboxen. Die erste davon werden Sie vermutlich selten benötigen:

- **Convert windows linebreaks to unix**
  Klicken Sie diese Checkbox an, wenn Sie eine in Windows erstellte Datei in eine mit den für Unix (Linux) üblichen Zeilenendmarkierungen[15] versehen wollen. Speichern Sie die Datei nach dem Anklicken der Box, um die Konvertierung vorzunehmen.

Die zweite Checkbox erzeugt eine Sicherungskopie der aktuell bearbeiteten Datei. Auf ihre Funktion lohnt ein kurzer Blick.

2.7.2 Sicherungskopien im Install Tool erzeugen

Es ist an dieser Stelle einfach und auch anzuraten, eine (vorübergehende) Sicherungskopie ihrer bearbeiteten Datei (z. B. localconf.php) zu erzeugen. Dies ist sinnvoll vor allen größeren Umstellungen am System. Sie haben so die Möglichkeit, zu früheren Einstellungen zurückzukehren oder diese im Bedarfsfall zu rekonstruieren.

---

15 Windows verwendet eine Kombination der Steuerzeichen CR und LF (#0D, #0A), während Unix ein einfaches LF einsetzt. MacOS verwendet ein einfaches CR (#0D) – eine Konvertierung ist für diesen Fall jedoch nicht vorgesehen.

Um eine Sicherungskopie zu erzeugen, wählen sie die zweite Checkbox an:

- **Make backup copy**
  Wenn Sie diese Checkbox anwählen, wird beim Speichern eine Backup-Datei der bearbeiteten Datei erstellt bzw. durch Abwählen der Box wieder gelöscht.

Die hier erzeugte Sicherungskopie ist dabei eine »reale« Datei, die ebenfalls im *typo3conf*-Ordner abgelegt wird. Sie steht, sofern Sie sie nicht explizit löschen, auch zu einem (beliebig) späteren Zeitpunkt zur Verfügung. Von der gesicherten Datei unterscheidet sie sich durch eine an den Dateinamen angehängte Tilde. Beispielsweise würde der Bezeichner der Sicherungsdatei von `localconf.php` also `localconf.php~` **lauten.**

> **Hinweis**
> Sie können über das System nur genau eine Sicherungskopie pro Datei erzeugen, da eine freie Vergabe des Dateinamens hier nicht möglich ist.

Gehen Sie folgendermaßen vor:

- Öffnen Sie die zu bearbeitende Datei.
- Wählen Sie **als erstes** die Sicherungs-Checkbox an und speichern Sie die Datei. Die Sicherungskopie wird damit erzeugt.
- Nehmen Sie anschließend die erforderlichen Änderungen vor und speichern die Datei erneut. **Lassen Sie die Sicherungs-Checkbox aktiviert** – die jetzt erfolgten Änderungen gelangen nicht in die Sicherungskopie!

Überprüfen Sie die Funktionsfähigkeit ihrer Änderung. Sofern die Änderung erfolgreich war, können Sie die Sicherungskopie – falls Sie dies möchten – jetzt löschen:

- Zum Löschen der Sicherungskopie öffnen Sie die Originaldatei erneut. Wählen Sie die Sicherungs-Checkbox ab und speichern Sie: Die Sicherungskopie wird hierdurch gelöscht.

Sind Sie mit der Änderung nicht zufrieden, so können Sie die geänderte Datei durch die ursprüngliche Sicherungskopie ersetzen:

- Öffnen Sie die Sicherungskopie durch Klick auf den Dateinamen (es gibt hier keine Speichermöglichkeit, so dass Sie hier nicht aus Versehen ändern können), markieren Sie den Inhalt und kopieren Sie ihn.
- Öffnen Sie die Originaldatei, markieren ihren gesamten Inhalt und überschreiben Sie ihn mit dem Inhalt der Sicherungskopie. Speichern Sie die Datei nun – der ursprüngliche Zustand ist wiederhergestellt.

Bevor Sie die Sicherungskopie wie oben beschrieben löschen, vergewissern Sie sich, dass das System wieder ordnungsgemäß funktioniert.

> **Tipp**
>
> Ist die Lauffähigkeit Ihres Systems soweit beeinträchtigt, dass auch das Install Tool nicht mehr funktioniert, so können Sie den ursprünglichen Zustand durch Umbenennen der betroffenen Dateien im *typo3conf*-Ordner wiederherstellen:
> - Benennen Sie die zerstörte Konfigurationsdatei um.
> - Entfernen Sie die Tilde aus dem Dateinamen der Sicherungskopie.

2.7.3 Ein Blick auf localconf.php

Die Konfigurationsdatei `localconf.php` hat im Beispielprojekt (Die Datei ist in Verzeichnis *Kapitel02* der DVD-ROM enthalten) zu diesem Zeitpunkt folgende Gestalt.

Die beiden Zeilen, die per **All configuration** hinzugefügt wurden, sind im Listing fett markiert:

```
<?php
$TYPO3_CONF_VARS["SYS"]["sitename"] = "Blank DUMMY";
// Default password is "joh316" :
$TYPO3_CONF_VARS["BE"]["installToolPassword"] =
  "bacb98acf97e0b6112b1d1b650b84971";
## INSTALL SCRIPT EDIT POINT TOKEN - all lines after this points
## may be changed by the install script!

$typo_db_host = 'localhost';
// Modified or inserted by TYPO3 Install Tool.
$typo_db = 'typo340';
// Modified or inserted by TYPO3 Install Tool.
$TYPO3_CONF_VARS["BE"]["installToolPassword"] =
  '7823a81408fabb47257ceea7f43c70cb';
// Modified or inserted by TYPO3 Install Tool.
$TYPO3_CONF_VARS["GFX"]["gdlib_png"] = '1';
// Modified or inserted by TYPO3 Install Tool.
$TYPO3_CONF_VARS["GFX"]["gdlib"] = '1';
// Modified or inserted by TYPO3 Install Tool.
$TYPO3_CONF_VARS["GFX"]["im_path"] = 'C:\\Programme\\
  GraphicsMagick-1.1.6-Q8';
// Modified or inserted by TYPO3 Install Tool.
$TYPO3_CONF_VARS["GFX"]["im_path_lzw"] = 'C:\\Programme\\
  GraphicsMagick-1.1.6-Q8';
```

```
//  Modified or inserted by TYPO3 Install Tool.
//  Updated by TYPO3 Install Tool 08-06-2006 14:51:55

## INSTALL SCRIPT EDIT POINT TOKEN - all lines after this points
## may be changed by the install script!
$TYPO3_CONF_VARS["GFX"]["gdlib_2"] = 1;
$TYPO3_CONF_VARS["GFX"]["TTFdpi"] = '96';
//  Modified or inserted by TYPO3 Install Tool.
//  Updated by TYPO3 Install Tool 08-06-2006 16:52:50
?>
```

Listing 2.1 Konfigurationsdatei localconf.php

Neben den Einstellungen für die MySQL-Datenbank ist in der Datei `localconf.php` das Installationspasswort in verschlüsselter Form abgelegt. Darüber hinaus zeigt das Listing Beispiele von globalen Variablen. Der Name für die Website (Blank DUMMY) wird an dieser Stelle definiert, ebenso die Einstellungen zu ImageMagick, die wir mittels **All configuration** zuvor in diesem Kapitel getroffen haben.

2.8 Änderung des Backend-Passworts

Beenden Sie jetzt das Install Tool und melden Sie sich mit dem User-Namen `admin` und dem Kennwort `password` im Backend an. Sie sehen dann eine recht auffällige Mitteilung (siehe Abbildung 2.40), dass das Backend-Passwort noch seinen Defaultwert besitzt (sofern Sie diesen nicht bereits geändert haben) und dass der Administrator-Account, den Sie soeben für Ihre Anmeldung benutzt haben, auch als unsicher gelten muss:

▶ The password of your Install Tool is still using the default value »joh316«

▶ The backend user »admin« with password »password« is still existing

In der Tat ist dies für öffentlich zugängliche Systeme höchst bedenklich – für eine lokale Testinstallation können Sie den Zustand aber beibehalten, sofern diese Meldung Sie nicht zu sehr stört.

Das Kennwort für das Backend können Sie im Install Tool ändern. Um dorthin zu wechseln, wählen Sie in der linken Menüleiste im Bereich **Tools** den Menüpunkt **Install**. Sie müssen zur Anmeldung in den Install-Bereich das Install-Kennwort eingeben, das noch »joh316« lautet (Abbildung 2.41).

Änderung des Backend-Passworts | **2.8**

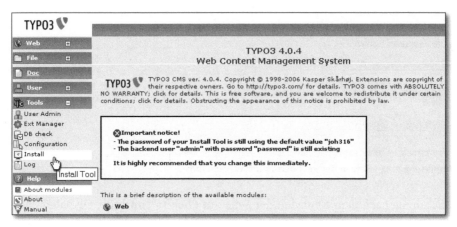

Abbildung 2.40   Die Defaultpasswörter werden im Backend moniert.

Abbildung 2.41   Anmelden in den Install-Bereich aus dem Backend

Sie gelangen automatisch in den Bereich **About** des Install Tools. Indem Sie die Seite ein wenig nach unten scrollen, finden Sie die Eingabefelder zum Ändern des Passwortes (Abbildung 2.42). Ändern Sie diesmal das Passwort und notieren Sie es sich! Klicken Sie auf den Button **Set new password**.

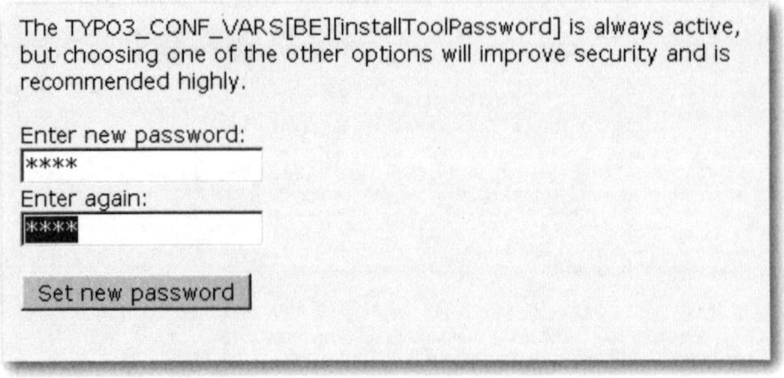

2 | Installation von TYPO3

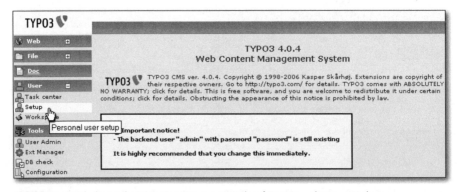

Abbildung 2.42 Setzen des geänderten Install-Passwortes

Klicken Sie nach dem Neuladen der Seite auf **Click to continue**. Sie haben jetzt die Gelegenheit, das neue Passwort auszuprobieren – es erscheint aufs Neue die Eingabemaske für das Backend-Passwort. Geben Sie das neue Passwort ein. Bleiben Sie jetzt aber nicht im Install Tool (Sie wissen nun ja, wie Sie bei Bedarf wieder zurück gelangen), sondern wechseln Sie über das linke Menü **Help > About modules** zurück in die Backendansicht: Sie sehen, dass die Meldung zum Install-Passwort nun verschwunden ist (Abbildung 2.43). Es bleibt noch die Änderung des Administrator-Zugangs: Wechseln Sie hierfür in das Modul **User > Setup**, wo die Benutzereinstellungen (und damit auch die des Passwortes) vorgenommen werden können.

Abbildung 2.43 Das Administrator-Passwort wird auf Benutzerebene geändert.

Sie gelangen auf die Eingabeseite für Ihre persönlichen Benutzereinstellungen. Oben am Rand der Seite steht Ihr aktueller Username »admin«. Lassen Sie vorerst alle weiteren hier gezeigten Optionen beiseite und scrollen Sie nach unten, bis die Eingabefelder für das Passwort sichtbar werden (siehe Abbildung 2.44).

Sie können hier auch weitere persönliche Daten, wie Name und E-Mail-Adresse eingeben. Geben Sie nun ein neues Passwort ein und wiederholen Sie die Eingabe im darunterliegenden Feld.

2.8 Änderung des Backend-Passworts

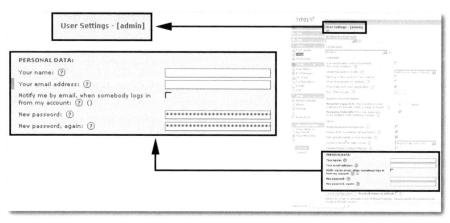

Abbildung 2.44 Ändern des Administrator-Passwortes in den Benutzereinstellungen

Lassen Sie sich nicht irritieren, dass die Felder mit Sternen aufgefüllt werden – es wird tatsächlich nur die Eingabe registriert, die Sie vorgenommen haben. Klicken Sie nun auf den Button **Save configuration** am unteren Seitenrand.

Abbildung 2.45 Logout-Button

Melden Sie sich jetzt über den Button unter dem Menübereich ab (siehe Abbildung 2.45) und anschließend mit dem neuen Passwort wieder an. Ihr User-Name ist nach wie vor »admin«. Die zweite Meldung des Backends ist nun auch verschwunden (Abbildung 2.46). Die Änderung des Passwortes ist jedoch nicht der einzige Sinn der Nutzereinstellungen, wie Sie gleich sehen werden.

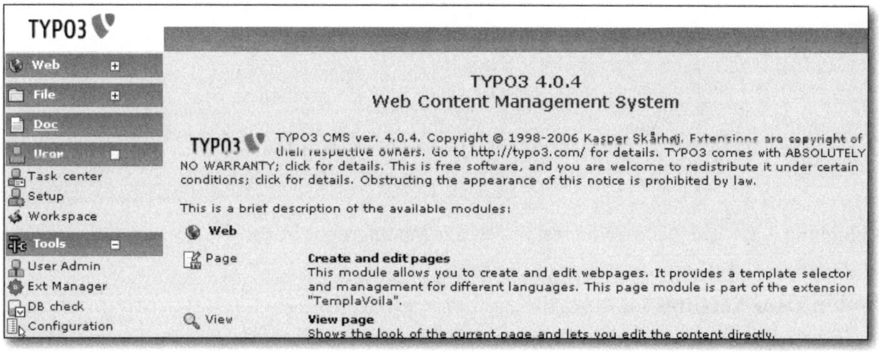

Abbildung 2.46 Das Backend ohne Fehlermeldungen

2.9 Einstellung der deutschen Benutzeroberfläche

Eine der ersten Maßnahmen bei der Konfiguration einer neuen TYPO3-Installation wird in der Einstellung der gewünschten Sprache für das Backend bestehen. In diesem Kapitel wird beschrieben, wie Sie die englischsprachige Defaulteinstellung durch eine deutschsprachige Oberfläche ersetzen. Das Verfahren gilt analog für französische, italienische oder beliebig anderssprachige Oberflächen.

Die Umstellung erfolgt auf **Nutzerebene**, gilt also **nicht** automatisch global für alle jetzt existierenden oder zukünftig angelegten Nutzer. Dies braucht Sie jedoch zum gegenwärtigen Zeitpunkt (Sie sind als Administrator eingeloggt) nicht weiter zu interessieren.

2.9.1 Wahl der Backendsprache in den Benutzereinstellungen

Als erster Schritt soll die Spracheinstellung von Englisch nach Deutsch geändert werden. Öffnen Sie hierfür die Modulpalette **User** und klicken Sie auf **Setup** (siehe Abbildung 2.47). Sie gelangen in den bereits bekannten Dialogmodus für die Benutzereinstellungen.

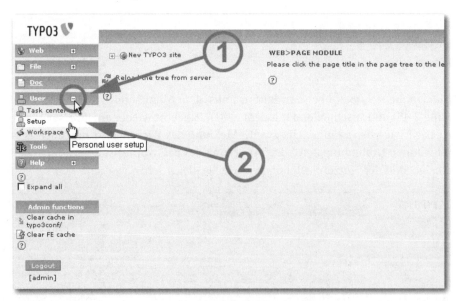

Abbildung 2.47 Die Benutzereinstellung in der Modulgruppe »User«

In den **User Settings** ist eine Vielzahl von Einstellmöglichkeiten vorhanden, die Sie im Augenblick getrost beiseite lassen können. Öffnen Sie das Pulldown-Menü mit der Sprachauswahl (siehe Abbildung 2.48).

Einstellung der deutschen Benutzeroberfläche | **2.9**

Englisch führt die Liste als Defaultsprache an, darunter folgt eine Auswahl alternativer Backendsprachen – wählen Sie den Eintrag **German – [German]**.[16] Diese Option ist, wie alle anderen Sprachversionen mit Ausnahme von Englisch **kursiv und ausgegraut** dargestellt. Wählen Sie sie dennoch aus und bestätigen Sie Ihre Wahl über den Button **Save Configuration** am unteren Ende der Dialogseite.

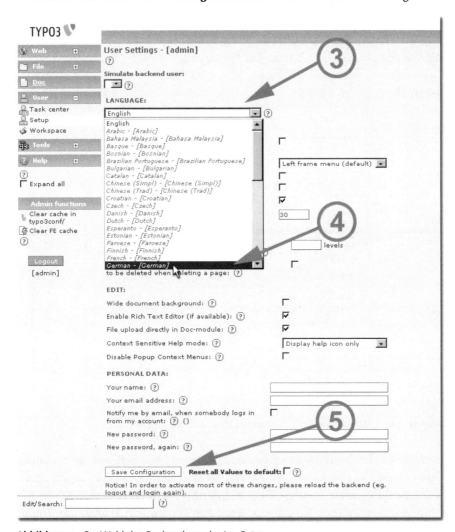

Abbildung 2.48   Wahl der Backendsprache in »Setup«

---

16 Die merkwürdig anmutende »Dopplung« rührt daher, dass der erste Teil den Sprachbezeichner in der aktuellen Backendsprache darstellt, der zweite, in Klammern stehende, die offizielle, englische Bezeichnung. Nach erfolgreicher Umstellung wird hier »Deutsch – [German]« stehen. Beachten Sie, dass die alphabetische Sortierung konstant anhand des offiziellen Bezeichners erfolgt.

2 | Installation von TYPO3

Nun wird der Grund für die Ausgrauung des Spracheintrags deutlich: Sie erhalten einen Warnhinweis, dass das gewählte Sprachmodul nicht direkt verfügbar ist, sondern zunächst mit Hilfe des Extensions Managers (**Ext Manager**) geladen werden muss (siehe Abbildung 2.49).

2.9.2 Download des Sprachpakets über den Extension Manager

Um in den Extension Manager zu gelangen, öffnen Sie nun die Modulpalette **Tools**.Wählen Sie dort den Eintrag **Ext Manager**.

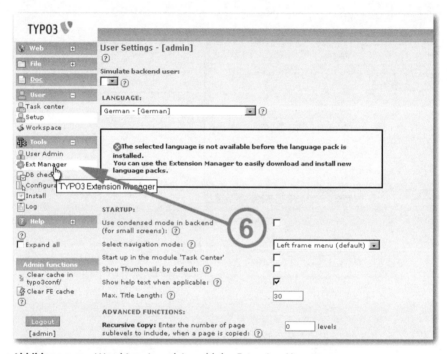

Abbildung 2.49 Warnhinweis und Anwahl des Extension Managers

Sie sehen nun die Startseite des Extension Managers vor sich, auf der Sie unter anderen einen Überblick über die im System installierten Erweiterungen erhalten. Die Sprachmodule werden nicht auf der Startseite verwaltet. Wählen Sie hierfür im linken, oberen Dropdown-Menü den Unterpunkt **Translation Handling** (siehe Abbildung 2.50).

Im Bereich **Translation Settings** finden Sie eine Auswahlbox vor, die, analog zur Sprachauswahl bei den Usereinstellungen, das Überprüfen und Laden verschiedener Übersetzungsmodule ermöglicht – wählen Sie auch hier **German – [German]** und bestätigen Sie die Wahl mit dem Button **Save Selection** (siehe Abbildung 2.51).

Einstellung der deutschen Benutzeroberfläche | **2.9**

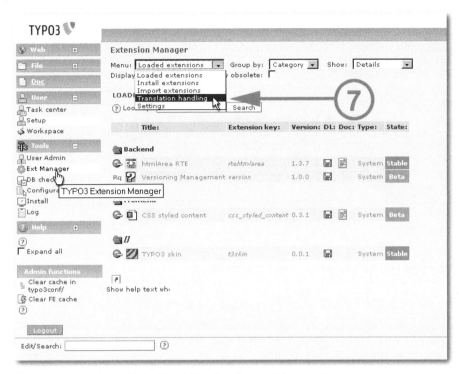

Abbildung 2.50 Auswahl des Translation Handling im Extension Manager

2.9.3 Überprüfung und Installation der Sprachpakete

Auf der Seite wird nun ein neuer Bereich **Translation Status** eingeblendet. Wählen Sie hier den linken der beiden Buttons: **Check Status against repository** (siehe Abbildung 2.52). TYPO3 überprüft nun seine installierten Module (auch eventuell installierte Erweiterungen werden berücksichtigt) und vergleicht, für welche von Ihnen eine Übersetzung in der ausgewählten Sprache vorliegt.

> **Achtung**
>
> Zu diesem Zeitpunkt muss ein **Onlinezugang** vorhanden sein, da nun im Onlinerepository bei **www.typo3.org** nach existierenden Sprachmodulen der gewählten Übersetzung gesucht wird.

Über den Fortgang der Überprüfung informiert Sie ein grüner Fortschrittbalken. Die darunter erscheinende Tabelle listet die Systemmodule auf, für die eine Übersetzung existiert. Da keine davon zurzeit installiert ist, sehen Sie hier Fragezeichen auf gelbem Grund. Teilweise ist keine Übersetzung verfügbar (N/A). Einige Systemmodule werden daher ohne Übersetzung bleiben.

2 | Installation von TYPO3

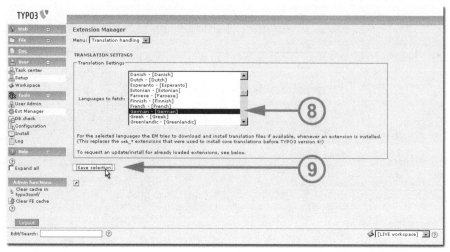

Abbildung 2.51 Sprachmodulwahl im Extension Manager

An dieser Stelle besteht weder die Möglichkeit noch die Notwendigkeit, ins Geschehen einzugreifen. Sobald die Überprüfung beendet ist, müssen die gefundenen Module noch installiert werden. Klicken Sie hierzu den daneben liegenden Button **Update from repository** an (ebenfalls siehe Abbildung 2.52). Nun erst erfolgt die eigentliche Installation.

Wieder wird mittels Fortschrittbalken der Installationsverlauf angezeigt. Die installierten (hier als »updated« bezeichneten) Module werden in der Tabelle mit dem grün hinterlegten Eintrag »UPD« markiert.

Nach beendeter Installation steht Ihnen das Backend bereits unmittelbar in deutscher Sprache zur Verfügung, sofern Sie dies in den Nutzereinstellungen gespeichert hatten: Die Sprachumstellung ist erfolgreich abgeschlossen.

Ist dies nicht der Fall, wechseln Sie nochmals zu **User > Setup**, um die Spracheinstellung endgültig vorzunehmen. In der Pulldown-Menüliste ist das deutsche Sprachmodul nicht länger ausgegraut, sondern liegt, wie der Eintrag für Englisch, in nicht-kursiver, schwarzer Schrift vor.

Falls die Sprachauswahl noch auf »English« steht, wählen Sie das Modul »German«, bestätigen die Auswahl und löschen den Cache der TYPO3-Konfiguration. Dies geschieht im linken Menübereich in der stets sichtbaren Modulgruppe **Admin Functions** über den Link **Clear Cache in typo3conf/**.

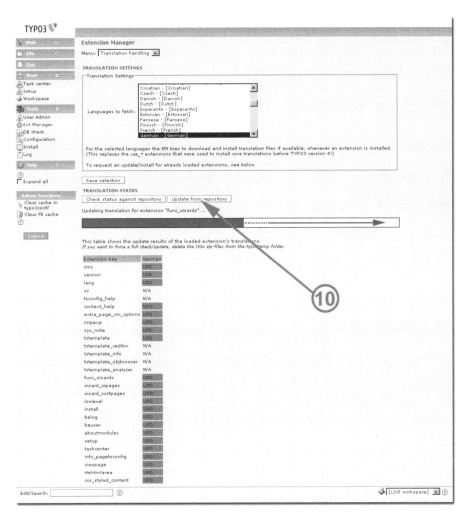

Abbildung 2.52 Einleitung und Fortgang der Installation des Sprachmoduls

Wenn Sie in Zukunft Erweiterungen in Ihr System integrieren möchten, empfiehlt es sich, bei Gelegenheit zu prüfen, ob für diese Erweiterungen Übersetzungen nachgeladen werden können. Führen Sie dafür einfach die letzten Schritte erneut durch.

2.10 Sprachwechsel auf Benutzerebene

Sobald die Sprachmodule mittels des Extension Managers geladen worden sind, stehen sie Ihnen im Rahmen der Benutzereinstellungen als Backendsprachen zur

Verfügung. Der Administrator hat die Möglichkeit, mehrere Module »auf Vorrat« zu laden um sie seinen Redakteuren zur Verfügung zu stellen.

Die Spracheinstellung erfolgt generell auf Nutzerebene. Jeder angelegte Benutzer kann daher seine persönliche Spracheinstellung vornehmen, die zusammen mit seinem Profil gespeichert wird.

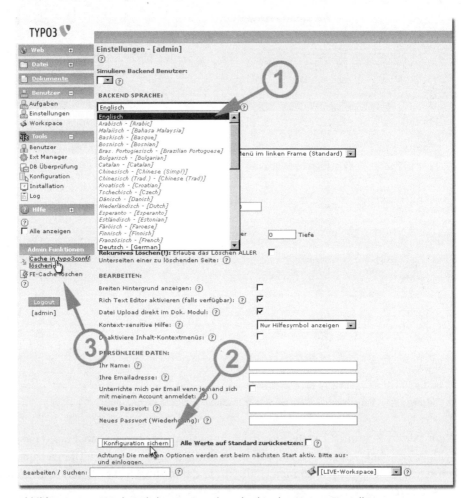

Abbildung 2.53 Mit drei Klicks zum Sprachwechsel in den Nutzer-Einstellungen

Hierfür wird unter **Einstellungen** im Pulldown-Menü die gewünschte Sprache ausgewählt (Abbildung 2.53). Beachten Sie dabei, dass nur die im Menü in nichtkursiver, schwarzer Schrift dargestellten Sprachen unmittelbar zur Verfügung stehen. Alle anderen müssen nach dem oben beschriebenen Verfahren über den Extension Manager geladen werden. Hierzu müssen Sie als Nutzer allerdings die erforderlichen Rechte besitzen, um diese Installation selbst vornehmen zu dürfen. Andernfalls wenden Sie sich bitte an den Administrator.

Einfacher Sprachwechsel für installierte Sprachmodule

Ist ein gewünschtes Sprachmodul bereits installiert, so funktioniert der Sprachwechsel einfach mit drei Klicks:

1. Sprache auswählen
2. Konfiguration sichern
3. Cache der TYPO3-Konfiguration löschen

Der letzte Schritt ist bei der Neuinstallation eines Sprachpakets nicht erforderlich, sondern wird automatisch durchgeführt. Beim Umschalten zwischen zwei vorhandenen Backendsprachen muss der Cache des Systems jedoch gelöscht werden, damit die Änderungen im Backend in Kraft treten. Alternativ können Sie sich auch abmelden und wieder neu anmelden.

In diesem Kapitel zeigen wir Ihnen, wie Sie Seiten und Unterseiten mittels des Web-Moduls anlegen. Außerdem erlernen Sie das Erstellen, Kopieren, Verschieben von Seiten mittels Kontextmenü und Drag and Drop, das Löschen und Wiederherstellen sowie das Kopieren von Zweigen des Seitenbaums

3 Seiten anlegen

Nachdem Sie jetzt über eine funktionierende TYPO3-Installation verfügen, ist es an der Zeit, einen vorsichtigen Blick ins Backend zu tun, um erste Gehversuche in Richtung des Anlegens von Seiten zu unternehmen.

3.1 Der TYPO3-Seitenbaum

Melden Sie sich hierfür mit dem von Ihnen gewählten User-Namen und Passwort am System an und wählen Sie in der Modulgruppe **Web** den Unterpunkt **Seite** aus. In der linken Hälfte des Arbeitsbereichs erscheint jetzt der **Seitenbaum** der zukünftigen Website. Da noch keine Seiten angelegt sind, sehen Sie derzeit nur das Weltkugel-Icon, neben dem der Name der Website steht (Abbildung 3.1). Dies ist per Default[1] »New TYPO3 site«.

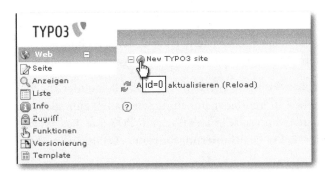

Abbildung 3.1 Das Wurzelelement der TYPO3-Site, die Weltkugel

---

1 Sie können den Websitebezeichner, falls Sie das wünschen, im Installationsdialog »Basic Configuration« ändern. Wechseln Sie hierzu in **Tools > Installation**. Sie benötigen hierfür Ihr Installationspasswort.

Ein Element im TYPO3-Seitenbaum, der nicht nur Webseiten enthalten kann, wird stets in Form eines **Icons** dargestellt, das den Elementtyp symbolisiert. Beispielsweise durch die Weltkugel. Rechts vom Icon wird Ihnen der **Bezeichner**, der »Seitentitel«, angezeigt. Für das Root-Element ist dies der Sitename.

Beide Teile des Elements sind anklickbar und besitzen verschiedene Aufgaben:

- Ein Klick auf das **Icon** leitet eine Bearbeitung des Seitenbaums[2] ein.
- Ein Klick auf den **Bezeichner** leitet eine Bearbeitung des Elements ein.

3.1.1 Anlegen von neuen Seiten über das Kontextmenü

Ein Klick auf das Weltkugel-Icon öffnet ein Kontextmenü[3] (siehe Abbildung 3.2). Es ist dabei gleichgültig, ob Sie mit der linken oder rechten Maustaste klicken. Das Kontextmenü der Weltkugel besitzt sechs Unterpunkte. Wählen Sie zunächst den Unterpunkt **Neu**, um eine neue Seite anzulegen.

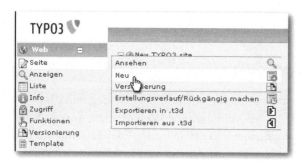

Abbildung 3.2 Seite anlegen mit dem Kontextmenü der Weltkugel

In der rechten Hälfte des Arbeitsbereichs erscheint nun ein Dialog zum Erstellen eines neuen Datensatzes. Außer Seiten können hier auch andere Arten von Elementen angelegt werden. Rufen Sie den Assistenten zur Seitenerstellung auf, mit dessen Hilfe Sie die Position der neuen Seite im Baum festlegen (Abbildung 3.3).

Im Falle der ersten Seite haben Sie keine wirkliche Auswahl. Beide hier angebotenen Positionierungsoptionen führen (aber nur in diesem Falle!) zum gleichen Ergebnis, nämlich einer neuen Hauptseite innerhalb der TYPO3-Site. Für das Beispiel wurde der **nicht-eingerückte Positionierungsbutton** gewählt (siehe Abbildung 3.4).

---

[2] De facto ist die Trennung nicht wirklich so scharf, da in den meisten Fällen (die Weltkugel ist eine Ausnahme) auch über das Icon eine Bearbeitung des Elements veranlasst werden kann.

[3] Sie benötigen einen halbwegs aktuellen Browser für diese Funktionalität – im Gegensatz zu früheren TYPO3-Versionen sind Sie jedoch nicht auf den Internet Explorer festgelegt; Mozilla, Firefox, Opera oder vergleichbare Browser tun den gleichen Dienst.

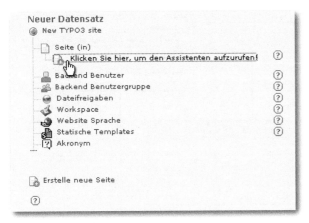

Abbildung 3.3 Aufruf des Assistenen zur Seitenerstellung

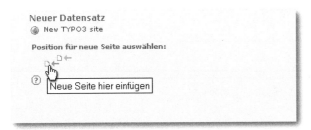

Abbildung 3.4 Positionierung einer neuen Seite im Baum

Die Erstellung einer neuen Seite erfordert einige Angaben, die in einem Dialog vorgenommen (siehe Abbildung 3.5) werden. An erster Stelle ist ein **Seitentitel** zu vergeben. Diese Angabe ist obligatorisch. TYPO3 entlässt Sie nicht aus diesem Dialog, ohne dass Sie eine entsprechende Eingabe vorgenommen haben.

Benennen Sie also im Feld »Seitentitel« die neu erstellte Seite. Hier wurde der Bezeichner »Seite1« verwendet. Da eine frische Seite immer zunächst »versteckt« ist, sollten Sie jetzt gleichzeitig die Checkbox **Seite verstecken** abwählen. Alle anderen Eingabefelder, auch den Seitentyp, der auf »Standard« stehen muss, können Sie vorläufig beiseite lassen. Beenden Sie den Vorgang durch Klick auf das mittlere Disketten-Icon (**Speichern und Schließen**) am oberen Rand des Dialogfeldes.

Die neue Seite erscheint nun mit dem angegebenen Titel im Seitenbaum. Der Seitenerstellungsassistent bietet nun unmittelbar das Anlegen weiterer Seiten an, sodass gleich eine Unterseite zur eben erstellten Seite angelegt werden kann. Wählen Sie hierfür den **eingerückten Positionierungsbutton** unter »Seite1« im Dialog des Assistenten (Abbildung 3.6).

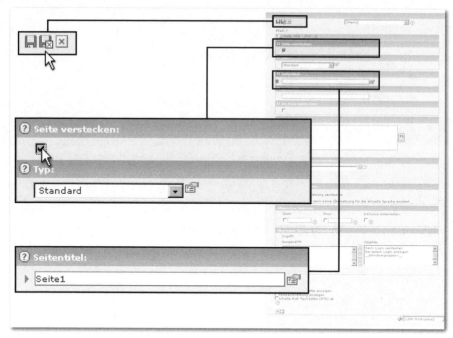

Abbildung 3.5 Titel und Sichtbarkeit der neuen Seite

Abbildung 3.6 Erstellen einer Unterseite mt dem Assistenten

Das folgende Vorgehen gleicht dem der ersten Seite. Geben Sie als Titel »Unterseite1« an und blenden Sie die Seite durch Abwahl der Checkbox ein. Legen Sie mit dem Assistenten noch zwei weitere Unterseiten an.

Beachten Sie, dass der Assistent als **Ausgangspunkt** für seinen Positionierungsdialog die jeweils zuletzt erstellte Seite wählt: Um Folgeseiten auf gleicher Hierarchieebene zu erstellen, wird jeweils der Button **unter** dem Icon der aktuellen Seite verwendet (siehe Abbildung 3.7).

Abbildung 3.7 Anlegen einer Folgeseite auf gleicher Hierarchieebene

3.1.2 Änderungen der Seiteneigenschaften

Ein einmal gewählter Seitentitel ist nicht festgeschrieben. Alle Seiteneigenschaften können nachträglich **geändert** werden. Wollen Sie beispielsweise den Titel von »Seite1« in »Hauptseite1« ändern, klicken Sie die Seite im Seitenbaum an, diesmal den Bezeichner der Seite und nicht das Icon. Wählen Sie im nun erscheinenden Dialogfeld (Abbildung 3.8) den Button **Seiteneigenschaften bearbeiten**.

Abbildung 3.8 Nachträgliche Änderungen der Seiteneigenschaften

Sie gelangen in den gleichen Dialog wie bei der Neuerstellung einer Seite. Überschreiben Sie den Seitentitel mit »Hauptseite1« und speichern Sie Ihre Änderung. Sie sehen, dass Ihre Änderung sofort im Seitenbaum sichtbar wird.

3.2 Kontextmenüs und Shortcut-Buttons

3.2.1 Das Kontextmenü eines Seitenelements

Genau wie das Wurzelelement, die Weltkugel, besitzt auch jedes andere Element des Seitenbaums ein Kontextmenü, das per Klick auf das Icon eingeblendet wird. Neben verschiedenen anderen Optionen ist hiermit das **Kopieren**, **Verschieben** oder **Löschen** einer Seite möglich.

3 | Seiten anlegen

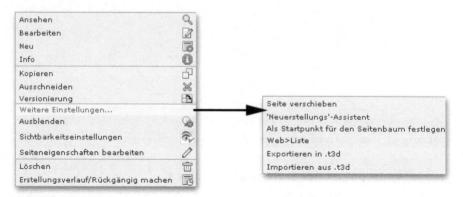

Abbildung 3.9 Kontextmenü und Sub-Kontextmenü

Die Option **Weitere Einstellungen...** öffnet ein untergeordnetes Kontextmenü, das über sechs weitere Befehle verfügt (Abbildung 3.9). Der Grund für die Auslagerung besteht darin, dass diese zum Teil seltener benötigt werden, zum anderen aber auch durch Drag-and-Drop-Operationen oder über die gleich beschriebenen Shortcut-Buttons zugänglich sind.

3.2.2 Kontextmenüs vs. Shortcut-Buttons

Es ist eines der Grundmerkmale von TYPO3, zu jeder Zeit **verschiedene Wege** zum Aufrufen gewünschter Funktionalitäten zu bieten, um jedem Benutzer seine bevorzugte Arbeitsmethode zu ermöglichen.

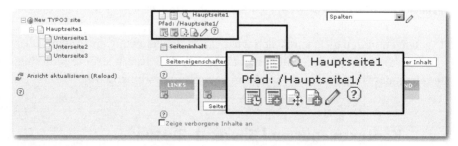

Abbildung 3.10 Die Shortcut-Befehle im Bereich »Seite bearbeiten«

Sicher ist Ihnen bereits die Buttonleiste am oberen Rand des Arbeitsbereichs zur Seitenbearbeitung aufgefallen (siehe Abbildung 3.10). Neben der Pfadangabe, die Ihnen eine Orientierung über die aktuell bearbeitete Seite bietet, finden Sie hier eine Reihe von Buttons, die einen Direktzugriff auf einige Befehle bieten. Diese können Sie ebenso über die Icons im Seitenbaum oder deren Kontextmenü erreichen. Die Zusammenhänge sind in Abbildung 3.11 verdeutlicht.

Kontextmenüs und Shortcut-Buttons | **3.2**

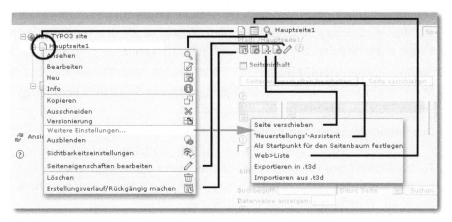

Abbildung 3.11 Kontextmenüs und korrespondierende Shortcut-Buttons

Eine Funktionsgleichheit ist auch zwischen den Shortcut-Buttons und den Klick-Buttons des Seitenbearbeitungsbereiches festzustellen (siehe Abbildung 3.12).

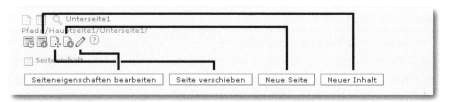

Abbildung 3.12 Shortcutbuttons vs. Klickbuttons (Ansicht »Spalten«)

Die Shortcut-Buttons

In den meisten Fällen kann man bei TYPO3 davon ausgehen, dass mit gleichen Icons jeweils die gleiche Funktion gesteuert wird. Dies gilt (mit einer Ausnahme) auch für die Shortcut-Buttons und die gleichwertigen Befehle des Kontextmenüs.

▶ **Der Seitenicon-Button**
 Der Seitenicon-Button[4] entspricht in seiner Funktion dem Seitenicon der aktuellen Seite im Seitenbaum. Er öffnet das Kontextmenü.

▶ **Der Listen-Button**
 Er öffnet eine Liste der untergeordneten Seiten der aktuellen Seite und der ihr zugeordneten Vorlagen (Templates). Er entspricht dem Befehl **Web > Liste** des Sub-Kontextmenüs bzw. dem gleichnamigen Befehl im TYPO3-Hauptmenü (Modul **Liste** in der Modulgruppe **Web**).

---

4 Dieser Button existiert vornehmlich deshalb, weil für kleine Bildschirme auch eine Arbeitsansicht ohne eingeblendeten Seitenbaum möglich ist (Benutzereinstellungen: »Schmale Ansicht«).

3 | Seiten anlegen

- **Der Betrachten-Button**
  Er öffnet eine Browsersicht der aktuellen Seite in einem neuen Fenster. Der Button entspricht dem Befehl **Ansehen** im Kontextmenü.

- **Der Erstellungsverlauf-Button**
  Er öffnet den Erstellungsverlauf-Dialog. Er entspricht dem Befehl **Erstellungsverlauf/Rückgängig machen** im Kontextmenü.

- **Der Seiteninhalt-erstellen-Button**
  Er öffnet einen Dialog zum Erstellen von Seiteninhalten (Textblöcke usw.). Trotz gleichen Icons entspricht die Funktion **nicht** dem Befehl **Neu** des Kontextmenüs, sondern stellt eine Abkürzung zu dem von dort aufrufbaren Assistenten zur Erstellung von Seiteninhalten dar.

- **Der Verschieben-Button**
  Er öffnet einen Dialog zum Verschieben der aktuellen Seite an eine neue Position und entspricht dem Befehl **Seite verschieben** des Sub-Kontextmenüs. Alternativ können Sie auch auf den Seitentitel im Seitenbaum und anschließend auf den Button **Seite verschieben** klicken. Als dritte Möglichkeit können Sie mittels Drag and Drop arbeiten.

- **Der Seitenerstellungsassistent-Button**
  Er öffnet den Assistenten zur Seitenerstellung und entspricht dem Befehl **Neuerstellungs-Assistent** des Subkontextmenüs. Alternativ können Sie auch den Kontextmenübefehl **Neu** wählen und anschließend auf den Seitenassistenenaufruf klicken.

- **Der Seiteneigenschaften-Button**
  Er öffnet den Dialog zur Bearbeitung der Seiteneigenschaften und entspricht dem Befehl **Seiteneigenschaften bearbeiten** des Kontextmenüs. Alternativ können Sie auf den Seitentitel im Seitenbaum und anschließend auf den Button **Seiteneigenschaften bearbeiten** klicken.

3.3 Manipulation des Seitenbaums

3.3.1 Kopieren über das Kontextmenü

Um eine Seite zu kopieren, klicken Sie das Icon der betreffenden Seite an und wählen im sich öffnenden Kontextmenü die Option **Kopieren** (siehe Abbildung 3.13, links).

3.3 Manipulation des Seitenbaums

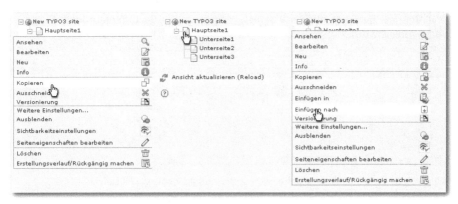

Abbildung 3.13 Kopieren und Einfügen einer Seite per Kontextmenü

Die kopierte Seite muss nun im Seitenbaum platziert werden. Klicken Sie hierzu das Icon derjenigen Seite an, der die kopierte Seite als Folge- oder Unterseite zugeordnet werden soll (Abbildung 3.13, Mitte; in diesem Fall ist dies die *gleiche* Seite).

- Für eine Folgeseite (Seite gleicher Hierarchiestufe) wählen Sie **Einfügen nach**.
- Für eine Unterseite wählen Sie **Einfügen in**.

Die Menüpunkte »Einfügen nach« und »Einfügen in« sind im Kontextmenü **nur dann sichtbar**, wenn zuvor ein Seitenobjekt zum Kopieren ausgewählt wurde.

Die Kopie von »Hauptseite1« soll auf gleicher Ebene als deren Folgeseite fungieren, also wird **Einfügen nach** ausgewählt (Abbildung 3.13, rechts). Anschließend muss noch ein Sicherheitsdialog bestätigt werden.

Abbildung 3.14 Sicherheitsdialog bei Einfügen als Folgeseite

Die erstellte Kopie erscheint nun als Folgeseite von »Hauptseite1« im Seitenbaum (siehe Abbildung 3.23). Da sie, gleich einer neu erstellten Seite, versteckt ist, muss sie nun durch Änderung ihrer Seiteneigenschaften eingeblendet werden, wobei gleich der Seitentitel angepasst werden kann.

Beachten Sie, dass **nur die Seite selbst**, nicht aber der ihr untergeordnete Seitenzweig kopiert wurde!

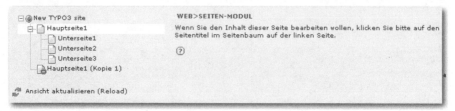

Abbildung 3.15 Die eingefügte Seite ist versteckt und als Kopie gekennzeichnet.

Analog gehen Sie beim Kopieren und Einfügen einer Unterseite (siehe Abbildung 3.16) vor. Hier wird als Beispiel »Unterseite1« von »Hauptseite1« kopiert und als Unterseite von »Hauptseite2« abgelegt.

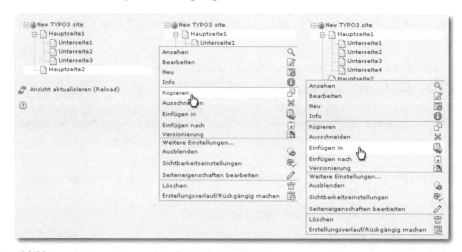

Abbildung 3.16 Kopieren und Einfügen als Unterseite

Auch in diesem Fall wird zunächst die Quellseite kopiert und anschließend das Icon der Zielseite angewählt. Allerdings muss in diesem Fall die Option **Einfügen in** verwendet werden (Abbildung 3.16, rechts). Lassen Sie sich vom nun folgenden Sicherheitsdialog nicht verwirren (Abbildung 3.17).

Die neu erstellte Unterseite ist ausgeblendet. Anstatt dies über die Seiteneigenschaften zu ändern, kann das Einblenden auch über das Kontextmenü erfolgen. Klicken Sie hierfür das Seitenicon an und wählen Sie die Option **Einblenden** (siehe Abbildung 3.18). Analog können Sie eine Seite jederzeit auch ausblenden.[5]

---

5 Das Kontextmenü bietet den jeweils zum Zustand der Seite passenden Befehl an.

Manipulation des Seitenbaums | 3.3

Abbildung 3.17 Sicherheitsdialog bei Einfügen als Unterseite

Eine Möglichkeit, den Seitentitel zu bearbeiten, gibt es auf diesem direktem Weg jedoch nicht.

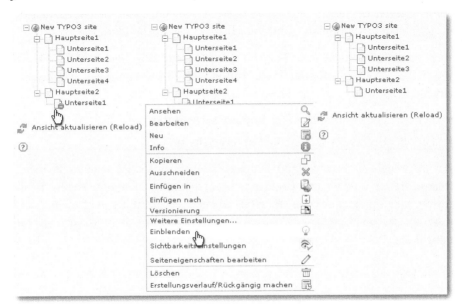

Abbildung 3.18 Einblenden einer Seite per Kontextmenü

3.3.2 Kopieren und Verschieben per Drag and Drop

Eleganter und intuitiver lässt sich der Seitenbaum mittels Drag and Drop-Operationen bearbeiten, was erstmals in TYPO3 4.0 möglich ist. Ältere Versionen bieten von Haus aus nur die Bearbeitung per Kontextmenü, wie sie im Vorfeld beschrieben wurde.[6] Einzig zu beachten ist, dass Sie das **Icon der Quellseite** auf den **Seitentitel der Zielseite** ziehen und dort loslassen müssen. Also *nicht* Icon auf Icon – siehe Abbildung 3.19.

---

6 Es gab diese Funktionalität durchaus bereits früher, jedoch nur in Form der Erweiterung »Pages Dragn Drop« von Stephane Schitter.

3 | Seiten anlegen

Abbildung 3.19 Seite kopieren mit Drag and Drop

Beim Ablegen des Icons zeigt sich ein Kontextmenü, das Ihnen verschiedene Möglichkeiten zum Kopieren und Verschieben bietet (Abbildung 3.19, Mitte).

Hier soll die kopierte Seite als Folgeseite der Zielseite eingefügt werden. Wählen Sie hierzu die Option **Kopiere Seite hinter**. Die neue Seite muss, wie gehabt, anschließend noch eingeblendet werden.

- Für eine Folgeseite wählen Sie **Kopiere Seite hinter**.
- Für eine Unterseite wählen Sie **Kopiere Seite in**.

Das Verschieben per Drag and Drop ist ähnlich einfach. Nachdem in dieser Demonstration eine weitere Unterseite (»Unterseite3«) zu »Hauptseite2« erstellt wurde, soll »Unterseite4« von »Hauptseite1« nach »Hauptseite2« verschoben und dabei an der ursprünglichen Position im Seitenbaum gelöscht werden (Abbildung 3.20).

Abbildung 3.20 Seite verschieben mittels Drag and Drop

- Für eine Folgeseite wählen Sie **Verschiebe Seite hinter**.
- Für eine Unterseite wählen Sie **Verschiebe Seite in**.

Eine verschobene Seite nimmt ihre Eigenschaften mit. Da »Unterseite4« bereits eingeblendet war, behält sie diesen Status auch nach der Verschiebung bei.

3.3.3 Löschen und Wiederherstellen von Seiten per Kontextmenü

Eine Seite kann nicht nur verschoben, sondern auch gelöscht werden. Hierfür wird wieder das Kontextmenü eingesetzt (siehe Abbildung 3.21). Um die eben verschobene »Unterseite4« zu löschen, klicken Sie einfach ihr Icon an und wählen im Kontextmenü die Option **Löschen**.

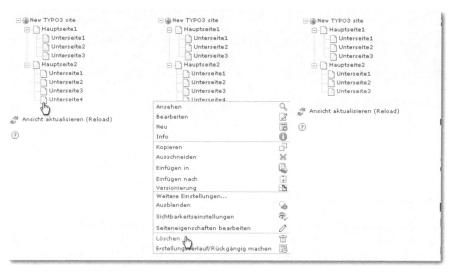

Abbildung 3.21 Löschen einer Seite per Kontextmenü

An dieser Stelle ist die Frage angebracht, was zu tun ist, wenn eine Seite versehentlich gelöscht wurde. Einen Papierkorb, aus dem wir die gelöschte Seite zurückholen könnten, gibt es nicht.[7] Wenn Sie gut beobachtet haben, werden Sie im Kontextmenü die Option **Erstellungsverlauf/Rückgängig machen** bemerkt haben. Die Aufzeichnung des Bearbeitungsverlaufes erfolgt gewissermaßen bei der jeweils übergeordneten Seite – in diesem Fall also »Hauptseite2« (Abbildung 3.22).

In der Tabelle des Bearbeitungsverlaufes sehen Sie die in diesem Zweig erfolgten Arbeitsschritte. Es werden Ihnen der Zeitpunkt, die seither verstrichene Zeit, der Bearbeiter, die betroffene Seite und die Art des erfolgten Schritts angezeigt. Die Liste beschränkt sich nicht auf die aktuelle Anmeldung, sondern greift (beliebig) weit in die Bearbeitungshistorie. In dieser Demonstration ist die Liste noch recht übersichtlich und umfasst nur zwei Punkte – Einfügung und Löschung von »Unterseite4« (Abbildung 3.23).

---

7 Es lässt sich aber in der Tat ein Element vom Typ »Papierkorb« im Seitenbaum einrichten, das einem vergleichbaren Zweck dient – wenn auch nicht hundertprozentig funktionsidentisch zu seinem Betriebssystem-Pendant: Löschen per Kontextmenü legt eine Seite nicht automatisch im Papierkorb ab; dies ist aber durch Verschieben per Drag & Drop möglich.

3 | Seiten anlegen

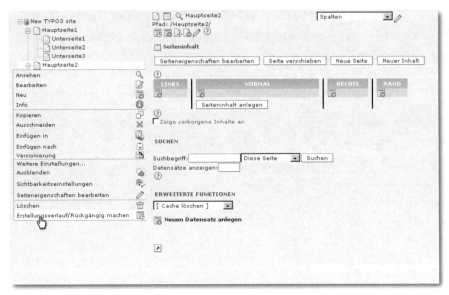

Abbildung 3.22 Wechsel in den Bearbeitungsverlauf

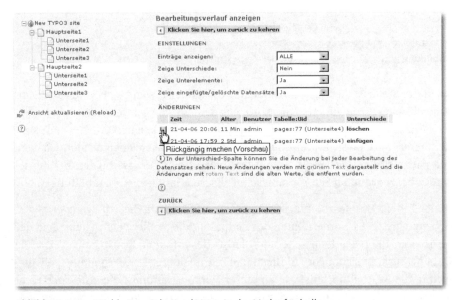

Abbildung 3.23 Wahl eines Arbeitsschrittes in der Verlaufstabelle

Um einen Schritt rückgängig zu machen, klicken Sie den Pfeilbutton links neben dem Eintrag an. Im folgenden Dialog haben Sie die Wahl, entweder einen einzelnen (den angewählten) oder alle aktuell aufgelisteten Schritte rückgängig zu machen. Dies ist in diesem Beispiel ebenfalls nur einer – siehe Abbildung 3.24.

Manipulation des Seitenbaums | 3.3

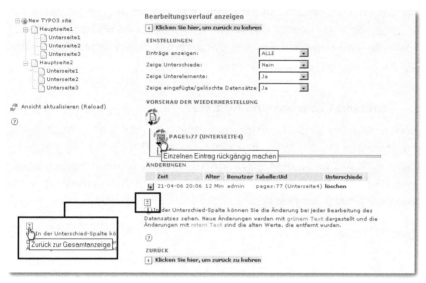

Abbildung 3.24 Einen einzelnen Arbeitsschritt rückgängig machen

Der unauffällige Klickbutton unterhalb der Tabelle dient im Bedarfsfall dazu, zur vorher gezeigten Gesamttabelle zurückzukehren, falls Sie mit der getroffenen Auswahl nicht einverstanden sind (Abbildung 3.24, links). In diesem Fall erfolgt keine Rücknahme des Arbeitsschrittes. Entscheiden Sie sich für die Rücknahme, so wird dies als **neuer** Arbeitsschritt gewertet und der Liste hinzugefügt (Abbildung 3.25).

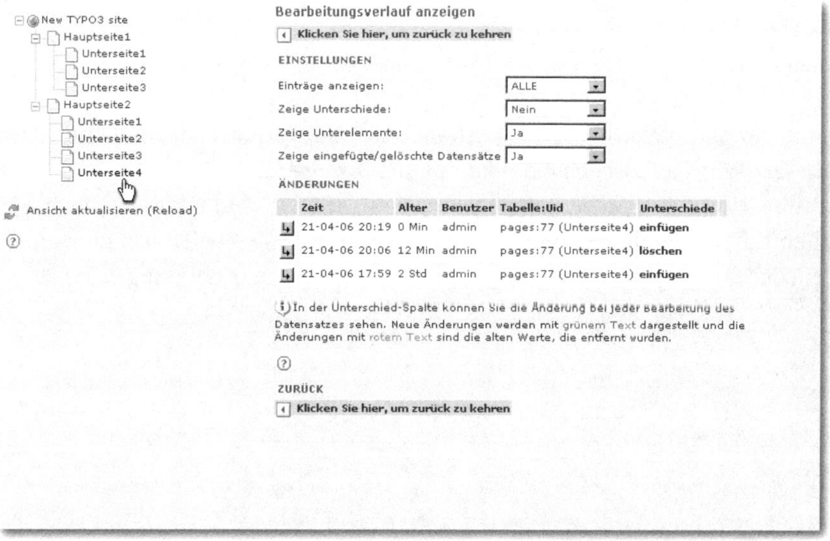

Abbildung 3.25 Ein rückgängig gemachter Arbeitsschrit in der Übersicht

Die zuvor gelöschte Seite ist nun im Seitenbaum wieder aufgetaucht, die Rücknahme steht als Arbeitsschritt »Einfügen« am Anfang der Verlaufstabelle. Ein Arbeitsschritt wird also nicht gelöscht, sondern mit umgekehrtem Vorzeichen wiederholt. Sie können somit gegebenenfalls auch die Rücknahme widerrufen.

3.3.4 Rekursives Löschen und Kopieren

Nun könnte auch der Versuch unternommen werden, eine Seite zu löschen, die selbst Unterseiten besitzt. Wie eben gezeigt, akzeptiert TYPO3 die Löschung einer Seite ohne untergeordnete Seiten widerspruchslos. Dies ist jedoch nicht der Fall, wenn Sie »Hauptseite2« per Kontextmenü zu löschen versuchen, da diese Seite mehrere Unterseiten besitzt.

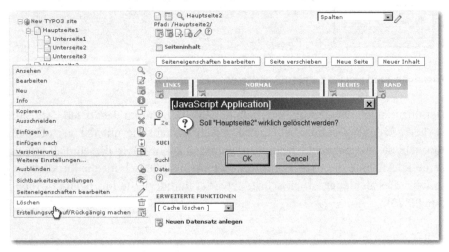

Abbildung 3.26 Sicherheitsdialog beim Löschen eines Zweigs im Seitenbaum

Der nun gezeigte Sicherheitsdialog (Abbildung 3.26) verführt zur Annahme, dass auf diesem Weg das Löschen eines kompletten Zweiges des Seitenbaums möglich wäre. Eine eingebaute Sicherheitsregelung von TYPO3 verhindert dies jedoch. Sie erhalten stattdessen die Warnung »Attempt to delete page which has subpages«. Die einzige Option ist der Klick auf den **Continue**-Button (Abbildung 3.27).

Abbildung 3.27 Das Löschen des Baumzweiges schlägt fehl

Um die gewünschte Aktion zu ermöglichen, müssen Sie zunächst eine Änderung in den Benutzereinstellungen vornehmen. Wechseln Sie hierfür nach **Benutzer > Einstellungen**. Rekursives Löschen, wie der Löschvorgang für komplette Zweige bezeichnet wird, gestatten Sie durch Anwählen der entsprechenden Checkbox (Abbildung 3.28). Rekursives Kopieren, also das Mitkopieren der Unterseiten einer kopierten Seite, erlauben Sie, indem Sie die Anzahl der mitzukopierenden Hierarchiestufen angeben. Wollen Sie also nur die erste Ebene der Unterseiten mitkopieren, so geben Sie hier 1 ein. Wollen Sie tiefere Hierarchiestufen für Kopien, so tragen Sie hier eine größere Zahl ein. Platzhalter im Sinne von »beliebig« sind nicht möglich. Damit die Änderungen wirksam werden, müssen Sie die Konfiguration sichern und sich neu anmelden.

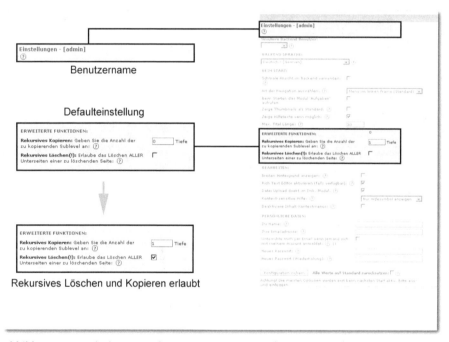

Abbildung 3.28 Erlauben von rekursiven Operationen auf Benutzerebene

Nach Einstellung der Optionen – in diesem Falle wurde das rekursive Kopieren genau eines Sublevels erlaubt (also der ersten untergeordneten Hierarchieebene) – können Sie nunmehr »Hauptseite1« mit ihren Unterseiten kopieren und nach »Hauptseite2« einfügen (Abbildung 3.29). Wie gehabt, ist die kopierte Seite selbst ausgeblendet, ihre mitkopierten Unterseiten jedoch nicht.

Da nun auch rekursives Löschen gestattet ist, lässt sich der gerade kopierte Zweig auch ebenso leicht wieder löschen. Die Kontextmenüeinträge **Kopieren**, **Einfügen** und **Löschen** ändern sich durch das Erlauben rekursiver Operationen nicht.

3 | Seiten anlegen

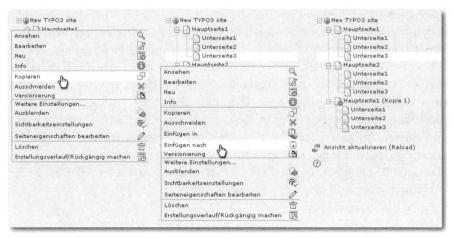

Abbildung 3.29 Rekursives Kopieren mit einem Sublevel

Es erfolgt auch keine Meldung, dass tatsächlich eine rekursive Aktion stattfindet: Der unveränderte Warndialog beim Löschvorgang bietet keinen Hinweis, dass hier auch alle Unterseiten entfernt werden (Abbildung 3.30).

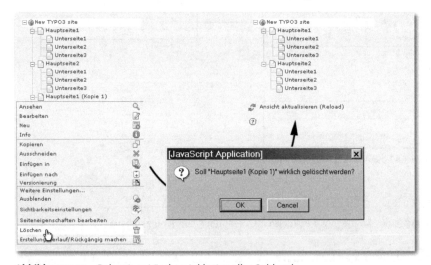

Abbildung 3.30 Rekursives Löschen inklusive aller Sublevel

Auch eine rekursive Aktion lässt sich mittels des Bearbeitungsverlaufs rückgängig machen, erfordert jedoch mehrere Schritte. Wollen Sie beispielsweise den soeben erfolgten Löschvorgang zurücknehmen, so müssen Sie zunächst die Hauptseite mittels des Erstellungsverlaufs der Weltkugel rekonstruieren und anschließend mittels des Erstellungsverlaufs der wiederhergestellten Hauptseite deren Unterseiten.

Beachten Sie, dass rekursive Operationen eine heikle Angelegenheit sind. Obwohl praktisch, können sie auch eine Menge Verdruss verursachen. Überlegen Sie daher, welchem Benutzer Sie dieses Recht zugestehen wollen.

3.4 Eine Seite anzeigen

Um eine in TYPO3 angelegte Seite zu betrachten, gibt es mehrere Wege. Der erste erfolgt aus dem Bearbeitungsmodus **Web > Seite** heraus über das **Lupensymbol**[8] am oberen Seitenrand des Arbeitsbereiches (siehe Abbildung 3.31). Alternativ können Sie auch das Kontextmenü des Elements (Befehl **Ansehen**) benutzen. Die aktuell bearbeitete Seite wird dann in einem neuen **Browserfenster** geöffnet.

Der zweite Weg besteht in der Wahl des Betrachtungsmodus. Wählen Sie hierfür das Modul **Web > Anzeigen**. Im Unterschied zur vorigen Methode wird die Seitenansicht jedoch nicht in einem neuen Fenster, sondern im **Arbeitsbereich** rechts neben dem Seitenbaum geöffnet.

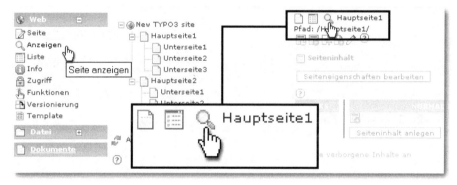

Abbildung 3.31 Anzeigemodus per Menü oder per Lupensymbol

- Wählen Sie die Anzeige per **Lupe** oder Kontextmenü, wenn Sie den Bearbeitendialog offen halten und die Seite parallel zum Betrachten im Backend weiterbearbeiten möchten.
- Wählen Sie die Option **Web > Anzeigen**, wenn Sie die Ansicht zwischen verschiedenen Seiten schnell per Seitenbaum wechseln wollen.

Beachten Sie, dass die Anzeige im Arbeitsbereich sich wegen des geringeren verfügbaren Platzes auf die Darstellung des Layouts auswirken kann.

---

8 Das Lupensymbol dient allgemein zum Wechsel in den Ansichtsmodus. Es wird Ihnen im Backend von TYPO3 noch an weiteren Stellen begegnen.

3.5 Zusammenfassung

Sie haben nun gelernt, wie Sie eine Seite im Backend mittels des Seitenbaums anlegen, kopieren, verschieben oder löschen und ihre Eigenschaften bearbeiten können.

Wenn Sie jedoch zu diesem Zeitpunkt eine Seite zum Betrachten auswählen, erhalten Sie eine Fehlermeldung, die darauf zurückzuführen ist, dass der Seite zunächst noch ein so genanntes »Template« zugeordnet werden muss. Wie dies geschieht, und was TYPO3 überhaupt unter einem »Template« versteht, ist Thema des nun folgenden Kapitels 4, *Einstieg in TypoScript*.

Hier wird das Anlegen eines TypoScript-Root-Template beschrieben und erste Einblicke in TypoScript und die darunter liegende Syntax vermittelt. Am Ende wird ein vollständig auf TypoScript basierendes Seitenlayout erstellt sein.

4 Einstieg in TypoScript

Im vorigen Kapitel wurde das Anlegen von Seitenelementen beschrieben, sowie Grundlagenfertigkeiten wie das Kopieren, Verschieben und Löschen von Seiten im Seitenbaum. Das Betrachten einer TYPO3-Seite im Browser, sei es in einem eigenen Browserfenster oder im internen Vorschaumodus des Arbeitsbereiches, scheiterte jedoch zu diesem Zeitpunkt (siehe Abbildung 4.1) mit der Fehlermeldung »No Template found!«.

Abbildung 4.1 TYPO3 meldet, dass kein Template gefunden wurde

Dies ist unabhängig davon, ob Sie den Seiten bereits Text- oder sonstige Inhalte zugewiesen oder sie (wie beabsichtigt) zunächst »leer« gelassen haben.

4.1 Das Konzept des TYPO3-Templates

Vereinbarungen zur Darstellung
Dieses eigentümliche Verhalten von TYPO3 ist darin begründet, dass wir es hier nicht mit »realen« HTML-Seiten zu tun haben, die in einem Verzeichnis und einer hierarchischen Struktur abgelegt sind – auch wenn die Seitenbaummetapher zu dieser Annahme verleitet. Eine TYPO3-»Seite« ist nichts als ein **Datensatz.** Es müssen daher Vereinbarungen getroffen werden, auf welche Weise und mit welchen Inhalten an welcher Stelle dieser Datensatz im Browser darzustellen ist.

Die Umsetzung dieser Vereinbarungen geschieht durch das Content-Management-System, die Vereinbarungen werden in ihrer Summe als **Template** bezeichnet. Die obige Fehlermeldung ist also lediglich ein Hinweis darauf, dass für die darzustellende Seite keine Darstellungsvereinbarungen getroffen wurden.

Templates werden in einer eigenen Sprache geschrieben, die als **TypoScript** bezeichnet wird. Obwohl der Name an die Bezeichnung einer Programmiersprache erinnert, handelt es sich bei TypoScript lediglich um eine **Konfigurationssprache**, eine Sammlung von Darstellungsanweisungen. Bei einem, in TypoScript erstellten Template handelt es also sich nicht um ein Programm im Sinne des Wortes.

> **Hinweis**
>
> Der Begriff »Template« ist im Umfeld von TYPO3 abstrakter besetzt als in vielen anderen Content-Management-Systemen. Dort, wie in einigen HTML-Editoren, wird unter einem »Template« i.d.R. eine (reale) HTML-Datei mit zusätzlichen Steuerungsinformationen verstanden.[1]

Templates sind auch Datensätze

Ein Template in TYPO3 ist eine Abfolge von TypoScript-Anweisungen. Diese legen fest, wie die Seiten formatiert werden, wo Inhalte ausgegeben werden, wie Menüs aufgebaut sind und vieles mehr. Die Anweisungen sind, ebenso wie die Seitenelemente, lediglich Datensätze in der TYPO3 zugrunde liegenden MySQL-Datenbank.

> **Merksatz**
>
> Eine TYPO3-Seite kann erst dann angezeigt werden, wenn sie mit einem Template-Datensatz verknüpft worden ist.

Im nächsten Schritt soll nun ein solches Template angelegt werden.

4.1.1 Anlegen und Verwalten von Templates

Um Templates anlegen und verwalten zu können, gibt es in TYPO3 das **Modul Template** im Bereich **Web** der Menüleiste. Ein Klick auf diesen Menüpunkt öffnet eine Bildschirmmaske zum Anlegen eines Templates. Das neu zu erstellende Template bezieht sich auf die aktuell im Seitenbaum angewählte Seite (hier »Hauptseite1«), die Zielseite kann aber jederzeit (bevor die eigentliche Template-Erstellung eingeleitet wurde) durch Klick im Seitenbaum gewechselt werden.

---

1 TYPO3 kennt ein vergleichbares Konzept, hier jedoch als »HTML-Vorlage« bezeichnet. Da man diese ebenfalls mit TypoScript steuert, werden sie erst im folgenden Kapitel beschrieben.

Das Konzept des TYPO3-Templates | **4.1**

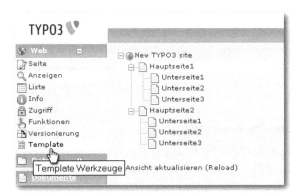

Abbildung 4.2 Anwahl des Templatewerkzeugs für »Hauptseite1«

Im Arbeitsbereich öffnet sich die Dialogseite zur Erstellung des Templates (siehe Abbildung 4.3). Für die aktuelle Seite existiert noch kein Template – worauf die rote Warnmeldung NO TEMPLATE hinweist). Zum Anlegen des Templates dient die Schaltfläche **Create template for a new site**. Das über dem Button befindliche Dropdown-Menü zur Auswahl verschiedener vordefinierter Templates können Sie einstweilen beiseite lassen.

Abbildung 4.3 Dialogseite zur Templateerstellung

Klicken Sie den Button an, um ein Template zu erstellen, und bestätigen Sie die anschließende **Alert**-Meldung: TYPO3 hat jetzt für Sie ein neues Template mit den Namen »NEW SITE« angelegt. Dieser Template Name wird automatisch vergeben, kann aber später geändert werden, wenn dies gewünscht wird. Da nun ein Template vorhanden ist, kann die Seite betrachtet werden.

Hallo Welt!

Der Versuch, die Seite nun im Browser anzuzeigen – klicken Sie hierfür auf die Lupe am oberen Rand des Arbeitsfensters oder wählen Sie **Web > Anzeigen** –, gibt die Begrüßung »HELLO WORLD!« im Browserfenster aus.

Dies ist nicht etwa so, weil das für das Erlernen einer neuen Programmiersprache übliche Beispiel für dieses Buch vorbereitet wurde. Vielmehr ist jedes von TYPO3 neu erzeugte Template automatisch so vorbelegt, dass der Text »HELLO WORLD« ausgegeben wird. Aber wo wird dies festgelegt? Hier müssen wir ein wenig in die Tiefe gehen.

4.1.2 Aufbau des Template-Datensatzes

Klicken Sie nun in den **Template Tools** auf den Template-Namen »NEW SITE« (siehe Abbildung 4.4) oder wählen Sie im Dropdown-Menü rechts oben, wo derzeit »Constant Editor« zu sehen ist, den Menüpunkt **Info/Modify** aus.

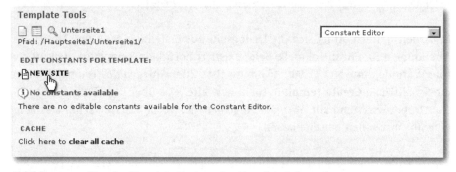

Abbildung 4.4 Von den Template Tools zu den Template Informationen

Für das neue Template erscheint die Dialogseite **Template Information**, auf der in tabellarischer Form (siehe Abbildung 4.5) folgende Angaben zusammengefasst sind:

- **Title**
  Titel des Templates, beliebig wählbar
- **Sitetitle**
  Titel der Website; anfangs leer (für HTML-<title>-Element)
- **Description**
  Beschreibung des Templates
- **Ressourcen**
  Liste im Template verwendeter Bilder oder HTML-Dateien
- **Constants**
  Textfeld zur Vereinbarung von Konstanten
- **Setup**
  Textfeld zur Eingabe des TypoScript-Setups

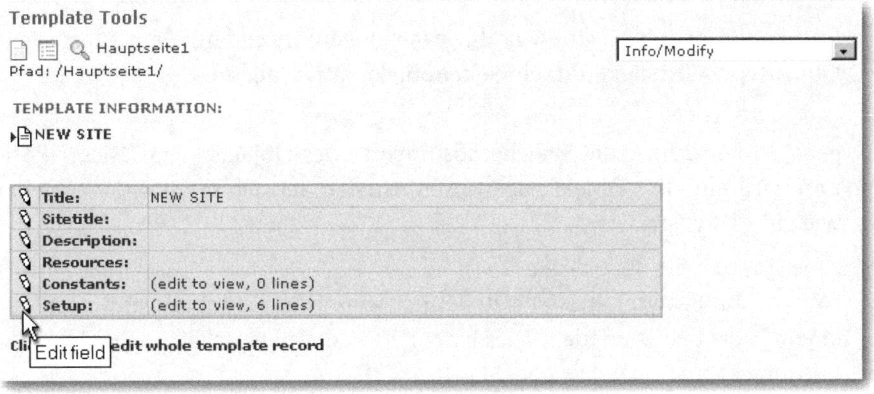

Abbildung 4.5 Von der Template Information in den Setup-Dialog

Die wichtigsten Felder sind die für **Constants** und **Setup**.

- In **Constants** werden in TypoScript-Code öfter auftauchende Konstanten festgelegt.
- Das Feld **Setup** enthält den eigentlichen TypoScript-Code, den Sie hier betrachten oder ändern können.

Beachten Sie die **Bleistiftsymbole** am Anfang jeder Zeile: Sie können diese Einträge ändern bzw. bei den noch leeren Feldern Einträge vornehmen. Zur entsprechenden Eingabemaske gelangen Sie durch einen Klick auf den Bleistift.

4.1.3 Template-Setup mit dem Setup-Feld

Wenn Sie, wie eben beschrieben, das Feld **Setup** öffnen, sehen Sie vor sich ein Formularfeld mit folgendem Inhalt, es handelt sich um TypoScript:

```
# Default PAGE object:
page = PAGE
page.10 = TEXT
page.10.value = HELLO WORLD!
```
Listing 4.1 kap4_01.ts

Diese **TypoScript-Anweisungen** waren für die »HELLO WORLD«-Ausgabe verantwortlich. Die einzelnen Zeilen haben dabei folgende Bedeutung:

- `# Default PAGE object:`
  Die Zeile mit dem vorangestellten #-Zeichen ist eine Kommentarzeile. Sie hat nur erklärende Bedeutung und wird nicht ausgewertet. Die Aussage ist »Deklaration des Default-Seitenobjekts:«

- page = PAGE

  Im ersten Schritt wird eine Variable `page` eingeführt und mit dem TypoScript-Objekttyp PAGE belegt, um ein Seitenobjekt zu erzeugen.[2]

- page.10 = TEXT

  page.10 bezeichnet die Speicherposition[3] 10 des Objekts `page`. Dieser Position wird ein TEXT-Objekt zugewiesen. (stellen Sie sich die Positionsobjekte wie ein Array vor).

- page.10.value = HELLO WORLD!

  Um Text im Browser anzeigen zu können, muss das Textobjekt nun noch mit einem Wert belegt werden. Dies geschieht in der Eigenschaft `value` des Positionsobjekts: page.10.value = HELLO WORLD!

> Sie erkennen hier eine Ähnlichkeit mit der Ihnen vielleicht bereits geläufigen **Objektschreibweise**, bei der ein Objekt und seine zugehörige Eigenschaft durch einen Punkt getrennt werden.

TypoScript unterscheidet zwischen Groß- und Kleinbuchstaben. Häufig sind Fehler auf Verstöße gegen die Schreibregeln von TYPO3 zurückzuführen. Hier sollten Sie unbedingt Sorgfalt walten lassen.

4.1.4 Erste Gehversuche in TypoScript

Um die Funktionsweise von TypoScript kennen zu lernen, wollen wir im Setup-Feld sukzessive einige Änderungen vornehmen und deren Auswirkungen im Browserfenster betrachten. Öffnen Sie also über das Lupensymbol eine Ansicht auf die Seite in einem neuen Browserfenster, sodass das Setup-Feld weiterhin zur Eingabe zur Verfügung bleibt.

Erweitern Sie die Angaben im Setup-Feld wie folgt. Es werden TEXT-Objekte an zwei neuen Positionsziffern page.20 und page.5 eingeführt (die »falsche« Reihenfolge ist Absicht!) und ihnen Werte zugewiesen:

```
# Default PAGE object:
page = PAGE
page.10 = TEXT
page.10.value = HELLO WORLD!
page.20 = TEXT
```

---

2 Genauer gesagt: eine Instanz des Objekttyps PAGE. Ob wir diese Objektinstanz hingegen `page` oder anders (z. B. `seite`) nennen, spielt keine Rolle.

3 Eine Speicherposition wird einfach durch ihre Einführung deklariert. Sie können beliebig vorgehen: page.1, page.2, ... page.253. Ein Abstand der Positionsobjekte (10, 20, 30, ...) ermöglicht jedoch, nachträglich weitere Positionsobjekte einzuschieben.

```
page.20.value = Das ist TypoScript!
page.5 = TEXT
page.5.value = Ein Beispiel:
```

Listing 4.2 kap4_02.ts

Klicken Sie nun auf den **Update**-Button (siehe Abbildung 4.6) und aktualisieren Sie die Browseransicht der Seite.

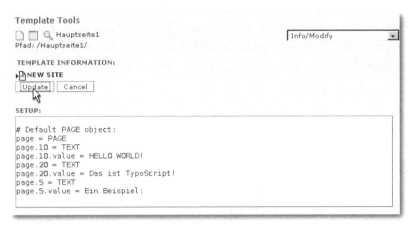

Abbildung 4.6 Erweiterung des Template-Setups

Im Browserfenster sehen Sie jetzt:

Ein Beispiel:HELLO WORLD!Das ist TypoScript!

... offensichtlich wird das Objekt `page.5` also *vor* den Objekten `page.10` und `page.20` ausgegeben, obwohl es doch als letztes definiert ist.

Erläuterung

Der absolute Wert der verwendeten Positionsziffern ist nicht wichtig, nur ihre relative Reihenfolge: Wählt man (beliebig) Position 10 und 20 für zwei Textobjekte, so werden diese nacheinander ausgegeben. Die Reihenfolge der Deklarationen im Template spielt hingegen keine Rolle (z.B. 5 nach 20), weil TYPO3 die Objekte intern sortiert.

4.1.5 Das wrap-Prinzip des TEXT-Objekts

Ein Objekt einer Programmiersprache besitzt stets eine Reihe von vordefinierten Eigenschaften. TypoScript bildet hier keine Ausnahme – so hat beispielsweise ein Objekt von Typ `PAGE` (unter anderem!) die Eigenschaft, Unterobjekte enthalten zu dürfen, also ein Array aus so genannten Content-Objekten zu bilden. Die **Con-**

tent-Objekte (auch als **cObjects** bezeichnet), können verschiedenen Typs sein, wobei der Typ jeweils durch Zuweisung bestimmt wird:

```
page.10 = TEXT
```

bedeutet die Zuweisung eines Objekts vom Typ TEXT an die Position 10 des PAGE-Objekts namens page. Dass ein TEXT-Objekt eine Eigenschaft value besitzt, der ein Wert zugewiesen werden kann, ohne dass sie vorher deklariert wurde (denn sie ist ja in den Objekttyp »eingebaut«) haben Sie bereits gesehen.

Wir machen uns nun eine zweite Eigenschaft dieses Objekttyps zunutze, um ein Textobjekt mit HTML-Tags zu umgeben – das Property wrap. Dieses funktioniert nach folgendem Prinzip:

```
mein_textobjekt.wrap = davor | dahinter
```

Anführungszeichen sind nicht erforderlich, Leerzeichen werden nicht beachtet. Das Pipe-Symbol | steht dabei stellvertretend für den Inhalt des Textobjekts.

Haben wir beispielsweise

```
mein_textobjekt.value = Beispiel
mein_textobjekt.wrap = <h1> | </h1>
```

... so erhalten wir in der Quelltext-Ausgabe an den Browser:

```
<h1>Beispiel</h1>
```

Erweitern Sie nun das TypoScript-Setup wie folgt. Hinweis: Die hier eingeschobenen Leerzeilen dienen der Übersichtlichkeit. Sie haben, genau wie Einrückungen per Tabulator oder Leerzeichen, keinen Einfluss auf die Funktion des Scripts.

```
# Default PAGE object:
page = PAGE

page.10 = TEXT
page.10.value = HELLO WORLD!
page.10.wrap = <p>T3-Begrüßung: | </p>

page.20 = TEXT
page.20.value = Das ist TypoScript!
page.20.wrap = <h1> | </h1>

page.5 = TEXT
page.5.value = Ein Beispiel:
page.5.wrap = <p><b> | </b></p>
```

Listing 4.3   kap4_03.ts

Sie erhalten im Browser nun eine Ausgabe, die etwa so wie in Abbildung 4.7 gezeigt aussieht und langsam beginnt, einer HTML-Seite zu ähneln:

> Ein Beispiel:
>
> T3-Begrüßung:HELLO WORLD!
>
> **Das ist TypoScript!**

Abbildung 4.7 Textobjekte mit HTML-wraps im Browser

Beachten Sie, dass hier, außer HTML-Tags, in einem Fall auch Text als Teil des Wraps verwendet wurde, was völlig legal ist. Da jedoch Leerzeichen in diesem Zusammenhang nicht beachtet werden, rückt der Textwrap (siehe Abbildung 4.7) notgedrungen nahtlos an den Inhalt heran. Sie könnten allerdings ein geschütztes Leerzeichen   hinzufügen, um diesen Umstand zu beheben:

```
page.10.wrap = <p>T3-Begrüßung:  | </p>
```

4.1.6 Mehr Komplexität durch Content-Objekt-Arrays COA

Eine einfache HTML-Seite, die nur aus einer Abfolge von Strukturcontainern (Überschriften, Absätze etc.) besteht, lässt sich so bereits aufbauen. Eine HTML-Tabelle ist auf dem bisher beschrittenen Weg nicht zu erstellen, da es hierfür (um die Zellen- und Zeilenstruktur aufzubauen) erforderlich ist, einem Content-Objekt mehrere Unterobjekte zuzuordnen. Mit dem bislang verwendeten Objekt vom Typ TEXT ist dies nicht möglich.

TypoScript kennt aus diesem Grund einen Objekttyp, dem Unterobjekte in beliebiger Anzahl in Form weiterer Content-Objekte zugewiesen werden können, das so genannte **Content-Object-Array** (kurz: **COA**).

Nun soll als Experiment eine HTML-Tabelle[4] erstellt werden. Eine Tabelle kann aus einer beliebigen Anzahl von Zeilen bestehen, die wiederum aus einer beliebigen Anzahl von Zellen bestehen können. Die Zellen können Text enthalten.

Wo in diesem Zusammenhang von einer »beliebigen Anzahl« von Unterobjekten die Rede ist, liegt es nahe, die entsprechenden übergeordneten Teile durch COAs aufzubauen. Dies gilt für die Tabelle selbst und deren Zeilen. Die Tabellenzellen können hingegen durch einfache Textobjekte realisiert werden (sofern sie keine komplexe Struktur enthalten sollen). Der erforderliche HTML-Code wird wieder durch einen Wrap um das jeweilige Objekt erzeugt.

---

[4] Tatsächlich besitzt TypoScript hierfür sogar ein spezialisiertes Objekt CTABLE. Das allgemeinere COA wird hier nur aus didaktischen Gründen (Vereinfachung) verwendet.

```
# Die Tabelle (mit Attributen):
page.30 = COA
page.30.wrap = <table border="1" width="100"> | </table>

# ... und zwei Tabellenzeilen:
page.30.10 = COA
page.30.10.wrap = <tr> | </tr>
page.30.20 = COA
page.30.20.wrap = <tr> | </tr>
```

Jeder Tabellenzeile sollen nun zwei Textobjekte an Position 10 und 20 hinzugefügt werden. Diese erhalten den `<td>`-Tag als `wrap` und einen Inhalt als `value`. Wenn Sie dies für die erste Tabellenzeile hinschreiben, werden Sie bemerken, dass aufgrund des in jeder Zeile gleichen Beginns des Objektpfads eine merkliche Redundanz im Script auftritt. (Achtung: die ersten zwei Zeilen sind im folgenden Listing der Übersichtlichkeit halber wiederholt – schreiben Sie sie nicht nochmals hin):[5]

```
page.30.10 = COA
page.30.10.wrap = <tr> | </tr>

page.30.10.10 = TEXT
page.30.10.10.value = A
page.30.10.10.wrap = <td> | </td>
page.30.10.20 = TEXT
page.30.10.20.value = B
page.30.10.20.wrap = <td> | </td>
```

Listing 4.4   kap4_04.ts

Sie sehen, dass jede Zeile mit »page.30.10.« beginnt. Um Code einzusparen, ist es möglich, Teile des Objektpfades gewissermaßen »auszuklammern«. Hierfür wird zunächst der redundante Part hingeschrieben, gefolgt von einer öffnenden geschweiften Klammer. Anschließend listet man die von der so gebildeten temporären Pfadwurzel abstammenden Definitionen auf und schließt die Klammer wieder.

> **Hinweis**
> Dieses Prinzip der Klammerung mit geschweiften Klammern wird als Confinement bezeichnet.

Lassen Sie die Definition des COA-Objekts und seines Wraps (Zeile 1 und 2) wie sie sind und ändern die folgenden Zeilen wie eben beschrieben. Das Ergebnis ist

---

5   Sie würden allerdings sehen, dass dies auch nicht schadet – bei doppelten Definitionen gilt die zuletzt stehende. Außer der Übersichtlichkeit wird dadurch nichts beeinträchtigt.

merklich übersichtlicher. Sie können im Formularfenster zur besseren Übersichtlichkeit den Text mittels Leerzeichen oder Tabulatoren einrücken.

```
page.30.10 {
  10 = TEXT
  10.value = A
  10.wrap = <td> | </td>
  20 = TEXT
  20.value = B
  20.wrap = <td> | </td>
}
```

Listing 4.5 kap4_05.ts

Beachten Sie, dass bei dieser Schreibweise der Punkt **nach** der vorangestellten Pfadwurzel entfällt – hierfür steht die geschweifte Klammer. Sie schreiben also **nicht** page.30.10.{ sondern nur page.30.10 {.

Fügen Sie nun noch die Definition der zweiten Zeile hinzu und speichern Sie:

```
page.30.20 {
  10 = TEXT
  10.value = C
  10.wrap = <td> | </td>
  20 = TEXT
  20.value = D
  20.wrap = <td> | </td>
}
```

Listing 4.6 kap4_06.ts

Im Browserfenster sehen Sie nun eine Tabelle mit zwei Zeilen und jeweils zwei Zellen (siehe Abbildung 4.8):

Abbildung 4.8 Eine per TypoScript »handgebaute« HTML-Tabelle

4.1.7 Kopieren und Referenzieren von Objekten in TypoScript

TypoScript bietet Ihnen einen schnellen Weg an, weitere Instanzen eines komplexen Objekts zu erstellen, ohne diese wiederholt explizit hinschreiben zu müssen – also auch, wie im folgenden Beispiel, unserer in Objektform realisierten

Tabelle. Hierfür kann wahlweise eine Kopie oder eine Referenz des gewünschten Objekts erstellt werden. Der Unterschied zwischen beiden Vorgehensweisen wird in Folge erläutert. Wenden wir uns zunächst dem Kopieren zu.

Den Zuweisungsoperator kennen Sie bereits – es ist das Gleichheitszeichen, das Sie bereits wie selbstverständlich in dieser Aufgabe eingesetzt haben. Die Zuweisung erfolgt stets von rechts nach links, sieht also beispielsweise so aus:

```
page.10.value = Hallo Welt!
```

Hierbei steht auf der rechten Seite eine Zeichenkette, die dem links stehenden Objekt als Wert zugewiesen wird. Zeichenkettenbegrenzer sind nicht erforderlich, da an dieser Stelle ohnehin nur Strings übergeben werden können.[6]

Kopieren eines Objekts

Ein Kopier- oder Referenziervorgang unterscheidet sich von einer normalen Zuweisung dadurch, dass die dem Zielobjekt zugewiesene Größe ebenfalls ein Objekt ist. Außerdem wird ein anderer Operator verwendet – für eine Kopie ist dies das Zeichen <.

Um die Tabelle in page.30 in ein neues Objekt page.40 zu **kopieren**, schreiben wir einfach:

```
page.40 < page.30
```

In der Tat würden Sie nun, wenn Sie das Ergebnis im Browser betrachten, eine zweite, identische Tabelle gleicher Struktur unter der ersten sehen. Wenn die Kopie identisch zur Vorlage bleiben müsste, hätte das Verfahren jedoch wenig Sinn. In der Tat ist es durch einfaches Überschreiben möglich, die Inhalte der kopierten Tabelle zu ändern. Beachten Sie, dass die interne COA-Struktur nicht erneut angelegt zu werden braucht.

Hier werden den Feldern der ersten Zeile page.40.10 neue Inhalte zugewiesen:

```
page.40.10 {
  10.value = Hüh
  20.value = Hott
}
```

Listing 4.7   kap4_07.ts

---

6 Anführungszeichen haben deshalb in diesem Kontext keine Steuerzeichenfunktion, sondern sind normale Zeichen: Setzen Sie einen String in Anführungszeichen, so werden diese mit ausgegeben.

Die Inhalte der zweiten Zeile werden nicht angetastet (Abbildung 4.9):

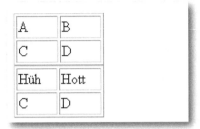

Abbildung 4.9 Originaltabelle und ihre Kopie nach erfolgter Änderung

Eine Kopie ist, einmal erstellt, unabhängig vom Original. Eine nachfolgende Änderung des Originals wirkt sich also nur dort, und nicht an der Kopie aus. Analog hat eine nachfolgende Änderung eines kopierten Objekts keine Wirkung auf das Original.

Referenzieren eines Objekts

Anstatt ein Objekt zu kopieren, kann es auch »referenziert« werden. Dies mag zwar für diese einfache Beispieltabelle wenig tieferen Sinn haben, kann in seinen Konsequenzen hier jedoch sehr anschaulich demonstriert werden.

Eine **Objektreferenz** wird im Prinzip genau wie eine Kopie erstellt, nur der verwendete Operator ist ein anderer: =<. Um in einem neuen Objekt page.50 eine Referenz auf die Tabelle in page.30 zu bilden, schreiben Sie also:

```
page.50 =< page.30
```

Das Ergebnis im Browser ist zunächst nicht von dem einer Kopie zu unterscheiden (Original und Referenz sind identisch). Auch bei anschließender Änderung von Werten der **Referenz** (hier an deren zweiter Zeile) ist zunächst nichts auffällig (siehe Abbildung 4.10) – das Original wird nicht angetastet:

```
page.50.20 {
   10.value = Hau
   20.value = Ruck
   }
```

Listing 4.8 kap4_08.ts

Erst, wenn auch am referenzierten **Original** eine Änderung erfolgt (diesmal an beiden Zeilen), bemerkt man ein verändertes Verhalten (Beachten Sie, dass die Originaltabelle im Quelltext erst **nach** Erstellung der Referenz und deren Wertänderung überschrieben wird).

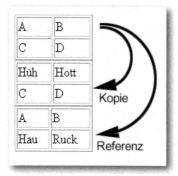

Abbildung 4.10 Original, Kopie und geänderte Referenz

Fügen Sie also folgende Zeilen an:

```
page.30.10 {
    10.value = Hui
    20.value = Buh
    }
page.30.20 {
    10.value = Piff
    20.value = Paff
    }
```

Listing 4.9 kap4_09.ts

Diese zweite Änderung ist nun am Original und in Zeile 1 seiner Referenz sichtbar, nicht aber an der kopierten Tabelle in der Mitte (die Kopie erfolgte ja von einem älteren Zustand des Originals), wie in Abbildung 4.11 zu sehen ist. Beachten Sie: In Zeile 2 der Referenz sind deren geänderte Werte sichtbar, obwohl ja die Änderung der Referenz im Quelltext **vor** der Änderung des Originals vorgenommen wurde.

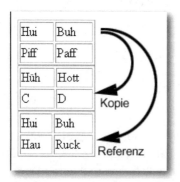

Abbildung 4.11 Nachträglich geändertes Original, Kopie und Referenz

Was passiert hier? Eine TypoScript-Referenz steht gewissermaßen in der Mitte zwischen einer »gewöhnlichen Kopie« und einer Objektreferenz, wie sie in objektorientierten Programmiersprachen üblich ist.

> **Vorsicht Denkfalle**
>
> In Java, C oder vergleichbaren Sprachen bildet eine Referenz einen echten »Zeiger« auf das Originalobjekt und verhält sich zu jedem Zeitpunkt wie das Original (beide Objekte sind dort eigentlich nur ein Objekt): Eine Änderung an der Referenz hat dort stets eine Änderung am Original zur Folge. Dies ist in TypoScript nicht der Fall.

In TypoScript ist eine Referenz ebenfalls eine Kopie, nur der Zeitpunkt des Kopiervorgangs ist ein anderer: Die Erstellung der Referenz erfolgt **nach** dem Einlesen des vollständigen Skriptes, die einer Kopie **während** des Einlesens.

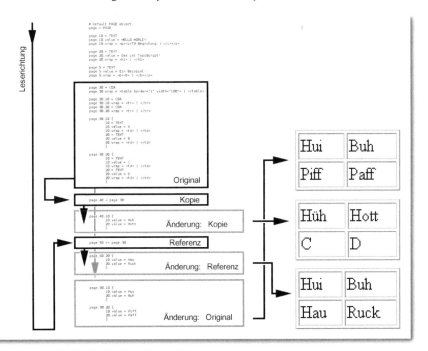

Abbildung 4.12 Erstellung und Ausgabezustand von Kopie und Referenz

Das Flussdiagramm in (siehe Abbildung 4.12) erläutert den Prozess. Ein TypoScript wird Zeile für Zeile von oben nach unten (d.h. in »Leserichtung«) abgearbeitet.

Kopien werden »unterwegs« (beim Abarbeiten des Quelltextes) erstellt und ebenso fortlaufende Änderungen an Objekten vollzogen. Eine **Referenz** wird jedoch erst erstellt, nachdem das Ende des Scripts erreicht ist und anschließend eventuelle Änderungen an ihr vorgenommen: man kann es sich so vergegenwärtigen, dass die Erstellung der Referenz »aus dem Fluss genommen« und mitsamt der Abarbeitung aller weiteren, sie betreffenden Befehle an das Ende des Scripts angehängt bzw. dorthin verschoben wird.

> Aus diesem Grund betreffen Änderungen an der Referenz nicht das ausgegebene Original; dies ist zu diesem Zeitpunkt bereits »fertig«. Am Ende ausgegeben wird der jeweils letzte Zustand eines Objektes.

4.2 Vererbung eines TypoScript-Templates

Öffnen Sie die Seite »Hauptseite1«, für die soeben ein Template angelegt wurde mittels des Befehls **Web > Anzeigen** im Arbeitsbereich. Wechseln Sie nun per Klick im Seitenbaum die Ansicht auf »Unterseite1« von »Hauptseite1«: Sie bemerken, dass die Ansicht die gleiche ist, obwohl für »Unterseite1« gar kein Template angelegt wurde.

Dies beruht auf dem TYPO3-Prinzip der **Vererbung eines Templates** an untergeordnete Seiten des Seitenbaumzweigs. Das gleiche Ergebnis erzielen Sie, wenn Sie eine der beiden anderen Unterseiten dieses Zweiges betrachten: TYPO3 sucht für eine Seite ohne Template den Seitenbaum ab, bis in einer der darüber liegenden Hierarchieebenen ein Template gefunden wird. Dieses wird dann verwendet. Im vorliegenden Fall »erbt« also die auf Level 1 befindliche »Unterseite1« das Template von »Hauptseite1« im darüber liegenden Level 0. Das gleiche wäre der Fall für beliebig tiefer liegende Hierarchieebenen (siehe Abbildung 4.13).

Abbildung 4.13 Zugriff auf ein Template der übergeordneten Hierarchieebene

Nochmals zur Verdeutlichung: **Eine Seite kann ein Template nur von einer hierarchisch übergeordneten Seite erhalten.** Im ersten Zweig erhält beispielsweise »Unterseite2« ihr Template ebenfalls von »Hauptseite1« und bekommt es nicht etwa von »Unterseite1« weitergereicht.

4.2 Vererbung eines TypoScript-Templates

In der Tat wird ein Template niemals implizit innerhalb der gleichen Hierarchieebene weitergegeben (siehe Abbildung 4.14), also auch nicht von »Hauptseite1« nach »Hauptseite2«. Wählen Sie nun »Hauptseite2« oder beliebig eine der Unterseiten des zweiten Zweiges an (die ja ebenfalls keinen Zugang zum Template von »Hauptseite1« haben), so sehen Sie, dass in diesem Falle keine Template-Vererbung stattfindet: Sie erhalten in allen Fällen die Meldung »No Template found!«.

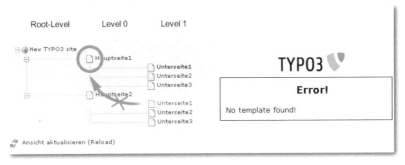

Abbildung 4.14 Keine Vererbung zwischen verschiedenen Zweigen

> **Hinweis**
>
> Die Weltkugel selbst kann grundsätzlich keine Templates tragen, da es sich bei diesem Objekt nicht um eine Seite handelt. Sie kann daher kein Template an die ihr untergeordneten Seitenzweige vererben. Zweige, die direkt unter der Weltkugel auf Level 0 ansetzen, verhalten sich somit wie voneinander unabhängige Websites und benötigen jeweils ein eigenes Haupt-Template. Sie können Templates natürlich durch »physisches« Kopieren von einem Zweig zum anderen übertragen.

4.2.1 Erweiterungs-Templates +ext auf Unterseiten

Es wäre ausgesprochen unflexibel, wenn ein Template nur auf der Wurzelseite des Zweiges angelegt und von dieser aus unverändert weitergegeben werden könnte. TYPO3 kennt das Prinzip der **Template-Erweiterung** (»Extension Template«), um eine Änderung oder Erweiterung der Template-Definitionen für eine Unterseite und ihr hierarchisch unterstellte Seiten zu ermöglichen.

> Eine Template-Erweiterung kann auf jeder Seite angelegt werden, der selbst kein Template direkt zugeordnet ist.

Wählen Sie hierfür eine Seite ohne eigenes Template. Die Template Tools bieten an, hier ein eigenständiges Root-Template anzulegen (»Create template for a new site«). Dies sollte allerdings normalerweise nur auf der untersten Ebene erfolgen. Eine weitere Option ist, zur nächsten übergeordneten Seite mit Template zu springen (»Go to closest page with template«), um dieses dann zu bearbeiten.

Da diesmal aber weder ein eigenes Root-Template angelegt, noch das übergeordnete Template bearbeitet werden soll, wenden wir uns stattdessen der dritten Option zu, dem Button **Click here to create an extension template** (siehe Abbildung 4.15).

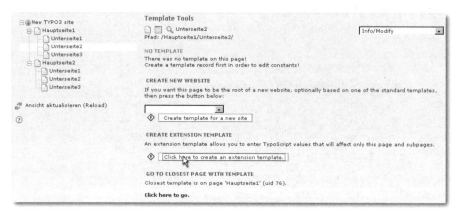

Abbildung 4.15   Anlegen eines Extension Templates

Sie sehen nun eine Template-Information-Tabelle für das Erweiterungs-Template vor sich. Der Template-Titel lautet standardmäßig +ext, kann aber an dieser Stelle in einen aussagekräftigeren Titel geändert werden. Klicken Sie, wie inzwischen gewohnt, auf das Stiftsymbol der Setup-Zeile.

Geben Sie in das leere Setup-Feld folgende Zeilen ein:

```
page.bodyTagAdd = bgcolor=yellow
page.10.value = Dies ist Unterseite 2!
```

Listing 4.10   kap4_10.ts

Wenn Sie diese kurzen Anweisungen mit den im Haupt-Template eingegebenen Daten vergleichen, bemerken Sie, dass diese hier fragmentarisch sind:

- Es wird kein PAGE-Objekt angelegt aber dennoch verwendet.
- Es wird auf eine Eigenschaft bodyTagAdd von page zugegriffen.
- Es wird auf ein Objekt 10 von page zugegriffen, ohne es vorher anzulegen.

Erklärung: Dies liegt daran, dass dies kein unabhängiges Template ist, sondern eine Erweiterung der Definitionen des Haupt-Templates darstellt. Aus diesem Grund kann (auch überschreibend) einfach auf dort definierte Objekte zugegriffen werden. Stellen Sie sich vor, dass das Haupt-Template implizit hierhin kopiert wurde.

Die im Erweiterungs-Template getroffenen Anweisungen werden zu den vorhandenen TypoScript-Anweisungen **addiert**. Da sie also quasi nach denen des Haupt-Templates stehen, überschreiben sie diese im Konfliktfall bzw. ergänzen sie andernfalls. Folgendes geschieht hier:

- Die Hintergrundfarbe des Dokuments wird auf Gelb geändert.
  Dies geschieht durch Erweitern des Body-Tags um ein Attribut bgcolor, bzw. Überschreiben des Standardwerts #ffffff durch yellow.

- Der Wert des Objekts 10 wird überschrieben.
  Anstelle des im Haupt-Template definierten Wertes HELLO WORLD! steht nun Dies ist Unterseite 2!

Wechseln Sie in den Modus **Web > Ansicht** und betrachten Sie das Ergebnis (siehe Abbildung 4.16).

Abbildung 4.16 Unterseite 2 mit gelber Hintergrundfarbe

Diese Änderungen würden an alle Seiten weitergegeben, die »Unterseite2« hierarchisch untergeordnet sind; es sind allerdings derzeit keine vorhanden. Eine Vererbung oder Weitergabe des Extension Templates auf gleicher Hierarchieebene findet jedoch auch hier nicht statt. Um dies zu überprüfen, wechseln Sie die Ansicht nach »Unterseite1« oder »Unterseite3«. Diese finden Sie unverändert vor, wie in Abbildung 4.17 dokumentiert.

Abbildung 4.17 Die anderen Unterseiten sind nicht betroffen.

4.3 Löschen eines Templates oder Erweiterungs-Templates

Möglichweise müssen Sie früher oder später ein Erweiterungs-Template oder auch ein Haupt-Template wieder entfernen. Die Template-Information-Tabelle bietet zwar Optionen, ein Template beliebig zu bearbeiten, jedoch nicht die Möglichkeit, es vollständig zu löschen.

Da das Erweiterungs-Template von »Unterseite2« seinen Dienst nun getan hat, kann hier kurz demonstriert werden, wie ein Löschvorgang vonstatten geht. Unter der Template-Information-Tabelle des Erweiterungs-Templates finden Sie den Link **Click here to edit whole template record**. Sofern Sie ein Template nicht mittels der Stiftsymbole in seinen Einzelaspekten, sondern übersichtlich in seiner Gesamtheit, bearbeiten wollen, bringt dieser Link Sie auf eine Formularseite, die genau diesem Zweck dient. Wir werden sie demnächst wieder benötigen.

Beachten Sie an dieser Stelle lediglich die Buttonreihe (siehe Abbildung 4.18) am oberen Rand des Fensters. Der rechte der fünf Buttons (das Mülleimersymbol) dient zum Löschen des aktuell bearbeiteten Template-Datensatzes.

Abbildung 4.18 Speicher- und Löschbuttons

Die anderen vier Buttons dienen (von links nach rechts) dem »Speichern«, »Speichern und Betrachten«, »Speichern und Dialog beenden« sowie dem »Beenden des Dialogs ohne erfolgte Eingaben zu speichern«.

Klicken Sie auf **Löschen** und bestätigen Sie die Warnmeldung. Das Erweiterungs-Template ist nun gelöscht. Die »Unterseite2« sieht aus wie vorher, da hier nun wieder ausschließlich die Definitionen des Haupt-Templates gelten.

> **Anmerkung**
> Sollten Sie ein Template versehentlich gelöscht haben, so können Sie dies über das Kontextmenü des Seitenicons der betroffenen Seite rückgängig machen. Das Löschen eines Templates kann auch über den Erstellungsverlauf rückgängig gemacht werden.

4.4 Der TypoScript Object Browser

Zu Beginn des Kapitels haben wir erwähnt, dass es sich bei TypoScript um eine Konfigurationssprache handelt, die nach hierarchischen Prinzipien arbeitet. Dies spiegelt sich im Template-Setup beispielsweise in den nummerierten Positionsobjekten wider. Diese werden in beliebiger Reihenfolge eingefügt, jedoch stets nach ihrem Index sortiert abgearbeitet. Auch kann jede Instruktion an einem späteren Punkt des Setups überschrieben werden. Das Template-Setup kann daher schnell unübersichtlich werden.

Folgende Wunschliste könnte anhand dieses Defizits für eine alternative Darstellungs- und Bearbeitungsoberfläche aufgestellt werden:

- Objekte sollen sortiert angezeigt werden statt in Deklarationsreihenfolge.
- Nur der jeweils letzte gültige Wert eines Objekts soll gezeigt werden.
- Ein Wert soll einfach »vor Ort« geändert werden können.
- Die Hierarchien sollen durch eine Baumstruktur abgebildet werden.

Genau für diese Zwecke stellt TYPO3 den so genannten **TypoScript Object Browser** zur Verfügung.

4.4.1 Wechsel in den TypoScript Object Browser

Der Wechsel in den Template Object Browser geschieht über das rechte, obere Pulldown-Menü in den Template-Tools (Abbildung 4.19). Wählen Sie dort den Eintrag **TypoScript Object Browser.**

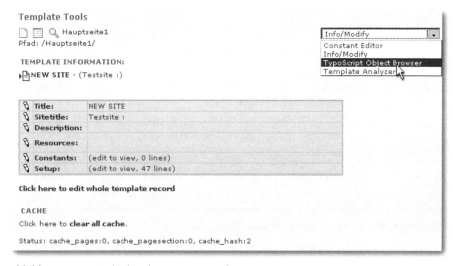

Abbildung 4.19 Wechsel in den TypoScript Object Browser

4.4.2 Arbeit mit dem TypoScript Object Browser

Beim ersten Blick in dem TypoScript Object Browser erkennen Sie eine Baumstruktur, hier als »Object Tree« bezeichnet, welche die hierarchisch verschachtelten Objektdefinitionen abbildet (siehe Abbildung 4.20). Einige Zweige sind »eingeklappt«; sie können durch einen Klick auf das Pluszeichen vor der Zweigwurzel geöffnet und wieder geschlossen werden.

Das im Setup nach Objekt 20 deklarierte Positionsobjekt 5 ist korrekt in Ausgabereihenfolge eingeordnet. Ansonsten sehen Sie auch die restlichen im Setup definierten Objekte sowie ihre Eigenschaften und deren Werte.

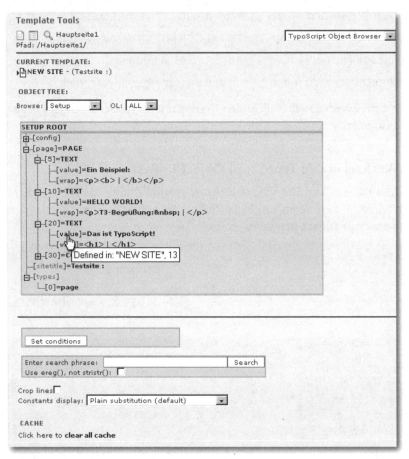

Abbildung 4.20   Arbeit mit dem TypoScript Object Browser

Auf ein Objekt oder ein Property können Sie über die Baumstruktur direkt zugreifen. Die Objekt- bzw. Property-Namen dienen als Link. Um beispielsweise den Wert »Das ist TypoScript!« des Positionsobjekts 20 zu ändern, klicken Sie im betreffenden Zweig einfach auf [value].

Sie sehen nun ein Dialogfeld vor sich, ähnlich dem in Abbildung 4.21, wo Sie den aktuellen Wert einfach durch einen beliebigen neuen Eintrag überschreiben können. In diesem Beispiel wird der Wert mit »Das ist toll!« überschrieben. Speichern Sie, indem Sie den Button **Update** klicken.

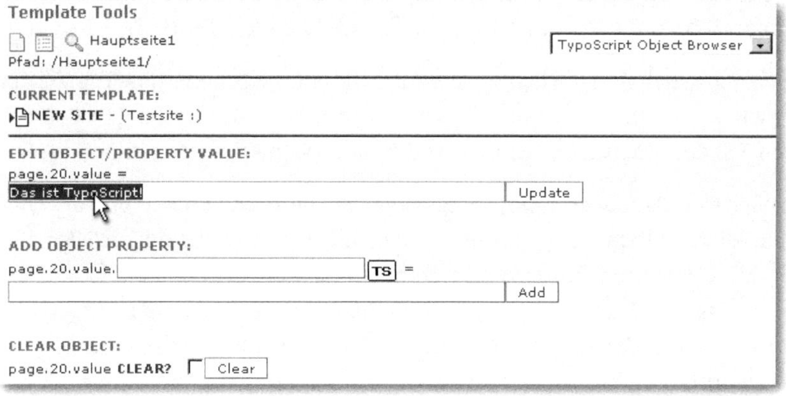

Abbildung 4.21   Ändern eines Properties im TypoScript Object Browser

Zurück in der Object-Tree-Ansicht erhalten Sie nochmals eine Rückmeldung, welches Objekt geändert wurde, und was als sein neuer Wert gespeichert worden ist (Abbildung 4.22). Auch in der Baumstruktur spiegeln sich die Änderungen wider.

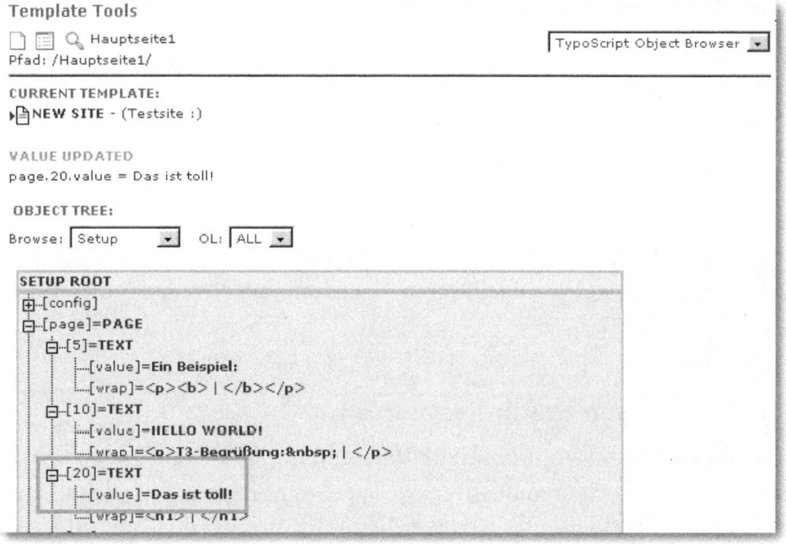

Abbildung 4.22   Update-Hinweis und geänderter Wert im Object Tree

Dies kann analog für alle Objekte des Baums erfolgen. Nicht nur die Eigenschaften eines Objekts können bearbeitet werden, sondern auch die Objekte selbst. So ist sogar die nachträgliche Änderung eines Objekttyps prinzipiell möglich. Dies kann aber Konsequenzen haben, sollten die bereits zugeordneten Properties für den neuen Objekttyp nicht gültig sein.[7] Ebenso können Sie ein Objekt löschen (»Clear Object«) oder ein Property hinzufügen (»Add Object Property«).

Sie müssen sich dabei natürlich immer an die im Rahmen von TypoScript erlaubte Syntax halten. Als »Lexikonfunktion« sehen Sie neben einigen Feldern den Button **TS,** der einen Link auf eine online erhältliche Referenz bildet.

Beachten Sie: **Der TypoScript Object Browser ist kein wirklicher Editor.** Dies können Sie leicht erkennen, wenn Sie in den Info/Modify-Dialog zurückwechseln und einen erneuten Blick in das Template-Setup vornehmen: Anstatt im Zuge der erfolgten Bearbeitung etwa die Zeile mit der Wertzuweisung an `page.20.value` zu **ändern**, hat der Template Object Browser einfach ans Ende der Setup-Definitionen eine neue Wertdeklaration **hinzugefügt** und die alte hierdurch widerrufen. Mehrfache Änderungen bewirken dementsprechend jeweils einen erneut angehängten Eintrag.

> **Fazit**
>
> Der **TypoScript Object Browser** ist hervorragend geeignet, um eine Übersicht über die Template-Hierarchie zu erhalten und »ambulant« geringfügige Änderungen vorzunehmen. Für größere Änderungen und »Aufräumvorgänge« ist er weder geeignet noch konzipiert. Erledigen Sie solche Arbeiten besser im eigentlichen Setup-Dialog.

4.5 Seitenlayout mit TypoScript

Da die Grundsyntax von TypoScript und die Arbeit mit den Template-Tools nun im Ansatz erläutert sind, soll als Nächstes eine einfach aufgebaute HTML-Seite **vollständig in TypoScript** erstellt werden. Sie können jetzt die meisten im Setup als Demonstration angelegten Objekte mit Ausnahme des Seitenobjektes PAGE löschen.

4.5.1 Einbindung von Grafik-Ressourcen

Ein ansprechendes Seitenlayout ohne die Verwendung von Grafiken ist schwer vorstellbar. Auch im jetzt demonstrierten TypoScript-Layout soll daher eine Kopfgrafik im Seiten-Header eingesetzt werden. Hierfür muss die Datei zunächst als **Upload** dem System zur Verfügung gestellt werden, also in einem Verzeichnis abgelegt werden, das für TYPO3 zugänglich ist.

---

7 Nach dem Prinzip, dass nur beachtet wird, was gilt, werden Sie keine Fehlermeldung erhalten. Nicht mehr benötigte oder nicht mehr anwendbare Properties würden einfach ignoriert.

Wie in vielen Fällen gibt es in TYPO3 hierzu mehrere Möglichkeiten:

- Auf Content-Ebene dient hierzu der **Fileadmin**. Diesen werden wir in Kürze noch ausführlicher behandeln.
- Auf Template-Ebene bietet sich die Einbindung einer Grafik hingegen als sogenannte **Ressource** an.

Da wir auf Template-Ebene arbeiten, ist in diesem Falle der zweite Weg der nahe liegendere.

Um eine neue Ressource hochzuladen klicken Sie in der Template-Information-Tabelle zunächst das Stiftsymbol vor dem Stichwort **Resources** an. Es wird ein Upload-Dialog eingeblendet, mit dem Sie eine lokale Datei anwählen und in das TYPO3-System hochladen können. Bestätigen Sie nach der Dateiwahl anschließend mit **Update** (siehe Abbildung 4.23).

> **Hinweis**
>
> Wählen Sie das Bild t3e_blumen.gif, das Sie auf der Begleit-DVD im Verzeichnis *Dateien_zum_Buch/Kapitel04* finden. Es wird anschließend als Headergrafik einer durch TypoScript generierten HTML-Seite dienen.[8]

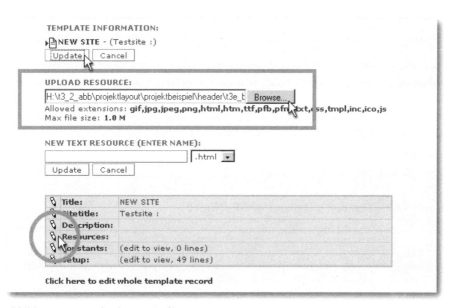

Abbildung 4.23 Upload einer Grafik-Ressource

---

[8] Das in diesem Beispiel verwendete Bild hat die Abmessungen 760 px × 103 px. Sie können es selbstverständlich durch ein eigenes Bild ersetzen, wenn Sie dies vorziehen.

Nach erfolgreichem Upload erscheinen Dateiname, Dateigröße und eine Miniaturvorschau[9] der Grafik im bis eben noch leeren Ressourcenfeld (siehe Abbildung 4.24). Indem Sie mit dem Mauszeiger über die Vorschaugrafik gehen, erhalten Sie Informationen zum Pfad, unter dem die Grafik im System abgelegt wurde. Im Beispiel wurde die Grafik im Ordner *uploads/tf* im Wurzelverzeichnis des Systems gespeichert.

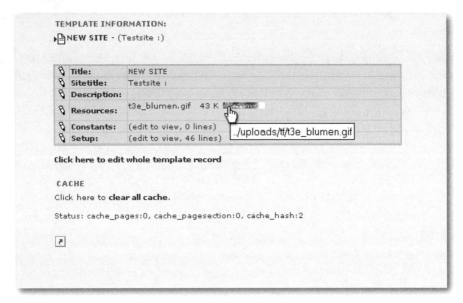

Abbildung 4.24 Liste und Miniaturvorschau der vorhandenen Ressourcen

Ein Klick auf die Miniaturvorschau zeigt die Grafik in einem Popup-Fenster. Ein erneuter Klick auf den Ressourcen-Stift bietet Ihnen eine Liste zum Verwalten aller eingebundenen Ressourcen, in der Sie diese sortieren oder gegebenenfalls löschen können.

Kopfgrafik einbinden mit dem IMAGE-Objekt

Mittels TypoScript können die erforderlichen `<img>`-Tags erzeugt werden, durch die Grafiken in eine HTML-Seite eingebunden werden. Hierzu dient der Objekttyp `IMAGE`, mit dem nun eine Headergrafik eingebunden werden soll. Da diese zu Beginn des Dokuments stehen soll, wird sie mit dem Positionsobjekt `page.10` eingebunden.

---

9 Falls Sie nur einen Platzhalter in Form eines Fragezeichens sehen, ist Ihre ImageMagick-Installation nicht erfolgreich konfiguriert. Beheben Sie dies in **Tools > Installation**.

```
# Default PAGE object:
page = PAGE

page.10 = IMAGE
page.10.file = t3e_blumen.gif
page.10.wrap = <div> | </div>
```
Listing 4.11 kap4_11.ts

Um das Bild wird ein `<div>`-Container gelegt. Sie fragen sich an dieser Stelle vielleicht, warum die Einbindung des Bildes gelingt, ohne dass der Dateipfad genannt wird. Sie haben ja soeben im Ressourcenfeld die Information über den realen Speicherort der Grafik erfahren.

In der Tat wird hier ganz nebenbei ein Vorteil der Einbindung so genannter Ressourcen deutlich: TYPO3 »merkt« sich die Pfade zu den in der Ressourcenliste gespeicherten Objekten und ergänzt diese. Im Setup muss also nur der »Name« der Ressource genannt werden.[10]

4.5.2 Erzeugen einer Layouttabelle

Mittlerweile sollte deutlich geworden sein, wie mit TypoScript HTML-Code und -Strukturen aufgebaut werden können. Unter die Kopfgrafik soll eine einfache Tabellenstruktur ein konventionelles zweispaltiges Layout erzeugen, das links ein Menü und rechts Inhalte aufnehmen wird.[11]

Die Tabelle wird, wie bereits einmal vorgenommen, mittels verschachtelter COAs erzeugt. Fügen Sie einfach folgenden Code in das Template-Setup ein:

```
page.20 = COA

page.20.wrap = <table width="620" border="1"> | </table>
page.20.10 = COA
page.20.10.wrap = <tr> | </tr>
page.20.10 {
    10 = COA
    10.wrap = <td width="170"> | </td>
    20 = COA
    20.wrap = <td width="450"> | </td>
}
```

---

10 Sie können selbstverständlich auch den kompletten Pfad ab der Sitewurzel einsetzen, was ebenfalls funktionieren würde – es gibt nur keinen vernünftigen Grund dazu.

11 Wenn Sie es vorziehen, können Sie natürlich auch eine `<div>`-Layer-Struktur einsetzen. Hier handelt es sich jedoch nur um ein einfach zu haltendes Beispiel, daher dieser Ansatz.

```
page.20.10.10 {
    10 = TEXT
    10.value = Hier wird das Menü stehen
    }

page.20.10.20 {
    10 = TEXT
    10.value = Hier wird der Inhalt stehen
    }
```

Listing 4.12 Der Seitenaufbau in TypoScript (kap4_12.ts)

Das Ergebnis sieht derzeit noch aus wie Abbildung 4.25 gezeigt:

Abbildung 4.25 Einfaches Layout (noch) mit Body-Margins

Hier muss noch nachgearbeitet werden, um die Body-Margins zu entfernen. Dies geschieht am besten per CSS.[12] Es gibt aber auch eine Möglichkeit, direkt die erforderlichen HTML-Attribute im Body-Tag zu erzeugen.

Fügen Sie einfach folgende Zeile in Ihr Setup ein. Wie Sie wissen, ist die Position der Zeile beliebig, geschieht aus Gründen der Übersichtlichkeit jedoch am besten unmittelbar nach der Deklaration des PAGE-Objekts:

```
page.bodyTagMargins = 0
```

Das Property `bodyTagMargins` setzt gezielt die vier browserüblichen Margin-Attribute `topmargin`, `leftmargin`, `marginwidth` und `marginheight` des `<body>`-Tags und weist ihnen allen den Wert 0 zu (oder was immer Sie hier angeben). Durch einen Blick in den erzeugten Quelltext können Sie sich hiervon überzeugen.

Die Tabellenränder dienen nur der vorläufigen besseren Übersicht. Bevor die weitergehende »optische Kosmetik« angegangen wird, sollen jedoch die Platzhalter durch Inhalte ersetzt werden. An dieser Stelle müssen nun Inhalte angelegt und per TypoScript ausgegeben werden. Auch die Erstellung eines einfachen Menüs soll Ihnen gezeigt werden.

---

[12] Dies ist zwar vorzuziehen, würde an dieser Stelle aber noch einige andere Maßnahmen erfordern – daher wird (zunächst) die direkte, althergebrachte Methode demonstriert.

4.5.3 Anlegen eines Inhaltselements

Das Anlegen von Seiteninhalten wird im folgenden Kapitel vertieft, muss hier aber zunächst gestreift werden, um die Einbindung dieser Inhalte per TypoScript und die Voraussetzungen hierfür zu demonstrieren.

Um einen Seiteninhalt anzulegen, wählen Sie im Kontextmenü des betreffenden Seitenicons die Option **Neu**. Es schadet nichts, dass Sie derzeit im Template-Modus sind. TYPO3 wechselt automatisch zur Seiten- und Inhaltserstellungsansicht. Klicken Sie dort auf den Assistenten zur Erstellung von Seiteninhalten (Abbildung 4.26).

Abbildung 4.26 Anwahl des Assistenten zur Erstellung von Seiteninhalten

Sie sehen nun eine Auswahlseite vor sich, auf der Sie sich zwischen verschiedenen Arten von Inhaltselementen entscheiden können. Worin diese sich unterscheiden, ist an dieser Stelle nicht wichtig. Wählen Sie im ersten Schritt das Element vom Typ **Normaler Text** aus. Am unteren Seitenrand befindet sich eine Wahlmöglichkeit, die vorgibt, über die »Position« des Elements in der Seite zu entscheiden (siehe Abbildung 4.27). Eigentlich wird hier lediglich die Zuordnung des Datensatzes zu einer von vier möglichen **Datenspalten einer Seite**[13] bestimmt. Dies hat höchstens indirekt mit der Position der Inhalte im Layout zu tun, kann aber in diesem Sinne eingesetzt werden. Nehmen Sie einstweilen die Spalte »Normal«.

Sie gelangen nun zu einer Eingabemaske (siehe Abbildung 4.28), in die Sie den Textinhalt eingeben können. Den Großteil der Optionen benötigen Sie im Moment nicht. Falls Sie aber sehen möchten, was das Formular sonst noch zu bieten hat, klicken Sie die Checkbox **Zweite Optionspalette anzeigen** am unteren Seitenrand an.

---

13 Erinnern wir uns: alles findet in der Datenbank statt. Es geht an dieser Stelle nur darum, in welchem Zusammenhang die Inhalte gespeichert werden, nicht wie oder wo sie ausgegeben werden.

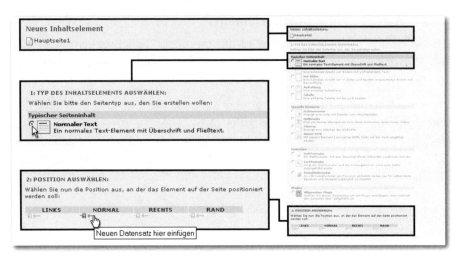

Abbildung 4.27 Anlegen eines Inhaltselements »Text«, Wahl der Datenspalte

Die darunter liegende Checkbox **Feldbeschreibung anzeigen** blendet weitere Erläuterungen zu einigen Eingabebereichen ein. Mit der dritten Checkbox **Schalte Rich Text Editor (RTE) ab** können Sie die Arbeitsweise des Texteingabebereichs beeinflussen. Lassen Sie all dies aber ruhig beiseite und wenden Sie sich den Eingabefeldern zu.

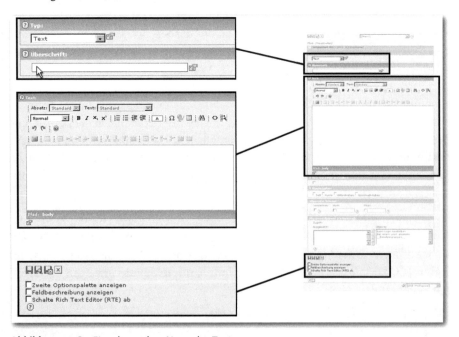

Abbildung 4.28 Eingabemaske »Normaler Text«

Im Feld **Typ** sehen Sie den Inhaltstyp, für den Sie sich eben entschieden haben: »Text«. Sie könnten hier auch nachträglich einen anderen Inhaltstyp auswählen. Das Dropdown-Menü bietet hierfür eine Reihe alternativer Optionen.

Der Typ »Normaler Text« besteht, wie es bei den meisten, von TYPO3 bereit gestellten Inhaltstypen der Fall ist, aus dem eigentlichen **Inhalt** (hier logischerweise ein Textblock) und einer, diesem zugeordneten **Überschrift**. Beides wird vom System als Einheit behandelt und zusammen eingefügt.

Die Überschrift des Elements tragen Sie in das Feld »Überschrift« ein. Falls Sie die Zusatzoptionen eingeblendet haben sollten, ignorieren Sie die weiteren Felder in diesem Eingabebereich. Geben Sie einen beliebigen Text ein, beispielsweise »Das ist eine Überschrift«.

Im darunter liegenden Textfeld können Sie den eigentlichen Text eingeben. Ein zwei Absätze genügen vorläufig.

Zum Schluss speichern Sie Ihre Eingabe und schließen das Dialogfeld. Klicken Sie hierfür den von links dritten Speicher-Button an. Ob Sie die Buttonreihe am oberen oder am unteren Seitenrand verwenden, ist gleichgültig. Die eben gemachte Eingabe befindet sich nun in der Datenbank und ist als Datensatz in der Spalte »Normal« der Seite zugeordnet.

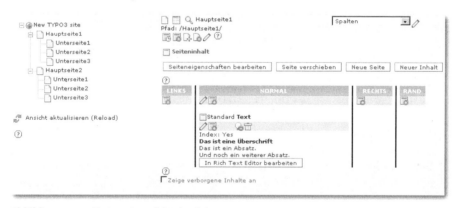

Abbildung 4.29 Datensatzansicht der Seite

In der nun automatisch gezeigten **Datensatzansicht** von »Hauptseite1« (Abbildung 4.29) könnten sie den eben angelegten Textblock bearbeiten (Stiftsymbol), löschen (Mülltonne), verbergen (Minus im roten Kreis) oder ein Folgeelement anlegen (Plus im grünen Kreis). Dazu später mehr. Schalten Sie stattdessen jetzt in den Ansichtsmodus der Seite: **Web > Anzeigen**.

4.5.4 Ausgabe des Inhaltselement in der Seite

Leider ist von den eben eingegebenen Inhalten noch nichts zu sehen – es wird nach wie vor lediglich der Platzhalterinhalt gezeigt. In der Tat müssen zunächst noch ein paar Änderungen am Template vorgenommen werden, bevor die Inhalte sichtbar werden. Wechseln Sie also wieder in den Template-Modus und dort in den Bereich **Setup**.

Im Augenblick besteht für das Positionsobjekt in der rechten Tabellenzelle, das die Inhalte aufnehmen soll, folgende TypoScript-Anweisung:

```
page.20.10.20 {
    10 = TEXT
    10.value = Hier wird der Inhalt stehen
    }
```

Dies ist nur statischer Text. Anderes ist mit dem TEXT-Objekt auch nicht möglich. Der uns interessierende Inhalt befindet sich in der Datenbank. Es muss also per TypoScript der Konfiguration mitgeteilt werden, dass die Datenbank benutzt und dort für die aktuelle Seite die entsprechenden Tabellen ausgelesen werden sollen.

Falls Sie jetzt in Gedanken bereits SQL-Befehle formulieren, seien Sie beruhigt – die eigentliche Abfrage der Datenbank muss nicht eigens geschrieben werden. Wohl aber ist es erforderlich, festzulegen, aus welcher Datenbanktabelle (table) die Inhalte bezogen werden sollen. TYPO3 legt Inhalte gewöhnlich in einer Tabelle namens tt_content ab. Kontaktiert ist die Datenbank bereits, da wir ja mit einem datenbankgestützten System arbeiten.

Ein wenig TypoScript – das cObject CONTENT

Es bleibt im Wesentlichen, das geeignete cObject auszuwählen und in das Setup zu schreiben. TYPO3 kennt hierfür den Typ CONTENT.

Im Setup muss anstelle der bisherigen Anweisungen Folgendes eingetragen werden:

```
page.20.10.20 {
    10 = CONTENT
    10.table = tt_content
    10.select.orderBy = sorting
    }
```

Listing 4.13 Ein CONTENT-Objekt zum Einbinden der Inhalte (kap4_13.ts)

Anmerkung: Die zusätzliche, hier relativ unkommentiert eingeführte und auf das cObject angewendete Anweisung select.orderBy = sorting bewirkt eine **Sor-**

4.5 Seitenlayout mit TypoScript

tierung der Ausgabe nach Datensatznummer. Ohne dieses besteht die Möglichkeit, dass die auszugebenden Inhalte durcheinander geraten.

Speichern Sie das Setup und wechseln Sie wieder in den Ansichtsmodus. Leider ist auch jetzt noch nichts von den Inhalten zu sehen. Der Platzhaltertext ist aber immerhin verschwunden.

Ursache ist, dass TYPO3 zur Darstellung der Inhalte noch weitere Anweisungen benötigt, nämlich erforderliche Subroutinen zu Datenbankabfrage und zum Contentrendering (Umsetzung der Inhalte mit HTML). Auch diese Routinen brauchen Sie nicht selbst zu schreiben. Sie müssen allerdings in Form eines so genannten statischen Template-Moduls (»static«) in das Template-Setup eingebunden werden.

Einbinden des statischen Template-Moduls »CSS styled Content«

Wechseln Sie wieder in den Template-Modus. Das Einbinden eines statischen Template-Moduls geschieht in der gleichen Eingabemaske, die Sie beim Löschen des Erweiterungs-Templates bereits kennen gelernt haben. Öffnen Sie die Maske wieder über den Link **Click here to edit whole template record** unter der Template-Information-Tabelle.

In der unteren Hälfte der Maske finden Sie zwei nebeneinander liegende Felder, die **Include static (from extensions)** übertitelt sind. Klicken Sie im rechten Feld den (einzigen) Eintrag **CSS Styled Content** an.[14] Dieser erscheint, um seine Einbindung zu bestätigen, nun im linken Listenfeld (Abbildung 4.30).

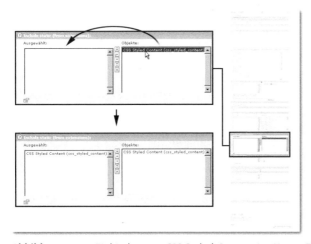

Abbildung 4.30 Einbinden von CSS Styled Content ins Haupt-Template

---

14 Alternativ könnten Sie im darüberliegenden Feld das Modul »content (Default)« wählen; es erfüllt den gleichen Zweck wie CSS Styled Content, gilt aber – zu Recht! – als veraltet.

Speichern Sie das Ergebnis. Wenn Sie wieder in den Ansichtmodus zurückwechseln, sehen Sie, dass die Inhalte nun in der Seite ausgegeben werden. Anstelle des Platzhalters in der linken Tabellenspalte muss jetzt noch ein Navigationsmenü eingefügt werden.

4.5.5 Erzeugen des Navigationsmenüs

Ebenso wie zur Darstellung der Inhaltselemente, muss zum Erzeugen des gewünschten Menüs der entsprechende statische Platzhaltertext durch die geeigneten TypoScript-Anweisungen ersetzt werden. Auch in diesem Fall existiert ein spezialisiertes cObjekt, das HMENU-Objekt. Der Name steht für »hierarchical menu«, was darauf hindeutet, dass es sich um ein »allgemeines« Objekt handelt, was auch der Fall ist. Das HMENU-Objekt dient lediglich als »Hülse« für Unterobjekte, die eine speziellere Aussage über den zu erzeugenden Menütyp machen.

Ersetzen Sie den bisherigen Platzhalter im Setup durch folgende Anweisungen:

```
page.20.10.10 {
    10 = HMENU
    10.1 = TMENU
    10.1.NO.linkWrap = <b> | </b><br/>
}
```

Listing 4.14 kap4_14.ts

Bevor wir die Wirkung im Browser betrachten, verweilen wir einen Augenblick, um den Quellcode zu erläutern. Hier wird ein HMENU erzeugt, dessen Einträge textbasiert sein sollen. Es werden für HMENU daher Unterobjekte vom Typ TMENU (»text based menu«) verwendet:

```
10.1 = TMENU
```

TypoScript bietet die Möglichkeit, verschiedene Zustände der Menüeinträge zu unterscheiden, von denen mindestens einer, der Normalzustand NO definiert werden muss. Mittels seines Properties linkWrap wird bestimmt, mit welchen HTML-Tags jeder einzelne Menüpunkt umgeben wird:

```
10.1.NO.linkWrap = <b> | </b><br/>
```

Hier soll ein Link im Normalzustand fett dargestellt werden und vom folgenden Link durch einen HTML-Zeilenumbruch getrennt werden. Im Browser sehen Sie folgendes Ergebnis (siehe Abbildung 4.31).

Abbildung 4.31 Das TypoScript-Layout im Browser

Es gibt zwei »Schönheitsfehler«: Zum einen fehlt die Hauptseite selbst im Menü (Sie bemerken, dass für den Texteintrag des Menüpunkts jeweils der Seitentitel verwendet wird). Weniger störend, aber leicht zu beseitigen, ist, dass das Menü in der Tabellenzelle vertikal mittig ausgerichtet ist.

Den letzteren Umstand beheben Sie dadurch, dass Sie für die Navigationszelle den Setupcode folgendermaßen erweitern, indem Sie ein HTML-Attribut hinzugefügten: [15]

```
page.20.10 {
    10 = COA
    10.wrap = <td width="170" valign="top"> | </td>
    ...
```

Ein Shortcut als Alias im Menü

Um den fehlenden Menüpunkt für die Hauptseite zu erzeugen, muss ein wenig »gezaubert« werden. Wie Sie bemerkt haben werden, sind im Menü nur die Seiten der zweiten Ebene des Seitenbaums vertreten. Die einfachste Lösung für den fehlenden Menüeintrag besteht darin, auf eben dieser Ebene ein weiteres Seitenobjekt anzulegen, das auf die Hauptseite zeigt – einen so genannten »Shortcut«.

---

15 Sie können hier natürlich alternativ auch eine Stylesheet-Klasse vergeben. Das Einbinden von Stylesheets wird allerdings erst später beschrieben, daher hier auf die »altmodische« Art.

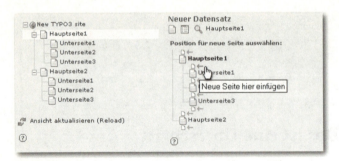

Abbildung 4.32 Anlegen der Shortcutseite vor Unterseite1

Die neue Seite muss vor (d.h. im Baum über) »Unterseite1« eingeordnet werden, damit sie im Menü als oberster Eintrag erscheint (Abbildung 4.32). Wählen Sie im folgenden Seiteneigenschaftendialog den Seitentyp »Shortcut« und vergeben Sie den Seitentitel »Home«. Nun muss noch die Zielseite des Shortcuts bestimmt werden.

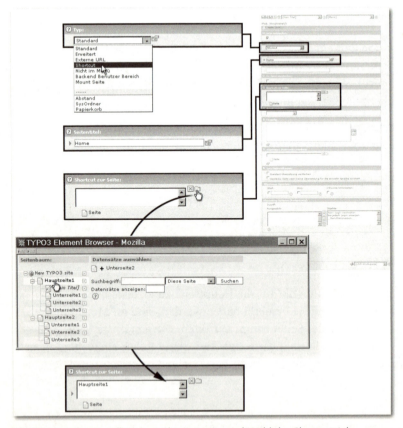

Abbildung 4.33 Erstellen einer Shortcutseite und Wahl des Shortcutziels

Klicken Sie zu diesem Zweck auf das Ordnersymbol im Feld »Shortcut zur Seite«. Es öffnet sich ein Popupfenster, der »Element Browser« (Abbildung 4.33). Im dort gezeigten Seitenbaum klicken Sie die gewünschte Zielseite an, also »Hauptseite1«. Sie haben jetzt eine Alias-Seite erstellt, die unter dem Titel »Home« als Platzhalter für »Hauptseite1« im Menü fungiert. Die Optik der Seite ist nun bereits recht ansprechend.

Ein Menü auf Listenbasis

Die im Vorfeld auf die Schnelle angewendete Methode, das Menü zu formatieren, ist unbefriedigend: Üblicherweise werden Navigationsmenüs heutzutage auf der Basis von HTML-Listen aufgebaut und anschließend mit CSS in die gewünschte optische Form gebracht. Zumindest der erste Schritt soll hier getan werden. Menüeinträge sollen in Listenform ausgegeben werden, statt wie bisher, durch Zeilenumbrüche getrennt.

Ändern Sie hierfür das TypoScript-Setup wie folgt:

```
page.20.10.10 {
    10 = HMENU
    10.wrap = <ul>| </ul>
    10.1 = TMENU
    10.1.NO.linkWrap = <li><b> | </b></li>
}
```

Listing 4.15 kap4_15.ts

Das wesentliche Detail besteht darin, dass das äußere Objekt `HMENU`, das bislang noch keine Aufgabe übernommen hat (sieht man davon ab, dass es die `TMENU`-Objekte enthält) nun einen eigenen `wrap` bekommt. Es soll in einen `<ul>`-Container eingeschlossen werden. Die Menüeinträge ihrerseits werden nun als Listenelemente ausgegeben; das `<br>`-Tag entfällt.

Diese Lösung ist technisch sauberer und kann in Folge beliebig formatiert werden. Sie können sowohl dem `<ul>`-Element als auch den `<li>`-Elementen `class`-Attribute (für das `<ul>` käme alternativ ein `id` in Betracht) zur späteren Anbindung einer Stylesheet-Klasse geben.

4.5.6 Textressourcen – eine Fußtabelle als externe Datei

Das Seitenlayout soll noch eine Fußzeile erhalten, die in diesem Fall wieder in Form einer Tabelle realisiert wird. Dass sich dies problemlos mit einigen Zeilen TypoScript-Code erzeugen ließe, wurde bereits gezeigt. Eine Alternative besteht darin, die Tabelle als HTML-Fragment in einer externen Datei – im Beispiel unter dem Namen `footer.txt` – abzulegen und diese als Textressource einzubinden.

```
<table width="620" border="0">
<tr>
<td width="170"> </td><td width="450"> </td>
</tr>
<tr align="center">
<td><small>&copy; TYPO3einsteiger</small></td>
<td><small>mail: beispiel@typo3einsteiger.de</small></td>
</tr>
</table>
```

Listing 4.16 footer.txt

Die Textressource wird analog zu einer Grafikressource dem System als Upload zur Verfügung gestellt und erscheint nun in der Ressourcenliste. Sie kann nun über ein cObject in das TypoScript-Setup eingearbeitet werden. Zum Einbinden einer (allgemeinen) Datei dient das cObject `FILE`. Es ist im Grunde lediglich eine nicht-spezialisierte Version des cObjects `IMAGE` ist:

```
page.30 = FILE
page.30.file = footer.txt
```

Wieder genügt der Ressourcenname, um die Datei einzubinden. Eine Pfadangabe ist nicht erforderlich.

Update und Editieren eingebundener Textressourcen

Wollen Sie die eingebundene Datei nachträglich verändern, so können Sie sie selbstverständlich extern bearbeiten. Allerdings müssen Sie die Textdatei dann nach erfolgter Änderung erneut hochladen. Es ist in diesem Falle erforderlich, die ursprüngliche Ressource vorher zu löschen, da TYPO3 eine schon vorhandene namensgleiche Datei beim Laden nicht überschreibt, sondern stattdessen die hochgeladene Datei mit neuem Namen, z. B. unter `footer_01.txt` ablegt.

Sind die erforderlichen Änderungen nur geringfügig, so ist ein erneuter Upload nicht notwendig. TYPO3 bietet die Möglichkeit, Textressourcen »vor Ort« zu editieren (Abbildung 4.34). Hierzu dient das Stiftsymbol in der Ressourcentabelle. Für grafische Ressourcen existiert dagegen keine Editiermöglichkeit.

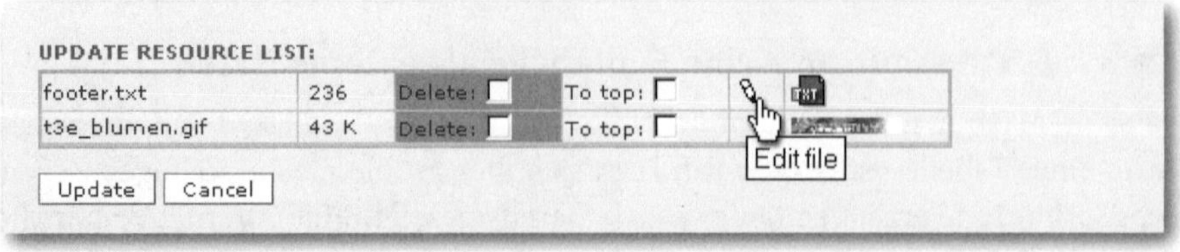

Abbildung 4.34 Textressource zum Editieren auswählen

Die Ressource wird in einem Texteingabefeld (siehe Abbildung 4.35) geöffnet und kann dort bearbeitet werden. Durch Klicken des **Update**-Buttons werden die Änderungen übernommen. Ein Umbenennen der Ressource ist jedoch nicht möglich.

Abbildung 4.35 Editierfenster für Textressourcen

Kopieren und Neuerstellen von Textressourcen

Wollen Sie eine Textressource in mehreren Varianten einsetzen, so können Sie eine bereits hochgeladene Ressource kopieren. Sie haben allerdings keinen Einfluss auf den Dateinamen, unter dem diese dann abgelegt wird. In der Liste unter dem Eintrag **Make a copy of resource** können alle vorliegenden Textressourcen zum Kopieren ausgewählt werden – zum Kopieren klicken Sie nach erfolgter Auswahl lediglich auf **Update**.

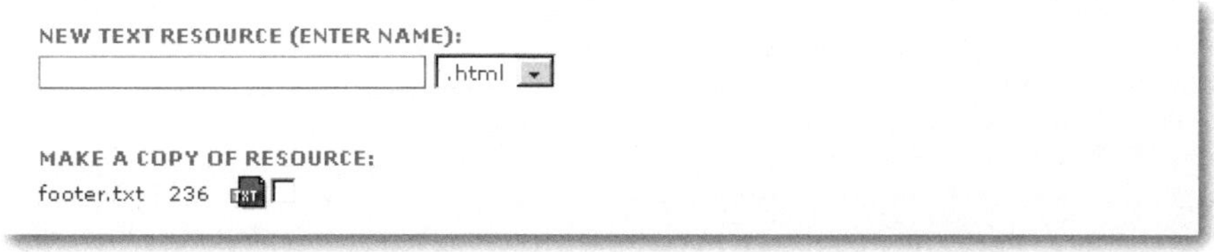

Abbildung 4.36 Felder zum Neuanlegen und Kopieren von Textressourcen

Alternativ können Sie über das Feld **New text resource (enter name)** eine leere Textressource anlegen. Sie haben dabei die Wahl zwischen verschiedenen Dateitypen. Anschließend können Sie diese, wie oben beschrieben, zur Bearbeitung öffnen und mit Inhalten füllen (Abbildung 4.36).

4.5.7 Das komplettierte TypoScript-Layout

Zum Schluss setzen Sie noch die Ränder (border) der Layout-Tabelle auf 0:

```
page.20.wrap = <table width="620" border="0"> | </table>
```

In optischer Hinsicht ist das Ergebnis (Abbildung 4.37) noch verbesserungswürdig. Beispielsweise könnte das Menü noch ein Stück nach unten gerückt werden. Dies können Sie relativ einfach dadurch erreichen, dass Sie in die Menüzelle noch einen leeren HTML-Absatz einfügen.[16] Hierfür können Sie ein cObject vom Typ HTML verwenden:

```
page.20.10.10 {
    5 = HTML
    5.value = <p> </p>
    }
```

Das komplette Setup sieht nun folgendermaßen aus:

```
# Default PAGE object:
page = PAGE

page.bodyTagMargins = 0

page.10 = IMAGE
page.10.file = t3e_blumen.gif
page.10.wrap = <div> | </div>

page.20 = COA

page.20.wrap = <table width="620" border="0"> | </table>
page.20.10 = COA
page.20.10.wrap = <tr> | </tr>
page.20.10 {
    // die Menüzelle:
    10 = COA
    10.wrap = <td width="170" valign="top"> | </td>

    // die Inhaltzelle:
    20 = COA
    20.wrap = <td width="450"> | </td>
    }

page.20.10.10 {
    5 = HTML
    5.value = <p> </p>
    }
```

---

[16] Anmerkung: Dies ist technisch nicht wirklich sauber und sollte besser durch ein CSS-Top-margin an der Menüliste gelöst werden. Als schnelle Abhilfe mag es hier durchgehen.

```
page.20.10.10 {
    10 = HMENU
    10.wrap = <ul>| </ul>
    10.1 = TMENU
    10.1.NO.linkWrap = <li><b> | </b></li>
    }

page.20.10.20 {
    10 = CONTENT
    10.table = tt_content
    10.select.orderBy = sorting
    }

page.30 = FILE
page.30.file = footer.txt
```

Listing 4.17   kap4_17.ts

Abbildung 4.37   Das fertige TypoScript-Layout

Mit den bisher erarbeiteten Kenntnissen in TypoScript können Sie den Entwurf auf eigene Faust problemlos erweitern. Das folgende Kapitel wird sich weniger mit Layoutfragen befassen. Vertieft werden hingegen das Anlegen von Seiten und Seiteninhalten sowie der Umgang mit den verschiedenen Inhaltstypen.

Zu Beginn dieses Kapitels wird das schnelle Anlegen von Sitestrukturen demonstriert. Im Anschluss erfolgt eine Einführung in die wichtigsten Grundtypen von Seiteninhalten, die TYPO3 zur Verfügung stellt, ihre Erstellung, Bearbeitung und Verwendung.

5 Seiteninhalte anlegen

Vorbereitungen: Die im vorletzten Kapitel rein zu Demonstrationszwecken angelegten Seiten-Dummies haben nun ausgedient. Sie können »Unterseite1« bis »Unterseite3« nun löschen; auch »Hauptseite1« kann in »Home« umbenannt werden. Die sich so ergebende Gelegenheit eines quasi leeren Seitenbaums soll dazu dienen, ein bisher unerwähntes Feature von TYPO3 vorzuführen, nämlich das Erstellen mehrerer neuer Seiten gleichzeitig.

5.1 Erzeugen einer Sitestruktur mit dem Modul »Funktionen«

Wollen Sie schnell eine große Anzahl neuer Seiten oder eine komplette Sitestruktur anlegen, so ist dies mit der bisherigen Methode, jede Seite einzeln zu erzeugen, mühselig. Als Abkürzung besitzt TYPO3 das Modul **Funktionen,** das Ihnen erlaubt, in einem Arbeitsgang bis zu neun Seiten anzulegen. Das Einzige, was Sie im Vorfeld klären müssen, sind die Seitentitel, die Sie vergeben wollen. Diese können Sie später natürlich noch umbenennen.

Abbildung 5.1 Anwahl des Moduls »Funktionen«

5 | Seiteninhalte anlegen

5.1.1 Unterseiten zur aktuellen Seite erzeugen

Es sollen mehrere Folgeseiten zum Shortcut »Home« angelegt werden. Als Titel dienen »Websiteplanung«, »Oberfläche«, »Funktionalität« und »Inhalte«. Dies hängt mit den geplanten Beispielinhalten zusammen. Wenn Sie möchten, können Sie andere Titel und Inhalte verwenden.

Die aktuell ausgewählte Seite (in diesem Falle »Home«) dient als **Ausgangspunkt** der Seitenerstellung, die neuen Seiten werden als ihre **Unterseiten** erzeugt. Achten Sie darauf, dass die Checkbox **Neue Seiten nach existierenden Unterseiten anlegen** angewählt ist, ansonsten werden die neuen Seiten vor (d.h. über) den, im Seitenbaum schon bestehenden, Shortcut »Home« eingefügt.

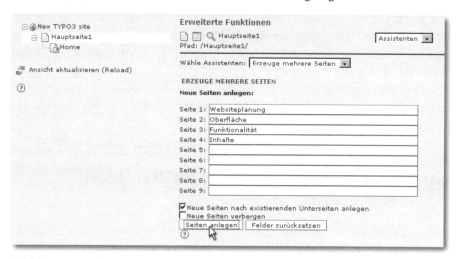

Abbildung 5.2 Anlegen mehrere Seiten mit dem Modul »Funktionen«

5.2 Einführung in die Seiteninhaltstypen von TYPO3

Alle in der Folge verwendeten Bilder befinden sich auf der Begleit-DVD im Ordner *Dateien_zum_Buch/Kapitel05*; die Textvorschläge in der Datei *inhalte.txt*. Wählen Sie nun wieder das Modul »Seite« und klicken Sie die Seite »Home« an, für die im vorigen Kapitel ein kurzer Beispielinhalt erstellt wurde. Wir wollen nun genauer das Inhaltsmodell »Text« betrachten.

5.2.1 Seiteninhalt »Normaler Text« (CType: text)

Sofern eine Seite nicht vollständig leer ist, sehen Sie, sobald Sie in das Modul »Seite« wechseln und die betreffende Seite ausgewählt haben, eine Übersicht der bereits angelegten Inhalte. Im Falle von »Home« ist bereits ein Inhalt vom Typ

»Text« vorhanden, der nun bearbeitet werden soll. Hierfür klicken Sie einfach in den Textblock, der als Inhaltsvorschau dient.

Abbildung 5.3 Textinhalt zum Bearbeiten öffnen

Anmerkung

Klicken Sie **nicht** auf den unter den Block sichtbaren Button **In Rich Text Editor bearbeiten,** da Sie in diesem Falle nur den Textblock selbst, nicht aber dessen Überschrift bearbeiten können.

Der Texteditor htmlArea RTE

Geben Sie als Überschrift »Webdesign mit TYPO3« ein und ersetzen Sie den bisherigen Text im Texteditorfeld durch den neuen Beispieltext. Wenn Sie wie hier einen Text aus einer Datei kopieren und über die Zwischenablage einfügen, achten Sie darauf, dass **Zeilenumbruchbefehle** im Editor als Textabsätze umgesetzt werden. Entfernen Sie störende Umbrüche entsprechend.

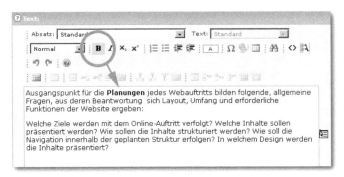

Abbildung 5.4 Textformatierung mit dem Editor

Sie können im Editor arbeiten wie in einem normalen Textverarbeitungsprogramm: Textpassagen werden durch Auswahl und Anklicken des gewünschten

Formatierungsbefehls formatiert. Hier wird dies am Beispiel der Fettauszeichnung des Worts »Planungen« demonstriert. Die **Formatierungen** werden im Editor selbst sofort sichtbar.

Setzen Sie die Fragen im Beispieltext jeweils in eine einzelne Zeile, markieren Sie sie und formatieren Sie sie als nummerierte Aufzählung. Speichern Sie die Änderungen. Es sollen nun weitere Inhalte erstellt werden.

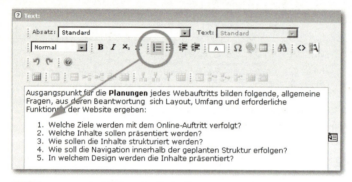

Abbildung 5.5 Aufzählung im Texteditor

Weiteres Textinhaltselement anlegen

Legen Sie einen weiteren Textblock nach dem ersten an, indem Sie auf das **Inhalte anlegen**-Icon oberhalb der Textvorschau des bestehenden Blocks klicken. Wählen Sie wieder das Modul »normaler Text«.

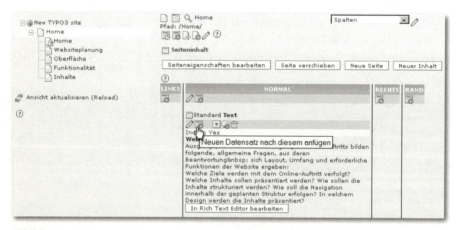

Abbildung 5.6 Neuen Datensatz nach bisherigem anlegen

Geben Sie als Blocküberschrift diesmal »Die funktionale Ebene« ein und füllen Sie das Editorfeld mit dem entsprechenden Beispieltext. Auch hier können Sie wieder einige der Formatierungsmöglichkeiten ausprobieren.

5.2 Einführung in die Seiteninhaltstypen von TYPO3

Umgesetzt werden die Formatanweisungen in Form von HTML. Sie können einen Blick auf den Quelltext werfen (und dort auch jederzeit editieren), indem Sie den Button zur **HTML-Ansicht** klicken.

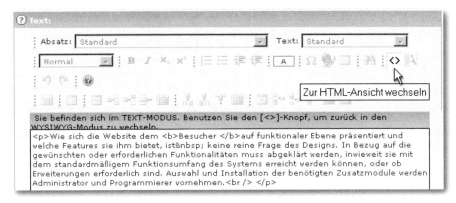

Abbildung 5.7 HTML-Ansicht des Texteditors

Betrachten Sie nach dem Speichern das Ergebnis im Browser. Wie Sie sehen, ist beiden Textblöcken eine Überschrift vorangestellt – und zwar jeweils durch ein <h1>-Element eingeschlossen. Ein kurzer Blick in den erzeugten Quelltext zeigt Ihnen (hier der erste Textblock) Folgendes:

```
<!-- CONTENT ELEMENT, uid:141/text [begin] -->
<a id="c141"></a>
<!-- Header: [begin] -->
<div class="csc-header csc-header-n1"><h1 class="csc-
firstHeader"> Webdesign mit TYPO3</h1></div>
<!-- Header: [end] -->

<!-- Text: [begin] -->
<p class="bodytext"> Ausgangspunkt für die <b>Planungen</b> jedes
Webauftritts bilden folgende, allgemeine Fragen, aus deren
Beantwortung sich Layout, Umfang und erforderliche Funktionen der
Website ergeben: </p>
<ol><li>Welche Ziele werden mit dem Online-Auftritt verfolgt? </li>
<li>Welche Inhalte sollen präsentiert werden? </li>
<li>Wie sollen die Inhalte strukturiert werden? </li>
<li>Wie soll die Navigation innerhalb der geplanten Struktur
erfolgen?</li>
<li> In welchem Design werden die Inhalte präsentiert?</li></ol>
<!-- Text: [end] -->

<!-- CONTENT ELEMENT, uid:141/text [end] -->
```

Sie sehen, dass der Quelltext gut kommentiert ist. Sie erkennen unter anderem die Datensatznummer und den Typ des dargestellten Blocks. (hier `uid:141/text` – die Datensatznummer 141 wird bei Ihnen jedoch fast mit Sicherheit eine andere sein), Auch sehen Sie den Elementen zugewiesenen Stylesheet-Klassen. Beginn und Ende von Überschriften und Textblock sind ebenfalls gekennzeichnet. Zu Beginn des Blocks steht ein per `ID` individualisiertes Ankerelement – hier `<a id="c141"></a>` –, das im Bedarfsfall als Linkziel dienen kann.

Die zweite Optionspalette

Sollen nicht alle Überschriften in gleicher Größe als `<h1>` realisiert werden, so muss eine Möglichkeit gefunden werden, dies einzustellen. Im normalen Modus der Formularseite für »Text« ist dies nicht gegeben. Sobald Sie jedoch am unteren Rand der Eingabeseite die Checkbox **Zweite Optionspalette anzeigen** aktiviert haben, werden an mehreren Stellen weitere Felder eingeblendet.

> **Hinweis**
> Sie müssen die zweite Optionspalette nicht jedesmal erneut aktivieren. Die Textbearbeitungsseite erscheint automatisch wieder im zuletzt gewählten Zustand.

Abbildung 5.8 Aktivieren der optionalen Eingabefelder

Im Überschriftenbereich kommen Felder für **Justierung** (Textausrichtung), **Typ** (Grad der Überschrift), **Verweis** (Überschrift dient als Link) und **Datum** (Datieren des erstellten Textblocks) hinzu. An dieser Stelle von Interesse ist das Feld **Typ**, das per Dropdown-Menü die Wahl zwischen Überschriften verschiedenen Grades ermöglicht.

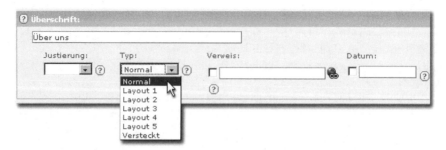

Abbildung 5.9 Sekundäre Optionen des Überschriftenbereiches

Wählen Sie »Layout 2« und speichern Sie die Änderung. Die Überschrift erscheint nun um eine Größe kleiner (als <h2>). Sie können die Überschriften aller Inhaltselemente entsprechend abstufen, sodass (wie es »schulmäßig« sein sollte) nur eine Überschrift <h1> pro Seite erscheint.

Die Default-Option »Normal« entspricht von der Wirkung her »Layout 1«. In den anderen Fällen ergeben sich Überschriften H2 bis H5. Die letzte Option »Verstecken« blendet die Überschrift vollständig aus; quelltextseitig ist sie damit nicht mehr vorhanden.[1]

Achtung

Das beschriebene Verhalten ist an das statische Template-Modul »CSS Styled Content« gebunden. Verwenden Sie stattdessen das veraltete »content (default)«, so wird die Größe der Überschriften unschönerweise mit <font>-Tags erzwungen, die Abstände durch Platzhalter-GIFs. »Layout 5« generiert in diesem Fall eine Überschrift in Form einer Grafik.

Detail-Informationen in der Seitenvorschau

Die einzelnem Inhaltselemente sehen Sie innerhalb der Seitenansicht im Backend nur in einer Vorschau, die Ihnen über die Formatierung des Textblocks relativ wenig verrät. Sie müssen, um mehr zu erfahren, entweder in den Bearbeitungsmodus wechseln oder die Browseransicht benutzen.

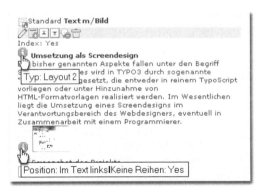

Abbildung 5.10   Info-Icons in der Elementvorschau

Für andere Elemente des Inhaltsdatensatzes bietet TYPO3 eine praktische Hilfestellung. Wollen Sie beispielsweise den Layout-Typ einer Überschrift wissen, oder etwas über die einem Bild zugewiesenen Eigenschaften, so gelangen Sie zu den wichtigsten Informationen über die gelegentlich eingeblendeten, blauen **Info-Icons**. Diese zeigen Ihnen in Form von Tool-Tipps einige Details über den

---

1   Dies geschieht in jedem Fall aber auch dann, wenn Sie keinen Überschriftentext eingeben.

Inhalt, dem sie zugeordnet sind, wenn Sie mit dem Mauszeiger darauf zeigen. Weitere Funktionen besitzen diese Icons jedoch nicht. Sie können sie nicht anklicken.

> **Anmerkung**
>
> Einer Überschrift ist nur bei den Layout-Typen 1 bis 5 ein Icon zugeordnet. Sie können daher davon ausgehen, dass einer Überschrift *ohne* Icon der Typ »Normal« zugewiesen ist.

Tabelle im Seiteninhalt »Normaler Text«

Zwar existiert ein eigenes, ausschließlich für Tabellen vorgesehenes Inhaltsmodell (das gleich ebenfalls beschrieben werden wird), dennoch ist es gelegentlich wünschenswert, eine Tabelle nahtlos in einen Textblock zu integrieren. Dies ist mit den Tabellenfunktionen des TYPO3-Texteditors (htmlArea RTE) ohne Schwierigkeiten möglich. Legen Sie zur Demonstration auf der Seite »Oberfläche« einen Textblock mit der Überschrift »Bildschirmauflösung« an. Den Beispieltext finden Sie wieder in der Arbeitsdatei *inhalte.txt*.

Um nach dem ersten Textabsatz ein Tabelle einzufügen, klicken Sie auf den Tabellenbutton des Editors. Sie können im anschließend erscheinenden Popup-Dialogfenster die Zeilen- und Spaltenzahl der zu erstellenden Tabelle eintragen.

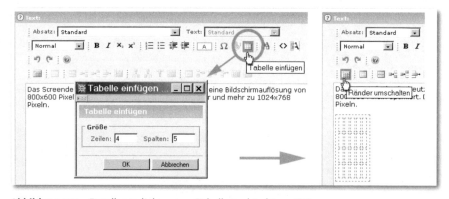

Abbildung 5.11 Erstellungsdialog einer Tabelle im htmlArea RTE

Die erstellte Tabelle ist im Editorfenster zunächst unsichtbar. Um sinnvoll Inhalte eintragen zu können, sollten Sie daher die Tabellengrenzen im Editor aktivieren. Dies geschieht über den Button **Ränder umschalten.** Das jetzt sichtbare **Tabellengitternetz** dient lediglich zur Erleichterung des Eingabevorgangs und hat keine Auswirkung auf die Darstellung im Browser. Sie können nun in die Tabelle Inhalte einfügen und diese wie gewohnt formatieren. Im Beispiel sind einige Fett- und Kursivformatierungen vorgenommen worden. Um bereits im Editor

5.2 Einführung in die Seiteninhaltstypen von TYPO3

eine Vorschau auf das Ergebnis zu erhalten, können Sie die Tabellenränder auf die gleiche Weise wieder deaktivieren.

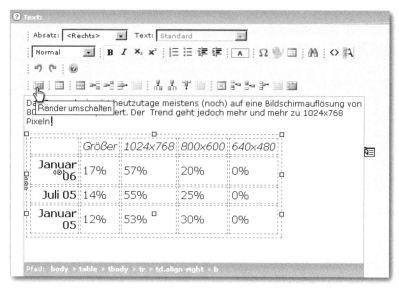

Abbildung 5.12 Editieren einer Tabelle mit aktivierten Rändern

5.2.2 Seiteninhalt »Aufzählung« (CType: bullet)

Neben dem Inhalt »Normaler Text« bietet TYPO3 eine Reihe weiterer Arten spezialisierter Inhalte. Zwar lassen sich die Textblöcke der Inhalte vom Typ »Text« auch noch weitergehend formatieren. So sind neben Kursiv- und Fettauszeichnung auch Textausrichtung, Einrückungen, Listenauszeichnung und Tabellen sowie die Formatierung von Absätzen als Überschriften möglich. Manchmal ist jedoch ein spezialisiertes Inhaltsmodell einfacher zu handhaben.

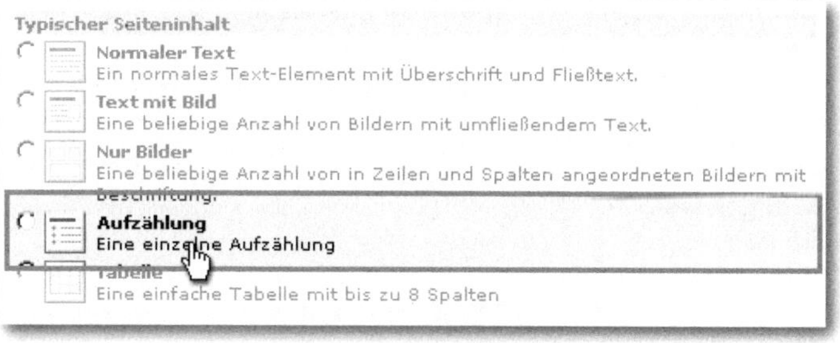

Abbildung 5.13 Das Inhaltselement »Aufzählung«

Als dritter Inhaltsblock der Startseite soll die reine Listenform demonstriert werden. Erzeugen Sie hierfür ein neues Inhaltselement und wählen diesmal den Typ

»Aufzählung«. Das Grundprinzip dieses Inhaltstyps ähnelt soweit dem Typ »normaler Text«, als dass auch hier eine Überschrift einzugeben ist, deren Grad mit »Typ« ausgewählt wird. Der Eingabebereich für den Textblock ist einfacher. Hier ergibt jede Zeile ein Listenelement.

Abbildung 5.14 Eine Liste mit drei Listenelementen

Verwenden Sie als Überschrift »Zu beachten sind:« und weisen Sie ihr »Layout 3« zu. Sie erhalten so eine Überschrift vom Typ H3. In das Textfeld tragen Sie die Listenelemente ein. Im Browser sehen Sie eine HTML-Bulletliste mit darüber gestellter Überschrift.

Abbildung 5.15 Die Aufzählungsliste im Browser

> **Anmerkung**
> Das Layout-Pulldown-Menü weist dem `<ul>`-Container verschiedene Styleklassen zu – `csc-bulletlist-0` für »Normal«, `csc-bulletlist-1` bis `-3` für »Layout 1« bis »Layout 3«. An die Klassen können beliebige Formatierungen gebunden sein. Die restlichen, als Pulldown-Menüs realisierten Optionen sind in Verbindung mit »CSS Styled Content« wirkungslos. Die dort anvisierten Formatierungen sollten besser im CSS-Stylesheet vorgenommen werden.

5.2.3 Seiteninhalt »Text mit Bild« (CType: textpic)

Ein nächster Schritt ist die Einbindung eines Textblocks mit einer oder mehreren Illustrationen. Hierzu existiert das Inhaltsmodell »Text mit Bild«. Sie können wählen, wie Text und Bild zueinander anzuordnen sind. Beispielsweise kann der Text das Bild umfließen oder über oder unter dem eingebundenen Bild stehen.

Einführung in die Seiteninhaltstypen von TYPO3 | 5.2

> **Anmerkung**
> Im Gegensatz zu dem, in früheren TYPO3-Versionen als Texteditor integrierten RTE[2], ist ein Einfügen von Bildern direkt ins Texteditorfenster (beispielsweise im Modus »Normaler Text«) mit htmlArea RTE *nicht* möglich. Sie müssen für diesen Zweck »Text mit Bild« einsetzen.

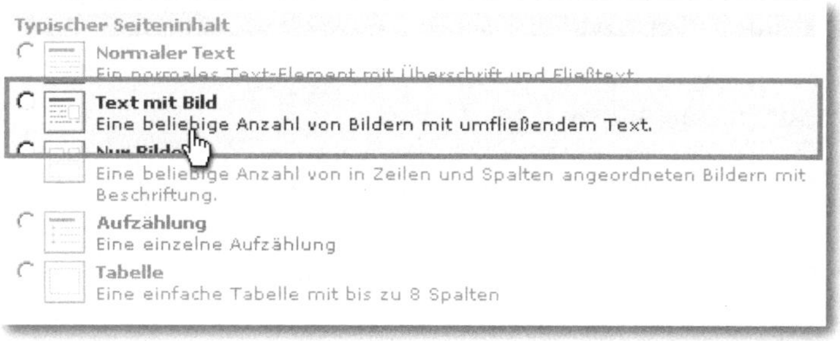

Abbildung 5.16 Das Inhaltselement »Text mit Bild«

Die Eingabe des Textes erfolgt analog zum Inhaltsmodell »Normaler Text«. Das Bild muss jedoch zunächst per Upload zur Verfügung gestellt werden.

Upload der Bildressource

Hierzu wählen Sie im ersten Schritt im Bereich »Bilder« mit dem File-Upload-Dialog die Grafik aus. Ein von hier hochgeladenes Bild landet wieder im Ordner *uploads*, genauer in dessen Unterordner *pics*. Im Anschluss müssen Sie zunächst zwischenspeichern, damit der Dateiname im Ressourcenfeld des Bereichs erscheint. Sie sehen rechts vom Feld wieder ein Vorschaubild.

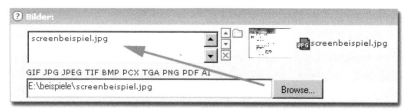

Abbildung 5.17 Upload der Bildressource

> **Hinweis**
> Beachten Sie, dass es in Zusammenhang mit dem Ordnersymbol rechts von Ressourcenfeld eine zweite Variante gibt, die Bilder zu laden. Diese wird in Zusammenhang mit dem Inhaltsmodell »Bild« beschrieben.

---

2 Da der alte RTE im Gegensatz zu htmlArea an den Internet Explorer gebunden war, dürfte dieser Umstand zu verschmerzen sein.

Positionierung des Bildes zum Textblock

Das Bild ist nun eingebunden, muss aber gegenüber dem Textblock noch positioniert werden. Hierzu haben Sie die Wahl zwischen einer Reihe von Symbol-Icons und einem Pulldown-Menü gleicher Wirkung. Die Positionierungsmöglichkeiten sind weitgehend selbsterklärend. Sie können das Bild über oder unter dem Textblock platzieren und horizontal ausrichten (obere Iconreihe) oder das Bild links oder rechts umfließen lassen. Die beiden letzten Optionen (»kein Umbruch«) erzeugen quasi ein Spaltenlayout, in dem der Text neben dem Bild angeordnet ist, es aber nicht umfließt.

> **Tipp**
>
> Die Option **kein Umbruch** kann praktisch sein, wenn der Text sehr kurz ist, da sonst die Folgeinhalte durch das `float`-Property des Bildes betroffen sind. Durch die Option »kein Umbruch« wird ein `<div>` mit CSS-`clear`-Property hinter den Inhaltsblock gesetzt. Beachten Sie jedoch, dass in diesem Fall auch die Überschrift neben das Bild oder die Bilder gesetzt wird!

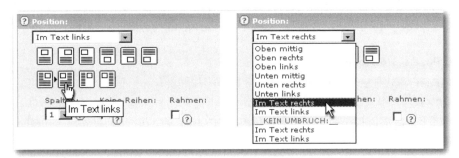

Abbildung 5.18 Festlegung der Bildposition gegenüber dem Textblock

Ausgabegröße des Bildes

Das eingebundene Bild lagert, falls Sie den Dateiupload-Button der Dialogseite verwendet haben, in seiner Originalgröße (hier 1024 x 710 Pixel) im Ordner *uploads/pics*. Es wird aber von TYPO3 (glücklicherweise) nicht in dieser Größe eingebunden, sondern in einer **skalierten Version**, die durch das System generiert wird. Diese Version wird im Ordner *typo3temp/pics/* abgelegt.

Die **Ausgabegröße** des skalierten Bildes hängt von dessen Positionierung und dem insgesamt für das Inhaltselement zur Verfügung stehenden Raum ab. So werden »floating«-Bilder automatisch kleiner als über oder dem Textblock platzierte, um dem Text Raum zu lassen. Wählen Sie hier Ihre gewünschte Abmessung für das Bild.

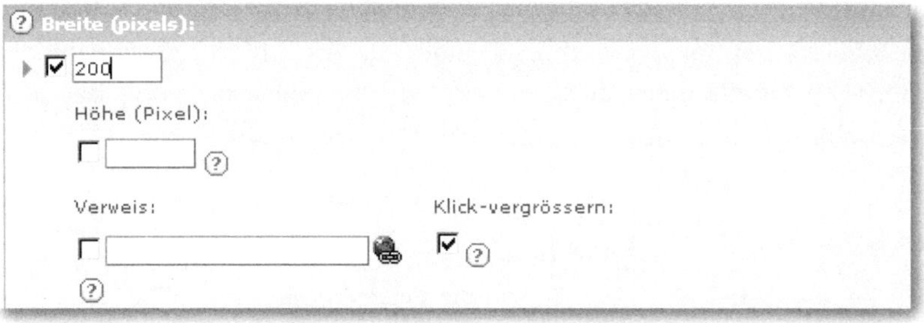

Einführung in die Seiteninhaltstypen von TYPO3 | 5.2

Abbildung 5.19 Festlegen der Skalierung für die Ausgabe

Sie können entweder eine Breite oder eine Höhe für das Bild angeben; bei zwei Angaben hat die Höhe Vorrang. Beachten Sie die Checkbox »Klick-Vergrößern«. Mit ihr können Sie die Option anwählen, dass das Bild per Klick in einem Popup-Fenster in vergrößerter Version gezeigt wird. Das Bild kann dann jedoch nicht gleichzeitig als Link dienen.

Ausgabeformat, -qualität und Bildeffekte

Neben der Ausgabegröße in Pixeln können auch weitere Aspekte der Verarbeitung (die übrigens mit Image- oder GraphicsMagick erfolgt) beeinflusst werden. Im Pulldown-Menü »Qualität« können sowohl das Ausgabedateiformat als auch einschlägige Qualitätsstufen festgelegt und somit Einfluss auf die Dateigröße genommen werden.

Abbildung 5.20 Bildqualität und Bildeffekte

Die Spalte »Effekte« wird eingesetzt, wenn Sie beispielsweise ein Digitalfoto ins Hochformat drehen müssen. Auch einige Standardbearbeitungen (Entfärben,

Schärfen, Kontraste etc.) sind möglich. Dies geschieht jedoch besser mit einem regulären Bildverarbeitungsprogramm, da über die Anwahl der Option hinaus keine weiteren Einstellungen gegeben sind. Für »Notfälle« mag dies dennoch praktikabel sein, zumal die Anweisungen jederzeit widerrufen werden können; es wird stets mit einer Kopie des Bildes gearbeitet.

> **Achtung**
> Sofern Sie mehrere Bilder einbinden, gelten die Einstellungen zu Qualität, Effekten und Ausgabegrößen pauschal für alle dieser Bilder.

Mehrere Bilder zuordnen

Wollen Sie nicht nur ein, sondern mehrere Bilder einem Textblock zuordnen, so können Sie dies ohne weiteres tun. Es ist lediglich erforderlich, mehrere Bilder zu laden. Diese befinden sich im Anschluss als Liste im Ressourcenfeld. Die Reihenfolge dort ist ausschlaggebend für die Ausgabe. Das zuoberst stehende Bild wird als erstes ausgegeben. Mittels der Buttons rechts vom Ressourcenfeld können die Dateien sortiert oder bei Bedarf gelöscht werden.

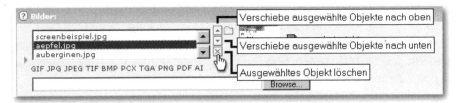

Abbildung 5.21 Löschen oder Sortieren von eingebundenen Bildressourcen

Mehrere Bilder werden in der HTML-Seite normalerweise übereinander positioniert. Wollen Sie dies nicht, so können Sie die Bilder in Spalten anordnen. Das hierfür zuständige Menü finden Sie ebenfalls im Bereich »Position«.

Sie können ihre Bilder in bis zu acht Spalten verteilen, wobei Sie in diesem Fall eine passende Breiteneinstellung wählen sollten. Ergeben sich durch die Ausgabe vieler Bilder mehrere Zeilen, so sollten die Bilder möglichst gleiche Höhe aufweisen. Ist dies nicht der Fall, können Sie die Option »Keine Reihen« einsetzen, damit zwischen übereinander liegenden Bildern kein störender Leerraum auftritt (Spaltenorientierung bekommt Vorrang vor der Zeilenorientierung).

> **Achtung**
> Wählen Sie stets die Option **Spalten: 1**, falls Sie nur ein einzelnes Bild einbinden möchten. Ansonsten werden codeseitig überflüssige, zusätzliche Spalten angelegt, der zu unschönem Leerraum führt.

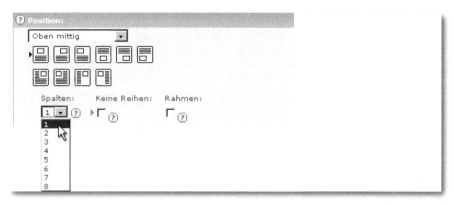

Abbildung 5.22 Spaltenzahl zur Ausgabe mehrerer Bilder festlegen

5.2.4 Seiteninhalt »Bild« (CType: image)

Wollen Sie eine Anzahl von Illustrationen einbinden, ohne diese einem Textblock zuzuordnen, so können Sie dies mit dem Inhaltsmodell »Bild« (in der Auswahl bezeichnet mit »Nur Bilder«) erreichen. Das Grundprinzip ähnelt der Option »Text mit Bild«. Sie können allerdings zusätzlich zu den Bildern lediglich eine Bildunterzeile (»Caption«) angeben.

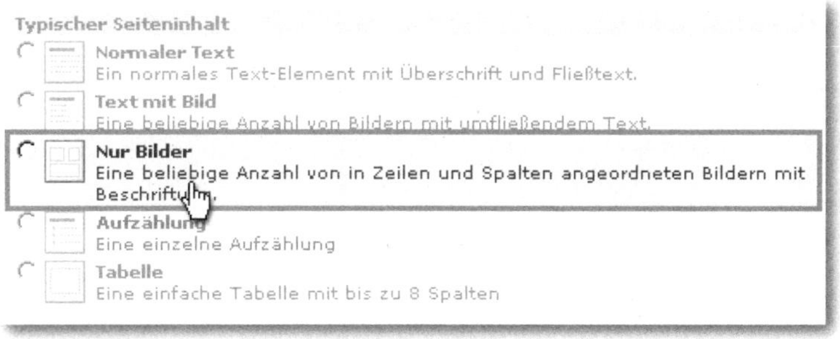

Abbildung 5.23 Anwahl des Inhaltsmodells »Bild«

In die Seite »Oberfläche« soll ein Inhaltselement »Nur Bilder« eingefügt werden. Auch hier gilt, dass die zu verwendenden Bilder zunächst geladen werden müssen. Sie finden die Bilder wieder im Ordner *Dateien_zum_Buch/Kapitel05* auf der Begleit-DVD. Geben Sie eine Überschrift für das Inhaltselement ein.

> Verwenden Sie zum Upload diesmal jedoch nicht den Browse-Dialog, sondern klicken Sie auf das **Ordnersymbol** rechts vom Ressourcenfeld.

Es öffnet sich ein Dialogfenster, das über den »TYPO3 Element Browser« einen Blick in den so genannten **Fileadmin** ermöglicht.

5 | Seiteninhalte anlegen

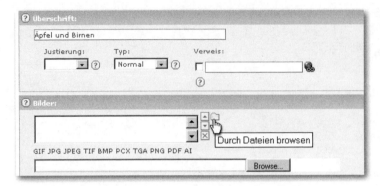

Abbildung 5.24 Öffnen der Fileadminansicht aus dem Inhaltselementedialog

Der Fileadmin-Bereich

Hier ist eine kurze Erläuterung angebracht: Der **Fileadmin** (»file administration«) dient der Verwaltung von Dateien innerhalb von TYPO3. Die Ablage dieser Dateien erfolgt in einem Ordner *fileadmin* und, sofern Sie solche anlegen, in seinen Unterordnern. Der Unterschied zwischen dem Ablegen von Dateien im uploads-Bereich (wie es durch den Browse-Dialog erfolgt) und dem im Fileadmin erscheint oberflächlich gering, ist aber in Wirklichkeit erheblich.

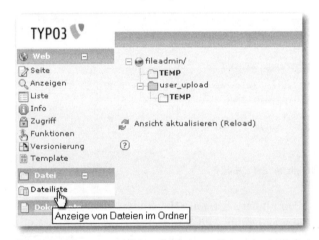

Abbildung 5.25 Anwahl des Fileadmins und Ansicht der Standardordner

Im Fileadmin können Sie Dateien in vielfacher Hinsicht verwalten. Sie können hier Dateien

- umbenennen,
- kopieren,
- löschen,

Einführung in die Seiteninhaltstypen von TYPO3 | **5.2**

- verschieben und
- bearbeiten (für bestimmte Dateitypen).

Außerdem kann innerhalb des Fileadmins eine beliebige Ordnerstruktur angelegt und diesen auch Zugriffsrechte zugeordnet werden.

Wenn Sie auf den Fileadmin-Bereich direkt zugreifen wollen, so geschieht dies über das Modul **Dateiliste**. Beispielsweise, wenn Sie Dateien »auf Vorrat« bereitstellen wollen. Dazu mehr im folgenden Kapitel. Zunächst soll eine Anzahl Bilder unmittelbar über den Inhaltselementdialog in den Fileadmin gelangen.

Bild-Upload in den Fileadmin aus dem Inhaltselementedialog

Sie können jetzt über die drei hier sichtbaren Browse-Dialoge bereits Bilder laden. Diese würden jedoch direkt im *filedamin*-Verzeichnis landen. – Sie erkennen dies an der Pfadangabe über dem Browse-Dialog –, was früher oder später unübersichtlich wird. Günstiger ist es, zunächst einen Unterordner anzulegen, in den anschließend die Bilder abgelegt werden.

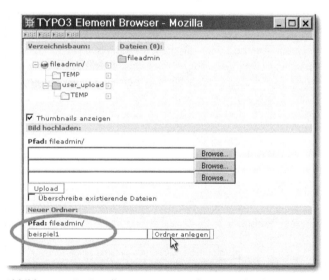

Abbildung 5.26 Erstellen eines Unterordners im Fileadmin-Bereich

> **Hinweis**
>
> Der Slash (/) wird im Eingabefeld für den Pfad nicht im Sinne einer Hierarchietrennung interpretiert. Da es sich um ein in Ordnernamen verbotenes Zeichen handelt, wird er stattdessen durch einen Unterstrich ersetzt. Folglich können Sie nur eine Ordnerhierarchieebene auf einmal anlegen. Wollen Sie (wie es hier geschehen soll) einen Ordner `beispiel1` und darin einen weiteren Unterordner `bilder` anlegen, so müssen Sie den Vorgang zweimal wiederholen.

Achten Sie darauf, dass Sie vor dem Upload auch den neu erstellten Ordner angewählt haben, Er muss als Pfad über den Upload-Dialogfeldern angegeben sein. Sie können drei Dateien gleichzeitig laden und diesen Vorgang für weitere Bilder beliebig oft wiederholen. Nach erfolgreichem Upload zeigt Ihnen TYPO3 eine Thumbnail-Vorschau der hochgeladenen Bilder. Sie können dies unterbinden, indem Sie die Checkbox **Thumbnails anzeigen** deaktivieren.

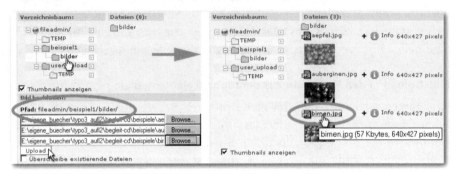

Abbildung 5.27   Upload in den neuerstellten Unterordnern, Thumbnail-Vorschau

> **Hinweis**
>
> Möchten Sie ein bearbeitetes Bild erneut laden – Sie haben beispielsweise die Größe geändert – so müssen Sie sicherstellen, dass die »alte« Datei beim neuen Upload überschrieben wird. Hierfür müssen Sie die Checkbox »Überschreibe existierende Dateien« anwählen. TYPO3 generiert für gleichnamige Dateien ansonsten einen neuen Dateinamen, um ein versehentliches Überschreiben zu verhindern.

Sobald die Dateien sich im Fileadmin-Ordner befinden, können Sie sie per Klick auf den Thumbnail oder den darüberstehenden Dateinamen ins Ressourcenfeld befördern. Laden Sie entsprechend die vier Bilder `aepfel.jpg`, `auberginen.jpg`, `birnen.jpg` und `kuerbisse.jpg`. Speichern Sie anschließend den Dialog des Inhaltselements ohne ihn zu schließen.

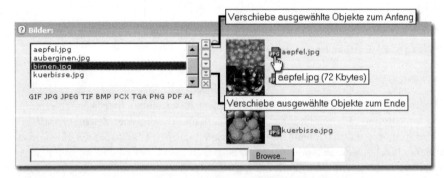

Abbildung 5.28   Sortieren der Ressourcen und Dateiinfo per Mouseover

Neben dem Ressourcenfeld sehen Sie wieder die Vorschaubilder der eingebundenen Illustrationen. Ab vier Bildern erscheinen, neben den bisher bekannten, zwei weitere Sortierbuttons. Verschieben Sie `birnen.jpg` in der Liste auf die zweite Position nach `aepfel.jpg`. Ordnen Sie die Bilder in zwei Spalten an und setzen Sie eine Breite fest. Dies geschieht analog zu »Text mit Bild«.

Sie können nun im Feld »Bildtext« noch Bildunterschriften hinzufügen. Die eingegebenen Zeilen werden der Reihenfolge nach den Bildern zugeordnet, die erste Zeile also dem ersten Bild und so fort. Wollen Sie eine spaltenübergreifende Beschriftung, so müssen Sie auf »Text mit Bild« ausweichen.

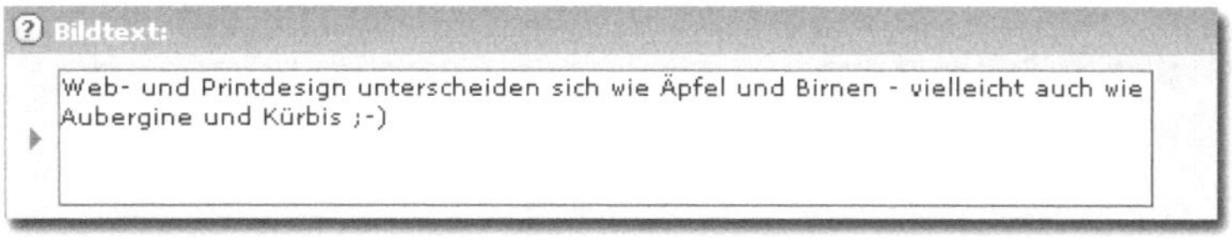

Abbildung 5.29   Einfügen einer Bildunterschrift (für das erste Bild)

5.2.5 Seiteninhalt »Tabelle« (CType: table)

Der Seiteninhalt »Tabelle« dient ausschließlich der Erzeugung von Tabellen und deren anschließender, komfortabler Verwaltung (speziell Sortierungen). Für umfangreichere Tabellen ist er aus letzterem Grund der Erstellung von Tabellen im Rahmen des Moduls **Normaler Text** überlegen. Im Gegensatz zur angedeuteten Einschränkung sind auch neun Tabellenspalten möglich.

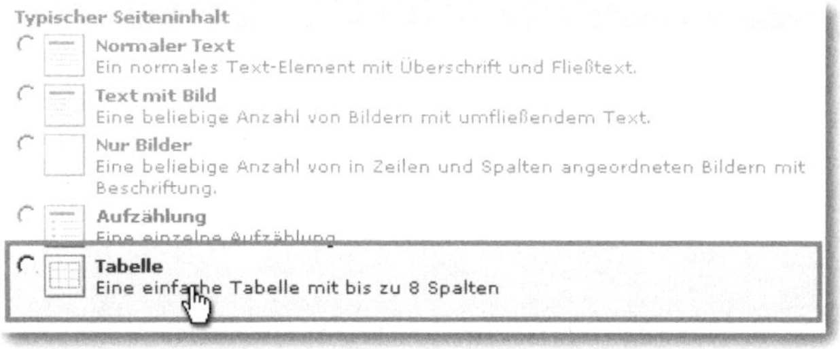

Abbildung 5.30   Auswahl des Inhaltsmodells »Tabelle«

Im folgenden soll auf der Seite »Oberfläche« eine achtspaltige Tabelle angelegt werden. Geben Sie als Überschrift »Aktuelle Browserstatistik« ein und wählen Sie im Pulldown-Menü **Tabellenspalten** die Spaltenzahl 8 aus.

Speichern Sie den Dialog ohne ihn zu schließen: Neben dem Feld zur Eingabe der Tabellendaten erscheint jetzt[3] das Icon des **Tabellenerstellungsassistenten**

---

3   Die Angabe der Spaltenzahl liegt dem generierten Eingabeformular des Assistenten zugrunde – die **vorherige** Festlegung auf eine Spaltenzahl ist daher erforderlich!

(»Table wizard«), auf das Sie nun klicken sollten. Die Arbeit mit dem Assistenten ist, zumindest am Anfang, übersichtlicher, als die Direkteingabe der Daten.

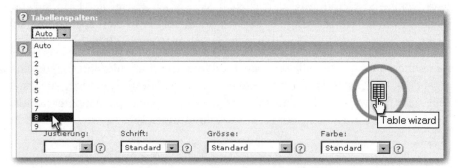

Abbildung 5.31 Spaltenzahlangabe und nachfolgender Start des Assistenten

Der Assistent zeigt Ihnen eine zeilen- und spaltenorientierte **Eingabematrix** aus Einzelfeldern. Nach der Eingabe können die Inhalte von Zeilen oder Spalten jeweils »en bloc« verschoben werden. Auch das Löschen von Zeilen bzw. Einfügen neuer Zeilen ist problemlos möglich.

Das Einfügen und Löschen von Spalten ist in dieser Ansicht dagegen nicht möglich: **die Spaltenzahl kann nicht verändert werden** – sie ist mit dem Start des Assistenten festgelegt. Fügen Sie eine Spalte ein, so rücken die Inhalte der folgenden Spalten in der Matrix eine Position nach rechts, diejenigen der letzten Spalte werden gelöscht. Analog bewirkt das Löschen einer Spalte eine Verschiebung nach links, die die letzte Spalte frei macht.

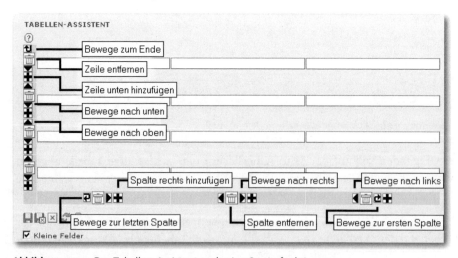

Abbildung 5.32 Der Tabellen-Assistent und seine Sortierfunktionen

Reicht Ihnen der Raum zum Eingeben von Inhalten nicht aus, so deaktivieren Sie die Checkbox **Kleine Felder** und speichern Sie die Ansicht. Die Matrix wird nun durch eine mit geräumigeren Eingabefeldern ersetzt. Ihre bisherigen Eingaben gehen dabei nicht verloren.

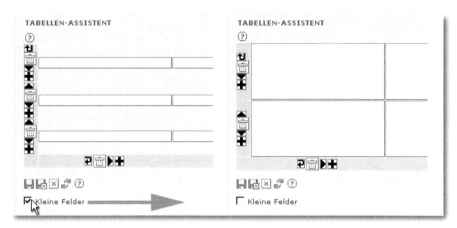

Abbildung 5.33   Kleine und größe Eingabefelder in der Eingabematrix

Sie können nun in den Feldern auch **mehrzeilige Einträge** vornehmen, wobei die eingegebenen Zeilenumbrüche durch HTML-Breaks umgesetzt werden (es werden keine echten Absätze mit <p>-Containern gebildet). Um die Matrixansicht zu verlassen und zum Eingabedialog des Inhaltselements zurückzukehren, wählen Sie die Option **Speichern und Schließen**.

Falls Sie die Beispieldaten für Ihre Tabellen verwendet haben, sehen Sie nun, wie TYPO3 die Anweisungen des Assistenten im Dateneingabefeld umsetzt: Die Trennung der Datenzellen erfolgt jeweils durch ein Trennsymbol (das Pipe-Zeichen), die Trennung der Tabellenzeilen durch einen Zeilenumbruch.

> **Tipp**
>
> In diesem Eingabemodus können Sie unter Umgehung des Assistenten ohne Schwierigkeiten mehr als neun Spalten erzeugen. »Handarbeit« ist jedoch erforderlich. Belassen Sie hierfür die Angabe der Tabellenspalten auf »Auto«.

Die Art des Trennsymbols können Sie unter drei Optionen auswählen, falls Sie in CSV-Form vorliegende Daten einpflegen wollen. Hierfür wählen Sie im Bereich **Plugin Optionen** die Palette »Tabellenanalyse«. Sie können im Pulldown-Menü **Feldbegrenzer** das gewünschte Symbol wählen und nach Zwischenspeicherung Ihre im geeigneten Format vorliegenden Daten einfach mit Copy and Paste oben in das Dateneingabefeld einfügen.

5 | Seiteninhalte anlegen

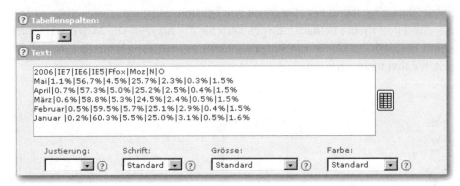

Abbildung 5.34 Die fertige Tabelle mit Trennsymbolen im Dateneingabefeld

Abbildung 5.35 Die beiden Paletten des Bereichs »Plugin Optionen«

Die zunächst sichtbare Palette »Barrierefreiheit« ermöglicht, neben verschiedenen anderen Optionen, die Eingabe einer Tabellenüberschrift (»Caption«) und deren Positionierung relativ zur Tabelle.

5.2.6 Seiteninhalt »HTML« (CType: html)

Mittels des Seiteninhalts »Reines HTML« aus der Gruppe »Spezielle Elemente« können Sie einen HTML-Quellcodeabschnitt in ihre Seite einfügen. Hier besteht nicht die Gefahr, dass das HTML durch Parsing-Automatismen des Editors verändert wird, was häufig geschieht, falls Sie versuchen, statt dessen mit dem Inhaltstyp »Normaler Text« in der Quelltextansicht des htmlArea RTEs zu arbeiten.

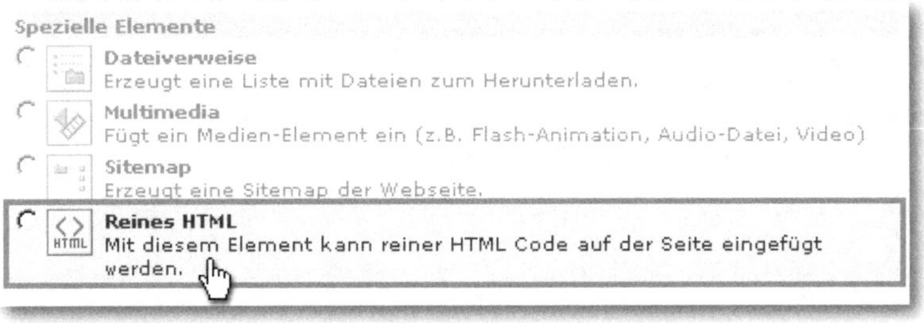

Einführung in die Seiteninhaltstypen von TYPO3 | **5.2**

Abbildung 5.36   Das Seitenelement »Reines HTML«

> **Hinweis**
>
> Die Eingabe im Bereich »Name« dient lediglich als Benennung des Inhaltselements im Backend. Sie hat nicht die Aufgabe einer Überschrift und ist in der erzeugten Seite anschließend nicht zu sehen.

Im Feld »HTML« geben Sie den gewünschten Quellcode ein. Hier ist es zur Demonstration ein HTML-Rule, das eine horizontale Trennlinie erzeugt.

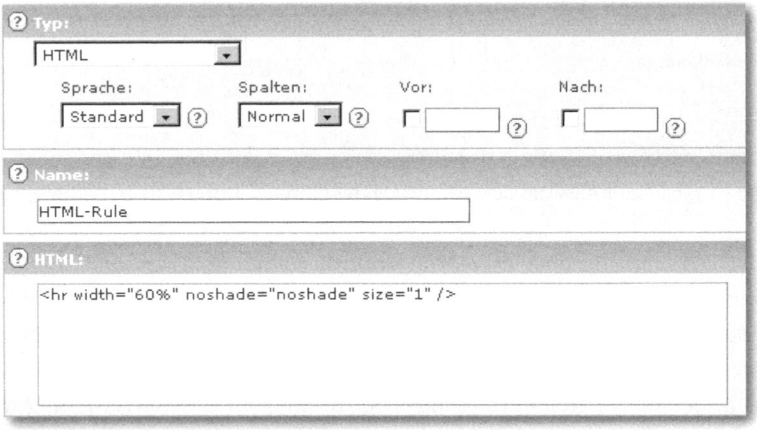

Abbildung 5.37   Eingabe eines HTML-Rulers mit Attributen

5.2.7 Seiteninhalt »Dateilinks« (CType: uploads)

Wollen Sie Dateien per Link zum Download anbieten, so empfiehlt sich der Inhaltstyp »Dateilinks« (in der Auswahl als »Dateiverweise« bezeichnet). Sie können eine beliebige Zahl von Dateien angeben, die in Listenform ausgegeben werden. Der Dateiname dient dabei als Link. Die so verlinkten Dateien sollten sich günstigerweise in einem Ordner des Fileadmins befinden. Diesen können Sie beliebig benennen. In unserem Beispiel sollte es sich um einen weiteren Unterordner im Projektordner *beispiel1* handeln; der Name *downloads* bietet sich an.

5 | Seiteninhalte anlegen

Abbildung 5.38   Anwahl des Inhaltstyps »Dateilinks«

Das Inhaltselement verfügt, wie die meisten anderen Elemente, über ein Überschriftenfeld. Geben Sie hier ein »Diese Seite als PDF downloaden:« und wählen Sie »Layout 4«. Es soll ein PDF angeboten werden, das zunächst in den Fileadmin geladen werden muss. Sie finden eine entsprechende Datei auf der Begleit-DVD.

Abbildung 5.39   Upload und Auswahl der zu verlinkenden Datei

Das Laden der Datei erfolgt über den Ordnerbutton neben dem Ressourcenfeld. Das Vorgehen entspricht demjenigen der Inhaltsmodelle mit Bild. Der Dateiname der Downloadressource dient in der Browseransicht als Link. Sie können auch mehrere Dateien gleichzeitig zum Download anbieten. Diese erscheinen dann übereinander in der Reihenfolge ihrer Sortierung im Ressourcenfeld; zur Darstellung als Liste setzt TYPO3 eine HTML-Tabelle ein.

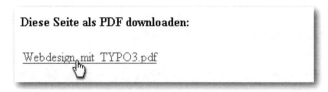

Abbildung 5.40   Inhalt »Dateiverweis« im Browser

5.2.8 Seiteninhalte sortieren, kopieren, löschen, referenzieren

Eine TYPO3-Seite dient, wie Sie inzwischen wissen, als Container für eine Reihe weiterer Datensätze, die die eigentlichen Inhalte darstellen. Sie werden in der Reihenfolge ausgegeben, die derjenigen der Seitenansicht im Backend entspricht. Es wäre es ausgesprochen unpraktisch, wenn diese Reihenfolge festgeschrieben wäre. Aus diesem Grund können auch innerhalb einer Seite Sortierungen vergleichsweise mit denen im Seitenbaum vorgenommen werden.

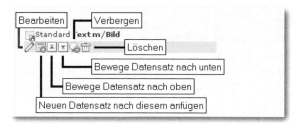

Abbildung 5.41 Shortcut-Befehlsicons eines Inhaltselements

Eine einfache Bearbeitungsmöglichkeit bietet der Satz aus Shortcut-Befehls-Icons, die Sie bei jeder Inhaltselementvorschau vorfinden. Hiermit können Sie das betreffende Element in der Seite um eine Position nach unten oder oben verschieben, ausblenden (**Verbergen**) oder auch ganz löschen. Auch das Stiftsymbol ist vorhanden, dies jedoch eher der Vollständigkeit halber; die Bearbeitung lässt sich einfacher durch Klick in den Vorschautext einleiten.

Inhalte verbergen und wieder einblenden

Sie können ein Inhaltselement ganz einfach in der Browseransicht unsichtbar machen, indem Sie auf das **Verbergen**-Icon klicken. Anschließend ist es allerdings sowohl im Browser als auch in der Backendübersicht verschwunden: TYPO3 geht beim Verbergen äußerst »gründlich« vor.

Abbildung 5.42 Vorschau auf verborgene Inhalte aktivieren

Sie haben die Wahl: Unten am Ende der Seite finden Sie eine Checkbox, die die Vorschau auf verborgene Elemente im Backend wieder aktiviert. Gleichzeitig wird Ihnen auch Auskunft über die Anzahl auf dieser Seite verborgenen Elemente angezeigt. Ein ausgeblendetes Inhaltselement erkennen Sie am veränderten **Verbergen**-Icon, das in diesem Falle einer Glühbirne entspricht. Sie können es anklicken, um das Element wieder einzublenden. Des Weiteren wird der Status des Elements unter den Shortcut-Icons bekannt gegeben und spiegelt sich auch im Symbol-Icon des Elements wider.

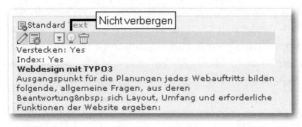

Abbildung 5.43 Einblenden-Icon eines verborgenen Inhaltselements

Sortieren von Seitenelementen

Als Beispiel sollen die Datensätze der Seite »Home« in eine bestimmte Reihenfolge gebracht werden. Wie Sie bei Ihnen angeordnet sind, hängt davon ab, wann und wie Sie sie erstellt haben. Bringen Sie sie in folgende Reihenfolge:

1. »Webdesign mit TYPO3« (Text)
2. »Umsetzung als Screendesign« (Text mit Bild)
3. »Zu beachten sind:« (Aufzählung)
4. »Die funktionale Ebene« (Text)
5. HTML-Rule (HTML)
6. »Diese Seite als PDF downloaden:« (Dateilink)

Shortcuts zum Kopieren oder Ausschneiden eines Elements suchen Sie hier allerdings vergebens; diese Optionen sind lediglich per Kontextmenü gegeben.

Ausschneiden, Kopieren oder Verschieben per Kontextmenü

Das Kontextmenü eines Inhaltselements erreichen Sie (etwas versteckt) über das Symbol-Icon links von der Typangabe des Elements, also direkt über den Buttons der Befehls-Shortcuts und dem Feld mit der Inhaltsvorschau. Hinter der Option **Weitere Einstellungen** verbirgt sich, analog zum Kontextmenü des Seitenbaums, ein Untermenü.

Kopieren Sie zur Probe das Element »Die funktionale Ebene«. Es soll nach dem HTML-Rule eingefügt werden, ist danach also zweimal auf der Seite vorhanden. Um das kopierte Element einzufügen, klicken Sie auf das Kontext-Icon des HTML-Inhaltselements, nach dem es positioniert werden soll.

Anmerkung: Analog funktioniert das Ausschneiden und Einfügen eines Datensatzes an eine andere Stelle.

5.2 Einführung in die Seiteninhaltstypen von TYPO3

Abbildung 5.44 Kontextmenü eines Inhaltselements und dessen Untermenü

Abbildung 5.45 Verändertes Kontextmenü beim Einfügen

5.2.9 Referenzen mit Seiteninhalt »Datensatz einfügen«

Ein kopiertes Element ist unabhängig vom Original und getrennt von diesem editierbar. Sie können sich davon überzeugen, wenn Sie eine der beiden Dubletten bearbeiten, die durch die eben erfolgte Kopie entstanden sind. Es mag jedoch wünschenswert sein, keine bloße Kopie, sondern eine **Referenz** auf einen Datensatz zu erstellen. Der Sinn einer solchen Referenz besteht darin, dass eine Änderung am Original sich auch auf alle Referenzobjekte erstreckt, egal wie viele dies sein mögen und wo sie sich befinden.

Wofür ist das gut? Angenommen, Sie wollen auf einer Seite ihrer Webpräsenz eine Gesamtübersicht aller Inhalte zeigen. Sie müssen diese dann bei Änderungen stets an zwei Stellen parallel bearbeiten, um keine Inkonsistenz zu erzeugen, falls Sie die Änderungen per Kopien erzeugt haben. Arbeiten Sie stattdessen mit Referenzen, so benötigen Sie lediglich ein Original.

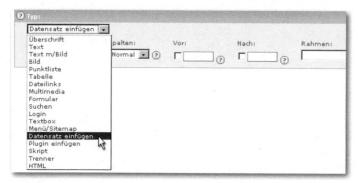

Abbildung 5.46 Inhaltstyp »Datensatz einfügen« erzeugt Referenzen

Es soll jetzt probeweise eine Dateireferenz erstellt werden. Hierfür soll wieder der Inhalt »Die funktionale Ebene« benutzt werden. Verwenden Sie das Original und setzen Sie das Element hinter die Kopie, die vorhin gemacht wurde.

Leider ist der betreffende Inhaltstyp **Datensatz einfügen**, der in TYPO3 zur Erstellung von Referenzen dient, nicht direkt zugänglich. Er erscheint also nicht in der Auswahlseite für neue Inhalte. Der Ansatz gleicht der des Erstellens eines neuen Inhaltselements, wobei es gleichgültig ist, welchen Ausgangstyp Sie zunächst wählen (verwenden Sie ruhig »Normaler Text«). Ändern Sie den Typ, sobald sich die Eingabeseite öffnet, über das Pulldown-Menü im Feld **Typ**. Sie sehen, dass es auch noch weitere, bislang »übersehene« Inhaltstypen gibt.

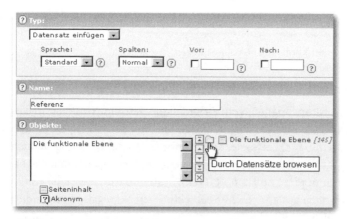

Abbildung 5.47 Die Eingabeseite für Datensatzreferenzen

Das Element besitzt keine eigene Überschrift (dargestellt wird die Überschrift des referenzierten Elements), sondern, analog zum HTML-Element, nur einen Namen für das Backend. In die Ressourcenliste, die hier als »Objekte« bezeichnet wird, fügen Sie Datensätze über das Ordnersymbol ein. Diesmal werden Sie jedoch nicht aus den Fileadmin geholt, sondern aus dem Seitenbaum und den, diesem untergeordneten, Datensatzlisten einzelner Seiten.

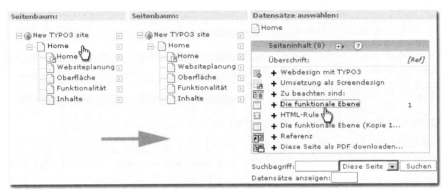

Abbildung 5.48 Anwahl des Datensatzes im »TYPO3 Element Browser«

Wählen Sie im »TYPO3 Element Browser« zunächst die Seite aus, die den gewünschten Datensatz beinhaltet und klicken ihn im Anschluss in der nun erscheinenden Liste an.

In gleicher Weise können Sie im Rahmen des gleichen Inhaltselements »Datensatz einfügen« eine beliebige Zahl weiterer Datensätze referenzieren. Wollen Sie beispielsweise eine komplette Kopie aller Inhalte Ihrer Site auf einer Seite referenzieren, so würden Sie hierfür nur ein einziges Element des Typs »Datensatz einfügen« benötigen. Die Ausgabereihenfolge der referenzierten Elemente können Sie durch Sortieren der Ressourcenliste beeinflussen.

Betrachten Sie das Ergebnis im Browser. Sie sollten das eben referenzierte Objekt nun dreimal sehen: Einmal als Original, einmal als Kopie und einmal als Referenz. Ändern Sie probeweise etwas am Inhalt des Originals und beobachten Sie wie die Referenz den Änderungen synchron folgt.

> **Hinweis**
> Löschen Sie das Original, so entfernen Sie gleichzeitig auch alle auf hierauf zeigenden Referenzen. Kopien bleiben vom Löschen des Originals dagegen unbeeinflusst.

5.3   Backups von Seiten und Seiteninhalten

Sobald genügend an Inhalten zusammengekommen ist und Sie den Projektstand festhalten möchten (um darauf später zurückzukommen oder eine Site auf einem anderen Rechner zu reproduzieren), können Sie die in TYPO3 eingebauten Backup-Möglichkeiten nutzen.

TYPO3 kann Backups von Inhalten fast beliebigen Umfangs erzeugen:

- auf Basis des Seitenbaums
- auf Basis der Seiten
- auf Basis der Seiteninhalte

Sie können also selbst entscheiden, ob Sie ein gesamtes Projekt oder Teile davon bis hinab zu einzelnen Inhaltselementen speichern wollen.

Export und Import über das Kontextmenü

Grundsätzlich leiten Sie ein Backup – TYPO3 bezeichnet dies als »Export« – über das Kontextmenü des betreffenden Elements ein. Für eine Seite ist dies das Seitenicon im Seitenbaum, für ein Inhaltselements dessen Stellvertreter-Icon in der Seitenvorschau. In beiden Fällen finden Sie die gewünschte Option im Submenü **Weitere Einstellungen** des Kontextmenüs als »Exportieren in .t3d«.

5.3.1 Export eines Seiten-Backups

Wählen Sie die Seite »Oberfläche« und leiten Sie über das Kontext-Icon der Seite im Seitenbaum den t3d-Export ein.

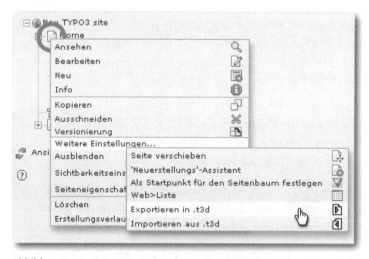

Abbildung 5.49 Export ausgehend von einer TYPO3-Seite

Sie gelangen jetzt zum Import/Export-Dialog, wo Sie zunächst in der Palette »Konfiguration« entscheiden können, welche Seiteninhalte Sie exportieren und welche Sie vom Export ausschließen möchten. Sie können auch nur ausgewählte Inhalte einer Seite exportieren. In diesem Beispiel wurde ein Inhaltselement vom Export ausgeschlossen, indem einfach die betreffende Checkbox aktiviert wurde.

Backups von Seiten und Seiteninhalten | **5.3**

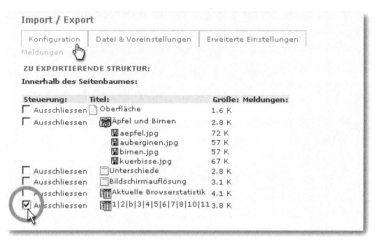

Abbildung 5.50 Konfiguration des Export, Ausschluss eines Inhaltselements

Sie sehen anhand der Liste, dass nicht nur die Texte der Datensätze, sondern auch in die Texte eingebettete Bilder in den Export eingeschlossen sind. Sobald die Konfiguration des Exports abgeschlossen ist, wechseln Sie zur Palette »Datei & Voreinstellungen«. Hier entscheiden Sie über den **Dateinamen**, unter dem die exportierten Daten gespeichert werden sollen. Für das **Dateiformat** haben Sie die Wahl zwischen komprimiertem T3D, unkomprimiertem T3D und XML.

> **Anmerkung**
> Mit der Seite verknüpfte Grafiken werden in allen drei Fällen als integraler Teil der Exportdatei mitgespeichert. Bei XML im BASE64-Format. Wegen seiner Datenstruktur kann ein XML-Export die Dateigröße eines T3D-Exports, zumal eines komprimierten, um das Vielfache übersteigen.

Geben Sie als Dateiname `seite_oberflaeche` (keine Angabe der Dateiendung erforderlich) in das Eingabefeld am unteren Seitenrand ein. Sie können auch weitergehende Beschreibungen des Backups eingeben; jedoch ist dies nicht zwingend erforderlich. Lassen Sie ansonsten die Einstellungen unverändert (Speichern als »T3D Datei/komprimiert«).

Sie haben prinzipiell zwei Möglichkeiten, wie Sie mit der beim dem Datenexport erzeugten Datei umgehen können:

- Ablage des Datenpakets im Fileadmin-Bereich
- Download des Datenpakets auf den lokalen Rechner

Wenn Sie die Daten im Fileadmin ablegen, haben Sie später unmittelbaren Zugriff, um das Backup erneut zu laden. Klicken Sie hierfür einfach auf **Speichern**

als: Die Datei wird nun unter dem gewählten Namen im Fileadmin-Verzeichnis abgelegt.

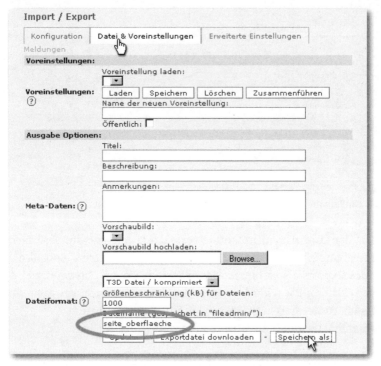

Abbildung 5.51 Bestimmung des Dateinamens und Speichern im Fileadmin

Sie können sich hiervon überzeugen, indem Sie über das Modul **Datei > Dateiliste** einen Blick in den Fileadmin vornehmen.

Abbildung 5.52 Die Backupdatei im Filedamin

Achtung

Im Gegensatz zum sonstigen Verhalten bei TYPO3 überschreibt eine T3D-Backupdatei beim Speichern im Fileadmin eine gleichnamige Datei ohne Warnung.

Alternativ können Sie das Datenpaket auch downloaden und lokal auf Ihrem Rechner ablegen. Dies ist auch über das Internet möglich, falls Sie Ihre Installation auf einem entfernten Rechner pflegen. Sie können Backups also auch separat von Ihrer TYPO3-Installation lagern. Klicken Sie hierfür auf **Exportdatei downloaden** und wählen Sie einen beliebigen Speicherort auf Ihrem lokalen Rechner. Hier empfiehlt sich das komprimierte Format, falls Sie ihr Backup über das Internet vornehmen.

5.3.2 Import eines Seiten-Backups

Sinn eines Backups ist, dass es zur Verfügung steht, wenn Daten rekonstruiert werden sollen. TYPO3 bietet zwar, wie im Vorfeld gezeigt wurde, Möglichkeiten, Fehler über den Erstellungsverlauf zurückzunehmen, jedoch kann es durchaus einfacher sein, stattdessen ein Backup einzulesen.

> **Tipp**
> Analog können Sie per T3D-Import eine beliebige Struktur (vom Seiteninhalt bis hin zu einer kompletten Site inklusive Templates) in eine andere TYPO3-Installation einlesen.

Wenn Sie sich überzeugt haben, dass das eben erzeugte T3D-Backup sicher im Fileadmin lagert, können Sie nun die Seite »Oberfläche« löschen. Sie soll über das Backup rekonstruiert werden.

Beim Importieren des Backups ist der Bezugspunkt zu beachten. Eine importierte Seite wird als Unterseite zu dem Element des Seitenbaums realisiert, von dem aus der Import stattfindet. Um die wiederhergestellte Seite »Oberfläche« nicht anschließend noch verschieben zu müssen, wird der Import daher sinnvollerseite über das Kontextmenü der Seite »Home« vorgenommen.

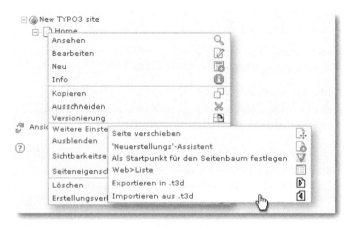

Abbildung 5.53 Import und Rekonstruktion einer Seite per T3D-Import

5 | Seiteninhalte anlegen

Im Importdialog muss zunächst die gewünschte Importdatei ausgewählt werden. Prinzipiell können im Fileadmin beliebig viele solcher Dateien lagern. Wählen Sie die vorhin erzeugte `seite_oberflaeche.t3d` aus. Klicken Sie auf **Vorschau**, um die Auswirkungen des Imports zu sehen. Dieser Schritt ist aus Sicherheitsgründen vorgesehen.

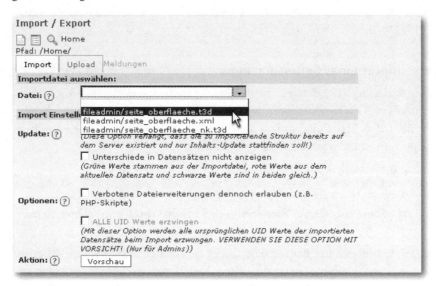

Abbildung 5.54 Auswahl der zu importierenden, im Fileadmin liegenden Datei

Hier lohnt ein kurzer Blick auf die per Checkbox anwählbaren Optionen. Die ersten beiden (Stichwort Update) treffen in diesem Fall deshalb nicht zu, weil die Seite »Oberfläche« vorher gelöscht wurde.

▶ **Update: Datensätze aktualisieren**
Wird ein Backup einer bestehenden Struktur ausgeführt, so werden einander entsprechende Datensätze aktualisiert.

Tipp: Wählen Sie diese Option, falls die importierten Objekte im Seitenbaum schon vorhanden sind – andernfalls werden sie dupliziert!

▶ **Update: Unterschiede in Datensätzen nicht anzeigen**
TYPO3 zeigt die Veränderungen durch das Backup an – dies kann hier deaktiviert werden (selten erforderlich).

Die weiteren Optionen brauchen für diesen Import ebenfalls nicht berücksichtigt werden. Sie sind in anderen Fällen jedoch von Bedeutung:

▶ **Optionen: Verbotene Dateierweiterungen**
Wählen Sie dies an, wenn eine Datei mit Endung `.php` Teil des Backups ist. Ansonsten wird deren Import verweigert (Administrator-Rechte erforderlich).

- **Optionen: ALLE UID Werte erzwingen (Achtung, riskant!)**
  Normalerweise werden Datensatz-Identifier für importierte Objekte (Seiten wie Inhalte) beim Import neu vergeben, um Konflikte zu vermeiden. Wollen Sie dies aus irgendwelchen Gründen nicht, so können Sie die ursprünglichen IDs mit dieser Option erzwingen. Vorsicht: sind Objekte mit gleichen IDs vorhanden, so werden diese jetzt überschrieben!
  Tipp: Nur anzuraten, wenn Sie in eine leere Seite importieren!
- **Logging einschalten: Datenbankaktionen aufzeichnen**
  Dies können Sie deaktivieren, wenn der importierte Backup sehr groß ist, da hier sonst erhebliche Datenmengen anfallen.

Kicken Sie nun auf den soeben erschienenen Button **Import**. Sie erhalten eine Erfolgsmeldung und eine Übersicht der sobenen importierten Datenstruktur. Beachten Sie bitte, dass beim vorherigen Export ausgeschlossene Inhalte nicht Teil des Backups waren und daher hier nicht wieder erscheinen.

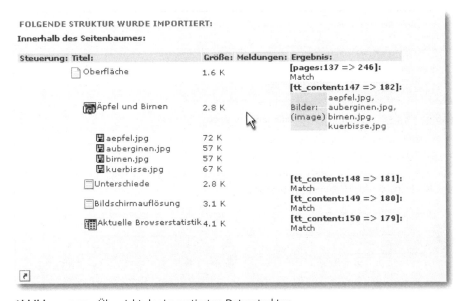

Abbildung 5.55 Übersicht der importierten Datenstruktur

Die Seite »Oberfläche« erscheint nun in der korrekten Hierarchiestufe des Seitenbaums, muss aber noch an die gewünschte Position verschoben werden.

5.3.3 Export und Import eines Inhaltselements

Analog erfolgt der Export und Import eines Seiteninhaltselements. Versuchen Sie dies am Beispiel des Textblocks »Umriss für die Planung« der Seite »Websiteplanung«. Speichern Sie es als `inhalt_websiteplanung_umriss.t3d` im Filedamin ab. Die Dateigröße ist merklich kleiner als bei einer Seite.

> **Hinweis**
>
> Beachten Sie dass im Kontextmenü eines Seiteninhalts nur der Export, nicht aber der Import einer T3D-Datei vorgesehen ist. Ein Import muss über die beherbergende Seite geschehen.

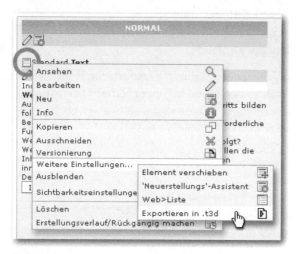

Abbildung 5.56 Export eines Seiteninhaltselements

Verändern Sie nun den ursprünglichen Inhalt durch beliebiges Überschreiben und speichern Sie die Änderungen. Der vorherige Zustand soll durch Einspielen des Backups wiederhergestellt werden.

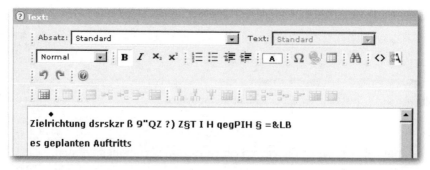

Abbildung 5.57 Manche Änderungen erweisen sich als nicht sinnvoll …

Der Import geschieht wiederum analog zum Import einer Seite: Auch hier geschieht der Import im übergeordneten Element, also der Seite.

Da in diesem Fall ein **Backup über eine bestehende Struktur** aufgespielt werden soll (Sie haben den Inhalt ja nicht vorher gelöscht), müssen Sie beim Import darauf achten, dass Sie die Checkbox **Datensätze aktualisieren** angewählt haben. Ansonsten würden Sie im Anschluss den Datensatz zweimal in der Seite vorfinden. Es schadet nichts, dies einmal zu probieren.

Klicken Sie auf den Button **Vorschau** und anschließend, da es sich hier um den Update eines Inhalts handelt, auf den Button **Update**. Der Seiteninhalt ist nun in der »gebackupten« Version wiederhergestellt.

5.3.4 Export und Import einer kompletten Site

Für das Weltkugel-Icon ist die Export-Option direkt auf der ersten Kontextebene anwählbar. Wenn Sie ihre ganze Site auf einmal als T3D-Datei sichern wollen, ist dies der geeignete Ausgangspunkt. Sie können alternativ auch von Ihrer Startseite ausgehen.

> **Achtung**
> Je nach Umfang der Seite und der eingebundenen Inhalte, kann ein T3D-Backup einer vollständigen Seite durchaus mehrere Megabyte groß sein.

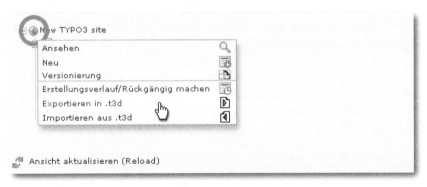

Abbildung 5.58 Export ausgehend vom Root-Element

Wählen Sie im Pulldown-Menü **Ebenen** des Exportdialogs die Option **Erweiterter Baum** und klicken Sie auf **Update**. Anschließend sollte die für den Export vorgesehene Baumstruktur erscheinen.

Weiter unten im Exportdialog finden Sie eine vollständige Liste aller exportierten Objekte und den mit diesen verknüpften Dateien vor. Sie können hier wieder gezielt einzelne Objekte vom Export ausschließen.

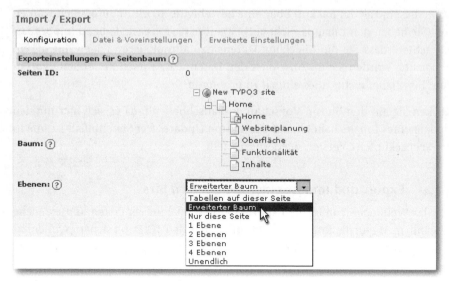

Abbildung 5.59 Export aller Seitenebenen mit »Erweiterter Baum«

Der Ausschluss einer Seite schließt gleichzeitig alle ihre unterordneten Objekte aus; sowohl ihre Inhalte als auch untergeordnete Seiten und deren Inhalte. Sie können also auch gezielt nur Teile Ihrer Website exportieren. Klicken Sie nach einem erfolgten Ausschluss nochmals auf **Update**, um die ausgeschlossenen Objekte aus der Ansicht zu entfernen.

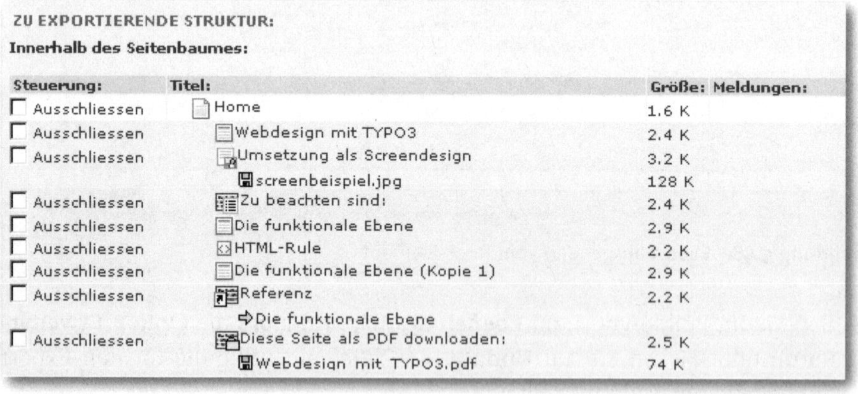

Abbildung 5.60 Ausschlussliste beim Export einer Seite

Wenn Sie versehentlich ein Objekt ausgeschlossen haben, dies aber eigentlich exportieren wollten, können Sie die Ausschlüsse durch Aktivieren der Checkbox **Alle Ausschlüsse zurücksetzen** beim **Update**-Button zurücknehmen. Klicken Sie anschließend erneut auf **Update**.

5.3 | Backups von Seiten und Seiteninhalten

Zum eigentlichen Export wechseln Sie wiederum in die Palette »Datei & Voreinstellungen«. Geben Sie der Exportdatei in den Ausgabeoptionen diesmal einige Metadaten mit, wie einen Titel und eine allgemeine Beschreibung. Die Anmerkungen können beispielsweise den Inhalt betreffen, aber auch Versionsstände, Urheberangaben etc. beinhalten.

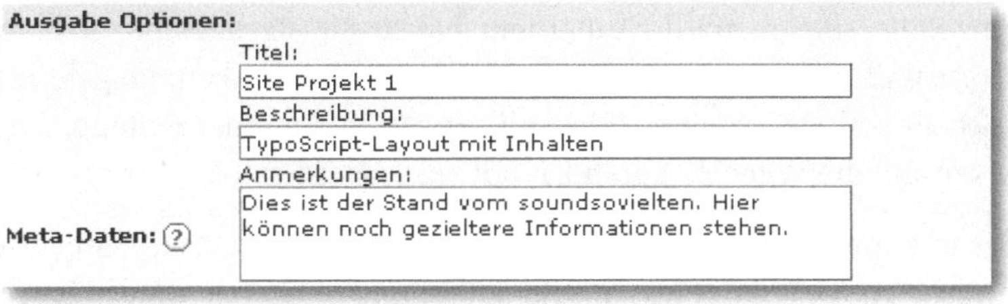

Abbildung 5.61 Eingabe von Metadaten für die Export-Datei

Geben Sie einen Dateinamen an, z. B. `site_projekt1`, und speichern Sie den Export im Fileadmin. Der Re-Import kann wieder über das Weltkugelsymbol geschehen. Dies muss diesmal nicht unbedingt bis zum Ende durchgeführt werden. Leiten Sie aber versuchsweise den Import zumindest ein und gehen nach Auswahl der eben erstellten Datei auf die Palette »Meta-Daten«. Hier sehen Sie den Titel, den Sie der Datei mitgegeben haben, ihre Beschreibung und die Anmerkungen, die der Information über die Inhalte der Importdatei dienen.

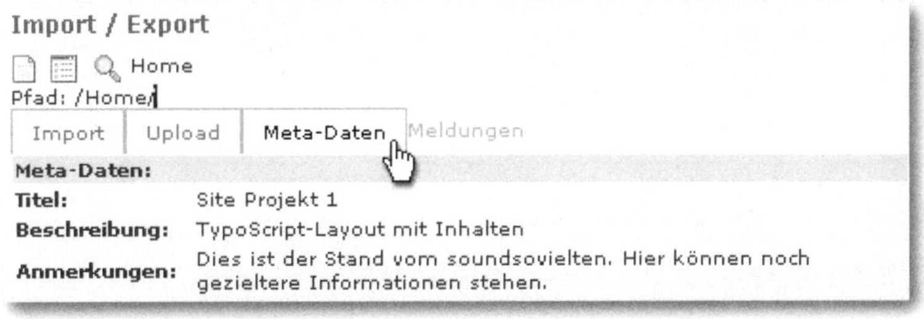

Abbildung 5.62 Anzeige der Meta-Daten vor dem Import eines Backups

> **Tipp**
> Verwenden Sie für alle exportierten Objekte sinnvolle Dateinamen. Hier wurden vor Inhaltbackups das Präfix `inhalt_`, vor Seitenbackups das Präfix `seite_` und vor Sitebackups das Präfix `site_` gesetzt. Sie können und sollten jedoch ihre eigene Benennungskonvention entwickeln, um beispielsweise auch das Datum des erfolgten Backups o. ä. in den Dateinamen aufzunehmen.

5.4 Zusammenfassung

Sie haben in diesem Kapitel fortgeschrittene Kenntnisse im Erstellen von Seiten erlangt und Grundlagen im Erstellen und Bearbeiten von Seiteninhaltselementen in deren wichtigsten, von TYPO3 bereitgestellten Grundformen erarbeitet. Sie haben auch erste Blicke auf den Fileadmin geworfen, der im nächsten Abschnitt wiederum eine Rolle spielen wird. Außerdem haben Sie Backupstrategien in Form des Exports und Imports von Datensätzen in T3D-Dateien kennen gelernt. Als nächster Schritt soll ein erneuter Blick auf die Darstellung der Seitendatensätze im Browser und die Wege zu deren Layout getan werden.

Falls Ihnen der in Kapitel 4 demonstrierte reine TypoScript-Ansatz zum Steuern der HTML-Ausgabe zu abstrakt gewesen sein sollte, und Sie lieber wieder Ihren gewohnten Webeditor anwerfen möchten, so können Sie genau das nun tun: Wir wenden uns nun den »HTML-Designvorlagen« zu.

Designvorlagen bestimmen das grundlegende Aussehen einer Site und setzen die Schritte des Screendesigns und des Navigationskonzepts in HTML-Dateien um. Sie werden mit speziellen Markierungen versehen, um sie per TypoScript-Anweisungen in TYPO3 einbinden zu können.

6 Einstieg in Designvorlagen

Sie haben in Kapitel 4, *Einstieg in TypoScript*, einen Einblick in die Syntax von TypoScript gewonnen und auf diesem Weg ein einfaches Layout für die auszugebenden HTML-Seiten erstellt. Was Programmierer an dieser Vorgehensweise schätzen, nämlich den rein abstrakten Ansatz, kann für einen Designer wiederum zu wenig gegenständlich sein.

Soll die Erstellung einer Website durch mehrere, spezialisierte Parteien erfolgen, bietet es sich an, nach dem anderen Grundkonzept vorzugehen, das TYPO3 alternativ zu reinen TypoScript-Templates anbietet: Nämlich nach dem der so genannten **HTML-Designvorlagen**. Diese können, sogar vollständig losgelöst von einer TYPO3-Installation, mit einem herkömmlichen Webeditor erzeugt und anschließend in ein TYPO3-Projekt eingebunden werden.

6.1 Von TypoScript zur HTML-Designvorlage

Das gewünschte Ausgabeergebnis von TYPO3 ist eine HTML-Seite, die in einem gewöhnlichen Webbrowser dargestellt werden kann. In Kapitel 4 haben Sie gelernt, auf welche Weise eine solche Ausgabeseite durch TYPO3 generiert und eine Navigation aus der Seitenbaumstruktur abgeleitet wird sowie die jedem Seitenobjekt zugeordneten Inhaltsobjekte eingebunden werden.

Der HTML-Code wird auf der Grundlage von TypoScript-Objekten generiert. Dies kann kurz folgendermaßen zusammengefasst werden:

- **PAGE-Objekt**
  bestimmt die Art der Ausgabeseite (HTML-Seite, Frameset-Dokument etc.) und erzeugt dessen Dokumentenrumpf, also `<html>`-, `<head>`- und `<body>`-Container; der Inhalt des `<title>`-Containers wird dem Datenbankfeld »Seitentitel« des Seitendatensatzes entnommen.

- **cObjects**
  sind für den eigentlichen Seiteninhalt (Layout) im Inneren des `<body>`-Containers zuständig, sie binden Menü und Inhaltsdatensätze ein. Die Vorschriften für das Erzeugen der HTML-Tags um jedes Inhaltselement werden aus dem statischen Template »CSS styled content« bezogen.

Im Rahmen der Definition eines Layouts per TypoScript haben Sie einige cObjekts ausschließlich für das Seitengerüst eingesetzt (Stichwort: »Tabellenlayout« per `COA`-Objekt) und dabei auch Bild- und Textressourcen eingebunden. Der Nachteil dieser abstrakten Vorgehensweise ist, dass sämtliche Layout-Änderungen erstens Kenntnisse in TypoScript erfordern und zweitens kein direkter Zugriff auf den HTML-Quellcode der generierten Seite möglich ist.

Es liegt nahe, die Erstellung des HTML-Gerüsts der Ausgabeseite getrennt von TYPO3 zu entwerfen und anschließend, ähnlich einer Textressource, per TypoScript wieder einzubinden. Dies ist, vereinfacht gesagt, auch genau das Prinzip einer HTML-Designvorlage.

6.1.1 Erzeugen einer HTML-Designvorlage

Eine solche Designvorlage muss nicht sonderlich komplex sein; für den Anfang ist dies auch gar nicht sinnvoll. Erstellen Sie zunächst ein einfaches Dokument in nachfolgender Form, wobei diesmal eine andere Kopfgrafik als Seiten-Header verwendet wird. Zum Ende des Kapitels werden wir dann aber zu einer anderen, komplexeren Vorlage überwechseln, die Sie im Rahmen des Beispielprojekts die nächsten Kapitel begleiten wird.

```html
<html>
<head>
<title>HTML-Designvorlage</title>
</head>
<body>
<!-- Seitenheader -->
<div><img src="t3e_kacheln.gif"></div>
<!-- Seiteninhalt -->
<h1>Beispielüberschrift</h1>
<p>Lorem ipsum... </p>
</body>
</html>
```

Listing 6.1 Die erste HTML-Vorlage (bsp1_vorlage.html)

Zunächst wird davon ausgegangen, dass die Vorlage und eine eingebundene Grafik im gleichen Verzeichnis abgelegt werden. Legen Sie beide Dateien einstweilen noch nicht im TYPO3-Verzeichnis ab, sondern belassen Sie sie in einem separaten Projektordner irgendwo auf Ihrem Rechner.

Abbildung 6.1 Die Vorlagendatei »bsp1_vorlage.html« im Browser

Diese Vorlage soll nun mittelfristig den in den beiden vorangegangenen Kapiteln erstellten Seiten quasi »übergestülpt« werden. Hierfür werden sowohl an der Vorlage als auch am TypoScript der vorliegenden Seiten noch einige Modifikationen erforderlich sein.

Tipp: Falls Sie zu Ende des vorangegangenen Kapitels kein Backup Ihrer Projektsite vorgenommen haben, so tun Sie dies nun sicherheitshalber.

6.1.2 Einbinden der Designvorlage

Löschen Sie zunächst über das Template-Modul die in das TypoScript eingebundenen Ressourcen (die Headergrafik und das eingebundene Textfile) aus der Ressourcenliste des TypoScript-Setups. Sie werden nicht mehr benötigt.

Wechseln Sie in die Ansicht »Click here to edit whole template record« und löschen Sie nun auch das TypoScript-Setup bis auf die ersten Zeilen.

```
# Default PAGE object:
page = PAGE
```

Ganz ohne TypoScript wird es auch mit einer Designvorlage nicht gehen: Das PAGE-Objekt wird benötigt, um TYPO3 mitzuteilen, dass eine HTML-Seite erzeugt werden soll und welche Art von Seite gewünscht wird. Eine explizite Typangabe ist jedoch nur erforderlich, falls ein Frameset generiert werden muss; eine »normale« HTML-Seite ist die Voreinstellung. Zweitens dient das PAGE-Objekt als »Anker« um die HTML-Vorlage in das TypoScript-Setup einzubinden. Dies geschieht über ein cObject vom Typ TEMPLATE.

```
# Default PAGE object:
page = PAGE
page.10 = TEMPLATE
```

Upload der HTML-Vorlage in den Fileadmin

An dieses TEMPLATE-Objekt wird im nächsten Schritt die HTML-Vorlage gebunden. Zuvor muss die Designvorlage allerdings, ebenso wie die in ihr verwendete Headergrafik, in ein Verzeichnis geladen werden, auf das TYPO3 Zugriff hat. Aus verschiedenen Gründen sollte man hierfür den **Fileadmin** wählen. Die Alternative des uploads-Ordners hätte einige Nachteile. Öffnen Sie eine Ansicht auf den Fileadmin über das Ordersymbol neben dem nun leeren Ressourcenfeld.

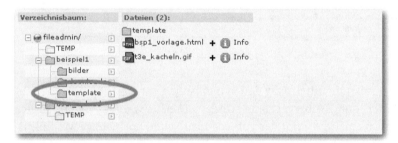

Abbildung 6.2 Ablage der Vorlagendateien in neuem Ordner im Fileadmin

Laden Sie die Dateien bsp1_vorlage.html und t3e_kacheln.gif in einen neuen Ordner template, den Sie im Ordner beispiel1 des Fileadmins anlegen (siehe Abbildung 6.2).

Einfügen der Vorlagendatei in das TypoScript-Setup

Sie können die HTML-Designvorlage, die sich nun im Fileadmin befindet, mit der entsprechenden Pfadangabe in das TypoScript-Setup einfügen.

Erweitern Sie das TypoScript-Setup wie folgt (kein Zeilenumbruch):

```
# Default PAGE object:
page = PAGE
page.10 = TEMPLATE
page.10.template = FILE
page.10.template.file = ⤶
   fileadmin/beispiel1/template/bsp1_vorlage.html
```

Listing 6.2 Einbinden der Vorlage (kap06_1.ts)

6.1 Von TypoScript zur HTML-Designvorlage

```
# Default PAGE object:
page = PAGE
page.10 = TEMPLATE
page.10.template = FILE
page.10.template.file = fileadmin/beispiel1/template/bsp1_vorlage.html
```

Abbildung 6.3 Einbindung der Vorlage in das TypoScript-Setup

Folgendes passiert hier:

- `page.10 = TEMPLATE`
  An Position 10 der Seite wird ein `TEMPLATE`-Objekt für die Designvorlage erzeugt.
- `page.10.template = FILE`
  Der Wert des `TEMPLATE`-Objektes wird mit einem `FILE`-Objekt belegt, um eine Datei einbinden zu können.
- `page.10.template.file = fileadmin/...`

Der Wert des `FILE`-Objekts wird mit dem Pfad zur Designvorlage angegeben, die in einem Unterordner im Fileadmin-Bereich liegt.

Dies ist schon ganz gut. Sobald Sie jedoch die so generierte Seite im Browser betrachten, bemerken Sie, dass die Headergrafik nicht gefunden wird: In der Seite wird das Icon für fehlende Bildressourcen gezeigt (siehe Abbildung 6.4).

Abbildung 6.4 Das HTML wurde eingebunden, die Grafik dagegen nicht.

Prüfen Sie die Eigenschaften (durch Rechtsklick auf das Icon in der Seite) so erfahren Sie, dass die Headergrafik im Wurzelverzeichnis des CMS gesucht wird:[1] `http://localhost/t3e_kacheln.gif`. Dort wurde sie aber bekanntlich nicht abgelegt, sondern im Ordner `beispiel1/template` des Fileadmin.

Immerhin wurde der Textinhalt der HTML-Vorlage korrekt eingebunden. Das Problem mit der Grafik ist eine offensichtlich falsche Pfadangabe: **Diese rührt daher, dass TYPO3 seine Ausgabeseiten stets im Wurzelverzeichnis des CMS generiert** – und zwar unter dem Bezeichner `index.php`.

TYPO3 holt sich die Designvorlage aus dem angegebenen Ordner und bindet sie »wie sie ist« in die Ausgabeseite ein (siehe Abbildung 6.5). Das anhand der Grafik sichtbar gewordene Problem beruht darauf, dass Pfadangaben innerhalb der Vorlagendatei beim Einbinden nicht korrigiert werden. Es ist also eine Anpassung im HTML der Vorlage von Hand erforderlich.

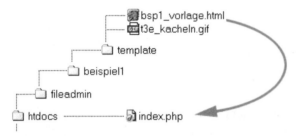

Abbildung 6.5 Einbindungspfad der Designvorlage

6.1.3 Editieren der Vorlage im Fileadmin

Sie könnten nun lokal die Vorlagendatei ändern – sie muss lediglich um die Pfadangabe zur Grafik erweitert werden – und anschließend erneut laden. Bei umfangreicheren Änderungen ist dies sinnvoll. Da es sich hier nur um einen kleinen Eingriff handelt, ist es einfacher, die Datei »vor Ort«, also im Fileadmin zu bearbeiten.

Wechseln Sie hierzu in den Fileadmin (Modul **Datei > Dateiliste**) und wählen Sie die HTML-Vorlage im Ordner *beispiel1/template* über ihr **Kontextmenü** zum Bearbeiten.

Im Editorfenster (siehe Abbildung 6.7) sehen Sie den Quelltext der Designvorlage, wie er ursprünglich erstellt wurde. Ändern Sie den Pfad der Grafikdatei, indem Sie den Pfad `fileadmin/beispiel1/template/` vor den Dateinamen setzen.

---

[1] Dieser Pfad gilt nur dann, wenn Sie ihr CMS direkt in htdocs installiert haben. Ansonsten kann er individuell anders lauten.

6.1 Von TypoScript zur HTML-Designvorlage

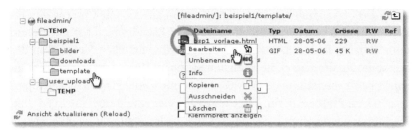

Abbildung 6.6 Auswahl einer Ressource im Fileadmin zum Bearbeiten

Sollten Sie die Daten in anders benannten Ordnern abgelegt haben, verwenden Sie den entsprechenden Pfad. Sichern Sie die Änderungen. Sie können den Dialog nun schließen und zur Dokumentansicht zurückwechseln. Die Grafik wird nun, wie vorgesehen, angezeigt.

Abbildung 6.7 Anpassung des Grafikpfads durch Editieren im Fileadmin

6.1.4 Anlegen und Bearbeiten einer Vorlage im HTML-Editor

Solche nachträgliche Änderungen an der Designvorlage sind lästig. Besser wäre es, wenn von vornherein die korrekten Pfade zu Grafiken oder anderen eingebetteten Ressourcen vorlägen. Erstellen Sie die Vorlagendatei in einem Webeditor (wie beispielsweise Dreamweaver) und möchten dessen WYSIWYG-Fähigkeiten optimal nutzen, so sollten Sie die TYPO3-Ordnerstruktur, in der Sie die Daten ablegen werden, im Rahmen der Seitenerstellung vorwegnehmen.

Legen Sie ihre Vorlagendatei (hier `bspl_vorlage.html`) im »Quasi-Wurzelverzeichnis« ihres Editorprojekts an, sodass sie relativ zu den in sie eingebundenen Dateien liegt wie `index.php` auf dem Server. Stellen Sie Stellvertreterordner für den Fileadmin und seine Unterordner her. Sie können dann die HTML-Vorlage wie gewohnt bearbeiten.

6 | Einstieg in Designvorlagen

Beim Upload ihrer Daten müssen Sie lediglich darauf achten, alle Unterordner Ihres Projekt-Fileadmins und deren Inhalte im TYPO3-Fileadmin zu reproduzieren, sodass keine Dateien fehlen. Die HTML-Vorlage selbst erstellen Sie lokal in der Hierarchieebene der Sitewurzel. Verschieben Sie sie **im Unterschied zu Ihrem lokalen Projekt** dann ebenfalls in den TYPO3-Fileadmin, ohne Pfade dabei anzupassen. Es besteht kein Problem darin, den Upload gegebenenfalls über die FTP-Funktionen des Editors vorzunehmen. Sie müssen dies nicht zwangsläufig über TYPO3 machen, da keine Notwendigkeit besteht, Dateien im System »anzumelden«.

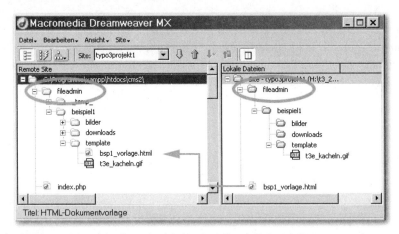

Abbildung 6.8 Upload aus der lokalen Projektsite (Beispiel: Dreamweaver)

6.1.5 Platzhalter für Inhalte

Woran erkennt TYPO3, an welcher Stelle der Vorlage welche Art von Inhalt einzufügen ist? Hierzu existiert ein in den Grundzügen höchst einfaches, aber sehr mächtiges Konzept von **Platzhaltern**, die für die Darstellung jeweils durch die eigentlichen Inhalte ersetzt werden.

Die Variationsmöglichkeiten, eine Designvorlage mit Markierungen zu strukturieren, sind absichtlich sehr einfach gehalten. Hier unterscheidet sich TYPO3 von vielen anderen Web-Content-Management-Systemen, die mit einer Fülle von Markierungen unterschiedlichster Funktionalität aufwarten. Deren Zahl ist bei TYPO3 hingegen begrenzt. Es gibt eigentlich nur zwei Grundtypen: **Marker** und **Subparts**.

- **Marker** stellen Positionsmarkierungen dar, die durch Inhalt ersetzt und dabei aus der Vorlage entfernt werden. Ein Marker wird durch seinen Bezeichner gekennzeichnet.
- **Subparts** stellen Bereichsmarkierungen dar. Sie bestehen aus einer Anfangs- und einer Endmarke und werden mitsamt dem so eingeschlossenen Inhalt

durch die einzufügenden Informationen ersetzt. Ein Subpart wird sowohl in seiner Anfangs- als auch in seiner Endmarke durch seinen Bezeichner gekennzeichnet.

Die Wahl des **Bezeichners** ist frei. Es hat sich jedoch eingebürgert, Großbuchstaben zu verwenden; von Umlauten sollten Sie absehen. Es dürfen auch mehrere Marker mit der gleichen Bezeichnung in der Vorlage vorkommen – nur werden sie in diesem Fall alle durch den gleichen Inhalt ersetzt. TYPO3 achtet auf die Schreibweise der Namen, verhält sich also in Bezug auf die Bezeichner der Platzhalter case-sensitive.

> **Hinweis**
>
> Da ein Marker und Subparts im Wesentlichen die gleiche Syntax verwenden, muss TYPO3 mitgeteilt werden, ob ein Bezeichner als Marker oder als Subpart zu verstehen ist. Dies geschieht im Rahmen des ebenfalls erforderlichen Templates, das in TypoScript abgefasst wird.

6.1.6 Marker – Positionsmarkierungen

Marker sind einzeln vorkommende Platzhalter. Sie können von TYPO3 unter dem verwendeten Namen angesprochen werden und zum Beispiel durch Inhalte aus dem Content-Management-System ersetzt werden.

Die Syntax für einen TYPO3-Marker lautet:

```
###MARKERNAME###
```

Wird zum Beispiel in einer Designvorlage innerhalb einer Tabellenzelle ein Marker ###INHALT### gesetzt, dann kann dieser dazu verwendet werden, in dieser Zelle Seiteninhalt auszugeben.

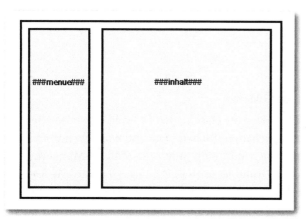

Abbildung 6.9 HTML-Vorlage mit zwei Markern

```
<table>
    <tr><td>###INHALT###</td></tr>
</table>
```

TYPO3 erkennt den Marker an den drei aufeinander folgenden #-Zeichen. Abbildung 6.9 zeigt ein Beispiel für eine einfache Vorlage mit zwei Markern, die im Browser sichtbar wären.

6.1.7   Subparts – Bereichsmarkierungen

Werden Platzhalter in Form von **Subparts** verwendet, so müssen diese paarweise vorkommen. Es wird dann der gesamte zwischen den beiden Platzhaltern stehende Text ersetzt, wenn TYPO3 den Subpart mit Datenbankinhalt füllt.

Die Syntax für einen Subpart unterscheidet sich nicht von der des Markers. Es werden lediglich ein Marker für den Beginn und ein weiterer, gleichnamiger Marker für das Ende des Subparts benötigt:

```
###SUBPARTNAME###
    Dieser Inhalt des Subparts wird ersetzt!
###SUBPARTNAME###
```

Im folgenden Beispiel wird statt eines Markers ein Subpart verwendet. Dies wird gern gemacht, wenn zu Layoutzwecken ein Testinhalt in die HTML-Datei geschrieben wird, der dann später durch dynamisch erzeugten Inhalt ersetzt werden soll.

```
<table>
    <tr>
        <td>
            ###INHALT###
Dieser Blindtext wird ersetzt.
            ###INHALT###
        </td>
    </tr>
</table>
```

HTML-Kommentare um Subpart-Marker

In längeren Vorlagen kann es problematisch sein, den Überblick über den Beginn und das Ende eines Subparts zu behalten. Vielleicht möchten Sie obendrein auch die Vorlage im Browser betrachten und empfinden die Subpart-Markierungen hierbei als störend. Aus diesem Grund ist es praktisch, dass Subpart-Markierungen von TYPO3 auch dann erkannt werden, wenn sie in **HTML-Kommentare** eingebettet sind, etwa in folgender Form:

```
<table>
   <tr>
      <td>
         <!-- ###INHALT### -->
            Dieser Blindtext wird ersetzt.
         <!-- ###INHALT### -->
      </td>
   </tr>
</table>
```

Zusätzlich zum eigentlichen Subpart-Marker können noch weitere Informationen in die Kommentare geschrieben werden, die die Orientierung erleichtern:

```
<table>
   <tr>
      <td>
         <!-- ###INHALT### start -->
            Dieser Blindtext wird ersetzt.
         <!-- ###INHALT### ende -->
      </td>
   </tr>
</table>
```

Die HTML-Kommentare werden zusammen mit den Subpart-Markern entfernt, hinterlassen also keine störenden Überbleibsel im Quelltext. In Abbildung 6.10 ist die Verwendung eines Subparts verdeutlicht. Die Marker selbst wären bei einer Browseransicht der Vorlage allerdings unsichtbar.

Abbildung 6.10 HTML-Vorlage mit einem Marker und einem Subpart

6.1.8 Subparts vs. Marker

Kommentare funktionieren jedoch nicht wie normale Marker. Bei diesen bliebe der umgebende Kommentar erhalten. So ergibt

```
<!-- ###PECH### -->
```

etwas wie:

```
<!-- Mit diesem Marker hat man Pech. -->
```

Normalerweise will man allerdings keine Kommentare, sondern sichtbare Inhalte erzeugen, muss also auf das Auskommentieren von Markern verzichten. Man kann aber stets anstelle eines Markers einen Subpart einsetzen;[2] man schreibt also statt

```
###INHALT###
```

einfach:

```
<!-- ###INHALT### -->
Hier Inhalt
<!-- ###INHALT### -->
```

Es spricht nichts dagegen, statt Markern konsequent Subparts zu verwenden. Letztendlich ist dies Geschmackssache. Ersetzt man den Marker ###MENUE### durch einen entsprechenden Subpart, so erhält man beim Betrachten der Vorlage allerdings einen etwas besseren Eindruck, zumal man die Platzhalterinhalte auch mit CSS-Style-Anweisungen versehen kann, so dass sie optisch dem Original entsprechen (Abbildung 6.11).

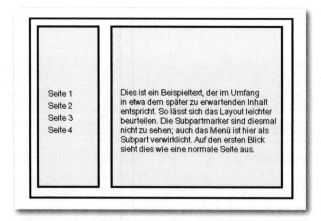

Abbildung 6.11 HTML-Vorlage mit zwei Subparts

---

2 Sie müssen TYPO3 wie gesagt mitteilen, ob ein Bezeichner als Marker oder Subpart arbeiten soll; ansonsten könnte ein Subpart mit zwei gleichnamigen Markern verwechselt werden!

6.1.9 Die Rolle des Templates für die Designvorlage

Es ist mit diesen Platzhaltern nur möglich zu bestimmen, wo z. B. ein erzeugtes Menü einzufügen ist. Dessen eigentliche Erzeugung oder die Formatierung des Inhalts sowie die Zuordnung der Inhalte zu den einzelnen Markern und Subparts geschehen innerhalb des Templates. Die Anweisungen werden also nicht in die HTML-Dateien geschrieben und könnten dort auch nicht berücksichtigt werden.

Setzen wir die Theorie in die Tat um und erweitern wir die Designvorlage wie unten gezeigt. Für die Navigation wird ein Marker eingesetzt, um auch die Einbindung von Markern per TypoScript beschreiben zu können:

```html
<html>
<head>
<title>HTML-Designvorlage</title>
</head>
<body>
<!-- Seitenheader -->
<div>
<img src="fileadmin/beispiel1/template/t3e_kacheln.gif">
</div>
<table>
   <tr>
      <td>
              ###MENUE###
      </td>
      <td><!-- Platzhalter -->  </td>
      <td>
        <!-- ###INHALT###   start -->
           <!-- Seiteninhalt -->
           <h1>Beispielüberschrift</h1>
           <p>Lorem ipsum... </p>
        <!-- ###INHALT###   ende -->
      </td>
   </tr>
</table>
</body>
</html>
```

Listing 6.3 Die erweiterte HTML-Vorlage (bsp2_vorlage.html)

> **Hinweis**
> Ändern Sie die bereits eingebundene Datei, die sich im Fileadmin befindet (siehe Abbildung 6.12). Alternativ können Sie auch die geänderte Datei von der Begleit-DVD verwenden. Sie müssen dann aber darauf achten, dass die TypoScript-Einbindung am Ende auf die richtige Datei zeigt.

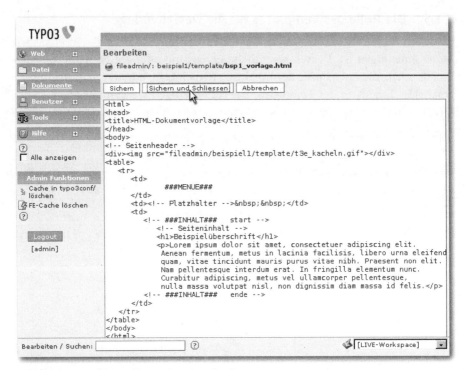

Abbildung 6.12   Ändern der Vorlage im Fileadmin

6.2 Einbinden der Inhalte per TypoScript

6.2.1 Ablage der Vorlagendatei im Fileadmin-Bereich

Ein Blick auf die Website im Frontend zeigt uns nun das geänderte Aussehen der HTML-Designvorlage mit den eingefügtem Marker. Vom Subpart ist, wie beabsichtigt, nichts zu sehen. Stattdessen erscheint noch der durch ihn eingeschlossene Beispielinhalt.

Bevor wir die Inhalte den Bereichen zuweisen, wollen wir noch ein Problem bereinigen, das zwar nicht optisch im Browser in Erscheinung tritt, jedoch sehr unschön im Quelltext sichtbar wird: Wenn Sie den HTML-Quellcode der Seite betrachten, bemerken Sie, dass die Seite **doppelte Header- und Body-Tags** besitzt. Das kommt daher, dass das PAGE-Objekt im TypoScript-Setup standardmäßig Header und Body erzeugt und erst anschließend die Designvorlage in den erzeugten Body einbindet.

Die Designvorlage besitzt jedoch eigene Header- und Body-Tags. Wir könnten diese Tags zwar aus der Designvorlage entfernen. Das wäre jedoch unpraktisch, wenn wir die Datei weiter in einem HTML-Editor bearbeiten wollen.

Einbinden der Inhalte per TypoScript | **6.2**

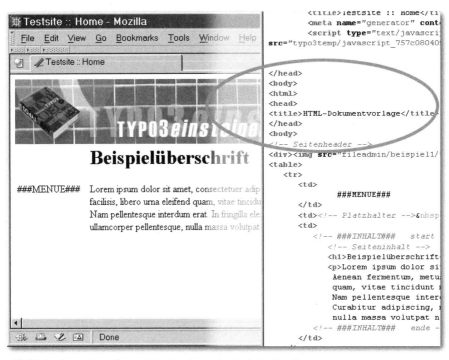

Abbildung 6.13 Die seltsame Verdopplung des Body im Quelltext

6.2.2 Ein Subpart für den zu bearbeitenden Bereich

Man kann dadurch Abhilfe schaffen, dass man für den Body selbst einen Subpart deklariert und TYPO3 anweist, nur **innerhalb** dieses Bereiches zu arbeiten. Die in der Designvorlage **außerhalb** des deklarierten Bereiches liegenden Quellcodeteile werden also gar nicht erst eingebunden.

Dieser Subpart wird in der Regel sprechend mit ###DOKUMENT### bezeichnet. Wir halten es genauso und erweitern die HTML-Vorlage aufs Neue:

```
<html>
<head>
<title>HTML-Designvorlage</title>
</head>
<body>
<!--###DOKUMENT### start -->
<!-- Seitenheader -->
<div>
<img src="fileadmin/beispiel1/template/t3e_kacheln.gif">
</div>
<table>
```

```
    <tr>
       <td>
            ###MENUE###
       </td>
       <td><!-- Platzhalter -->  </td>
       <td>
          <!-- ###INHALT###   start -->
             <!-- Seiteninhalt -->
             <h1>Beispielüberschrift</h1>
             <p>Lorem ipsum... </p>
          <!-- ###INHALT###   ende -->
       </td>
    </tr>
 </table>
 <!--###DOKUMENT### ende -->
 </body>
 </html>
```

Listing 6.4   Die erweiterte HTML-Vorlage (bsp3_vorlage.html)

Im TypoScript muss TYPO3 nun angewiesen werden, die Designvorlage auf den Bereich des Subparts einzuschränken, ohne dabei die HTML-Datei zu verstümmeln. Dies gelingt, indem wir dem TEMPLATE-Objekt, das die Vorlage einbindet, den Befehl erteilen, den Subpart ###DOKUMENT### zu berücksichtigen. Hierfür ist das Property workOnSubpart zuständig, dem wir nur den Subpartnamen übergeben.

Das erweiterte Skript hat folgendes Aussehen:

```
# Default PAGE object:
page = PAGE
page.10 = TEMPLATE
page.10.template = FILE
page.10.template.file = fileadmin/beispiel1/template/bsp1_vorlage.html
page.10.workOnSubpart = DOKUMENT
```

Listing 6.5   Beschränken auf Dokument-Subpart (kap06_2.ts)

Die letzte Zeile bewirkt, dass nur der Teil innerhalb des Subparts ###DOKUMENT### in der Designvorlage für den Seitenaufbau verwendet wird. Um Schreibarbeit zu sparen, verwenden wir wieder die geschweiften Klammern. Das Skript kann kürzer dann so geschrieben werden:

```
page = PAGE

page.10 = TEMPLATE
page.10 {
   template = FILE
   template.file = fileadmin/beispiel1/template/bsp1_vorlage.html
   workOnSubpart = DOKUMENT
}
```

Listing 6.6   Beschränken auf Dokument-Subpart (kap06_3.ts)

6.2.3   Ansprechen der Marker

Nun wollen wir daran gehen, Seiteninhalte an den in der Designvorlage vorbereiteten Stellen (Marker) auszugeben. In einem ersten Schritt wird an den Subpart ###INHALT### der feste Text (»Hallo Welt«) ausgegeben. Über die Eigenschaft subparts des PAGE-Objekts und Angabe ihres Bezeichners können die Subparts der Designvorlage angesprochen und für die Ausgabe mit Inhalten versehen werden:

```
page = PAGE
page.10 = TEMPLATE
page.10 {
   template = FILE
   template.file = fileadmin/beispiel1/template/bsp1_vorlage.html
   workOnSubpart = DOKUMENT
   subparts.INHALT = TEXT
   subparts.INHALT.value = Hallo Welt
}
```

Listing 6.7   Zuweisen eines statischen Textes (kap06_4.ts)

Es ist natürlich nicht befriedigend, einen fixen Text im Template auszugeben. Das Template muss in der Lage sein, die Inhalte jeder Seite, der es zugeordnet ist, an den gewünschten Stellen auszugeben. Wir greifen hierfür wieder über ein cObject CONTENT auf die Tabelle tt_content zu. Die Ausgabe der Inhalte wird erneut durch das statische Template **CSS styled content** bewirkt.

> **Hinweis**
>
> Prüfen Sie, ob »CSS styled content« in Ihr Setup eingebunden ist und holen Sie dies gegebenenfalls nach. Ansonsten können, wie Sie ja bereits wissen, keine Inhalte angezeigt werden.

6 | Einstieg in Designvorlagen

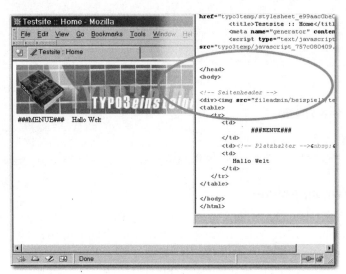

Abbildung 6.14 Subpart ist eingesetzt, die Body-Dopplung verschwunden

6.2.4 Zuweisen der Content Objekte an Subparts und Marker

Um die Inhalte dem Subpart zuzuweisen, kann einfach ein Teil des TypoScripts des letzten Kapitels wieder verwendet werden. Er muss hierfür allerdings leicht modifiziert werden: Diesmal erfolgt die Zuweisung an einen Subpart:

```
# Default PAGE object:
page = PAGE
page.10 = TEMPLATE
page.10 {
   template = FILE
   template.file = fileadmin/beispiel1/template/bsp1_vorlage.html
   workOnSubpart = DOKUMENT
   subparts.INHALT = CONTENT
   subparts.INHALT {
      table = tt_content
      select.orderBy = sorting
      select.where = colPos=0
      }
}
```

Listing 6.8 Zuweisen der Inhalte (kap06_5.ts)

An Position 10 der Seite wird ein CONTENT-Objekt erzeugt. Es gibt an, aus welcher Tabelle der MySQL-Datenbank der Inhalt entnommen wird. Dies ist wieder die Standardtabelle, in die TYPO3 Inhaltsdaten ablegt, nämlich tt_content. Da hier bereits Inhalte angelegt sind, sollten diese nun zu sehen sein. Dies ist auch der Fall. Der Menümarker ist jedoch nach unten weggescrollt, da die Tabellenzelle noch die Defaultattributwerte trägt. Dies wird im Zuge der Zuweisung des Menüs geändert.

Abbildung 6.15 Die Inhalte sind nun erfolgreich eingebunden

6.2.5 Einfügen des Menüs in einen Marker

Auch hier können wir an das vorangegangene Kapitel anknüpfen und die Listenversion einsetzen. Die Zuweisung erfolgt an einen Marker. Daher ist statt des Properties `subparts` nun das Property **marks** zu verwenden.

Erweitern Sie das TypoScript-Setup wie folgt:

```
# Default PAGE object:
page = PAGE
page.10 = TEMPLATE
page.10 {
    template = FILE
    template.file = fileadmin/beispiel1/template/bsp1_vorlage.html
    workOnSubpart = DOKUMENT
    subparts.INHALT = CONTENT
    subparts.INHALT {
        table = tt_content
        select.orderBy = sorting
        select.where = colPos=0
    }

    marks.MENUE = HMENU
```

6 | Einstieg in Designvorlagen

```
marks.MENUE {
    wrap = <ul>|</ul>
    1 = TMENU
    1.NO.linkWrap = <li><b> | </b></li>
    }
}
```

Listing 6.9 Zuweisen des Menüs (kap06_6.ts)

In der HTML-Vorlage ist noch eine kleine Korrektur erforderlich: Die Tabellenzelle des Menüs muss auf `valign="top"` gesetzt werden:

```
<tr><td valign="top">
    ###MENUE###
</td>
...
```

Das Ergebnis sieht jetzt bereits recht ansprechend aus (Abbildung 6.16) und funktioniert. Die Navigation sitzt noch zu hoch, was sich jedoch leicht ändern lässt.

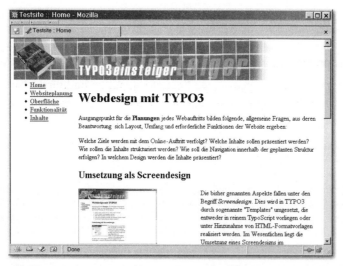

Abbildung 6.16 Die Seite mit eingebundenem Menü

Unter Verwendung einer Designvorlage sind wir nun zum gleichen Ergebnis gelangt, das wir im vorangegangenen Kapitel mit TypoScript auch erreicht hatten. Die Vorgehensweise mag Ihnen allerdings »gegenständlicher« erschienen sein. Wir werden von nun an mit einer neuen Designvorlage weiterarbeiten, die Sie als Grundlage eines längeren Beispielprojekts über die folgenden Kapitel begleiten wird.

> **Tipp**
>
> Setzen Sie für das Beispielprojekt ein »frisches«, leeres CMS auf. Dies ist zum einen eine gute Übung, zum anderen besteht nicht die Gefahr, dass Dateien durcheinander geraten. Alternativ könnten Sie natürlich Ihr bestehendes CMS leeren. Zum Experimentieren, beispielsweise um verschiedene Arten von Menüs auszuprobieren, bietet es sich jedoch an, es zu behalten.

6.3 Eine Designvorlage für ein Beispielprojekt

Fassen wir zusammen: Designvorlagen dienen zum Aufbau des grundlegenden Seitendesigns und enthalten alle statischen Elemente, die vom CMS nicht verändert werden. Es sind dies das HTML-Grundgerüst, dekorative Elemente wie Bilder, die auf vielen Seiten gleich bleiben, und Texte, die auf allen Seiten erscheinen sollen. Beim Entwurf kann auch eine Stylesheet-Datei verwendet werden, die TYPO3 später ebenfalls einbinden wird.

6.3.1 Das Screendesign des Beispielprojekts

In Abbildung 6.17 sehen Sie das Screendesign des Beispielprojektes. Im Kopf sind das Logo und Stimmungsbilder fest in die Designvorlage eingearbeitet. Neben dem Bereich für Seiteninhalte bietet das Design Elemente für ein Menü, ein Suchfeld und eine Pfadnavigation.

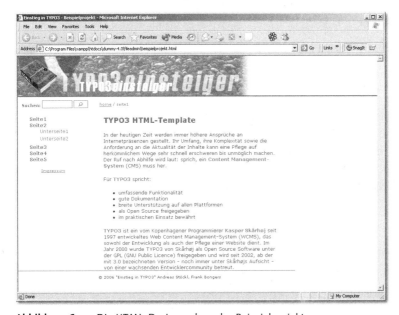

Abbildung 6.17 Die HTML-Designvorlage des Beispielprojekts

6.3.2 Einfügen der Marker in den Screenentwurf

Im nächsten Schritt haben wir in der HTML-Datei einige Platzhalter eingesetzt. Es sind dies jene Stellen, in die TYPO3 dynamische Inhalte einfügen soll. Werden Marker verwendet, so müssen die Platzhalterinhalte entfernt werden. Dies beeinträchtigt ein wenig die Optik der Vorlage aber nicht ihre Funktion. Man könnte sie alternativ auch mit Subparts umgeben.

In der Hauptdesignvorlage treten als Marker auf (vgl. Abbildung 6.18):

- Das Menü (###MENUE###)
- Die Sprachauswahl (###SPRACHE###)
- Die Pfadnavigation (###PFAD###)
- Der Inhalt (###INHALT###)

Die HTML-Datei samt zugehörigem Stylesheet und Bildern finden Sie auf der DVD-ROM im Verzeichnis *Kapitel06* in dessen Unterordner *beispielprojekt*. Damit die folgenden Beispiele Zugriff auf die benötigten Ressourcen haben, kopieren Sie die Dateien- und die Verzeichnisstruktur in das Verzeichnis *fileadmin* Ihrer TYPO3-Installation.

6.3.3 Einbinden des Stylesheets in die Designvorlage

Es ist möglich und manchmal auch notwendig, weitere Dateien statisch in die Designvorlage einzubinden. Wie dies im Falle der Logografik geschieht, und was beim Anpassen der Pfade zu beachten ist, wurde bereits demonstriert.

In der Vorlage des Beispielprojekts ist jedoch auch ein Stylesheet eingebunden:

```
<link rel="stylesheet" type="text/css"
    href="fileadmin/css/style.css" media="screen">
```

Da TYPO3 diesen Link mitsamt dem Original-Header der Vorlage entfernt, muss ein Weg gefunden werden, das Einbinden eines Stylesheets mit TypoScript zu rekonstruieren. Eine erste Lösung bietet sich in Form des `stylesheet`-Properties von PAGE an. Hier kann eine einzelne Stylesheet-Datei angegeben werden. Sie wird von TYPO3 mittels des `<link>`-Tags im Header-Container eingebunden.

```
seite = PAGE
seite.stylesheet = fileadmin/css/style.css
```

Mit der erzeugten Seite wird ein CSS-Stylesheet verlinkt, das, wie im Falle des Beispielprojekts, im Fileadmin-Repository abgelegt wurde. Es werden Pfad und Dateiname übergeben. Der erzeugte Quellcode sieht so aus:

```
<link rel="stylesheet" type="text/css"
    href="fileadmin/css/style.css" />
```

Leider erweist sich dieses Property als außerstande, das media-Attribut zu reproduzieren. Zum Glück bietet sich das Property `includeCSS` als Alternative an. Dieses beherrscht nicht nur das media-Attribut, sondern kann darüber hinaus auch mehrere Stylesheets auf einmal einbinden.

Das Property enthält ein Array aus `file`-Properties, die namentlich unterschieden werden müssen (z. B. `file01`, `file02`, ...). Jedem `file`-Property können einzelne oder als kommagetrennte Liste auch mehrere Medientypen zugewiesen werden. Hierzu dient das Sub-Property `media`. Die Anwendung sieht in unserem Fall so aus:

```
seite = PAGE
seite.includeCSS {
    file10 = fileadmin/css/style.css
    file10.media = screen
    }
```

Der erzeugte Quellcodeabschnitt sieht jetzt aus wie der ursprüngliche in der Vorlage.

6.3.4 Quelltextbeispiel: Designvorlage

Im vorigen Abschnitt haben wir die HTML-Dateien mit Platzhaltern der Form ###NAME### versehen.

Der folgende HTML-Quelltext des Beispielprojekts enthält sowohl Marker als auch Subparts.

Die Marker in der Designvorlage

Es wird wieder der vertraute Subpart ###DOKUMENT### verwendet. Die Markierungen sind für den Screenshot Abbildung 6.18 absichtlich nicht auskommentiert. Einige weitere Stellen sind mit Markern versehen. Sie werden in den folgenden Kapiteln durch Inhalt und dynamisch erzeugte Menüs ersetzt werden.

Es sind dies folgende Marker:

- ###MENUE###
  An Stelle dieses Markers generiert TYPO3 das Menü.
- ###SPRACHE###
  Hier wird das Menü zur Sprachauswahl eingefügt.

6 | Einstieg in Designvorlagen

- ###PFAD####
  Hier wird eine klickbare Pfadanzeige erzeugt.
- ###INHALT###
  Hier wird Inhalt ausgegeben.

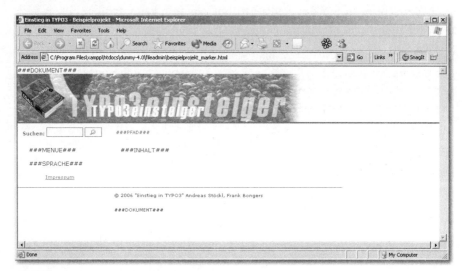

Abbildung 6.18 Die HTML-Designvorlage mit Markern

Hier lohnt ein kleiner Blick auf den vorbereiteten Quelltext der Vorlage.

```
<?xml version="1.0" encoding="iso-8859-1"?>
<!DOCTYPE html PUBLIC "-//W3C//DTD XHTML 1.0 Transitional//EN"
"http://www.w3.org/TR/xhtml1/DTD/xhtml1-transitional.dtd">
<html xmlns="http://www.w3.org/1999/xhtml">
<head>
<title>Einstieg in TYPO3 - Beispielprojekt</title>
<meta http-equiv="Content-Type" content="text/html;
charset=iso-8859-1">

<!-- Die folgende Stylesheet-Einbindung wird durch TYPO3
     entfernt und per TypoScript nachgebaut.
     Sie wird dann jedoch in dem Fileadmin zeigen,
     wo das CSS abgelegt wird. -->

<link href="css/style.css" rel="stylesheet" type="text/css">
</head>

<body>
###DOKUMENT###
```

```
<div id="header">
     <div id="headergrafik"></div>
</div>

<div id="pfadleiste">
   <div id="search">
      <form action="index.php?id=41&L=###LANGID###"
       method="GET">
            <div id="suchzeile">Suchen:
            <input name="tx_indexedsearch[sword]"
             type="text" size="10" class="formular" />
            <input name="goButton" class="formular"
             style="position:relative;top:3px"
             type="image"
             src="fileadmin/img/suchenlupe2.gif" />
            </div>
      </form>
   </div>
   <div id="pfad">###PFAD###</div>
</div>
<div id="nav">
     <ul>###MENUE###</ul>
     <ul>###SPRACHE###</ul>
     <ul id="kontakt">
        <li><a href="#">Impressum</a></li>
     </ul>
</div>
<div id="inhalt">
###INHALT###
</div>
<div id="spalte_rechts"></div>
<div id="footer">
     <p>&copy; 2006 &quot;Einstieg in TYPO3&quot;
        Andreas Stöckl, Frank Bongers</p>
<div>
###DOKUMENT###
</body>
</html>
```

Listing 6.10 Marker und Subparts in der Vorlage des Beispielprojekts

> **Hinweis**
>
> Designvorlagen können auch verschachtelt werden. So kann einem Marker wieder eine Designvorlage zugewiesen werden, wodurch zum Beispiel der Bereich des Markers ###INHALT### weiter gestaltet werden kann – und das auf verschiedenen Seiten auf unterschiedliche Weise. Die Basis-Designvorlage bleibt dabei für alle Seiten gleich.

6.3.5 Neues von CSS styled content

Für die Content-Ausgabe wird wieder **CSS styled content** eingesetzt. Binden Sie es entsprechend in Ihr Grundsetup ein. Nachdem Sie **CSS styled content** dem Template hinzugefügt haben, betrachten Sie die Template-Struktur mit einem weiteren Werkzeug aus dem **Template**-Modul, dem **Template Analyzer**. Er kann über das Dropdown-Menü rechts oben im Modul **Template** aufgerufen werden.

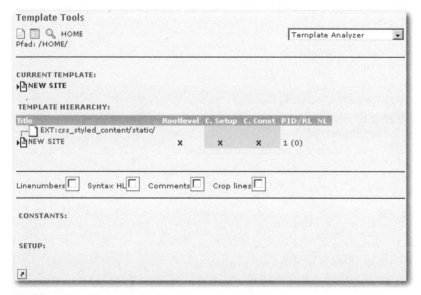

Abbildung 6.19 Template Analyzer

Die in Abbildung 6.19 dargestellte **Template Hierarchy** zeigt, das das Template »NEW SITE« vom statischen Template **CSS styled content** abhängig ist Ein Klick auf einen der Template-Namen bringt diesen Zusammenhang zum Vorschein.

6.3.6 Die Verwendung von styles.content.get

Die verschiedenen Inhaltselemente werden über ein TypoScript-Setup zur Ausgabe formatiert, wobei das Erzeugen und Einfügen der Inhaltselemente wieder mit Hilfe des TypoScript-Objekts CONTENT innerhalb des Templates erfolgt. Hier ein Beispiel:

```
seite.10.marks.INHALT = CONTENT
seite.10.marks.INHALT {
   table = tt_content
   select.orderBy = sorting
   select.where = colPos=0
}
```

An Position 10 der Seite wird ein CONTENT-Objekt erzeugt. Es gibt an, aus welcher Tabelle der MySQL-Datenbank der Inhalt entnommen wird; dies ist wie üblich tt_content. Für die Ausgabesortierung wird durch »sorting« die in der Datenbank-Spalte angegebene Reihenfolge verwendet. Die letzte Zeile bewirkt, dass die Seitenelemente aus der »Normal«-Spalte (die Spalte mit colPos = 0) entnommen werden.

Bei Verwendung des statischen Templates »CSS styled content« können Sie die Zuweisung der Seiteninhalte aus der Spalte »Normal« auch kürzer schreiben:

```
marks.INHALT < styles.content.get
```

Warum geht das? Das hier verwendete Objekte styles.content.get ist im statischen Template »CSS styled content« **vordefiniert**. In diesem finden Sie unter anderem den folgenden Eintrag:

```
styles.content.get = CONTENT
styles.content.get {
   table = tt_content
   select.orderBy = sorting
   select.where = colPos=0
   select.languageField = sys_language_uid
}
```

Hier wird demnach ein Content-Objekt mit einigen Voreinstellungen definiert. Dazu gehört auch die Angabe, aus welcher Content-Spalte der Inhalt entnommen und eingefügt werden soll

> **Hinweis**
> Sie brauchen diese Definition nirgends explizit einzufügen. Sie ist, wie gesagt, bereits durch die Einbindung des statischen Templates »CSS styled content« Teil des Setups.

Damit können wir im Template des Beispielprojekts die Ausgabe von »Hallo Welt« durch die Ausgabe von variablem Inhalt ersetzen. Dies bewirkt, dass die in der Datenbank für die jeweils aktuelle Seite gespeicherten Inhalte angezeigt werden.

An der Position des Markers INHALT wird der Hauptinhalt ausgegeben.

```
seite = PAGE
seite.stylesheet = fileadmin/css/style.css
seite.10 = TEMPLATE
seite.10 {
   template = FILE
   template.file = fileadmin/main_templ.html
   workOnSubpart = DOKUMENT
   marks.INHALT < styles.content.get
}
```

Listing 6.11 beispielprojekt01.ts

Die Datei zu diesem Listing finden Sie im Verzeichnis *Kapitel06/beispielprojekt* der DVD-ROM.

> **Hinweis**
>
> Die anderen drei Spalten »Links« (Left), »Rechts« (Right) und »Rand« (Border) können Sie analog mittels `styles.content.getLeft`, `styles.content.getRight` und `styles.content.getBorder` ebenfalls Bereichsmarkern zuweisen, falls in diesen Datenbankspalten Inhalte liegen.

6.3.7 Einfügen von Beispielinhalt

Um das Ergebnis betrachten zu können, fügen Sie im Beispielprojekt ein Inhaltsobjekt ein. Ein Beispieltext für die Startseite befindet sich auf der DVD-ROM im Verzeichnis *Kapitel06/beispielprojekt* (`startseite.txt`).

Betrachten Sie nun das Ergebnis mit dem Modul **Ansehen**. Falls kein Inhalt zu sehen ist, kontrollieren Sie im Template-Datensatz, ob das statische Template wirklich hinzugefügt worden ist und ob die Bezeichnungen der Marker im Template und in der Designvorlage übereinstimmen.

Die Designvorlage des Beispielprojekts mit eingefügtem Seiteninhalt in der Spalte **NORMAL** hat damit das in Abbildung 6.21 dargestellte Aussehen. Die Inhalte legt TYPO3 dabei für alle Seiten in einer gemeinsamen Tabelle der Datenbank ab, in der die Seitenzugehörigkeit eines Inhalts über die mitgespeicherte Seiten-ID bestimmt wird.

Der Marker für den Inhalt ist aus der Anzeige verschwunden. Stattdessen wird der Testinhalt angezeigt.

Die Marker für das Menü, den Pfad und die Sprachauswahl hingegen werden noch nicht durch TypoScript-Objekte ersetzt. Diesbezüglich sei an dieser Stelle auf Kapitel 7, *Menüs erstellen mit TypoScript*, verwiesen.

6.3 | Eine Designvorlage für ein Beispielprojekt

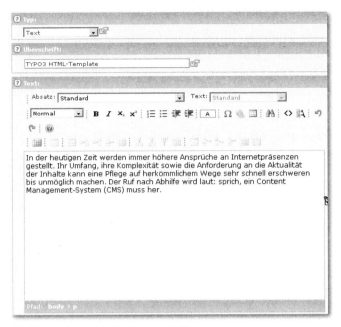

Abbildung 6.20 Inhaltselement einfügen

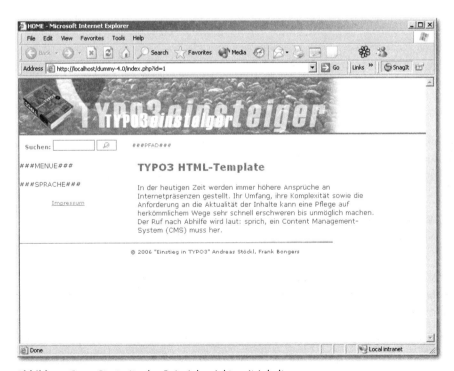

Abbildung 6.21 Startseite des Beispielprojekts mit Inhalten

6.3.8 Darstellungstuning mit CSS styled content

Die Formatierung des Beispielinhalts entspricht noch nicht unseren Vorstellungen. Die Formatierung des Inhalts wird bei Verwendung von **CSS styled content** über das Stylesheet geregelt. Damit Sie gezielt auf die einzelnen Elemente zugreifen können, vergibt TYPO3 Klassennamen, die dann im Stylesheet verwendet werden können.

Betrachten Sie folgenden Auszug aus dem HTML-Quelltext der Startseite:

```
<!-- CONTENT ELEMENT, uid:1/text [begin] -->
<a id="c1"></a>
<!-- Header: [begin] -->
<div class="csc-header csc-header-n1"><h1 class="csc-firstHeader">
TYPO3HTML-Template</h1></div>
<!-- Header: [end] -->

<!-- Text: [begin] -->
<p class="bodytext">In der heutigen Zeit werden immer höhere
Ansprüche an Internetpräsenzen gestellt. Ihr Umfang, ihre
Komplexität sowie die Anforderung an die Aktualität der Inhalte
kann eine Pflege auf herkömmlichem Wege sehr schnell erschweren bis
unmöglich machen. Der Ruf nach Abhilfe wird laut: sprich, ein
Content Management-System (CMS) muss her.</p>
<!-- Text: [end] -->

<!-- CONTENT ELEMENT, uid:1/text [end] -->
```

Hier ist zum Beispiel zu sehen, dass `csc-header` und `bodytext` als Klassennamen für die Überschrift und den Fließtext vergeben werden.

Im Beispielprojekt erweitern wir die CSS-Datei um entsprechende Einträge. Dadurch werden alle Überschriften vom Typ H1 und der Fließtext entsprechend formatiert. Hyperlinks im Fließtext werden fett dargestellt.

6.3.9 Der Constant Editor

Das Verhalten und Aussehen der Inhalte lässt sich auch dadurch beeinflussen, dass die Konstanten des Templates verändert werden. Hier bestehen zwei Möglichkeiten: So kann man sich zum einen über den **Constant Editor** der **Template Tools** die gesetzten Standardwerte (»Default Werte«) anzeigen lassen und sie dann über das Formular selbst verändern (siehe Abbildung 6.22).

Den gleichen Effekt erzielen Sie zum anderen, wenn Sie die entsprechenden TypoScript-Anweisungen in das Feld **Constants** im Bereich **Info/Modify** direkt eingeben:

```
styles.content.links.extTarget = _blank
```

Das obige Statement führt dazu, dass die im Seiteninhalt angegebenen Links in einem neuen Browserfenster (`target="_blank"`) angezeigt werden.

Abbildung 6.22   Der Constant Editor

6.3.10 Mehr über den Object Browser

Um sich einen Überblick über die Objekthierarchie von TYPO3 zu verschaffen, haben Sie bereits den Object Browser als Werkzeug kennen gelernt (siehe Abbildung 6.23). Er ist auch über das Dropdown-Menü rechts oben im Fenster des **Moduls Template** zu erreichen. Der der Windows Registry ähnliche hierarchische Aufbau der TYPO3-Objekte und Eigenschaften zeigt sich hier in einer Baumdarstellung.

Im hierarchischen Objektbaum, den der Object Browser zeigt, können Sie z. B. auf das Plussymbol vor dem hier dargestellten Seitenobjekt **seite** klicken, um zur Ansicht seiner Unterobjekte zu gelangen. Das im statischen Template **CSS styled content** definierte Objekt `tt_content` ist in der Abbildung 6.23 ebenfalls zu sehen.

6 | Einstieg in Designvorlagen

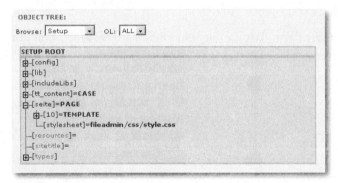

Abbildung 6.23 Der Object Browser

Ein Klick auf das Plussymbol vor dem Objekt liefert die Ansicht von Abbildung 6.24. Sie zeigt für tt_content das Objekt CASE an, das für die Verzweigung zu den verschiedenen Content-Typen zuständig ist. Die im Objekt tt_content definierten Content-Typen umfassen grundlegende Elemente wie Text, Bild, Tabelle sowie auch weitere Typen wie zum Beispiel Anmeldeformulare, Listen und Multimedia-Elemente.

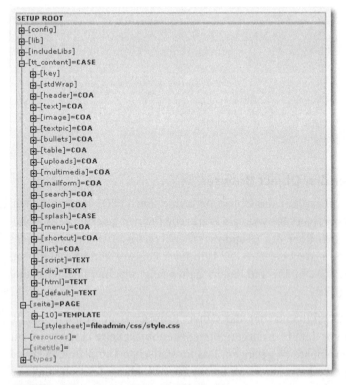

Abbildung 6.24 Content-Typen im Object Browser

Der Objekt-Browser kann des Weiteren dazu benutzt werden, Eigenschaften zu verändern oder zu setzen. Die entsprechenden TypoScript-Zeilen werden dann automatisch erzeugt und im Template eingetragen.

6.4 Standardlayouts mit statischen Templates

Wenn Sie keine eigenen TYPO3-Templates erstellen möchten, steht Ihnen die Möglichkeit offen, eines der mit dem System mitgelieferten Standard-Templates zu verwenden und es an Ihre Bedürfnisse anzupassen.

Die Anpassung ist dabei lediglich über die Veränderung einiger Parameter und damit nur sehr eingeschränkt möglich. Es sind dies jeweils die im statischen Template enthaltenen **Constants**. Das statische Template selbst – und damit der grundlegende Aufbau der Seiten – kann nicht verändert werden.

Die fertigen Templates bringen nicht nur ein Layout mit, sondern sind auch mit einer funktionstüchtigen Navigation sowie mit Bereichen für die Content-Pflege ausgestattet.

6.4.1 Statische Template-Einbindung – Include static

Im Bereich **Include static** eines Templates findet sich neben dem Template für die Content-Ausgabe **content (default)** eine Liste der verfügbaren Standardlayouts in Form von statischen Templates (siehe Abbildung 6.25). Die Auswahl des gewünschten Templates liefert bereits eine funktionstüchtige TYPO3-Website.

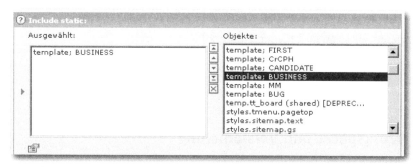

Abbildung 6.25 Standard-Templates

6.4.2 Einsatz von Standard-Templates

Das Anlegen einiger Seiten und etwas Blindtext führen in Zusammenhang mit der Verwendung des Templates **Business** zu der in Abbildung 6.26 dargestellten Website.

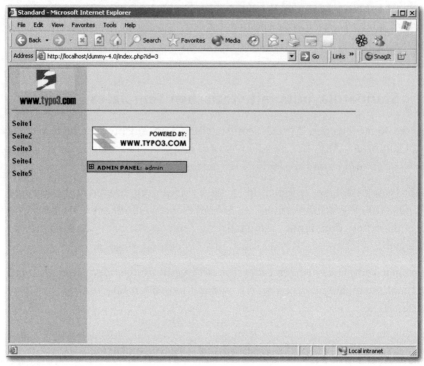

Abbildung 6.26 Das Standard-Template Business

Die Anpassung des Layouts erfolgt nun über das Werkzeug **Constant Editor**. Es können mit ihm zum Beispiel die folgenden Änderungen durchgeführt werden:

- Abmessungen der einzelnen Bereiche
- Bilddateien für Logo und Hintergrundgrafik
- Schriftarten der Titel
- Farben der Bereiche und Links

6.5 Workspaces und Versionierung

TYPO3 bietet ab der Version 4 eine Trennung in unterschiedliche Arbeitsbereiche, die »Workspaces«. Diese ermöglichen es, den Inhalt parallel in mehreren Version zu pflegen. Bisher haben wir uns ausschließlich im »Live-Workspace« befunden, der die auf der Website veröffentlichten Inhalte enthält. Änderungen in diesem Bereich werden somit sofort im Frontend sichtbar. Vor der Version 4 war dies die einzige Möglichkeit. Es war also nicht möglich, Inhalte zu ändern und erst später zu veröffentlichen.

6.5.1 Workspaces

Die Auswahl der Workspaces befindet sich in der rechten unteren Ecke des Browserfensters (siehe Abbildung 6.27)

Abbildung 6.27 Auswahl Workspaces

In jeder TYPO3-Installation ist neben dem Live-Workspace standardmäßig ein weiterer Bereich mit der Bezeichnung »Entwurfs-Workspace« vorhanden. Nach einem Wechsel in diesen Bereich können die Inhalte bearbeitet werden, ohne dass die Änderungen sofort im Frontend sichtbar sind.

Die Arbeit im Entwurfsbereich wird gekennzeichnet, indem oberhalb des Seitenbaums der aktive Workspace angezeigt wird (Abbildung 6.28).

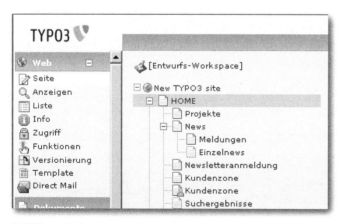

Abbildung 6.28 Anzeige des Workspaces

Sie sehen: Das Modul zum Bearbeiten von Seiteninhalten ist im Entwurfs-Workspace um einen Button **Publish page** zum Veröffentlichen der Inhalte erweitert worden. Damit können Inhalte, die im als Entwurf erstellt oder verändert wurden, auf der Website sichtbar gemacht werden (Abbildung 6.29).

6 | Einstieg in Designvorlagen

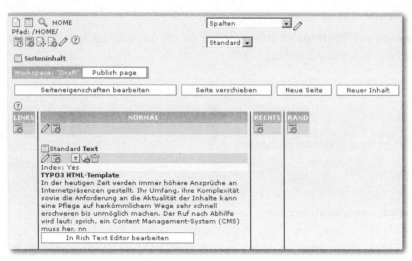

Abbildung 6.29 Seite veröffentlichen

6.5.2 Versionierung

Die Basis für die Verwendung der Workspaces bildet die von TYPO3 durchgeführte Versionierung der Inhalte. Über das entsprechende Backendmodul können Einblicke in die Versionen der Inhalte gewonnen werden. Das Modul stellt die Inhalte der Workspaces gegenüber (siehe Abbildung 6.30). Durch Klick auf das Lupensymbol kann die Seite in einer geteilten Voransicht betrachtet werden (siehe Abbildung 6.31).

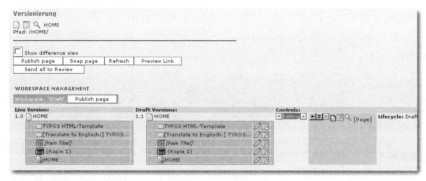

Abbildung 6.30 Gegenüberstellung der Inhalte

Befindet man sich im Entwurfs-Workspace, dann bietet das Versionierungs-Modul auch eine Möglichkeit die Inhalte von Live- und Entwurfs-Workspaces zu vertauschen. Damit kann neu erstellter Inhalt veröffentlicht und gleichzeitig der alte Inhalt im Entwurfsbereich gesichert werden. Es können so leicht temporäre Änderungen publiziert und später wieder zurückgenommen werden.

Workspaces und Versionierung | **6.5**

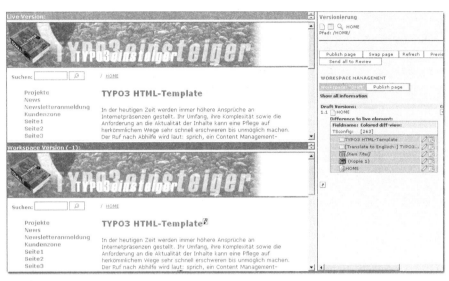

Abbildung 6.31 Voransicht der Seiteninhalte

Sind von einer Seite verschiedene Versionen vorhanden, kann im Live-Workspace auch über das Seiten-Modul auf die unterschiedlichen Versionen zugegriffen werden (siehe Abbildung 6.32).

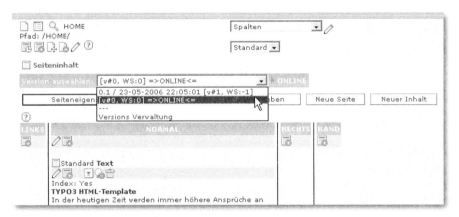

Abbildung 6.32 Versionen von Seiteninhalten

Zur Verwaltung, Überprüfung und Veröffentlichung von Workspaces ist im Bereich **Benutzer** ein Modul **Workspaces** vorhanden (siehe Abbildung 6.33).

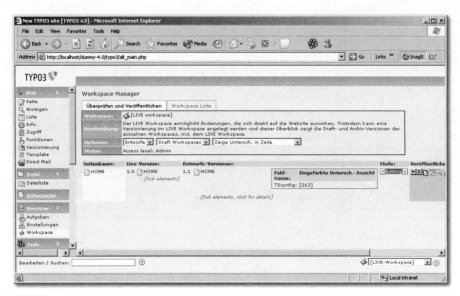

Abbildung 6.33 Modul Workspaces

Das automatische Erstellen von Menüs gehört zu den mächtigsten Funktionen von TYPO3. Für die komfortable Umsetzung der wichtigsten Navigationstypen stellt TypoScript Funktionen zur Verfügung.

7 Menüs erstellen mit TypoScript

In TYPO3 wird die Konfiguration der Sitenavigation mittels TypoScript in den Templates definiert. TYPO3 erstellt die entsprechenden Menüs dann automatisch. Es macht dabei keinen Unterschied, ob es sich um ein grafisches oder ein Textmenü handelt.

Die Ausgangsbasis für die Menügenerierung ist der Seitenbaum, der die Struktur der Website widerspiegelt. TypoScript übernimmt aus dem Seitenbaum die Hierarchie und die Namen der Seiten und fügt sie an den richtigen Stellen in die generierten Menüs ein. Die Funktionsweise und das Aussehen der Menüs können dabei über vielfältige Einstellungsmöglichkeiten in TypoScript beeinflusst werden.

Soll eine Seite nicht in den Menüs erscheinen, dann muss dies entweder über den Seitentyp (»nicht im Menü«) gekennzeichnet werden, oder das Menü-Script wird entsprechend angepasst, um eine Seite über ihren ID gezielt auszuschließen.

Die drei wichtigsten Menüarten in TYPO3 sind:

- Textmenüs
- Grafische Menüs
- Layer-/Aufklappmenüs

In diesem Kapitel werden wir uns den Textmenüs widmen, die beiden anderen folgen im übernächsten Kapitel.

7.1 Das Basisobjekt HMENU

Wie in TypoScript üblich, wird die Funktionsweise eines Menüs durch das Setzen von Eigenschaften von TypoScript-Objekten beeinflusst. Weder müssen JavaScript-Funktionen geschrieben noch andere Funktionen programmiert werden. Jeder Menütyp bringt die für diesen Typ notwendige Funktionsweise mit und muss »nur« noch an Ihre Bedürfnisse angepasst zu werden. Funktionen wie automatische Verlinkung zu den jeweiligen Seiten oder »Rollover«-Effekte (diese sind mit den gängigen Browsern kompatibel) werden automatisch von TYPO3 übernommen.

Zuerst betrachten wir die für alle Menüs geltenden Eigenschaften. Das grundlegende Objekt für Menüscripts ist HMENU. Der Name steht für »Hierarchisches Menü«. Das Objekt bildet die Hierarchie-Ebenen des Seitenbaums ab und definiert deren Eigenschaften.

7.1.1 Das Property entryLevel von HMENU

Das Property gibt den **Einstiegslevel** für ein Menüobjekt an. Es ist dies die Ebene im Seitenbaum, ab der dieses Menü die Einträge darstellt.

Wert: entryLevel = 0

Wird diese Eigenschaft nicht gesetzt, so lautet ihr Standardwert 0. Die Einstiegsebene ist demnach die **Wurzel des Seitenbaums**.

Als Menüeinträge werden die Seitentitel unterhalb der Wurzel, also die der ersten Ebene, verwendet. Der Level kann auch explizit auf 0 gesetzt werden, was zum gleichen Ergebnis führt.

Wert: entryLevel = 1

Wird der entryLevel auf 1 gesetzt, sodann stellt das Menüobjekt die Seiten der zweiten Ebene dar. Es werden dabei immer die Seitentitel der Seiten der zweiten Ebene verwendet, die zum aktuell gewählten Menüpunkt der ersten Ebene gehören.

Wann wird entryLevel benötigt?

Die Veränderung des entryLevel ist beispielsweise sinnvoll, wenn die Menüeinträge durch verschiedene Menüobjekte bei unterschiedlichen Markern in der Designvorlage dargestellt werden. Durch Setzen des richtigen entryLevel werden die Menüeinträge der richtigen Hierarchie-Ebene eingeblendet. Das Objekt verwendet dabei automatisch die Untereinträge der aktuell im Seitenbaum gewählten Seite.

7.1.2 Das Property special von HMENU

Normalerweise bildet ein Menüobjekt die Hierarchie des Seitenbaums ab. Soll der Menüinhalt davon abweichen, kann dies durch Definition der special-Eigenschaft geschehen. Damit werden Menüs zu speziellen Seiten erzeugt.

Das Property `special` kann die vordefinierten Werte `directory`, `list`, `updated`, `rootline` und `keywords` annehmen.

Das Property special: Der Wert »directory«

Mit **directory** kann ein Menü aufgebaut werden, das nur aus bestimmten Seiten besteht. Ein Beispiel soll dies verdeutlichen:

```
seite = PAGE
seite.10 = HMENU
seite.10.special = directory
seite.10.special.value = 8
seite.10.1 = TMENU
seite.10.1.NO {
   before =  
   after =    | |*|   |  |*|  
}
```

Listing 7.1 Definition der special-Eigenschaft

Dieses Script fügt ein Menü ein, das aus der Seite mit der Seiten-ID 8 und deren Unterseiten besteht. Es wird dafür ein Textmenü erzeugt. Vor jedem Eintrag (before =) wird ein Leerzeichen gesetzt.

Die Zeile

`after =    | |*|   |  |*|  `

stellt dabei eine Besonderheit dar. Ein solches Konstrukt nennt TYPO3 **Option-Split**. Die Zeichenfolge |*| dient als Trenner zwischen den einzelnen Optionen. Der Bereich **vor** dem ersten |*| gilt entsprechend für den ersten Menüeintrag, derjenige **nach** dem letzten |*| für den letzten Menüeintrag. Der Bereich zwischen den beiden Trennzeichenfolgen schließlich wird allen dazwischen liegenden Menüeinträgen zugewiesen.

Damit wird in diesem Beispiel erreicht, dass nach dem ersten Eintrag ein Leerzeichen und ein senkrechter Strich eingefügt werden und nach allen weiteren Menüeinträgen außer dem letzten ebenfalls. Nach dem letzten Eintrag wird kein senkrechter Strich ausgegeben, was auch erwünscht ist, da dieser im Menü als optisches Trennzeichen dienen soll. Achtung: Das |-Zeichen hat hier die Rolle eines normalen Zeichens und nicht die eines Steuerzeichens wie beim Property `wrap`.

Sie können der `special.value`-Eigenschaft nicht nur einen Zahlenwert zuweisen, sondern auch eine durch Komma getrennte Liste mehrerer Werte, z. B. `special.value = 8,9,10`. Das Menü wird dann aus diesen Seiten und deren Unterseiten gebildet.

Das Property special: Der Wert »list«

Der Wert **list** unterscheidet sich von **directory** dadurch, dass das Menü von der unter `special.value` angegebenen Liste von Seiten gebildet wird, die Unterseiten jedoch nicht einbezogen werden.

Das Property special: Der Wert »updated«

Mit **updated** können Menüs der zuletzt geänderten Seiten automatisch erzeugt werden. Auch hier sehen Sie ein Beispiel zur Verdeutlichung:

```
seite = PAGE
seite.10 = HMENU
seite.10.special = updated
seite.10.special.value = 2, 3
seite.10.special {
    mode = tstamp
    maxAge = 3600*24*3
    limit = 5
}
```

Listing 7.2 Automatische Erzeugung geänderter Seiten

In diesem Beispiel wird ein Menü mit den zuletzt geänderten Seiten gesetzt. Die `special.value`-Eigenschaft gibt an, aus welchem Bereich des Seitenbaums die Seiten entnommen werden. Im Beispiel sind dies die Seiten mit den IDs 2 und 3 mit allen ihren Unterseiten.

Die `mode`-Eigenschaft legt fest, wie das Alter der Seiten bestimmt wird. Hier wird das `tstamp`-Feld der Content-Tabelle in der Datenbank angegeben. Über diesen Wert stellt TypoScript fest, wann die Seiten zuletzt geändert worden sind. Das maximale Alter in der Eigenschaft `maxAge` wird in Sekunden angegeben. Im Beispiel wird es auf 3 Tage gesetzt, und die Anzahl der Einträge wird auf 5 begrenzt. Die Sortierung wird standardmäßig absteigend vorgenommen.

Das Property special: Der Wert »rootline«

Der Wert **rootline** ist dafür vorgesehen, anklickbare Pfadanzeigen zu erzeugen. In unserem Beispielprojekt (dargestellt in Abbildung 7.1) wurde folgendes Script dafür verwendet:

```
seite = PAGE
seite.stylesheet = fileadmin/css/style.css
seite.10 = TEMPLATE
seite.10 {
    template = FILE
    template.file = fileadmin/main_templ.html
    workOnSubpart = DOKUMENT
    marks.INHALT < styles.content.get
```

```
marks.PFAD = HMENU
marks.PFAD {
    special = rootline
    special.range = 0 | -1
    1 = TMENU
    1 {
        NO {
            allWrap =    /   |
        }
    }
}
```

Listing 7.3 Erzeugung anklickbarer Pfadanzeigen

Abbildung 7.1 Anklickbarer Pfad

Dem Marker ###PFAD### ist ein HMENU-Objekt zugewiesen. Da dieses ein Property special mit Wert rootline besitzt, wird der Marker durch ein Rootline-Menü ersetzt, also eine anklickbare Darstellung des Navigationspfades zwischen Sitewurzel und angezeigter Seite.

Über die range-Eigenschaft legen Sie fest, welche Ebenen dabei angezeigt werden. Im Beispiel beginnt der Pfad bei Level 0 (Home) und endet bei der aktuellen Seite (–1). In der allWrap-Eigenschaft wird das Trennzeichen zwischen den Menüelementen in der gewünschten Weise eingefügt.

Das Property special: Der Wert »keywords«

Der Wert **keywords** kann verwendet werden, um Seiten ins Menü einzubinden, die bestimmte Schlüsselwörter enthalten. Diese werden über .set Keywords gesetzt und können entweder als Liste angegeben werden, oder Sie definieren eine Seite, in der die Schlüsselwörter enthalten sind.

7.1.3 Die Properties minItems und maxItems von HMENU

Mit minItems kann die Mindestanzahl der Menüeinträge bestimmt werden. Sind nicht genügend Seiten vorhanden, dann werden »...«-Einträge mit Links auf die aktuelle Seite erzeugt.

Mit maxItems können Sie die Maximalanzahl der Menüeinträge festlegen. Sind mehr Seiten vorhanden, dann werden sie bei der Menüerzeugung ignoriert.

```
seite = PAGE
seite.10 = HMENU
seite.10.minItems = 6
seite.10.maxItems = 6
seite.10.1 = TMENU
seite.10.1.wrap = <div> | </div>
seite.10.1.NO {
   before =  
   after =      |  |*|     |   |*|    
}
```

Listing 7.4 Maximalanzahl der Menüeinträge

Das Beispiel erzeugt ein vertikales Textmenü mit genau sechs Einträgen. Über die **wrap**-Eigenschaft des HMENU-Objekts wird bestimmt, dass das ganze Menü in einem DIV-Bereich untergebracht wird.

7.1.4 Das Property excludeUidList von HMENU

In dieser Eigenschaft können Sie eine Liste von Seiten über die Seiten-ID angeben, die nicht im Menü erscheinen sollen. Ein solches Verstecken bestimmter Seiten ist auch über den Seitentyp möglich.

7.1.5 Das Property begin von HMENU

Diese Eigenschaft bestimmt den ersten Menüeintrag. Mit `begin = 4` werden die ersten drei Menüeinträge nicht angezeigt.

7.2 Textmenüs mit dem Objekttyp TMENU

In den Beispielen im vorangegangenen Abschnitt haben wir das Objekt TMENU bereits an einigen Stellen verwendet. Es definiert ein Textmenü, das standardmäßig die **Seitentitel**, also die Titel der Seitenobjekte, als Menüeinträge aufnimmt.

7.2.1 Einfaches Textmenü

Das Textmenü-Objekt wird einer Hierarchie-Ebene innerhalb eines HMENU-Objekts zugeordnet. Ein einfaches Beispiel soll dies verdeutlichen. Hier sehen Sie ein Menü, das nur eine Hierarchie-Ebene widerspiegelt:

```
seite = PAGE
seite.10 = HMENU
seite.10.1 = TMENU
seite.10.1.NO.allWrap = | <br />
```

Die erste Hierarchie-Ebene (seite.10.1) eines Menüobjekts wird als Textmenü (TMENU) deklariert. Nach jedem Menüeintrag soll ein Zeilenumbruch erfolgen. Dies geschieht mittels des allWrap-Properties für den obligatorischen Normalzustand NO des Menüs. Der senkrechte Strich | trennt die **vor** und **nach** jedem Menüeintrag erfolgende Ausgabe: hier soll nur **hinter** dem Menüpunkt etwas ausgegeben werden, und zwar ein HTML-Break <br />.

7.2.2 Einfaches Textmenü mit Untermenü

Es folgt ein etwas umfangreicheres Beispiel, das auch ein Untermenü in der zweiten Hierarchie-Ebene verwendet:

```
seite = PAGE
seite.10 = HMENU
# Das Hauptmenü:
seite.10.1 = TMENU
seite.10.1 {
    expAll = 1
    NO.allWrap = <div class="text"> | </div>
}
# Das Untermenü:
seite.10.2 = TMENU
seite.10.2.NO {
    allWrap = <div class="textklein"> | </div>
}
```

Listing 7.5 Textmenü

- Das Textmenü der **ersten Ebene** seite.10.1 wird mit dem Stil der Klasse »text« formatiert, und die Unterseiten der nächsten Ebene sollen im aufgeklappten (sichtbaren) Zustand sein. Dies erreichen Sie durch die Eigenschaft expAll = 1.
- Die **zweite Ebene** seite.10.2 ist ebenfalls ein Textmenü. Es wird jedoch mit einem anderen Stil formatiert (textklein).

7.2.3 Die Properties der Zustände des Textmenüs

Die Darstellung der Menüpunkte des Textmenüs kann für jeden seiner Zustände (NO, RO, ACT, CUR, IFSUB) gesondert definiert werden. Hier wird dies exemplarisch für den Zustand NO (Normalzustand) durchgeführt und den entsprechenden Properties einfach der jeweils benötigte HTML-Code zugewiesen. Die Property-Bezeichner sind für alle Zustände dieselben:

- allWrap umschließt den gesamten Menüeintrag.
- before gibt an, was vor dem Menüeintrag angezeigt werden soll.

- `beforeImg` bezeichnet eine Grafikdatei, die vor dem Menüeintrag angezeigt wird. Es ist besser, diese Eigenschaft zu verwenden, als die Grafik über ein `<img>`-Tag in der `before`-Eigenschaft einzubinden, da dann die automatischen Rollover-Funktionen verwendet werden können.
- `beforeROImg` benennt die bei einem Rollover angezeigte Grafik. Dies funktioniert nur, wenn die `RO`-Eigenschaft auf 1 gesetzt wird.
- `beforeWrap` umschließt den `before`-Code.
- `linkWrap` umschließt das `<A>`-Tag der Menüeinträge.
- Mit `ATagParams` können Sie zusätzliche Parameter zum Link-Tag angeben.
- `after` ist analog zu `before`.

Diese Eigenschaften können beliebig kombiniert werden, um das gewünschte Aussehen zu erreichen. Im folgenden Beispiel werden nur einige der zur Verfügung stehenden Eigenschaften verwendet:

```
seite = PAGE
seite.10 = HMENU
seite.10.1 = TMENU
seite.10.1 {
    NO.allWrap = <p> | </p>
    NO.beforeImg = fileadmin/img/pfeilchen.gif
    NO.ATagParams = style=none
    NO.after =  
}
```

Listing 7.6 Kombination von Eigenschaften für ein Textmenü

> **Achtung**
>
> Die `RO`-Eigenschaft bei Textmenüs betrifft lediglich die Grafiken der `beforeImg`- und `afterImg`-Properties vor oder hinter dem Texteintrag. Um ein Rollover des eigentlichen Textmenüeintrages zu erreichen, können Sie aber ein Stylesheet verwenden und für den Menülink selbst eine hover-Pseudoklasse (Beispiel: `menue:hover`) definieren.

Über die `target`-Eigenschaft des `TMENU`-Objekts können Sie das »Ziel« des Menülinks festlegen. Das kann ein neues Fenster sein (`_blank`) oder auch ein bestimmter Frame, falls Sie mit Frame-Aufbau arbeiten. Standardmäßig ist `_self` eingestellt.

7.2.4 Quelltextbeispiel: Das Menü im Beispielprojekt

Zum Ende des Abschnitts zeigen wir noch die komplette Umsetzung der Menüs im Beispielprojekt. An der Stelle des Markers ###MENUE### wird das folgende Textmenü in die Designvorlage eingefügt:

7.2 Textmenüs mit dem Objekttyp TMENU

```
seite = PAGE
seite.stylesheet = fileadmin/css/style.css
seite.10 = TEMPLATE
seite.10 {
   template = FILE
   template.file = fileadmin/main_templ.html
   workOnSubpart = DOKUMENT
   marks.INHALT < styles.content.get
   marks.MENUE = HMENU
   marks.MENUE.1 = TMENU
   marks.MENUE.1.NO {
      allWrap = <li class="mainnav"> | </li>
      beforeImg = fileadmin/img/pfeilchentrans.gif
      beforeROImg = fileadmin/img/pfeilchen.gif
      RO = 1
   }
   marks.MENUE.1.ACT = 1
   marks.MENUE.1.ACT {
      allWrap = <li class="mainnav"> | </li>
      beforeImg = fileadmin/img/pfeilchen.gif
   }
   marks.MENUE.2 = TMENU
   marks.MENUE.2.wrap = <ul> | </ul>
   marks.MENUE.2.NO {
      allWrap = <li class="subnav"> | </li>
beforeImg = fileadmin/img/pfeilchentrans.gif
      beforeROImg = fileadmin/img/pfeilchen.gif
      RO = 1
   }


   marks.PFAD = HMENU
   marks.PFAD {
      special = rootline

      special.range = 0 | -1
      1 = TMENU
      1 {
         NO {
            allWrap =    /   |
         }
      }
   }
}
```

Listing 7.7 Komplette Umsetzung des Textmenüs im Beispielprojekt

- An der Stelle des Markers MENUE wird in der Designvorlage das Menü eingefügt, indem ein HMENU-Objekt erzeugt wird.
- marks.MENUE.1 bezeichnet die erste Hierarchie-Ebene des Objekts. Sie wird in diesem Beispiel mit einen TMENU-Objekt belegt.
- Im nächsten Block werden die Eigenschaften des so genannten Normalzustands NO des Menüs definiert.
- allWrap sind die Zeichen, die jeden Menüeintrag umschließen. In diesem Beispiel wird um jeden Eintrag ein Listen-Tag mit passender Stylesheet Klasse gelegt.
- Mit den Eigenschaften beforeImg und beforeROImg werden Grafiken festgelegt, die vor jedem Menütext angezeigt werden. Die zweite Grafik erscheint dabei erst dann, wenn sich der Mauszeiger über dem Menüeintrag befindet (Rollover).
- Um das Rollover zu aktivieren, muss noch die Eigenschaft RO auf 1 gesetzt werden.
- Die Definition von marks.MENUE.1.ACT ist für den aktiven Zustand des Menüs verantwortlich. Es ist dies der Menüeintrag der aktuell ausgewählten Seite.
- Der weitere Definitionsblock ist für die zweite Hierarchie-Ebene marks.MENUE.2 des Menüs zuständig.

7.2.5 Die Menüzustände NO, RO, ACT, CUR und IFSUB

Die fünf wichtigsten Zustände, die den Menüeinträgen in TypoScript zugewiesen werden können, sind die folgenden:

- Der **normale Zustand** eines Menüeintrags wird mit NO abgekürzt.
- Der **Rollover-Zustand** wird mit RO abgekürzt. Er beschreibt das Aussehen des Menüeintrags, wenn sich der Mauszeiger darüber befindet. Dieser Zustand kann bei TYPO3 nur im Zusammenhang mit Grafiken, also bei Grafikmenüs, erzeugt werden. Rollover-Effekte für Text müssen über entsprechende Stylesheet-Definitionen (»hover«) erzeugt werden.
- ACT ist die Abkürzung für den **aktuellen Verlauf**. Dies sind der Menüeintrag, der aktuell ausgewählt ist, und die in der Hierarchie über ihm liegenden Einträge (»Pfad zu Home«).
- CUR bezeichnet den Zustand der **aktuellen Seite**. Im Gegensatz zu ACT jedoch nur die Seite selbst.
- IFSUB definiert das Aussehen eines Menüeintrags, **wenn** dieser mindestens eine **Unterseite** hat. Wenn sich weitere Menüeinträge unterhalb eines Eintrags befinden, kann dadurch die Darstellung abweichend definiert werden.

Designüberlegung für die Menüzustände des Hauptmenüs

Jeder dieser Zustände kann vom Aussehen her beliebig definiert werden. Im Beispielprojekt sollen die Menüzustände folgendermaßen aussehen (siehe Abbildung 7.2):

- Im NO-Zustand der ersten Hierarchie-Ebene ist dieser fett geschrieben.
- Der CUR-Zustand (oder auch ACT-Zustand) der ersten Ebene ist der NO-Zustand, mit einem Markierungspfeil versehen.
- Die Menüeinträge der zweiten Ebene sind nur für den ausgewählten Menüpunkt sichtbar.
- Der NO-Zustand der zweiten Ebene ist der Seitentitel mit einer Einrückung.
- Der CUR-Zustand der zweiten Ebene wird auch mit einem vorangestellten Markierungspfeil versehen.

```
     Projekte
  → Seite1
       Unterseite1
       Unterseite2
       Unterseite3
     Seite2
     Seite3
     Seite4
```

Abbildung 7.2 Designüberlegung für die Zustände des Hauptmenüs

Das Stylesheet zum Menü

Ein Auszug aus der zugehörigen Stylesheet-Datei hat für die menürelevanten Styles folgenden Inhalt:

```
/* Navigation */

#nav ul   { list-style-type:none; padding:0;
      margin:0 0 1em 2em;
}
#nav ul ul { list-style-type:none;
      padding:0;
      margin-bottom:0.5em;
}

li.mainnav     {}
li.mainnav a {
      padding:0.2em 0.5em;
      text-decoration:none;
```

```
        color:#666666;
        font-weight:bold;
}
li.mainnav a:hover {}

li.subnav  { list-style-type:none;
        margin: 0;
        padding:0;
        margin-bottom:0.2em;
}

li.subnav a {
        padding:0.2em 0.2em;
        text-decoration:none;
        color:#666666;
        font-weight:normal;
}
li.subnav a:hover {}

/* Navigation Ende */
```

Um die Navigation des Beispielprojekts zu testen, müssen Sie die Grafiken der Markierungspfeilchen (im Verzeichnis *Kapitel07* der DVD-ROM) hochladen und einige Seiten anlegen (siehe Abbildung 7.3).

Abbildung 7.3 Test des Textmenüs

Bevor wir im übernächsten Kapitel mit grafischen Menüs und Layer-Menüs fortfahren, werfen wir zunächst einen Blick auf die Bildverarbeitungsmöglichkeiten von TYPO3. Beachten Sie bitte, dass hierfür ImageMagick installiert sein muss.

In diesem Kapitel geht es um die Gestaltungsmöglichkeiten, die Redakteure im Umgang mit Bilddateien haben. Als Entwickler sollten Sie daran denken, die Benutzer Ihrer Webseite entsprechend zu schulen, um die mannigfaltigen Möglichkeiten der Bildverarbeitung ausschöpfen zu können.

8 Bildverarbeitung in TYPO3

Den Bildverarbeitungsmöglichkeiten kommt in TYPO3 besondere Bedeutung zu. TYPO3 übertrifft hier beinahe alle anderen Content- Management-Systeme[1] bei weitem! Diese Funktionen bilden außerdem die Grundlage für die automatische Generierung von grafischen Menüs, die im folgenden Kapitel behandelt werden.

8.1 Aufgaben der Bildverarbeitung in TYPO3

Im System erfüllen die Bildverarbeitungsfunktionen mannigfaltige Aufgaben:

- Sie sorgen für die automatische Umwandlung des von den Redakteuren erfassten Bildmaterials in ein webgerechtes Format.
- Sie erzeugen grafische Menüs.
- Mit ihnen erstellen Sie dynamische Grafiken wie zum Beispiel Balkendiagramme.
- Sie ermöglichen Bildvorschauen im Administrationsbereich.

In diesem Kapitel betrachten wir die Möglichkeiten der Bildverarbeitung und der Verwaltung von TYPO3 aus der Sicht eines Redakteurs mit seinen spezifischen Aufgaben. Dateiverwaltungs- und Vorschaufunktionen erleichtern das Organisieren und Auffinden von Grafikdateien.

Die Änderungsfunktionen bieten den Redakteuren nicht nur die Möglichkeit, Bildeffekte ohne Verwendung eines eigenen Bildverarbeitungsprogramms zu erzeugen, sondern sie können auch die lästige Konvertierung von Dateiformaten dem System überlassen. Einige weitere komfortable Funktionen wie zum Bei-

---

1 Wer eine ausreichend große Summe investieren möchte, findet sicherlich auch Alternativen.

8 | Bildverarbeitung in TYPO3

spiel die Bei **Klick vergrößern**-Funktion bei Bildern bedienen sich der Bildverarbeitungsfunktion, um diese Größenänderungen zu bewerkstelligen.

8.2 Bildverwaltung und Bildeinbindung

TYPO3 bietet komfortable Möglichkeiten, Bilddaten auf den Server hochzuladen, dort zu verwalten und in Seiten einzubinden. In Kapitel 3 wurden Bilder mit der Dateiverwaltung auf den Server geladen. Dies ist eine geeignete Methode, um Bilder »auf Vorrat« abzulegen. Es geht allerdings auch direkter, was der Redaktionsarbeit entgegenkommt: Der Upload kann auch dann erfolgen, wenn das Bild benötigt wird, quasi im letzten Moment.

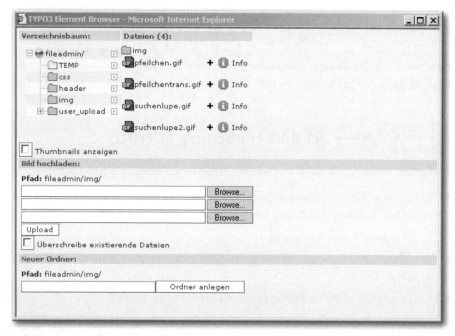

Abbildung 8.1 Bildauswahl auf dem Server

8.2.1 Bilder als Inhaltselemente einbinden

Sie können Bilder auch durch Auswahl des Seiteninhaltselements **Bild** direkt in eine Seite einfügen (siehe Abbildung 8.2). Bilder können dabei aus dem Portfolio des Fileadmin-Bereichs des Servers ausgewählt oder, wie eben angedeutet, spontan mit der Schaltfläche **Durchsuchen** von der lokalen Festplatte hochgeladen werden.

Neben GIF- und JPG-Dateien kann TYPO3 mit den Bildformaten TIF, BMP, PCX, TGA, PNG, PDF[2] und AI umgehen.

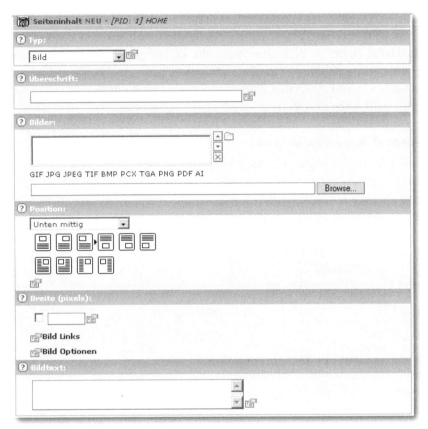

Abbildung 8.2 Das Seiteninhaltselement für Bilder

Die Umwandlung in ein webgerechtes Bildformat übernimmt TYPO3. Dabei arbeitet die »ImageMagick«-Programmbibliothek (**www.imagemagick.org**) im Hintergrund. Sie kann fast alle gängigen Bildformate verarbeiten.

Positionierung und Darstellungsgröße

Die Anordnung und Position der Bilder relativ zum Text können Sie im zweiten Abschnitt der Bildschirmmaske bestimmen. Die Größe der Darstellung der Bilder kann dabei unabhängig von der Dateigröße gewählt werden. Sie können z. B. ein 800 Pixel breites Bild hochladen, jedoch eine Darstellungsbreite von nur 300 Pixel einstellen.

---

2 PDF macht gelegentlich Probleme, möglicherweise aufgrund der verschiedenen, hier existierenden Versionsstände – testen Sie dieses Format besser rechtzeitig.

8 | Bildverarbeitung in TYPO3

Dies führt zu keinem verlangsamten Aufbau der Seite, da die Datei nicht in der Originalgröße eingebunden, also nicht etwa eine Skalierung durch HTML-Tags erfolgt, sondern ein neues Bild in der gewünschten Auflösung erstellt wird.

Als weitere Option bietet TYPO3 an dieser Stelle eine automatische **Klick-vergrößern**-Funktion. Diese ist verfügbar wenn die Option **Zweite Optionspalette anzeigen** in der Maske aktiviert ist. Die Funktion stellt das eingebundene Bild auf einen Klick hin in einem eigenen Bildschirmfenster vergrößert dar. Beachten Sie die hierfür zuständige Checkbox.

Betitelung von Bildern auf der Seite

Sie können die Bildelemente mit entsprechenden Bildtiteln versehen, die ihrerseits mit den gewünschten Formatierungen ausgegeben werden. Deren Ausrichtung wird über die Auswahlbox **Position** bestimmt, in der u. a. **rechts**- und **linksbündig** oder **zentriert** zur Auswahl bereitstehen.

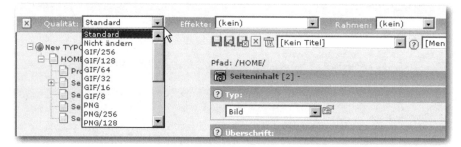

Abbildung 8.3 Einstellungen von Bildformat und Qualität

Neben den bereits erwähnten Möglichkeiten, Dateiformate und Größe der Bilder zu ändern, gibt es in TYPO3 weitere Optionen:

▶ Einstellung des Bildformats (GIF, PNG oder JPG) und der Qualitätsstufe

▶ Effekte wie Drehen, Kontrast, Schärfen, Aufhellen etc.

Abbildung 8.4 Einstellung der Effekte

8.3 Dynamische Grafiken – der GIFBUILDER

Das dynamische (scriptgesteuerte) Erzeugen von Bildern wird hauptsächlich bei grafischen Menüs und Elementen (Bildern) mit eingebetteten Textinformationen, wie z. B. Bereichsüberschriften, angewendet. Das ist immer dann von Bedeutung, wenn eine spezielle Schriftart verwendet wird, deren Vorhandensein auf den Zielrechnern nicht vorausgesetzt werden kann.

Dynamische Grafiken werden nicht erst zur Anfragezeit auf dem Webserver berechnet, wie der Name missverständlicherweise suggerieren könnte. Hier greift der Caching-Mechanismus von TYPO3 (mehr dazu finden Sie in Abschnitt 8.3 in diesem Kapitel). Die Grafiken werden nur bei Änderungen neu berechnet und danach zwischengespeichert.

GIFBUILDER-Objekte können in **IMAGE**-Objekten von TYPO3-Templates verwendet werden, anstatt eine fixe Grafik in Form des Dateipfades anzugeben. Das Aussehen der Grafik wird dabei über Eigenschaften des Objekts mittels TypoScript gesteuert.

8.3.1 Quelltextbeispiel: Seitentitel als GIFBUILDER-Grafik

Nehmen wir zunächst ein TypoScript-Beispiel mit einem GIFBUILDER-Objekt, das den Seitentitel in Form einer Grafik erzeugt. Legen Sie im Beispielprojekt eine neue Seite (z. B. mit den Titel **Bildtest**) an und weisen Sie dieser das folgende Script als Template zu:

```
seite = PAGE
seite.10 = IMAGE
seite.10.file = GIFBUILDER
seite.10.file {
    XY = [5.w], [5.h]
    5 = IMAGE
    5.file = fileadmin/hintergrund.jpg
    10 = TEXT
    10.text.field = title
    10.offset = 10, 40
    10.fontFile = fileadmin/verdana.ttf
    10.fontSize = 18
}
```

Listing 8.1 Gifbuilder-Objekt

Hieran lässt sich beispielhaft erkennen, welche Einstellungen Sie vornehmen können.

- An Position 10 eines PAGE-Objekts wird ein IMAGE-Objekt erzeugt.
- Die file-Eigenschaft ist nicht mit einem Dateipfad belegt, sondern mit dem dynamischen GIFBUILDER-Objekt.
- Die XY-Eigenschaft des GIFBUILDER-Objekts wird in diesem Beispiel nicht mit einem fixen Pixelwert belegt, sondern die Abmessungen werden aus dem an Position 5 des GIFBUILDER-Objekts eingefügten Bild berechnet. [5.w] steht dabei für die Breite und [5.h] für die Höhe. Es ist dabei nicht von Bedeutung, dass das Bild erst in der nachfolgenden Zeile des Scripts spezifiziert wird. Die Reihenfolge der Zeilen des Scripts spielt in solchen Fällen keine Rolle.
- An Position 5 des GIFBUILDER-Objekts wird ein Hintergrundbild in Form eines JPG-Bildes eingefügt.
- An Position 10 wird ein TEXT-Objekt erzeugt. Es wird aufgrund seiner Positionsnummer über das Bild gelegt.
- Der Textinhalt hat keinen fixen Wert, sondern wird aus dem Datenbankfeld title der Seite ausgelesen.
- Die Position des Textes auf dem Hintergrundbild wird durch einen Offset von der linken oberen Ecke des Bildes aus bestimmt.
- Damit TYPO3 den Text mit der richtigen Schriftart in das Bild einfügt, wird der Pfad zur Schriftdatei angegeben. Die Datei muss zu diesem Zweck über die Dateiverwaltung an die entsprechende Stelle auf dem Webserver kopiert werden. In unserem Beispiel wird die Schriftart Verdana verwendet. TYPO3 kann durch die Einbindung der FreeType-Bibliothek TrueType-Schriftarten verarbeiten.
- Abschließend wird die Schriftgröße fixiert.

Die Eigenschaften des GIFBUILDER-Objekts finden Sie in Kapitel 14, *TypoScript – eine Einführung*, zusammengefasst. Um dessen Möglichkeiten zu illustrieren, werden wir in diesem Abschnitt noch einige weitere Beispiele erläutern.

8.3.2 Quelltextbeispiel: Ein Grafikobjekt in eine Designvorlage einbinden

Wir nehmen an, dass sich in einer HTML-Designvorlage ein Marker ###KATEGORIE### befindet. An dessen Stelle soll die Kategorienüberschrift der Website auf einem vorgegebenen Hintergrund platziert werden.

Bei der Schrift müssen Sie darauf achten, dass der Text nicht »pixelig« dargestellt wird, wofür TYPO3 den Effekt **nice text** anbietet.

Die für dieses Beispiel benötigten Dateien finden Sie im Verzeichnis *Kapitel08* auf der DVD-ROM.

```
seite = PAGE
seite.10 = TEMPLATE
seite.10 {
   template = FILE
   template.file = fileadmin/vorlage.html
   workOnSubpart = DOKUMENT
   marks.KATEGORIE = IMAGE
   marks.KATEGORIE.file = GIFBUILDER
   marks.KATEGORIE.file {
      XY = 100, 50
      5 = IMAGE
      5.file = fileadmin/img/hg.gif
      10 = TEXT
      10.text.field = title
      10.offset = 5, 20
      10.niceText = 1
      10.fontFile = fileadmin/verdana.ttf
      10.fontSize = 18
      10.fontColor = red
   }
}
```

Listing 8.2 Kategorienüberschrift einer Webseite

Die oben stehenden TypoScript-Befehle sollen hier erläutert werden:

- ```
  seite.10 {
     template = FILE
     template.file = fileadmin/vorlage.html
     ...
  }
  ```

  Zuerst binden wir die Designvorlage `vorlage.html` ein. Hierzu definieren wir das `template`-Property eines Positionsobjekts als Typ `FILE` und übergeben dessen Property `file` den Pfad und Dateinamen der Vorlagendatei. Achten Sie darauf, die geschweiften Klammern auch wieder zu schließen.[3]

- ```
  marks.KATEGORIE = IMAGE
  marks.KATEGORIE.file = GIFBUILDER
  ```

  An der Stelle des Markers ###KATEGORIE### platzieren wir ein `GIFBUILDER`-Objekt über das `file`-Property eines `IMAGE`-Objekts.

---

[3] TypoScript quittiert Fehler hier immerhin nicht mit einer Totalverweigerung, es weist jedoch mit einer Fehlermeldung auf überschüssige Klammern hin.

- marks.KATEGORIE.file {
  XY = 100, 50

  Wir erzeugen eine Grafik mit den Abmessungen 100 x 50 Pixel,

- 5 = IMAGE
  5.file = fileadmin/img/hg.gif
  10 = TEXT
  10.text.field = title

  die sich aus einem Hintergrundbild (im Positionsobjekt 5) im GIF-Format und dem Seitentitel als Text (im Positionsobjekt 10) zusammensetzt.

- 10.offset = 5, 20

  Wir positionieren den Text wird gegenüber dem Mutterobjekt

- 10.niceText = 1

  und schalten einen Weichzeichner-Effekt ein, indem wir die Eigenschaft niceText setzen.

- 10.fontFile = fileadmin/verdana.ttf
  10.fontSize = 18
  10.fontColor = red

  Abschließend fixieren wir Schrifttyp, -größe und -farbe.

8.3.3 Quelltextbeispiel: Das BOX-Objekt von GIFBUILDER

Das abschließende Beispiel in diesem Abschnitt zeigt, dass nicht nur Pixelbilder und Text im GIFBUILDER kombiniert werden können, sondern auch geometrische Objekte wie Rechtecke erzeugt werden können. Hierzu dient in GIFBUILDER das Objekt BOX.

```
seite = PAGE
seite.10 = IMAGE
seite.10.file = GIFBUILDER
seite.10.file.XY = 200,200
seite.10.file.backColor = black
# ein Rechteck definieren:
seite.10.file.10 = BOX
seite.10.file.10 {
  dimensions = 20,20,160,120
  color = red
}
```

Listing 8.3 Erzeugung geometrischer Objekte

Im oben gezeigten Quelltext geht Folgendes vor sich:

- `seite.10 = IMAGE`
  `seite.10.file = GIFBUILDER`
  Wir weisen dem Positionsobjekt 10 der Seite `seite` ein IMAGE-Objekt zu. Anstatt diesem eine (statische) Datei zuzuweisen, erhält das `file`-Property ein GIFBUILDER-Objekt.

- `seite.10.file.XY = 200,200`
  `seite.10.file.backColor = black`
  Das GIFBUILDER-Objekt wird durch das Abmessungsproperty XY (Breite, Höhe) als Quadrat mit 200 Pixel Kantenlänge definiert und bekommt die Farbe Schwarz (`black`) als Hintergrundfarbe.

- `seite.10.file.10 = BOX`
  Diese Anweisungen erzeugen ein Rechteck innerhalb des schwarzen Quadrats, das durch das GIFBUILDER-Objekt `seite.10.file` gebildet wird.

- `color = red`
  Das Rechteck erhält die Farbe Rot (`red`). Die Farbangabe könnte alternativ mit einem RGB-Hexadezimalwert erfolgen, wie man ihn aus HTML kennt. Die gleiche Wirkung hätte hier der Wert `#ff0000`.

- `dimensions = 20,20,160,120`
  Die ersten beiden Zahlen des `dimensions`-Property des BOX-Objekts besagen, dass es gegenüber der linken oberen Ecke des Mutterobjekts `seite.10.file` um je 20 Pixel nach rechts und unten positioniert werden soll. Die beiden anderen Werte sind seine Breite und Höhe. Das Rechteck ist demnach 160 Pixel breit und 120 Pixel hoch.

8.4 Caching – das Gedächtnis von TYPO3

Das dynamische Erzeugen von Grafiken ist sehr rechenintensiv. Es führt zu einer starken Verzögerung der Serverantwort, wenn der Vorgang erst zur Anfragezeit ausgeführt wird. TYPO3 arbeitet aus diesem Grund mit einem Caching-Mechanismus.

Caching von Grafiken und HTML-Seiten

Nicht nur Grafikdateien brauchen eine solche Vorgenerierung und Zwischenspeicherung, auch die Datenbankabfragen zum Erzeugen einer Seite sind so komplex, dass sie für große Webauftritte nicht ständig ausgeführt werden können.

Da in der Regel immer die gleichen Daten von vielen unterschiedlichen Benutzern abgerufen werden, speichert TYPO3 das Ergebnis (im Falle einer Seite das Rendering) einer Anfrage in einer **Caching-Tabelle** in der MySQL-Datenbank. Dies hat den Vorteil, dass bei Anfragen nicht mehr Datenbankoperationen über mehrere Tabellen hinweg ausgeführt werden müssen. Das Ergebnis kann direkt aus einer Tabelle abgerufen werden.

Leeren des Caches

Nachdem Sie Änderungen an den Inhalten vorgenommen hat, weiß TYPO3, welche Änderungen an den Cache-Inhalten nötig sind. Bei Änderungen an den Templates durch einen Entwickler ist es jedoch nötig, den **Cache** zu **leeren**, damit nicht »alte« Inhalte aus der Cache-Tabelle präsentiert werden.

Hierfür sind zum einen die Cache-Module im **Admin functions**-Bereich zuständig, zum anderen finden Sie pro Seitenobjekt in den **erweiterten Funktionen** (sofern Sie diese sehen dürfen) die Möglichkeit, den Cache der bearbeiteten Seite zu löschen (**Seiten-Cache löschen**) oder den Cache aller Seiten zu löschen (**Alle Caches löschen**).

Kein Staging-Mechanismus

Das Caching-Konzept von TYPO3 bietet keinen vollständigen Ersatz für einen Staging-Mechanismus. Bei einem Staging-Mechanismus werden vom Content-Management-System zu festgelegten Zeitpunkten HTML-Seiten aus den Datenbankinhalten erzeugt und im Dateisystem abgelegt. Dies erlaubt es, Redaktions- und Webserver zu trennen. Diese Trennung existiert bei TYPO3 derzeit nicht. Beim Aufruf der Seiten muss der Webserver nur noch die vom Staging-Mechanismus im Vorfeld erzeugten HTML-Dateien ausliefern und keine Datenbankoperationen ausführen. Die Belastung des Webservers wird dadurch erheblich reduziert.

Bei TYPO3 muss immer noch die Datenbank angesprochen werden, wenn auch die Seiten in der Caching-Tabelle in bereits brauchbarer Form abgelegt sind. Für Sites mit extrem hoher Last ergeben sich daraus theoretisch gewisse Einschränkungen hinsichtlich des Einsatzes von TYPO3.

TYPO3 bietet neben üblichen Menüs auf Textbasis, wie sie in Kapitel 7 beschrieben sind, optional auch graphische Menüs in Form ausklappbarer Ebenenlayer an. Die hierfür erforderlichen Grafiken und Scripte werden vom System selbst erzeugt und eingebunden.

9 Grafik- und Layer-Menüs

Das vorige Kapitel bot eine Einführung in die Bildverarbeitungsfähigkeiten von TYPO3. Auf dieser Grundlage bietet TYPO3 auch Funktionen an, mit denen grafische Menüs erzeugt werden können. Dies kann ebenfalls automatisiert werden und bietet außerordentliche Vorteile gegenüber dem einzelnen Erstellen von Menügrafiken von Hand. Als Nachteil ist die – grundsätzlich bei grafischen Menüs auftretende – längere Ladezeit der entsprechenden Seiten zu nennen.[1]

Bei Änderungen werden die zum Aufbau der Menüs nötigen Bilder automatisch auf dem Server neu berechnet. Das zeitraubende Erstellen von Grafiken in Bildverarbeitungsprogrammen für alle Menüpunkte entfällt dadurch.

9.1 Grafische Menüs

Analog zum TMENU-Objekt für Textmenüs gibt es in TypoScript ein Objekt GMENU für grafische Menüs. Dieses Objekt kann genau wie TMENU einer Ebene des HMENU-Objekts zugewiesen werden.

9.1.1 Quelltextbeispiel: Einfaches grafisches Menü

Betrachten Sie dazu folgendes Beispiel:

```
seite = PAGE
seite.10 = HMENU
seite.10.1 = GMENU
seite.10.1.NO {
    backColor = #AAAAAA
    XY = 100, 20
    10 = TEXT
```

---

[1] Dies ist prinzipbedingt und nicht TYPO3 anzulasten.

```
            10.text.field = title
            10.fontFile = fileadmin/verdana.ttf
            10.fontSize = 11
            10.offset = 4,10
}
```
Listing 9.1 Grafische Menüs

Zur Erläuterung wird das Beispiel hier zeilenweise aufgeschlüsselt:

- `seite.10 = HMENU`
  Wir fügen ein hierarchisches Menü `HMENU` ein.
- `seite.10.1 = GMENU`
  Die erste Ebene wird durch ein grafisches Menü `GMENU` dargestellt.
- `seite.10.1.NO { ... }`
  Der Normalzustand des Menüs wird mit Anweisungen bestimmt, wie in Kapitel 8 beim `GIFBUILDER`-Objekt beschrieben. Bachten Sie, dass beim `GMENU` keine explizite Zuweisung eines `GIFBUILDER`-Objekts nötig ist. TYPO3 erzeugt die einzelnen Menüzustände automatisch mit dem `GIFBUILDER`-Objekt. Es stehen Ihnen also automatisch alle Eigenschaften des `GIFBUILDER`-Objekts zur Verfügung. Innerhalb eines `GMENU` gibt es allerdings noch einige weitere zusätzliche Optionen wie zum Beispiel die **OptionSplit**-Konstruktionen.
- `backColor = #AAAAAA`
  Diese Anweisung setzt die Hintergrundfarbe (einen Grauwert).
- `XY = 100, 20`
  Die Abmessungen `XY` (Breite, Höhe) des Menüeintrags werden bestimmt.
- `10 = TEXT`
  `10.text.field = title`
  Wir erzeugen ein Textobjekt und belegen es mit dem Wert des Seitentitels.
- `10.fontFile = fileadmin/verdana.ttf`
  Als Schrift wählen wir Verdana, indem wir den Pfad zur TrueType-Fontdatei auf dem Server angeben (er ist im Fileadmin-Bereich abgelegt).
- `10.fontSize = 11`
  Als Schriftgröße wählen wir 11.
- `10.offset = 4,10`
  Wir fixieren den Abstand des Textes vom linken oberen Rand der Grafik (Offset) aus. Hier beträgt er 4 Pixel nach rechts und 10 Pixel nach unten.

Diese Grundform eines grafischen Menüs kann nun in vielfältiger Weise erweitert werden. Betrachten Sie in der Folge einige wichtige Ausbaustufen.

9.1.2 Quelltextbeispiel: Grafisches Menü mit zwei Hierarchie-Ebenen

Wir erweitern das Beispiel von eben um eine zweite Hierarchie-Ebene. Die Erweiterung ist hier fett dargestellt. Achten Sie auf die zusätzliche Ergänzung in der ersten Ebene:

```
seite.10 = HMENU
seite.10.1 = GMENU
seite.10.1.expAll = 1
seite.10.1.NO {
    backColor = #AAAAAA
    XY = 100, 20
    10 = TEXT
    10.text.field = title
    10.fontFile = fileadmin/verdana.ttf
    10.fontSize = 11
    10.offset = 4,10
    wrap = | <br>
}
seite.10.2 = GMENU
seite.10.2.NO {
    backColor = #CCCCCC
    XY = 100, 14
    10 = TEXT
    10.text.field = title
    10.fontFile = fileadmin/verdana.ttf
    10.fontSize = 9
    10.offset = 3,8
    wrap = | <br>
}
```

Listing 9.2 Erweiterung des grafischen Menüs um eine Textebene

Die Ergänzungen haben folgende Bedeutungen:

▶ seite.10.1.expAll = 1
Die Unterseiten der zweiten Ebene sollen im Menü auch dann sichtbar sein, wenn der zugehörige Menüpunkt nicht ausgewählt ist. Dies erreichen wir dadurch, dass wir die expAll-Eigenschaft der **ersten Ebene** einschalten (indem wir sie auf 1 setzen). Daher müssen wir dieses Property in deren Definition einfügen.

▶ backColor = #CCCCCC
  XY = 100, 14
  ...
  10.fontSize = 9
  10.offset = 3,8

Die Werte im Definitionsblock der **zweiten Ebene** unterscheiden sich von denen der ersten Ebene durch einen helleren Grauwert der Hintergrundfarbe, eine geringere Höhe, eine kleinere Schriftgröße und einen geringeren Offset.

9.1.3 Quelltextbeispiel: Grafisches Menü mit Hintergrundgrafik

Im nächsten Ausbauschritt erweitern wir das Menü um eine Grafik hinter den einzelnen Menüeinträgen. Die Breite der Menüeinträge soll sich der Textlänge der Seitentitel automatisch anpassen.

```
seite.10 = HMENU
seite.10.1 = GMENU
seite.10.1.expAll = 1
seite.10.1.NO {
   backColor = #AAAAAA
   XY = [10.w]+10, 20
   10 = TEXT
   10.text.field = title
   10.fontFile = fileadmin/verdana.ttf
   10.fontSize = 11
   10.offset = 4,10
   5 = IMAGE
   5.file = fileadmin/menuhintergrund.gif
   wrap = | <br>
}
seite.10.2 = GMENU
seite.10.2.NO {
   backColor = #CCCCCC
   XY = [10.w]+10, 14
   10 = TEXT
   10.text.field = title
   10.fontFile = fileadmin/verdana.ttf
   10.fontSize = 9
   10.offset = 3,8
   5 = IMAGE
   5.file = fileadmin/menuhintergrundklein.gif
   wrap = | <br>
}
```

Listing 9.3 Erweiterung um eine Grafik

Wir haben folgende Änderungen vorgenommen:

- `#` in der ersten Ebene:
  `XY = [10.w]+10, 20`
  Wir haben die Dimensionen `XY` der Menüeinträge verändert. Die X-Abmessungen werden aus der Breite (`w`) des Textobjekts an der Position 10 (`w.10`) berechnet, und dazu werden 10 Pixel addiert: `[w.10] + 10`.
- `5 = IMAGE`
  `5.file = fileadmin/menuhintergrund.gif`
  In beiden Ebenen haben wir ein `IMAGE`-Objekt eingefügt, das mit dem Pfad auf eine GIF-Hintergrundgrafik belegt wird.

An dieser Stelle sei daran erinnert, dass die Zeilenreihenfolge bei der Definition keinen Einfluss auf die Reihenfolge der »Schichten« der Grafik hat, sondern dass vielmehr die **Positionsnummern** diese Reihenfolge bestimmen. Wir können daher die Definition des Hintergrundbildes gefahrlos am Ende des Definitionsblocks anfügen, da wir hierfür die Positionsnummer 5 gewählt haben.

9.1.4 Quelltextbeispiel: Grafisches Menü mit Rollover-Effekt

In der letzten Ausbaustufe versehen wir das Menü mit einem Rollover-Effekt und kennzeichnen den jeweils aktiven Menüeintrag.

```
seite.10 = HMENU
seite.10.1 = GMENU
seite.10.1.expAll = 1
seite.10.1.NO {
    backColor = #AAAAAA
    XY = [10.w]+10, 20
    10 = TEXT
    10.text.field = title
    10.fontFile = fileadmin/verdana.ttf
    10.fontSize = 11
    10.offset = 4,10
    wrap = | <br>
    5 = IMAGE
    5.file = fileadmin/menuhintergrund.gif
}
seite.10.1.RO < .NO
seite.10.1.RO = 1
seite.10.1.RO.5.file = fileadmin/menueover.gif
seite.10.2 = GMENU
seite.10.2.NO {
    backColor = #CCCCCC
```

```
    XY = [10.w]+10, 14
    10 = TEXT
    10.text.field = title
    10.fontFile = fileadmin/verdana.ttf
    10.fontSize = 9
    10.offset = 3,8
    5 = IMAGE
    5.file = fileadmin/menuhintergrundklein.gif

    wrap = | <br>
}
```

Listing 9.4 Menü mit einem Rollover-Effekt

Auch hier ist eine kleine Erläuterung angebracht.

- `seite.10.1.RO < .NO`
  Mit dem <-Operator haben wir die Definition des Normalzustandes (NO) mitsamt seinen Properties auf den Rollover-Zustand (RO) **kopiert**. Wichtig: Der vor NO gesetzte **Punkt** bedeutet, dass sich die Deklaration ihren Wert aus einem Property des übergeordneten Objekts `seite.10.1` holen soll. Damit werden alle Eigenschaften vom Normalzustand NO übernommen. Wir sparen auf diese Weise einiges an Tipparbeit, weil wir die Definitionen nicht nochmals schreiben müssen.[2]

- `seite.10.1.RO = 1`
  Die **Rollover-Funktion** wird mit RO = 1 **eingeschaltet**. Dies ist erforderlich, weil ansonsten trotz erfolgter Definition des Zustands kein Rollover-Effekt ausgeführt werden würde.

- `seite.10.1.RO.5.file = fileadmin/menueover.gif`
  Die Definition des IMAGE-Objekts an Position 5 des von NO nach RO kopierten Objekts wird verändert, indem **durch Überschreiben des entsprechenden Propertys** dem `file`-Wert ein anderer Dateipfad zugeordnet wird. Hierdurch wird, wenn sich der Mauszeiger über dem Menüeintrag befindet, eine andere Hintergrundgrafik angezeigt.

Die zweite Menüebene kann auf ähnliche Weise erweitert werden, worauf wir in unserem Beispiel jedoch verzichten wollen.

---

[2] Gleichzeitig würden alle Erweiterungen mitübernommen, die zukünftig im Script an NO erfolgen. Beachten Sie hierzu jedoch in Kapitel 14 die Erläuterungen zum Kopieren und Referenzieren von Objekten.

9.1.5 Mischung aus grafischem und textbasiertem Menü

In den bisherigen Beispielen wurden entweder Textmenüs oder Grafikmenüs gemeinsam verwendet. Das HMENU-Objekt erlaubt es aber auch, diese beiden Typen zu mischen.

Eine Ebene eines HMENU-Objekts kann dabei ein GMENU-Objekt sein, eine andere (hier die zweite Hierarchie-Ebene) ein TMENU.

Das kann dann wie folgt aussehen:

```
seite.10 = HMENU
# Ebene 1 ist ein GMENU:
seite.10.1 = GMENU
seite.10.1.NO {
   XY = [10.w]+10, 20
   10 = TEXT
   10.text.field = title
   10.fontFile = fileadmin/verdana.ttf
   10.fontSize = 11
   10.offset = 4,10
}
# Ebene 2 ist ein TMENU:
seite.10.2 = TMENU
seite.10.2.NO {
   allWrap = <tr><td>|</td></tr>
}
```

Listing 9.5 Mischung von Text- und Grafikmenü

9.2 Layer-Menüs

TypoScript kennt einen Objekttyp namens GMENU_LAYER, mit dem Sie Aufklappmenüs konstruieren können, die aus **DHTML-Layern** bestehen. Dazu definieren Sie die erste Hierarchie-Ebene eines HMENU-Objekts als GMENU_LAYER und die zweite entweder als TMENU oder GMENU. Es ist dabei nicht nötig, den JavaScript-Code von Hand zu schreiben. Die Funktionsweise und das Aussehen der Aufklappmenüs werden gänzlich in TypoScript definiert.

9.2.1 Quelltextbeispiel: Einstufiges Aufklappmenü

Das folgende Beispiel erzeugt das einstufige Aufklappmenü aus Abbildung 9.1:

```
seite = PAGE
seite.includeLibs.gmenu_layers = media/scripts/gmenu_layers.php
```

Den PHP-Quelltext für Layer-Menüs müssen Sie über die `includeLibs`-Eigenschaft der Seite hinzufügen.

```
seite.bodyTagMargins = 0
seite.5 = IMAGE
seite.5.file = fileadmin/t3e_kacheln.gif
seite.5.wrap = <div> | </div>

seite.10 = HMENU
seite.10.wrap = <div style="background-color:#cccccc; border-
width:1px 0px; border-style:solid; border-color:black;"> | </div>
seite.10.1 = GMENU_LAYERS
seite.10.1 {
   layerStyle = ↩
position:absolute;left:0px;top:127px;width:100px;VISIBILITY:hidden;
   xPosOffset = 0
   lockPosition = x
   expAll=1
   NO {
      backColor = #cccccc
      XY = [10.w]+30, 20
      10 = TEXT
      10.text.field = title
      10.fontFace = fileadmin/verdana.ttf
      10.fontSize = 12
      10.offset = 5,15
   }
}
```

Listing 9.6 Layer-Menüs Teil 1

Hier sind einige Punkte zu klären. Der wichtigste Unterschied zu den bisher behandelten Menüs ist die Tatsache, dass TYPO3 auf einige **zusätzliche PHP-Funktionen** zugreifen muss, die dem Seitenobjekt nicht standardmäßig zur Verfügung stehen; sie werden sonst nicht benötigt. Dies ist ein Beispiel für die Einbindung einer so genannten **Bibliothek**. Als Speicher dient ein spezielles Property[3], das den Bezeichner `includeLibs` hat.

▶ `seite.includeLibs.gmenu_layers=media/scripts/gmenu_layers.php`
Die **PHP-Bibliothek** für Layer-Menüs muss über dessen `includeLibs`-Eigenschaft zum Seitenobjekt hinzugefügt werden.

---

3 Es gibt auch eine globale Eigenschaft `includeLibs`, die eine Bibliothek allgemein zugänglich macht. Diese hier stellt die Funktionen nur innerhalb dieses Seitenobjekts zur Verfügung. Um sie in einem anderen Seitenobjekt nutzen zu können, müsste sie dort ebenso eingebunden werden.

- seite.10.1 = GMENU_LAYERS

  In diesem Codeblock wird die erste Hierarchie-Ebene des Menüs als GMENU_LAYER so definiert, dass das Layer-Menü von der ersten Ebene ausgehend aufgeklappt wird.

- seite.10.1.layerStyle = position:absolute; left:0px;top:35px;width:10px;VISIBILITY:hidden;

  Mit layerStyle setzen wir die von HTML bekannten Layer-Parameter (Positionierungseigenschaft, Position, Sichtbarkeit). Hinweis: Diese Zeile wurde nur aus satztechnischenGründen umbrochen.

- seite.10.1.xPosOffset =-10

  Die Eigenschaft xPosOffset gibt an, um wie viele Pixel der aufklappende Layer in x-Richtung gegenüber dem Menüeintrag verschoben wird. Negative Werte bewirken eine Verschiebung nach links.

- seite.10.1.lockPosition = x

  Über die lockPosition-Eigenschaft geben wir an, in welche Koordinatenrichtung das Menü »fixiert« wird. Sie kann die Werte x oder y annehmen oder nicht gesetzt werden. Wird der Wert auf x gesetzt, so erzeugt dies ein vertikal aufklappendes Menü wie in Abbildung 9.1. Ein horizontales Klappmenü würde den Wert y benötigen. Wird hingegen kein Wert angegeben, erscheint der Klapp-Layer an der Stelle, an der das Menü aktiviert wird. Damit die Menüs aufklappen, müssen Sie unbedingt die expAll-Eigenschaft auf 1 setzen.

- seite.10.1.NO { ... }

  Das Aussehen des Normalzustandes NO der ersten Menüebene wird dadurch bestimmt, dass die Hintergrundfarbe backColor gesetzt, die Größe XY eines Menüeintrags dynamisch aus der Textlänge berechnet (XY=[10.w]+30, 20) und der Seitentitel 10.text.field = title als Beschriftung verwendet wird. Außerdem werden die Schriftart, die Schriftgröße und der Offset angegeben.

Die zweite Ebene

```
seite.10.2 = GMENU
seite.10.2.NO {
    backColor = #cccccc
    XY = 140, 20
    10 = TEXT
    10.text.field = title
    10.offset = 5,13
    10.fontSize = 11
    10.fontFace = fileadmin/verdana.ttf
}
```

Listing 9.7 Layer-Menüs Teil 2

9 | Grafik- und Layer-Menüs

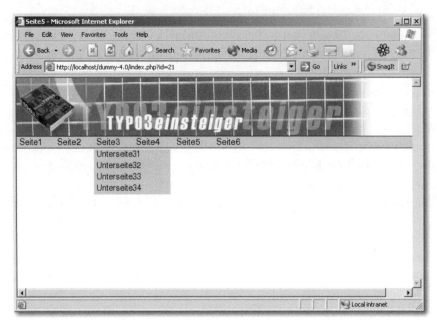

Abbildung 9.1 Aufklappmenü

Das Listing 9.7 ist eine direkte Fortsetzung von Listing 9.6. Hier wird die zweite Menüebene von einem grafischen Menü gebildet. Die Definition des Normalzustands unterscheidet sich von der ersten Ebene durch eine feste Länge des Menüeintrags und eine geringere Schriftgröße.

9.2.2 Quelltextbeispiel: Einstufiges Aufklappmenü, formatiert

Um Ihnen zu demonstrieren, wie Sie das Aussehen von Layer-Menüs verändern können, werden wir im Folgenden das Script um einige Anweisungen erweitern. Unser Ziel ist es, das in Abbildung 9.2 dargestellte Erscheinungsbild zu erzeugen.

Das folgende Listing fasst die in diesen Abschnitt bisher entwickelten Teile zusammen und ergänzt die Menüformatierungen, wobei die neuen Teile fett hervorgehoben sind.

```
seite = PAGE
seite.includeLibs.gmenu_layers = media/scripts/gmenu_layers.php
seite.bodyTagMargins = 0
seite.5 = IMAGE
seite.5.file = fileadmin/t3e_kacheln.gif
seite.5.wrap = <div> | </div>

seite.10 = HMENU
```

```
seite.10.wrap = <div style="background-color:#cccccc; ⤶
   border-width:1px 0px; border-style:solid; ⤶
   border-color:black;"> | </div>
seite.10.1 = GMENU_LAYERS
seite.10.1 {
   layerStyle = ⤶
position:absolute;left:0px;top:127px;width:100px;VISIBILITY:hidden;
   xPosOffset = 0
   lockPosition = x
   expAll=1
   NO {
      backColor = #cccccc
      XY = [10.w]+30, 20
      10 = TEXT
      10.text.field = title
      10.fontFace = fileadmin/verdana.ttf
      10.fontSize = 12
      10.offset = 5,15
   }
}
seite.10.2 = GMENU
seite.10.2.NO {
   backColor = |*| #cccccc || #aaaaaa |*|
   XY = 140, 20
   10 = TEXT
   10.text.field = title
   10.offset = 5,13
   10.fontSize = 11
   10.fontFace = fileadmin/verdana.ttf
   20 = BOX
   20.dimensions = 0,0,1,20
   20.color = #000000

   30 < .20
   30.align = r
   40 = BOX ||
   40.dimensions = 0,0,140,1
   40.color = #000000
   50 = |*||*|    || BOX
   50.dimensions = 0,0,140,1
   50.color = #000000
   50.align = ,b
}
```

Listing 9.8 Formatiertes Aufklappmenü

9 | Grafik- und Layer-Menüs

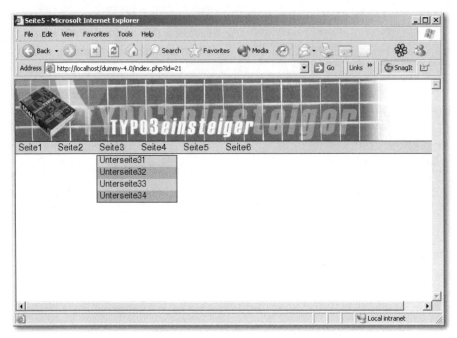

Abbildung 9.2 Das formatierte Aufklappmenü

In diesem Listing haben wir Folgendes geändert:

- seite.10.2.NO {
    backColor = |*| #cccccc || #aaaaaa |*|
  Die Hintergrundfarbe der zweiten Hierarchie-Ebene wird durch Verwendung einer **OptionSplit**-Struktur abwechselnd auf Hellgrau und Dunkelgrau gesetzt.

- 20 = BOX
  20.dimensions = 0,0,1,20
  20.color = #000000
  An Position 20 des Normalzustands wird ein schwarzes Rechteck BOX mit einer Breite von 1 und einer Höhe von 20 Pixel erzeugt. So entsteht der linke Rand des Aufklappmenüs.

- 30 < .20
  30.align = r
  An Position 30 wird eine Kopie der Position 20 angelegt, die, rechtsbündig formatiert, den rechten Rand des Aufklappmenüs bildet.

- 40 = BOX ||
  40.dimensions = 0,0,140,1
  ...

258

```
50 = |*||*|    || BOX
50.dimensions = 0,0,140,1
```

An den Positionen 40 und 50 definieren wir mit der Option Split schwarze Rechtecke BOX mit einer Breite von 140 Pixel und einer Höhe von einem Pixel für den oberen (BOX ||) und unteren (|*||*| || BOX) Rand des Menüs.

9.2.3 Quelltextbeispiel: Mehrstufige Layer-Menüs

Um mehr als zwei Hierarchie-Ebenen mit Layer-Menüs abzubilden, können Layer mehrstufig aufgeklappt werden, wie in Abbildung 9.3 zu sehen ist.

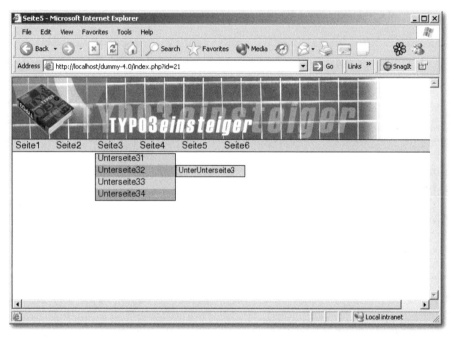

Abbildung 9.3 Mehrstufiges Layer-Menü

Wir bauen auf das Beispiel des vorigen Abschnitts auf und zeigen im Folgenden ein Script für ein mehrstufiges Layer-Menü. Die Erweiterungen des Listings sind wiederum durch Fettdruck hervorgehoben.

```
seite = PAGE
seite.includeLibs.gmenu_layers = media/scripts/gmenu_layers.php
seite.bodyTagMargins = 0
seite.5 = IMAGE
seite.5.file = fileadmin/t3e_kacheln.gif
seite.5.wrap = <div> | </div>
```

9 | Grafik- und Layer-Menüs

```
seite.10 = HMENU
seite.10.wrap = <div style="background-color:#cccccc; ⮠
   border-width:1px 0px; border-style:solid; ⮠
   border-color:black;"> | </div>
seite.10.1 = GMENU_LAYERS
seite.10.1 {
   layerStyle = ⮠
position:absolute;left:0px;top:127px;width:100px;VISIBILITY:hidden;
   xPosOffset = 0
   lockPosition = x
   expAll=1
   NO {
      backColor = #cccccc
      XY = [10.w]+30, 20
      10 = TEXT
      10.text.field = title
      10.fontFace = fileadmin/verdana.ttf
      10.fontSize = 12
      10.offset = 5,15
   }
}

seite.10.2 = GMENU_LAYERS
seite.10.2 {
   layerStyle = ⮠
layerStyle = position:absolute;width:100px;VISIBILITY:hidden;
   relativeToParentLayer=1
   relativeToTriggerItem=1
   relativeToTriggerItem.addWidth=1
   expAll = 1
}
```

Listing 9.9 Mehrstufiges Layer-Menü

In diesem Codeblock haben wir nun auch die zweite Hierarchie-Ebene des Menüs als `GMENU_LAYER` definiert, da auch von der zweiten Ebene aus Layer aufklappen sollen. Mit `layerStyle` werden wieder die HTML-Layer-Parameter gesetzt.

Mit `relativeToParentLayer=1` wird die 2. Ebene relativ zum übergeordneten Menü positioniert, und `relativeToTriggerItem=1` positioniert sie relativ zum auslösenden Menüelement.

Mit `relativeToTriggerItem.addWidth=1` wird noch die Breite des Menüelements zur x-Position addiert.

```
seite.10.2.NO {
   backColor = |*| #cccccc || #aaaaaa |*|
   XY = 140, 20
   10 = TEXT
   10.text.field = title
   10.offset = 5,13
   10.fontSize = 11
   10.fontFace = fileadmin/verdana.ttf
   20 = BOX
   20.dimensions = 0,0,2,20
   20.color = #000000
   30 < .20
   30.align = r
   40 = BOX ||
   40.dimensions = 0,0,140,2
   40.color = #000000
   50 = |*||*|    || BOX
   50.dimensions = 0,0,140,2
   50.color = #000000
   50.align = ,b
}
seite.10.3 = GMENU
seite.10.3.NO {
   backColor = |*| #cccccc || #aaaaaa |*|
   XY = 120, 20
   10 = TEXT
   10.text.field = title
   10.fontFace = fileadmin/verdana.ttf
   10.fontSize = 10
   10.offset = 5,13
   20 = BOX
   20.dimensions = 0,0,1,20
   20.color = #000000
   30 < .20
   30.align = r
   40 = BOX ||
   40.dimensions = 0,0,120,1
   40.color = #000000
   50 = |*||*|    || BOX
   50.dimensions = 0,0,120,1
   50.color = #000000
   50.align = ,b
}
```

Listing 9.10 Die dritte Ebene des HMENU-Objekts

Die dritte Ebene des HMENU-Objekts wird wieder als »normales« GMENU definiert, wobei alle Formatierungen analog zur zweiten Ebene vorgenommen werden. Lediglich die Menüeinträge sind weniger breit, und die Schriftgröße ist geringer.

TYPO3 unterstützt die Verwaltung mehrsprachiger Websites. In diesem Kapitel erläutern wir, wie mehrsprachige Inhalte erfasst, wie die Templates gestaltet und wie Menüs mehrsprachig erstellt werden.

10 Mehrsprachigkeit

In diesem Kapitel wird das Beispielprojekt um eine zweite Sprache (Englisch) erweitert. Damit einhergehend zeigen wir Ihnen die Fähigkeiten von TYPO3 im Umgang mit mehrsprachigen Inhalten.

Das Beispielprojekt wurde bisher in deutscher Sprache realisiert. In die HTML-Designvorlagen in Kapitel 6, *Einstieg in Designvorlagen*, hatten wir jedoch bereits ein Menü zur Sprachauswahl integriert.

10.1 Einrichtung weiterer Sprachen

Die Sprache des Backend von TYPO3 kann problemlos umgestellt werden, sodass dort jeder Redakteur in der ihm vertrauten Sprache arbeiten kann. Aber auch die Inhalte des Frontends können von TYPO3 in mehreren Sprachen parallel verwaltet werden. Zu einem mehrsprachigen Webauftritt gehört bei einem ausgereiften CMS auch die bequeme Pflege der mehrsprachigen Inhalte. Gleiches gilt für die Templates und die generierten Menüs.

10.1.1 Anlegen der Sprachvariante in der Website

In der Wurzel der Website (die Weltkugel im Seitenbaum) können Sie über das Kontextmenü und den Eintrag **Neu** eine weitere Sprachvariante hinzufügen. Wie in Abbildung 10.1 zu sehen, erscheint ein Feld, in dem Sie die Sprachbezeichnung eingeben können. Eine Sprachvariante kann hier zudem vorerst als inaktiv gekennzeichnet werden.

Abbildung 10.2 zeigt eine Auflistung aller Datensätze für die Site, die durch einen Klick auf das Weltkugelsymbol im **List**-Modul entstanden ist. Hier sind die Datensätze zu sehen, die die gesamte Website betreffen.

10 | Mehrsprachigkeit

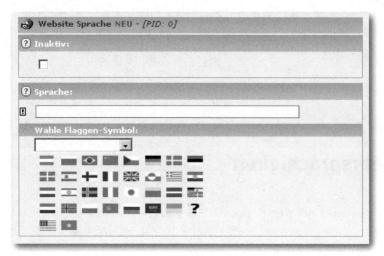

Abbildung 10.1 Neue Projektsprache

Die Darstellung zeigt, dass neben der Standardsprache (Deutsch) zusätzlich Englisch als weitere Sprache hinzugekommen ist. Damit ist die Möglichkeit geschaffen, die Seiten mit englischsprachigem Inhalt zu füllen.

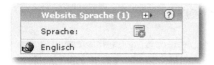

Abbildung 10.2 Sprachen im List-Modul

10.1.2 Anlegen der Sprachvariante einer Seite

Um für eine bestehende deutsche Seite eine englischsprachige zu erzeugen, können Sie das Modul **Seite** und dann **Sprache** auswählen (siehe Abbildung 10.3).

Es werden danach alle Inhaltselemente der aktuellen Seite aufgelistet, wobei die Inhaltsspalten in dieser Ansicht untereinander platziert werden (siehe Abbildung 10.4).

Oberhalb der Inhalte in der Standardsprache gibt es eine Auswahlbox mit der Bezeichnung **Neue Übersetzung dieser Seite anlegen**, in der Sie eine der verfügbaren Alternativsprachen auswählen können. Für unser Beispielprojekt wählen wir **Englisch** (siehe Abbildung 10.4).

Einrichtung weiterer Sprachen | **10.1**

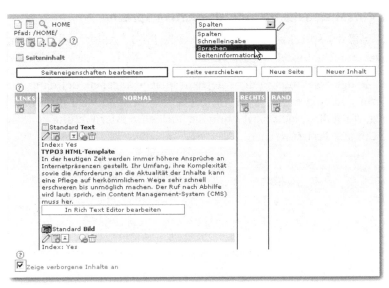

Abbildung 10.3 Das Modulmenü Sprachen

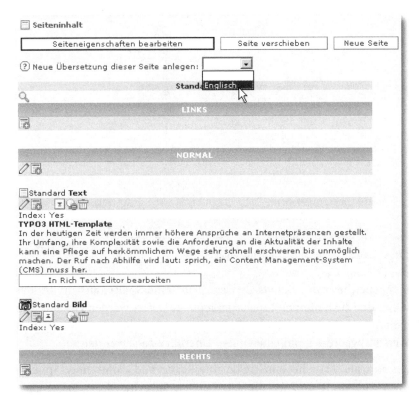

Abbildung 10.4 Sprachauswahl

10.1.3 Die Eingabemaske für eine alternative Sprache

Nach der Auswahl der Sprache erscheint eine Maske für das Anlegen der Seite in der alternativen Sprache (Abbildung 10.5).

Hier können Sie den Seitentitel in der Alternativsprache angeben, der dann zur Menügenerierung herangezogen wird. Im gewählten Beispiel wird die Home-Seite übersetzt. Auch die Inhaltsangabe und die Stichwörter der Website können in englischer Sprache erfasst werden.

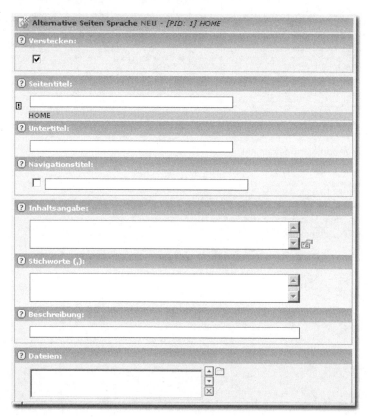

Abbildung 10.5 Seite in einer Sprachvariante anlegen

Nach dem Abspeichern des Datensatzes erscheint eine **Spaltenansicht** (Abbildung 10.6), in der die einzelnen Inhaltselemente übersetzt werden können. Die korrespondierenden Inhaltselemente sind daher für beide Sprachversionen nebeneinander angeordnet, um einen guten Überblick zu gewährleisten.

Sie können nun neu erstellte Inhaltselemente Spalte und damit einer Sprache zuordnen. In Abbildung 10.7 ist die Auswahlbox **Sprache** in der Erfassungsmaske für Inhaltselemente zu sehen. Über diese Auswahl wird festgelegt, in welcher Sprachspalte der Inhalt platziert wird. Die daneben liegende Auswahlbox **Originalübersetzung** kann benutzt werden, den Text der ursprünglichen Übersetzung nach Veränderungen in den Inhalten unter den Eingabefeldern zum Vergleich anzeigen zu lassen.

Die Auswahlbox **Spalten** bestimmt, ob der Inhalt in die Spalte **LINKS**, **NORMAL**, **RECHTS** oder **RAND** gelangen soll, was durch Zuordnung der Spalten an Marker in der Dokumentvorlage die Position der Inhalte im Seitenlayout bestimmt.

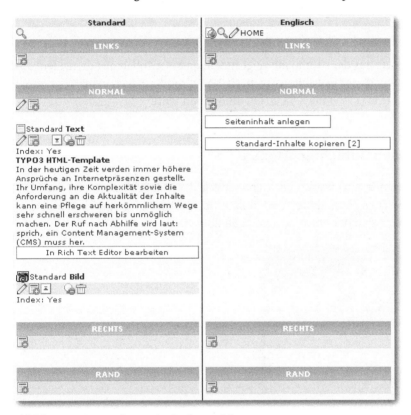

Abbildung 10.6 Sprachen in der Spaltenansicht

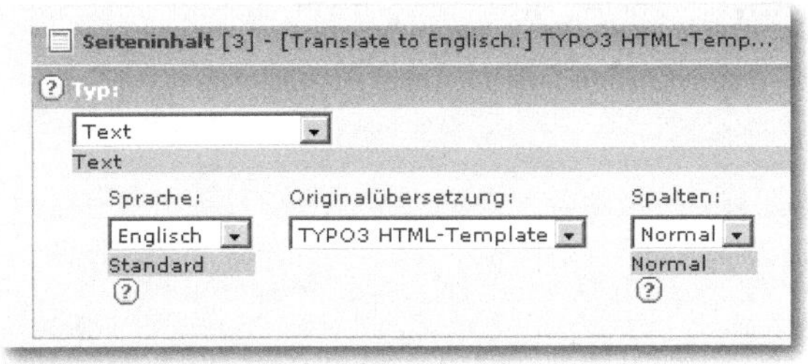

Abbildung 10.7 Sprachzuordnung eines Inhaltselements

10.1.4 Die Definition der Sprachauswahl im Template

Im statischen Template, das für die Darstellung der Inhaltselemente zuständig ist, finden Sie die für diese Zuordnung verantwortliche Definition:

```
styles.content.get = CONTENT
styles.content.get {
   table = tt_content
   select.orderBy = sorting
   select.where = colPos=0
   select.languageField = sys_language_uid
}
```

Dieser Auszug aus dem Template zeigt Ihnen, dass der Inhalt aus der Datenbank nicht nur gemäß der gewählten Spalte (colPos), sondern auch gemäß der eingestellten Sprache (sys_language_uid) entnommen wird.

10.2 Mehrsprachige Menüs

In den Seitendesigns wurde im Menübereich die Möglichkeit einer Sprachauswahl vorgesehen (Abbildung 10.8), und in der Designvorlage wurde ein Marker ###SPRACHE### an der entsprechenden Stelle platziert.

Abbildung 10.8 Sprachmenü Marker

10.2.1 Konfiguration im Haupttemplate

Im Seiten-Template wird dieser Marker nun durch TEXT-Objekte ersetzt:

```
marks.SPRACHE = COA
marks.SPRACHE.10 = TEXT
marks.SPRACHE.10.wrap = <li class="subnav"> <a href="index.php?id=
    |&L=1">Englisch</a>/
marks.SPRACHE.10.field = uid
marks.SPRACHE.20 = TEXT
marks.SPRACHE.20.wrap = <a href="index.php?id=|&L=0">Deutsch</a>
    </li>
marks.SPRACHE.20.field = uid
```

Um die Konfiguration der Mehrsprachigkeit abzuschließen, sind noch einige Einträge im Haupt-Template nötig. Das nachfolgende Listing zeigt die im Beispielprojekt verwendeten TypoScript-Anweisungen:

```
config.linkVars = L
config.sys_language_uid = 0
config.language = de
# wenn der globale Parameter L auf 1 steht:
[globalVar = GP:L = 1]
config.sys_language_uid = 1
config.language = en
[global]
```

Auch hier einige Erläuterungen:

- `config.linkVars = L`
  Hiermit haben wir eingestellt, dass der Buchstabe `L` als Parameter zur Kennzeichnung der Sprache verwendet wird.

- `config.sys_language_uid = 0`
  `config.language = de`
  Als Standardsprache (`config.sys_language_uid = 0`) wird `de` für Deutsch definiert.

- `config.sys_language_uid = 1`
  `config.language = en`
  Für die Alternativsprache Englisch (`en`) wird die Kennung `L=1` definiert.

- `[globalVar = GP:L = 1]` ... `[global]`
  Die Verwendung der **Bedingung** `[globalVar = GP:L = 1]` bewirkt dabei, dass die folgenden Anweisungen **nur dann** gelten, wenn der globale Parameter `L` (der im URL übergeben wird) den Wert 1 hat. `[global]` beendet den Bedingungsblock im Template.

Dies führt im Beispielprojekt zu einem Sprachmenü, wie in Abbildung 10.9 dargestellt. Seiten werden im Menü in der alternativen Sprachvariante angezeigt, wenn eine Übersetzung der Seite angelegt wurde.

Abbildung 10.9 Sprachmenü

Über die Einstellungen der Benutzerdaten und Zugriffsrechte können Sie das Backend von TYPO3 an die Erfordernisse eines Benutzers oder einer Benutzergruppe anpassen. Auch die Inhalte der Website können nur bestimmten Benutzergruppen zugänglich gemacht werden.

11 Benutzerverwaltung und Zugriffsrechte

In den zurückliegenden Kapiteln haben Sie mit den Login-Daten eines einzigen Benutzers gearbeitet, der mit allen Rechten im System ausgestattet war. In der TYPO3-Terminologie wird ein solcher Benutzer als **Administrator** bezeichnet.

11.1 TYPO3 – ein Mehrbenutzer-System

Als mehrbenutzerfähiges System zeichnet sich TYPO3 dadurch aus, dass verschiedene Benutzer gleichzeitig mit dem System arbeiten können. Diese Benutzer sind mit unterschiedlichsten Aufgaben betraut. Es gibt Redakteure, Entwickler, Administratoren usw., die jeweils unterschiedliche Inhalte einsehen und/oder bearbeiten bzw. Funktionen ausführen dürfen.

Schon bei der Anmeldung (mit Benutzername und Kennwort) wird der Benutzer als Administrator, Entwickler oder Redakteur identifiziert und mit den entsprechenden Rechten ausgestattet.

11.1.1 Das Modul »Benutzer Administrator«

Im Bereich **Tools** der Hauptmenüleiste befindet sich das Modul **Benutzer**, mit dem Sie Verwaltungsaufgaben bezüglich der am TYPO3-System registrierten Personen erledigen können. Abbildung 11.1 zeigt den Startbildschirm dieses Moduls, wobei nur ein einzelner Benutzer (admin) aufgelistet ist. Seine Daten können Sie über einen Klick auf das Bleistiftsymbol bearbeiten, unsichtbar schalten (deaktivieren) oder löschen. Im oberen Bereich der Bildschirmmaske finden Sie Möglichkeiten, die Liste der Benutzer nach verschiedenen Kriterien zu gruppieren.

Über die Symbole mit der Aufschrift SU (Switch User) können Sie zu Testzwecken sofort in die Ansicht dieses Benutzers wechseln. Wenn Sie jedoch einen

11 | Benutzerverwaltung und Zugriffsrechte

neuen Benutzer im System anlegen möchten, so klicken Sie auf das entsprechende Symbol.

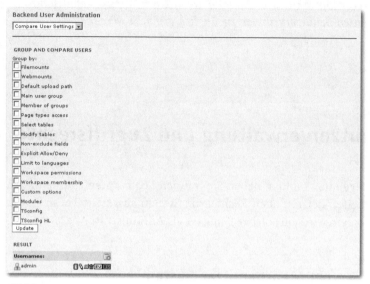

Abbildung 11.1   Das Modul »Benutzer«

11.1.2   Datensätze für Benutzer

Benutzer werden von TYPO3 ebenso wie Seiten und Seiteninhalte als Datensätze in der MySQL-Datenbank abgelegt. Mit dem **Liste**-Modul lassen sich die Datensätze eines Elements im Seitenbaum anzeigen. Die Auflistung der Datensätze des Weltkugelsymbols (dieses symbolisiert die gesamte Site) bringt auch eine Gruppe von Datensätzen mit der Bezeichnung **Backend-Benutzer** zum Vorschein. In Abbildung 11.2 ist dies ein Datensatz, der für den Administrator steht.

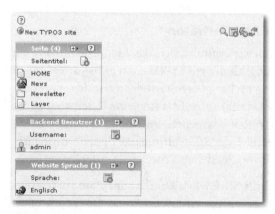

Abbildung 11.2   Backend-Benutzer im List-Modul

Um nun einen neuen Benutzer zu erzeugen, können Sie das Kontextmenü der Weltkugel aufrufen und **Neu** wählen. Im Menü **Neuer Datensatz** (siehe Abbildung 11.3) stehen nun die beiden Einträge **Backend-Benutzer** und **Backend-Benutzergruppe** zur Auswahl.

11.1.3 Benutzer und Benutzergruppen

Demnach können mit TYPO3 Benutzer nicht nur einzeln, sondern auch in Benutzergruppen zusammengefasst verwaltet werden. Die Vorgaben gelten dabei für alle Mitglieder der Benutzergruppe. Es erübrigt sich damit, die für mehrere Benutzer geltenden Vorgaben für jeden Benutzer einzeln in einem Datensatz zu erfassen. Wird der betreffenden Gruppe ein neuer Benutzer zugeordnet, so übernimmt er automatisch alle dort geltenden Einstellungen.

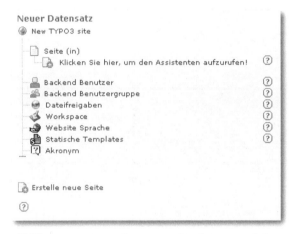

Abbildung 11.3 Neuer Datensatz – hier können auch Benutzer angelegt werden.

Wir empfehlen Ihnen deshalb, zunächst mit der Definition einer Benutzergruppe zu beginnen; und zwar auch dann, wenn Sie nur einen einzelnen Benutzer anlegen wollen. Einige wichtige Optionen stehen nämlich nur auf dieser Ebene zur Verfügung.

11.2 Benutzergruppe anlegen

In Benutzergruppen werden Benutzer mit ähnlichen oder gleichen Aufgaben zusammengefasst. Sie können der Gruppe gemeinsame Zugriffsrechte, Module und Systemressourcen wie zum Beispiel Verzeichnisse für Dateien und Bilder zuordnen. Etwaige Abweichungen der einzelnen Benutzer legen Sie in den jeweiligen Benutzerprofilen individuell fest.

11.2.1 Benutzergruppen sind auch Datensätze

Benutzergruppen werden von TYPO3 genauso wie Benutzer als Datensätze des Wurzelelements im Seitenbaum verwaltet. Daher gelangen Sie über das Menü **Neuer Datensatz** des Weltkugelsymbols (siehe Abbildung 11.3) zur Eingabemaske für eine neue Benutzergruppe (siehe Abbildung 11.4 und Abbildung 11.5). An den Bezeichnungen in der Maske erkennen Sie, dass wir uns in einem Teilbereich von TYPO3 befinden, der noch nicht vollständig ins Deutsche übersetzt wurde.

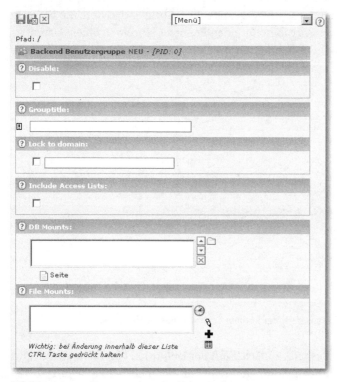

Abbildung 11.4 Benutzergruppe anlegen, Teil 1

In der Reihenfolge ihres Erscheinens haben die Felder die folgende Bedeutung:

- **Disable**
  Über eine Auswahlbox kann eine Benutzergruppe (vorübergehend) deaktiviert werden.
- **Grouptitle**
  Die Bezeichnung der Benutzergruppe ist das einzige Pflichtfeld dieser Maske.
- **Lock to domain**
  Die Mitglieder einer Benutzergruppe können gezwungen werden, sich über

eine bestimmte Domain am System anzumelden, wenn sich mehrere Domains auf das TYPO3-Projekt beziehen. Die Anmeldung geschieht über

`http://domainname/typo3`

zum Beispiel: **http://www.cyberhouse.at/typo3**

▶ **Include Access Lists**
Die Option **Include Access Lists** bietet die Möglichkeit, die Erfassungsmaske um Listen der Module und um Datenbanktabellen zu erweitern, die für diese Benutzergruppe zur Verfügung stehen. Diese etwas versteckte Option ist sehr wichtig, können Sie doch mit ihrer Hilfe einem Benutzer z. B. das Recht einräumen, Inhalte zu verändern. Mehr dazu erfahren Sie im weiteren Verlauf dieses Abschnitts.

▶ **DB Mounts**
Über das Feld **DB Mounts** können Sie festlegen, welche Teilbereiche (Teilbäume) des Seitenbaums für die Benutzergruppe sichtbar sind.

▶ **File Mounts**
Mit **File Mounts** können Sie der Benutzergruppe Bereiche des Dateisystems zuordnen. Benutzer aus dieser Gruppe können dann in diesen Bereichen Dateien hochladen, bearbeiten oder löschen. Mehr dazu in Abschnitt 12.3.

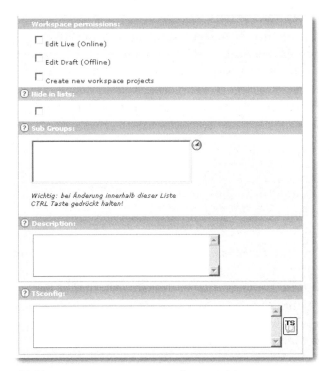

Abbildung 11.5 Benutzergruppe anlegen, Teil 2

- **Workspace Permissions**
  Hier wird bestimmt, ob die Benutzergruppe im Live- oder Entwurfs-Workspace arbeiten darf und ob neue Workspaces angelegt werden können.
- **Hide in lists**
  Wenn diese Benutzergruppe nicht in Auflistungen aller Benutzergruppen erscheinen soll, können Sie dies über die Checkbox **Hide in lists** festlegen.
- **Sub Groups**
  Bestehende Benutzergruppen können als Untergruppen definiert werden. Damit sind deren Mitglieder automatisch auch Mitglieder der neuen Benutzergruppe und übernehmen die dortigen Einstellungen.
- **Description**
  Im Beschreibungsfeld kann die Benutzergruppe durch einen Textkommentar erläutert werden.
- **TSconfig**
  Das abschließende **TSconfig**-Feld gestattet die Anpassung des Backends von TYPO3 für die Benutzergruppe durch entsprechende TypoScript-Befehle. Dies haben wir schon in Kapitel 10, *Seiten und Seiteninhalte*, angesprochen.

11.2.2 Die Option Include Access lists

Durch Einbeziehung der Option **Include Access Lists** können Sie die Erfassungsmaske für Benutzergruppen erweitern. Die Abbildungen 11.6 bis 11.9 zeigen den neu hinzugekommenen Bereich. Diese Option ist enorm wichtig, da hier für die Benutzergruppe nicht nur festgelegt werden kann, welche Module für sie freigeschaltet sind, sondern weil hier die Schreib- und Leserechte auf den Datenbanktabellen fixiert werden.

Die Eingabefelder haben folgende Aufgaben:

- **Modules**
  Die unter **Modules** ausgewählten Module werden in die Hauptmenüleiste der Benutzergruppe aufgenommen.
- **Tables (listing)**
  Sie können festlegen, welche Datenbanktabellen und damit welche Inhalte den Benutzern angezeigt werden. Mögliche Tabellen sind: **Seite**, **Seiteninhalt**, **Website Benutzer**, **Website Benutzergruppe**, **Domain**, **Alternative Seitensprache** und **Interne Notiz**. Abhängig von den installierten Erweiterungen können noch weitere Tabellen hinzukommen. Im Beispielprojekt sind dies: **News**, **News Kategorie**, **Adresse**, **Direct Mails** und **Versandgruppe**.

11.2 Benutzergruppe anlegen

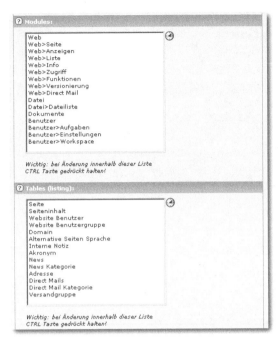

Abbildung 11.6   Hauptmenüleiste und Datenbanktabellen einer Benutzergruppe

Abbildung 11.7   Änderungsberechtigungen, erlaubte Seitentypen

11 | Benutzerverwaltung und Zugriffsrechte

Abbildung 11.8 Abwahl von Inhaltstypen für eine Benutzergruppe

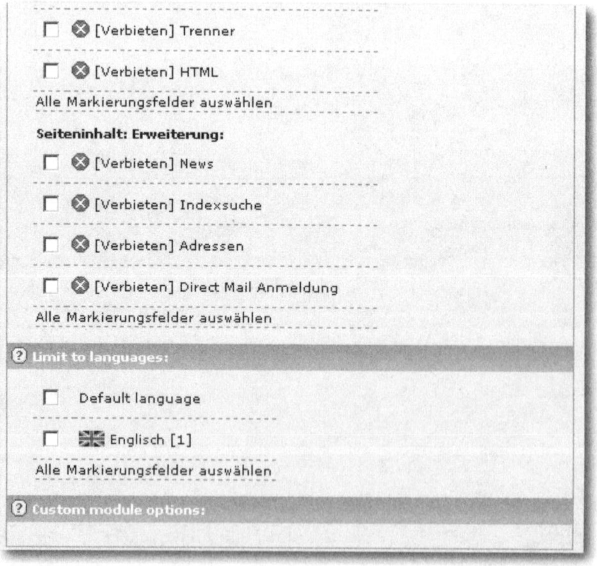

Abbildung 11.9 Abwahl von Erweiterungen, Einschränkung der Sprachvarianten

- **Tables (modify)**
  Hier sind die Tabellen aufgeführt, die von den Benutzern auch verändert werden dürfen.

- **Page Types**
  Page Types listet die Seitentypen auf, auf deren Nutzung die Benutzergruppe beschränkt werden soll.

- **Allowed exclude fields**
  Um noch detaillierter bestimmen zu können, welche Eingabefelder ein Benutzer nutzen kann, gibt es in TYPO3 den Mechanismus der **excludefields**. Eine Reihe von Feldern in den Backend-Masken sind als solche gekennzeichnet und stehen damit einem normalen Benutzer standardmäßig nicht zur Verfügung. Über die Liste in den **Access lists** können Sie nun für jedes einzelne Feld bestimmen, ob es für die Benutzergruppe zugänglich gemacht werden soll.

- **Explicitly allow/deny field values**
  In dieser Liste kann für die Benutzergruppe angegeben werden, welche Seiteninhaltstypen nicht zur Verfügung stehen sollen.

- **Limit to languages**
  Mit dieser Option kann die Benutzergruppe auf bestimmte Projektsprachen eingeschränkt werden.

11.3 Benutzer anlegen

Sie können neue Benutzer ebenso wie Benutzergruppen über das Kontextmenü des Weltkugelsymbols anlegen. Abbildung 11.10 zeigt Ihnen den ersten Teil der Erfassungsmaske für einen neuen Benutzer.

- **Benutzername** und **Passwort** sind Pflichtfelder für einen Benutzerdatensatz.
- In der Liste **Group** können Sie den Benutzer einer Benutzergruppe zuordnen. Durch diese Zuordnung werden bereits Einstellungen auf den Benutzer übertragen.
- Analog den Benutzergruppen können Sie die Anmeldung (Login) auch für einen einzelnen Benutzer auf eine Domain und IP-Nummer einschränken.
- Über die **Admin-**Checkbox kann der Benutzer als Administrator gekennzeichnet werden. Damit hat er Zugriff auf das ganze System, wie zum Beispiel auf die Templates.
- Der Name und die E-Mail-Adresse des Benutzers können erfasst werden.
- Über die Auswahlbox der Standardsprache können einem Benutzer Spracheinstellungen zugewiesen werden.

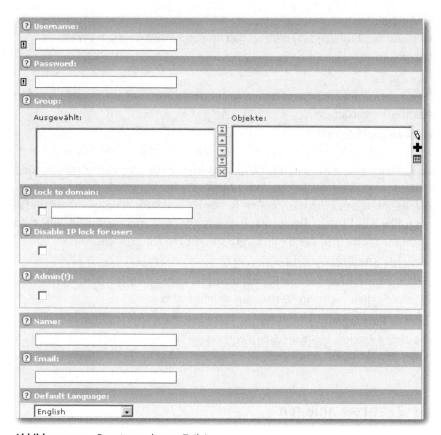

Abbildung 11.10 Benutzer anlegen, Teil 1

Der zweite Teil der Maske für ein Benutzerprofil ist in Abbildung 11.11 dargestellt.

- Über die **Modul**-Auswahlbox können Sie das Hauptmenü des Benutzers konfigurieren. Module, die bereits der Benutzergruppe zugeordnet wurden, müssen hier nicht nochmals ausgewählt werden.
- **Workspace Permissions**
  Hier wird bestimmt ob der Benutzer im Live- und Entwurfs-Workspace arbeiten darf. Darüber hinaus wird festgelegt, ob er neue Workspaces anlegen darf.
- Auch die zugewiesenen Seiten- und Dateibereiche können von der eigenen Benutzergruppe übernommen und um zusätzliche Einstellungen erweitert werden.
- Für die Dateien in der Dateiverwaltung können Sie detailliert angeben, welche Operationen erlaubt sind.

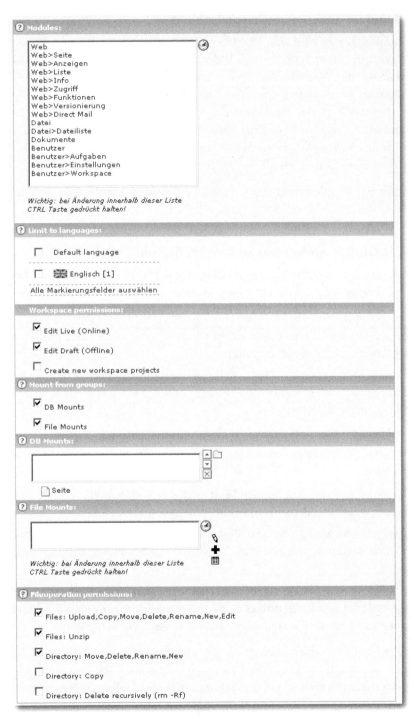

Abbildung 11.11 Benutzer anlegen, Teil 2

11.3.1 Benutzer anlegen im Beispielprojekt

Für das Beispielprojekt wird nun ein neuer Benutzer angelegt, der nur für den Bereich **News** mit einem Zugriffs- und Änderungsrecht ausgestattet werden soll. Die Verwaltung der Newsinhalte übernimmt dabei das Erweiterungsmoduls **News**. In Kapitel 12, *Erweiterungsmodule*, wird das Arbeiten mit diesem Modul detailliert dargestellt. Dieses Modul hat den Vorteil, dass Funktionen zur Archivierung und Erzeugung von »Teasern« vorhanden sind. Um die Benutzerberechtigungen im Beispielprojekt richtig setzen zu können, muss die News-Erweiterung an dieser Stelle bereits installiert werden.

Der Benutzer soll Mitglied einer Benutzergruppe **Newsredakteure** sein, die über ein gemeinsames Dateiverzeichnis verfügt.

11.3.2 Die Gruppe »Newsredakteure« im Beispielprojekt

Zuerst wird die Benutzergruppe **Newsredakteure** erzeugt. Über die **Access list** werden der Gruppe folgende Module zugewiesen:

- **Web** sorgt für den Bereich **Web** im Hauptmenü. Damit ist der Bereich **Web** in der Menüleiste enthalten. Ohne weitere Einträge erscheint jedoch nur die Bereichsüberschrift ohne Menüpunkte.
- **Web > Seite** stellt Ihnen das Modul **Seite** zur Verfügung, mit dem der Seitenbaum angezeigt und verwaltet werden kann. Es dient somit auch dazu, Seiten und Seiteninhalte zu erzeugen.
- **Web > Anzeigen** fügt dem Bereich **Web** den Eintrag **Anzeigen** hinzu.
- **Web > Liste** ermöglicht es den Benutzern, über das **List-Modul** auf Datensätze zuzugreifen.
- Abschließend wird für den Bereich **Web** noch das **Web > Info**-Modul hinzugefügt, mit dem Sie allgemeine Seiteninformationen abrufen können.
- Für die Dateiverwaltung wird der Bereich **Datei** benötigt. Der Menüeintrag **Datei > Dateiliste** sorgt für eine Dateiliste mit Upload- und Bearbeitungsmöglichkeiten.
- Damit jeder Benutzer seine eigenen Einstellungen verändern kann, wird der Gruppe auch der Bereich **Benutzer** und der Eintrag **Einst.** zugewiesen, in dem **Benutzer** und **Benutzer > Einst.** der Modulliste ausgewählt werden.

Über die Auswahlliste **Tables (listing)** der Benutzergruppe legen Sie fest, welche Inhaltstypen die Benutzer im Backend zu sehen bekommen. Im Beispielprojekt soll ein Newsredakteur zwar Seiten und Seiteninhalte sehen, aber nur Inhalte vom Typ **News** ändern können. Der **Tables (listing)**-Liste werden daher die Einträge **Seite** und **Seiteninhalt** zugewiesen, der **Tables (modify)**-Liste der Eintrag **News**.

Die Auswahlliste **Page types** dient dazu, die für die Benutzer zulässigen Seitentypen zu bestimmen. Da ein Newsredakteur im Beispielprojekt keine normalen Seiten bearbeiten darf, werden hier keine Einstellungen benötigt.

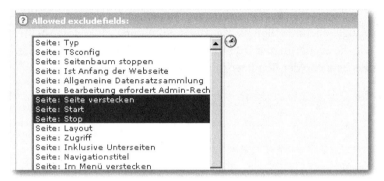

Abbildung 11.12 Allowed excludefields

Felder in Backend-Masken, die als **excludefield** gekennzeichnet sind, sind nur für Administratoren sichtbar. Sie können nur durch Einbeziehung in die Liste **Allowed excludefields** freigegeben werden. Die Einträge in der Liste der **excludefields** hängen von den installierten Erweiterungsmodulen ab. Jedes Erweiterungsmodul kann seine eigenen **excludefields** definieren. Diese werden nach der Installation des Moduls im Erweiterungsmanager automatisch in die **access lists** aufgenommen.

11.3.3 Backend-Anpassung für Newsredakteure

Für die Newsredakteure im Beispielprojekt werden folgende zusätzliche Felder in den Backend-Masken benötigt:

- News: Start
- News: Verstecken
- News: Datum/Zeit
- News: Bilder
- News: Bildtext
- News: Autor
- News: E-Mail
- News: In Verbindung stehende News
- News: Links

11 | Benutzerverwaltung und Zugriffsrechte

Als **DB Mount**[1] wird die Seite **NEWS** gewählt, wodurch der entsprechende Teilbaum für die Redakteure sichtbar wird. Das Einrichten von Dateifreigaben behandeln wir in Abschnitt 12.3.

Für einen neuen Redakteur reicht es nun, Benutzernamen, Passwort und Gruppenzugehörigkeit anzugeben, und schon werden die in Abbildung 11.13 dargestellten Einstellungen wie die zugeordneten **DB Mounts**, **Dateifreigaben** und die Einstellungen der **Access lists** von der Benutzergruppe auf den Benutzer übertragen.

Abbildung 11.13 Gruppeneinstellungen übernehmen

Wenn Sie sich als Administrator abmelden und mit den neuen Benutzerdaten am System anmelden oder über das **SwitchUser**-Symbol des **Benutzer Administrator**-Moduls zum entsprechenden Benutzer wechseln, zeigt sich Ihnen die Backend-Ansicht des Newsredakteurs (siehe Abbildung 11.14). Die Menüleiste wird von TYPO3 automatisch zusätzlich durch einen Bereich **Hilfe** vervollständigt.

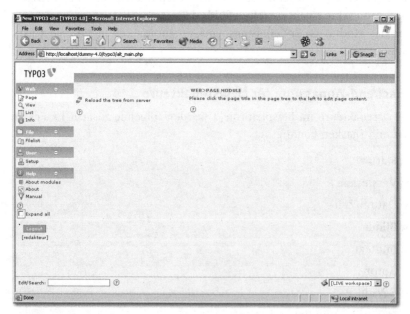

Abbildung 11.14 Backend für einen Newsredakteur

1 Die Definition eines Einstiegspunkts in eine hierarchische Struktur wird als **Mount** bezeichnet. Hier wird also ein Punkt in der Datenbankhierarchie bezeichnet, der Zugriff auf die ihm logisch untergeordneten Datenbereiche erlaubt.

Im Seitenbaum des Moduls **Seite** werden jedoch keine Seiten angezeigt. Der Grund ist, dass dem Newsredakteur für diese Seiten die nötigen Zugriffsrechte fehlen.

Die Rechteverwaltung der TYPO3-Seiten haben wir bisher noch nicht angesprochen. Nach einem Wechsel in den Administrator-Modus ist im Bereich **Web** des Hauptmenüs das Modul **Zugriff** (siehe Abbildung 11.15) verfügbar. Über dieses Modul können Sie die Besitzer der Seiten und deren Zugriffsrechte einsehen.

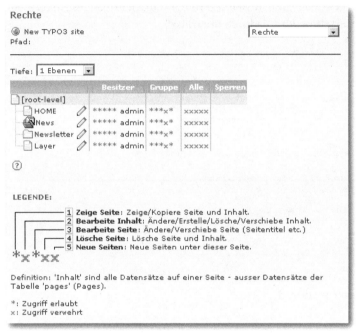

Abbildung 11.15 Das Modul Zugriff

11.3.4 Die Ansicht »Benutzerrechte«

Im Modulmenü in der rechten oberen Ecke des Bildschirms können Sie zwischen **Benutzerübersicht** und **Rechte** wechseln. In der Ansicht **Rechte** wird für den Besitzer der Seite, für die Gruppe, der die Seite zugeordnet ist, und für alle anderen Benutzer dargestellt, welche der folgenden Operationen mit der Seite erlaubt sind:

- Anzeigen
- Seiteninhalt bearbeiten
- Seite bearbeiten
- Seite löschen
- Neue Seiten anlegen (hierarchisch unterhalb der Seite)

Über das Bleistiftsymbol vor dem Symbol einer Seite können Sie deren Einstellungen bearbeiten.

11.3.5 Bearbeiten der Nutzerrechte

In Abbildung 11.16 ist für das Beispielprojekt zu sehen, dass für die Seite **NEWS** die Gruppenzugehörigkeit der Seite auf den Wert **Newsredakteure** geändert wurde. Dabei ist eingestellt, dass sich die Änderungen rekursiv auf alle eine Ebene darunter liegenden Seiten auswirken sollen. Ein mehrmaliges Ändern der Rechte für die Unterseiten wird dadurch überflüssig.

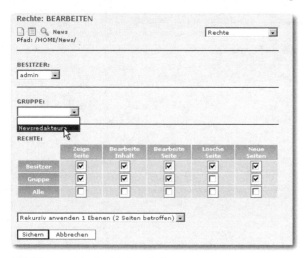

Abbildung 11.16 Rechte bearbeiten

In der Übersicht des Moduls **Zugriff** ist der geänderte Gruppen-Besitzer zu sehen (siehe Abbildung 11.17).

Abbildung 11.17 Newsredakteure als Gruppen-Besitzer

11.3.6 Mit neuen Rechten ins Backend

Eine Anmeldung mit den Benutzerdaten des Newsredakteurs liefert nun die gewünschte Darstellung des Seitenbaums. Das Einfügen eines neuen Inhalts über das Kontextmenü **Neu** ist auf das Anlegen einer Newsmeldung beschränkt (siehe Abbildung 11.18).

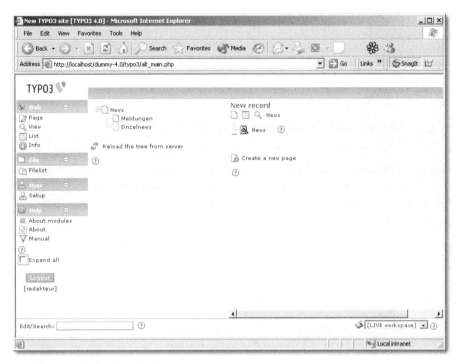

Abbildung 11.18   Backend für News

In der Erfassungsmaske für einen neuen Newsbeitrag sind neben den Standardfeldern für Titel und Text genau die Felder der Liste **Allowed excludefields** verfügbar (siehe Abbildung 11.19). Eine Beschreibung der News-Erweiterung finden Sie in Kapitel 12, *Erweiterungsmodule*.

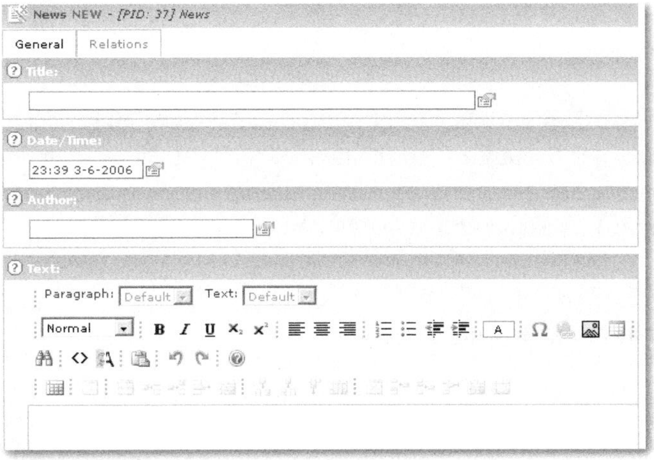

Abbildung 11.19   Neuen Newsartikel anlegen

11.4 Dateifreigaben für Nutzer

Unter Dateifreigaben versteht man Bereiche des Dateisystems, die den Benutzern von TYPO3 mit der integrierten Dateiverwaltung zugänglich sind. Dem Administrator ist in der Standardinstallation ein Dateibereich **fileadmin** zugeordnet.

11.4.1 Dateifreigaben einrichten und zuordnen

Weitere Dateifreigaben für das Projekt können Sie über das Menü **Neuer Datensatz** des Weltkugelsymbols einrichten. Abbildung 11.20 zeigt die Maske, mit deren Hilfe eine neue Dateifreigabe eingerichtet werden kann. Neben der Bezeichnung müssen Sie den Pfad zum entsprechenden Verzeichnis im Dateisystem angeben.

Dies kann dabei absolut oder relativ zum Verzeichnis **fileadmin** geschehen. Das freigegebene Verzeichnis wird bei der Anlage der Dateifreigabe nicht automatisch angelegt. Es muss bereits existieren oder aber manuell (zum Beispiel über die Dateiverwaltung von TYPO3) erzeugt werden.

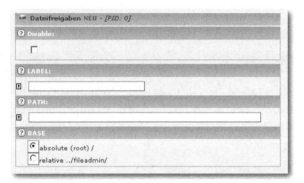

Abbildung 11.20 Dateifreigabe anlegen

Für das Beispielprojekt haben wir eine Dateifreigabe **Redakteure** eingerichtet, die als Unterverzeichnis des **fileadmin**-Verzeichnisses erstellt ist. Sie wird in der Auswahlbox **File Mounts** der Benutzergruppenverwaltung der Benutzergruppe **Newsredakteure** zugeordnet (siehe Abbildung 11.21).

Abbildung 11.21 Dateifreigabe der Benutzergruppe zuordnen

11.5 Frontend Editing

Wie Sie bereits wissen, kann bei TYPO3 der Inhalt einer Website in der Voransicht bearbeitet werden. Im Modul **Ansicht** werden die Stellen, die bearbeitet werden können, mit einem Bleistiftsymbol kenntlich gemacht (siehe Abbildung 11.22).

Abbildung 11.22 Frontend Editing

Um einem Redakteur, der nur für die Pflege vorhandener Inhalte und das Hinzufügen von Inhaltselementen zuständig ist, die Arbeit so komfortabel wie nur möglich zu machen, wäre es wünschenswert, ihm auf seiner Arbeitsfläche nur die Voransicht mit den Bleistiftsymbolen zu präsentieren. Das gesamte Backend von TYPO3 sollte für ihn ausgeblendet sein. Dies würde zudem den Schulungsaufwand deutlich reduzieren.

11.5.1 Auswahl zwischen Frontend- und Backend-Login

Hierzu gibt es die Möglichkeit, in der Konfigurationsdatei **localconf.php** über einen Eintrag zu steuern, welche Zugriffsarten erlaubt sein sollen:

```
$TYPO3_CONF_VARS["BE"]["interfaces"] = 'frontend, backend';
```

Hiermit wird bei der Anmeldung eine Auswahl zwischen den Interface-Typen **Front End** und **Backend** angeboten (siehe Abbildung 11.23).

11 | Benutzerverwaltung und Zugriffsrechte

Abbildung 11.23 Interface-Auswahl bei der Anmeldung

Das Einstellen des **Interfaces** reicht noch nicht aus, um das gewünschte Resultat zu erreichen. Es müssen noch einige weitere Schritte beachtet werden.

11.5.2 Aktivieren des Administrator-Panels

Zuerst müssen Sie das Administrator-Panel-Objekt im Template aktivieren. Dies geschieht, indem im Seiten-Template die `admPanel`-Eigenschaft im `config`-Objekt auf 1 gesetzt wird.

`config.admPanel = 1`

Für Administratoren reicht dieser Eintrag aus, um das Panel anzuzeigen. Für »normale« Benutzer hingegen muss es durch entsprechende TSconfig-Einträge in den Benutzereinstellungen sichtbar gemacht werden. Im Beispielprojekt haben wir eine Benutzergruppe mit der Bezeichnung **frontendredakteure** eingerichtet, in der die Einstellungen auf Gruppenebene vorgenommen werden. Damit können weitere Benutzer im Frontend-Editing-Modus hinzugefügt werden, ohne jedes Mal die Konfiguration erneut vorzunehmen. Es reicht aus, einen neuen Benutzer der entsprechenden Benutzergruppe zuzuordnen.

Im TSconfig-Feld der Benutzergruppe haben wir Folgendes eingetragen:

```
admPanel {
   enable.edit = 1
   module.edit.forceNoPopup = 0
   module.edit.forceDisplayFieldIcons = 1
   module.edit.displayIcons = 1
```

```
    module.edit.forceDisplayIcons = 1
    hide = 1
}
```

Listing 11.1 Frontend-Konfiguration

Erläuterung: Die `Edit`-Eigenschaft des `admPanel` wird aktiviert, die Beistiftsymbole werden eingeblendet, die Symbolleiste wird eingeblendet, und das Administrator-Panel soll versteckt werden (`hide = 1`).

Ein Test mit einem Benutzer dieser Gruppe zeigt, dass nach der Anmeldung sofort zum Frontend der Website weitergeleitet wird, ohne dass das Backend sichtbar wird (siehe Abbildung 11.24).

Anders als im Erscheinungsbild, das sich Besuchern der Website präsentiert, sind hier kleine Bleistiftsymbole und Bearbeitungsleisten zu sehen, die Sie auf eine Bearbeitungsmöglichkeit hinweisen sollen.

Abbildung 11.24 Frontend-Editing im Beispielprojekt

Die Symbole der Bearbeitungsleiste bedeuten Folgendes (in der Reihenfolge von links nach rechts in Abbildung 11.25):

- Inhaltselement bearbeiten
- Verschieben des Inhaltselements nach oben oder unten
- Inhalt unsichtbar schalten

11 | Benutzerverwaltung und Zugriffsrechte

- Neues Element erzeugen
- Element löschen

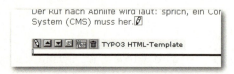

Abbildung 11.25 Bearbeitungsleiste

Sollten Sie keine Bleistiftsymbole sehen, so überprüfen Sie, ob der Redakteur Zugriffsrechte für die gewünschte Seite besitzt. Im Beispielprojekt haben wir die Benutzergruppe **frontendredakteure** als Gruppenbesitzer der Seiten eingetragen. Damit wurden die nötigen Zugriffsrechte erteilt.

Sind die Bleistiftsymbole zwar vorhanden, erscheint aber nach einem Klick darauf ein leeres Browserfenster, so haben Sie in den **Access lists** der Benutzergruppe nicht die richtigen Werte eingetragen. Wenn der Redakteur Seiteninhalte bearbeiten können soll, muss zumindest der Eintrag **Seiteninhalt** in der Auswahlliste **Tables (modify)** eingetragen werden.

Sind die nötigen Einträge vorhanden, erscheint durch einen Klick auf ein Bleistiftsymbol eine Bearbeitungsmöglichkeit. In Abbildung 11.26 sehen Sie die Bearbeitungsmaske für eine Überschrift des Beispielprojekts.

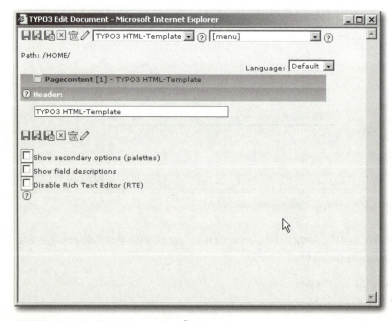

Abbildung 11.26 Bearbeitung einer Überschrift

Wenn Sie jedoch ein Bleistiftsymbol eines Mengentextfeldes anklicken, können Sie einen Mengentext mit dem Rich-Text-Editor bearbeiten (siehe Abbildung 11.27).

Abbildung 11.27 Der Rich-Text-Editor im Frontend-Editing-Modus

11.5.3 Anpassen der Frontend-Editing-Rechte über TypoScript

Ein Redakteur im Beispielprojekt kann nun die Inhalte der Seiten pflegen. Er kann allerdings keine Seiteninhalte erstellen, wenn auf einer Seite noch keine Inhalte vorhanden sind. Auch kann er keine neuen Seiten erstellen. Das Typo-Script-Template wird nun um diese Möglichkeiten erweitert.

```
seite.20  = EDITPANEL
seite.20 {
   allow = new
   label = Seite:<B>%s</B><br> Hier können Sie eine Unterseite zu dieser Seite anlegen
   line = 5
}
```

11 | Benutzerverwaltung und Zugriffsrechte

```
seite.30 = EDITPANEL
seite.30 {
   label = Neuer Seiten-Inhalt<br>
        Hier können Sie einen Seiteninhalt einfügen
   line = 5
   newRecordFromTable = tt_content
}
```

Listing 11.2 Seiten und Seiteninhalte einfügen

Unterhalb der Designvorlage (Position 10) haben wir an Position 20 der Seite ein EDITPANEL-Objekt eingefügt. Für dieses wird nur jener Button sichtbar geschaltet, der zum Anlegen einer neuen Seite dient (allow = new). Neben einer Beschriftung wird noch der Abstand zur darunter liegenden Linie bestimmt.

An Position 30 haben wir ein weiteres EDITPANEL-Objekt eingefügt, das zum Erzeugen eines neuen Inhaltselements (aus der Datenbanktabelle tt_content) dient (siehe Abbildung 11.28).

Abbildung 11.28 Seiten und Seiteninhalte einfügen

11.5.4 Das Administrator-Panel vollständig aktivieren

Die nachfolgende Variation des Scripts im **TSconfig**-Feld eines Benutzers oder einer Benutzergruppe aktiviert das Administrator-Panel samt allen Möglichkeiten.

```
admPanel {
   enable.edit = 1
   enable.preview = 1
   enable.cache = 1
   enable.publish = 1
   enable.edit = 1
   enable.tsdebug= 1
   enable.info= 1
   hide = 0
}
```

Listing 11.3 Admin-Panel einblenden

Neben dem Bereich **Eingabe** bietet das Administrator-Panel folgende Bereiche (siehe Abbildung 11.29):

- **Vorschau** dient dazu, versteckte Seiten und Seitenelemente anzuzeigen. Außerdem kann für zeitgesteuerte Inhalte ein Zeitpunkt und für zugriffsgeschützte Bereiche eine Benutzergruppe simuliert werden.
- **Cache** schaltet das Caching für Seiten aus und löscht den Inhalt des Caches bei Bedarf.
- **Veröffentlichen** dient zum Freischalten von Seiten.
- **TypoScript** ist ein TypoScript-Debugger.
- **Info** bietet Seiteninformationen wie zum Beispiel **id** und **type**.

Abbildung 11.29 Administrator-Panel mit allen Bereichen

Eine Icon-Leiste im Bereich **Eingabe** (siehe Abbildung 11.30) bietet darüber hinaus folgende Möglichkeiten:

- Anzeigen des Änderungsprotokolls
- Anzeigen eines neuen Inhaltselements
- Verschieben einer Seite
- Anlegen einer neuen Seite
- Bearbeiten des Seitenkopfs
- Öffnen des TYPO3-Backends

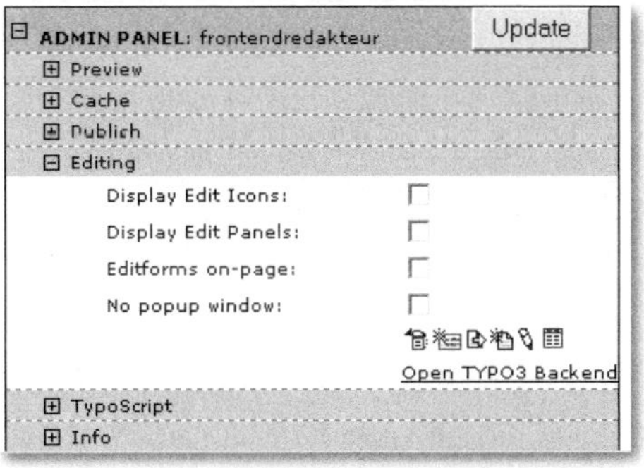

Abbildung 11.30 Icon-Leiste im Administrator-Panel

11.6 Gleichzeitige Benutzerzugriffe

Versuchen zwei oder mehrere Redakteure, die gleichen Inhalte zu ändern, kann es vorkommen, dass ein Redakteur die Änderungen des anderen ungewollt überschreibt. Um dies zu verhindern, bieten manche Systeme einen Mechanismus an, der Datensätze für andere Benutzer sperrt, wenn diese zur Zeit bearbeitet werden.

> **Kein Locking-Mechanismus, sondern Zugriffswarnung**
>
> TYPO3 kennt einen solchen »Locking-Mechanismus« für seinen Datenbestand nicht. Um jedoch unerwünschte »Kollisionen« von Redakteuren möglichst zu vermeiden, verfügt TYPO3 über einen Warnmechanismus. Wird eine Seite bereits von einem Benutzer bearbeitet, erscheint bei anderen Redakteuren nach der Anmeldung ein Warnhinweis in Form eines roten Ausrufezeichens im Seitenbaum (siehe Abbildung 11.31).

Abbildung 11.31 Zugriffswarnung

11.7 Frontend-Benutzer anlegen – passwortgeschützte Bereiche

Im Beispielprojekt ist ein Bereich **Kundenzone** vorgesehen, der nicht allen Besuchern der Website zugänglich sein soll. Er soll Kunden vorbehalten bleiben, die sich mittels Kundenkennung und Passwort anmelden (siehe Abbildung 11.32).

Abbildung 11.32 Die Kundenzone

11.7.1 Einrichten eines Systemordners für Frontend-Benutzer

Um geschützte Bereiche, also Seiten für einen geschlossenen Benutzerkreis, erstellen zu können, müssen Sie zuerst die entsprechenden Benutzer und Benutzergruppen erstellen. Die Benutzer, die wir jetzt betrachten, sind von denen, die in den vorangegangenen Abschnitten zentrale Bedeutung hatten, streng zu unterscheiden.

Betraf die Benutzerverwaltung in den vorangegangenen Abschnitten noch die **Redakteure** der Website, die sich im Backend anmelden, so werden jetzt Benutzerdaten benötigt, die Personen erfassen, die sich als Nutzer auf der Website selbst anmelden.

Solche Benutzer werden daher als **Frontend-Benutzer** bezeichnet und getrennt von den Backend-Benutzern verwaltet.

Als Container für die Benutzerdaten dient ein **SysOrdner**, der an einer beliebigen Stelle das Seitenbaums eingefügt werden kann. In der Erfassungsmaske des Systemordners können Sie diesen Ordner über die Auswahlbox **Enthält Erweiterung** als speziellen Ordner für Benutzerdaten kennzeichnen (siehe Abbildung 11.33).

Abbildung 11.33 Systemordner für Website-Benutzer

11.7.2 Anlegen von Frontend-Benutzern und Frontend-Benutzergruppen

Über das Menü **Neuer Datensatz** können Sie nun im Ordner Datensätze für **Website(Frontend)-Benutzer** und **Benutzergruppen** anlegen (siehe Abbildung 11.34).

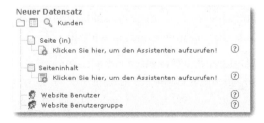

Abbildung 11.34 Neue Website-Benutzer anlegen

11.7.3 Erfassungsmaske für Frontend-Benutzer

Die Erfassungsmaske für Website-Benutzergruppen (siehe Abbildung 11.35) bietet folgende Optionen:

- Die Gruppe kann deaktiviert werden.
- Mit der Einschränkung auf eine Domain können Sie bei Projekten mit mehreren Domains den Login der Gruppe auf eine Domain beschränken.
- Mit einem Beschreibungsfeld und einem **TSconfig**-Feld wird die Gruppendefinition abgeschlossen.

Das einzige Pflichtfeld ist der Gruppenname.

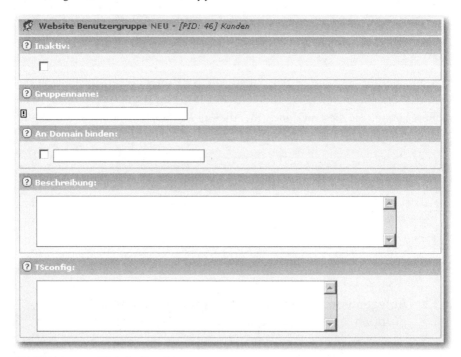

Abbildung 11.35 Website-Benutzergruppe

Abbildung 11.36 zeigt die Pflichtfelder in der Definition eines Website-Benutzers. Darüber hinaus können in der Bildschirmmaske die persönlichen Daten wie Name, Adresse, E-Mail-Adresse, Bild etc. des Benutzers erfasst werden.

Neben einer Konfigurationsmöglichkeit über das **TSconfig**-Feld wird eine zeitabhängige Möglichkeit zur Deaktivierung geboten (siehe Abbildung 11.37). Damit können Sie Benutzerzugänge schaffen, die nur während eines bestimmten Zeitraums gültig sind.

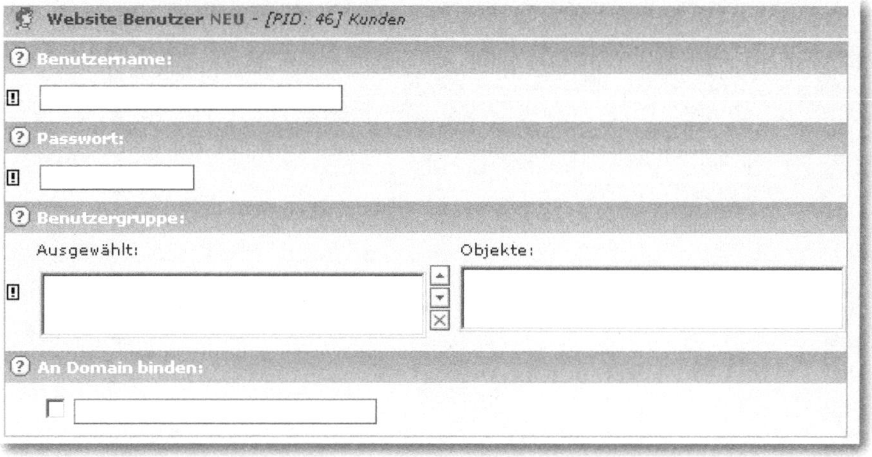

Abbildung 11.36 Website-Benutzer

Abbildung 11.37 Aktivierungszeitraum für Website-Benutzer

11.7.4 Ansicht des Systemordners im List-Modul

Eine gute Übersicht über die vorhandenen Benutzer und Benutzergruppen erhalten Sie, indem Sie den Systemordner mit dem **List**-Modul betrachten (siehe Abbildung 11.38).

Um TYPO3 mitzuteilen, in welchem Systemordner sich die Benutzerdaten befinden, müssen Sie einen entsprechenden Hinweis im Template der Website eintragen. Dies kann in diesem Fall auch über den **Constant-Editor** geschehen. In der Kategorie CONTENT befindet sich in der Rubrik **Content:'Login'** ein Eintrag, der die Seiten-ID des Systemordners als Ort für die Frontend-Benutzerdaten bestimmt (siehe Abbildung 11.39).

Die folgende Einstellung bewirkt den TypoScript-Eintrag im Feld **Constants** des Templates, wobei 46 im Beispielprojekt die Seiten-ID des Benutzerordners ist:

```
styles.content.loginform.pid = 46
```

11 | Benutzerverwaltung und Zugriffsrechte

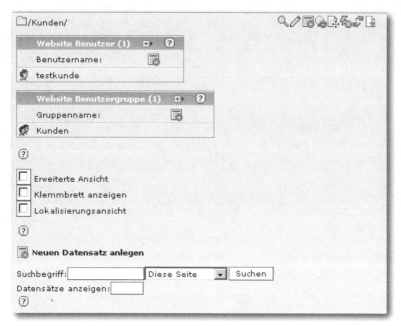

Abbildung 11.38 Benutzer-Systemordner im List-Modul

Abbildung 11.39 Verweis auf die Benutzerdaten

11.7.5 Definieren der Zugriffsbeschränkung

Nachdem nun die Benutzergruppe **Kunden** im Beispielprojekt angelegt worden ist, kann der ihr vorbehaltene Seitenbereich angelegt werden. Dazu wird neben der bereits vorhandenen Seite **KUNDENZONE** eine weitere Seite mit dieser Bezeichnung erstellt. Für die neue Seite wird jedoch der Zugriff auf die Gruppe **Kunden** beschränkt (siehe Abbildung 11.40). Sie ist daher nicht sichtbar und erscheint nicht im Menü, solange der Benutzer nicht angemeldet ist.

Die zugriffsgeschützte Seite der Kundenzone ist im Seitenbaum mit einem speziellen Symbol gekennzeichnet (siehe Abbildung 11.41).

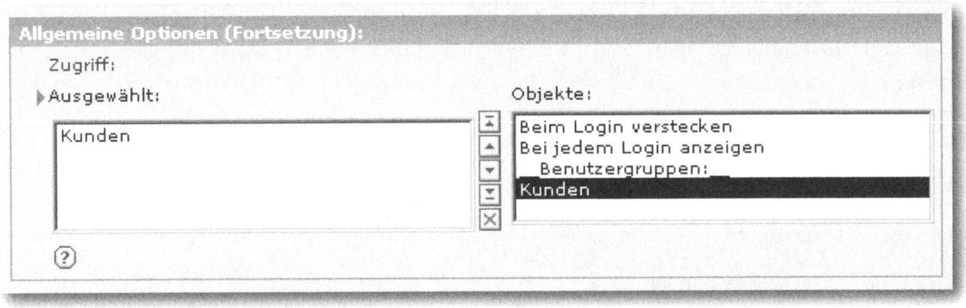

Abbildung 11.40 Zugriffsbeschränkung

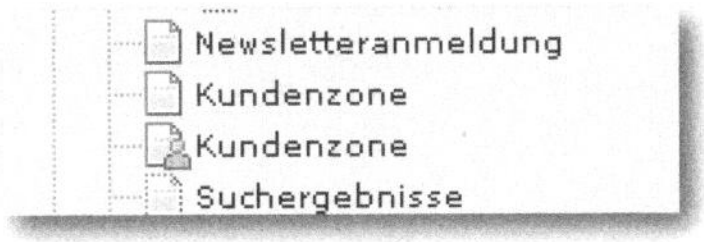

Abbildung 11.41 Symbol für zugriffsgeschützte Seiten

11.7.6 Das Login-Formular für Frontend-Benutzer

Zur Vervollständigung der Kundenzone fehlt noch eine Möglichkeit, sich über ein Formular auf der Website anzumelden. TYPO3 bietet einen vorgefertigten Inhaltstyp für diesen Zweck an (siehe Abbildung 11.42).

Abbildung 11.42 Seitenelement Anmeldeformular

Auf der Seite **KUNDENZONE** wird ein solches Login-Formular mit der Überschrift »Kundenlogin« platziert. Im Feld **Zielseite** wird die Seite ausgewählt, die nach erfolgreicher Anmeldung angezeigt werden soll.

In den Zugriffseinstellungen der Seite wählen Sie anschließend **Beim Login verstecken**. Die Seite mit dem Anmeldeformular wird dadurch automatisch nach einer erfolgreichen Anmeldung ausgeblendet und verschwindet aus dem Menü.

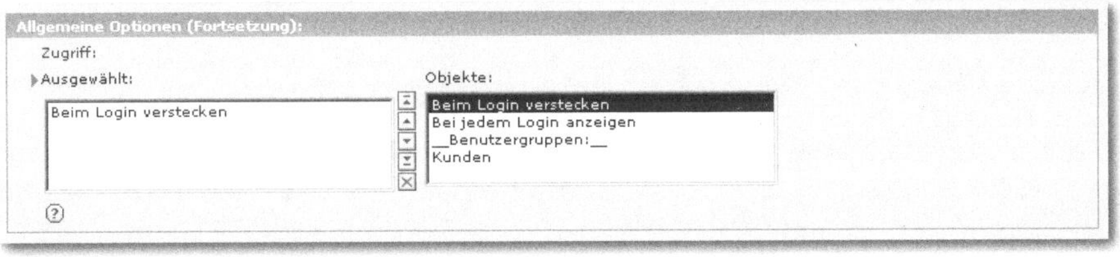

Abbildung 11.43 Seite beim Login verstecken

11 | Benutzerverwaltung und Zugriffsrechte

Alle Menüs werden von TYPO3 nach der Anmeldung automatisch um die Einträge der nun verfügbaren Seiten erweitert. Dies betrifft zum Beispiel auch die Sitemap.

Das Login-Formular der Kundenzone hat damit folgendes Aussehen (siehe Abbildung 11.44).

Abbildung 11.44 Anmeldeformular

Es können nicht nur ganze Seiten, sondern auch nur Teile von ihnen, also ausgewählte Inhaltselemente, einer Benutzergruppe zugeordnet werden. Damit erscheinen einzelne Inhalte erst, nachdem der Benutzer sich bei der Website angemeldet hat und feststeht, dass er auch zur entsprechenden Benutzergruppe gehört.

In diesem Kapitel stellen wir die Verwaltung von Erweiterungsmodulen mit dem dafür vorgesehenen Erweiterungs-Manager vor und zeigen Ihnen einige wichtige Erweiterungsmodule.

12 Erweiterungsmodule

Der größte Teil der TYPO3-Funktionalitäten ist in Modulen untergebracht. Bei einer Standardinstallation wird bereits ein umfangreiches Paket mitgeliefert. Über den **Erweiterungs-Manager** können darüber hinaus jederzeit per Mausklick Module hinzugefügt oder entfernt werden.

12.1 Der Erweiterungs-Manager

Wie in Abbildung 12.1 zu sehen, zeigt dieses Werkzeug alle installierten Erweiterungsmodule. Über Auswahlboxen können Sie die Reihenfolge der Anzeige und die Detailtiefe der angezeigten Information bestimmen. Ein Klick auf das entsprechende Minus-Symbol genügt, um eine Erweiterung wieder zu entfernen.

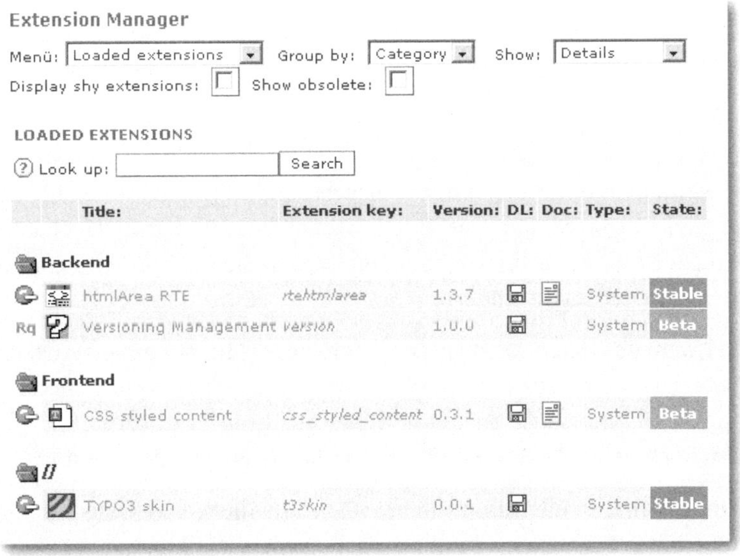

Abbildung 12.1 Installierte Erweiterungen

12 | Erweiterungsmodule

Ein weiterer Klick auf den Titel eines Erweiterungsmoduls zeigt die Detailinformationen zu diesem Modul (Abbildung 12.2). Das in rechts oben dargestellte Menü erlaubt den Zugriff auf die Dateien der Erweiterung. Ob diese Dateien nur eingesehen oder auch verändert werden können, hängt von einem Eintrag in der Konfigurationsdatei *localconf.php* ab, die im Verzeichnis *typo3conf zu* finden ist.

Abbildung 12.2 Erweiterung

Die Anweisung $TYPO3_CONF_VARS[EXT][noEdit] = 0 erlaubt Änderungen, die Anweisung $TYPO3_CONF_VARS[EXT][noEdit] = 1 unterbindet sie.

Abbildung 12.3 zeigt die Auflistung der Dateien, die zur Erweiterung **htmlArea RTE** gehören. Es handelt sich dabei um PHP-Dateien mit dem Quellcode der Erweiterung und um HTML-Dateien, die als Vorlage dienen. Außerdem um Textdateien mit gespeicherten Einstellungen und weitere Dateien.

Grundsätzlich werden Erweiterungen über entsprechende TypoScript-Befehle an die individuellen Bedürfnisse angepasst. Nur wenn die dadurch erreichbaren Anpassungen nicht Ihren Bedürfnissen genügen, sollten Sie die Einstellungen in den Dateien der Erweiterung verändern.

Wählen Sie im Menü des Extension-Managers den Eintrag **Install extensions**, so wird Ihnen eine Liste aller auf dem Server verfügbaren Erweiterungsmodule angezeigt (siehe Abbildung 12.4). Sie können hier nicht nur Erweiterungen entfernen, sondern auch neue installieren. Ein Klick auf das Plus-Symbol genügt.

Der Erweiterungs-Manager übernimmt dabei nicht nur die Verwaltung der für die Erweiterung nötigen Dateien, sondern passt auch die Datenbankstruktur automatisch an.

```
Extension Manager
Extension: htmlArea RTE (rtehtmlarea)

EXTENSION FILES

(?)
Path: C:/Program Files/xampp/htdocs/dummy-4.0/typo3/sysext/rtehtmlarea/

File:                                              Size:    Edit:
ChangeLog                                          35 K     Edit file
class.tx_rtehtmlarea_base.php                      76 K     Edit file
ext_conf_template.txt                              3.7 K    Edit file
ext_emconf.php                                     14.4 K   Edit file
ext_icon.gif                                       161
ext_localconf.php                                  5.6 K    Edit file
ext_tables.php                                     764      Edit file
ext_tables.sql                                     620      Edit file
locallang.xml                                      1.8 K    Edit file
locallang_db.xml                                   1.3 K    Edit file
tca.php                                            2.6 K    Edit file
doc/manual.sxw                                     62 K
htmlarea/HTMLAREA_LICENSE.txt                      1.6 K    Edit file
htmlarea/htmlarea-compressed.js                    74 K
htmlarea/htmlarea-gecko-compressed.js              13.5 K
htmlarea/htmlarea-gecko.js                         21 K
htmlarea/htmlarea-ie-compressed.js                 4.3 K
htmlarea/htmlarea-ie.js                            8.4 K
htmlarea/htmlarea.js                               102 K
htmlarea/locallang_dialogs.xml                     12.0 K   Edit file
htmlarea/locallang_msg.xml                         3.4 K    Edit file
htmlarea/locallang_tooltips.xml                    4.7 K    Edit file
htmlarea/popupwin-compressed.js                    5.9 K
htmlarea/popupwin.js                               9.2 K
htmlarea/plugins/Acronym/acronym-compressed.js     0.9 K
```

Abbildung 12.3 Dateien der Erweiterung

Die gewünschten Änderungen werden zunächst angezeigt und müssen anschließend vom Administrator bestätigt werden, um wirksam zu werden. Abbildung 12.5 zeigt beispielsweise die SQL-Anweisungen, die für eine Erweiterung der Datenbank um eine Tabelle index_phash für das **Indexed Search Engine**-Modul nötig sind. Der Administrator kann nun über eine Auswahlbox bestimmen, welche SQL-Anweisung er ausführen möchte. Erst nach einem Klick auf **Update** wird die Datenbankstruktur geändert.

Erweiterungen können per Klick auch wieder deinstalliert werden. Änderungen an der Datenbankstruktur werden dabei jedoch nicht zurückgenommen.

Darüber hinaus existiert ein Online Repository, in dem die in der Open-Source-Gemeinde entwickelten Erweiterungen zentral gesammelt werden. Über den Erweiterungs-Manager können Sie sich mit dieser Erweiterungsbibliothek verbinden lassen, um die Erweiterung(en) Ihrer Wahl auf Ihren Webserver zu überspielen (siehe Abbildung 12.6).

12 | Erweiterungsmodule

Abbildung 12.4 Verfügbare Erweiterungen

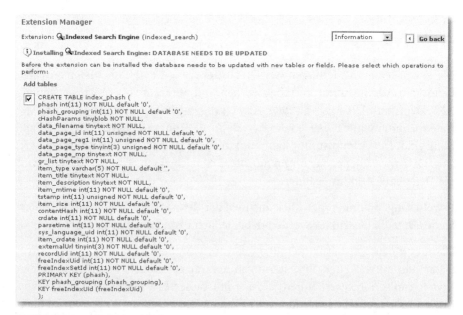

Abbildung 12.5 Datenbankänderungen

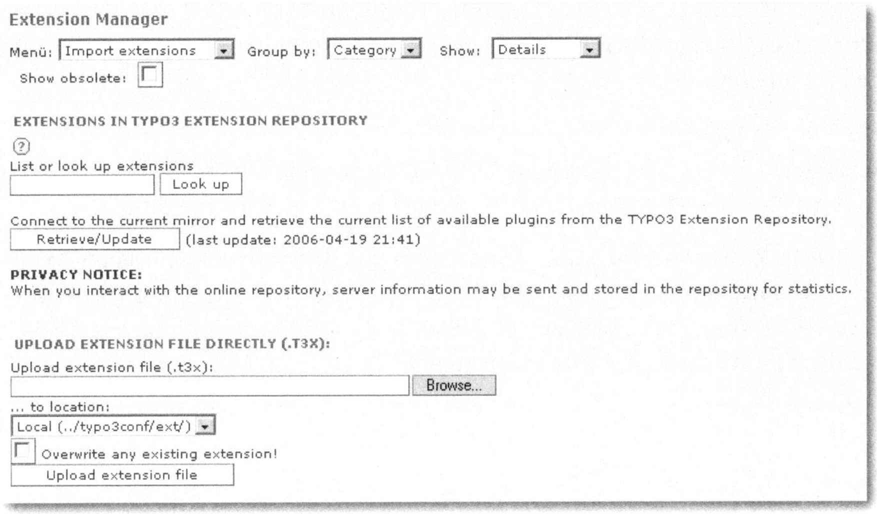

Abbildung 12.6 Das Online Repository

Unter den derzeit verfügbaren Erweiterungen befinden sich Module wie E-Mail-Newsletter-Systeme, Online-Shops und Kalender. Ebenso auch Werkzeuge für statistische Auswertungen oder Hilfsmittel für Entwickler. In den folgenden Abschnitten werden wir einige Erweiterungen vorstellen.

Die in Folge vorgestellten Erweiterungen finden Sie als t3x-Dateien im Verzeichnis *Erweiterungen* ebenfalls auf der Begleit-DVD zum Buch. Sie können so die Erweiterungen auch manuell bzw. offline installieren, falls Sie keine Verbindung zum Online-Repository aufbauen können.

Reicht die Funktionalität verfügbarer Erweiterungen nicht aus, können Sie eigene hinzufügen. Zu diesem Zweck bietet TYPO3 eine Erweiterung mit der Bezeichnung **Extension Kickstarter Wizard**. Mit diesem Hilfsmittel lässt sich die Grundstruktur (z. B. die Datenbankstruktur) der Erweiterung festlegen. TYPO3-Erweiterungen werden genauso wie TYPO3 selbst in PHP geschrieben.

12.2 Beispiel News

Im Beispielprojekt soll auf der Startseite (HOME) ein Bereich mit aktuellen Meldungen entstehen. Es werden dabei folgende Anforderungen gestellt: Die Nachrichten sollen in Form einer Überschrift, einem Datum und den ersten Zeilen des Meldungstexts angezeigt werden. Ein Link **[mehr]** dient dazu, den gesamten Meldungstext aufzurufen.

In der Einzelansicht soll der gesamte Nachrichtentext dargestellt werden. Es soll möglich sein, Bilder einzufügen und weitere Informationen wie Autor und Links zu präsentieren.

Die Bilder sollen eine bestimmte Größe nicht überschreiten. Die zugeordneten Bilddateien sollen automatisch an diese Größe angepasst werden. Abschließend ist noch ein Link vorgesehen, der zur Nachrichtenübersicht zurückführt.

In TYPO3 existiert hierzu ein Erweiterungsmodul. Über den Erweiterungs-Manager können Sie dieses Modul zur TYPO3-Installation hinzufügen. Die jeweils aktuelle Version können Sie aus dem Online Repository herunterladen. Suchen Sie dazu im Abschnitt **Import extensions** des Extension Managers nach »news« (siehe Abbildung 12.7).

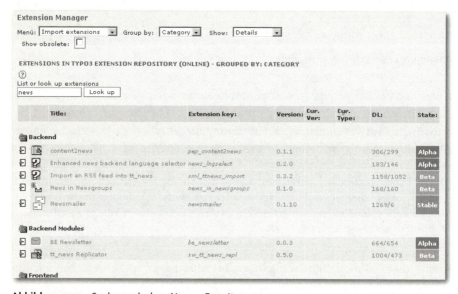

Abbildung 12.7   Suche nach der »News«-Erweiterung

In der Liste finden Sie ein Modul mit dem Extension-Key »tt_news« (Abbildung 12.8). Mit einem Klick auf den roten Pfeil können Sie die Erweiterung zu Ihrer TYPO3-Installation übertragen und anschließend installieren (Abbildung 12.9).

Abbildung 12.8   »News«-Erweiterung

Das News-Modul erweitert die Datenbankstruktur von TYPO3 um eine Tabelle (tt_news), in der News-Beiträge als Datensätze gespeichert werden (Abbildung 12.10).

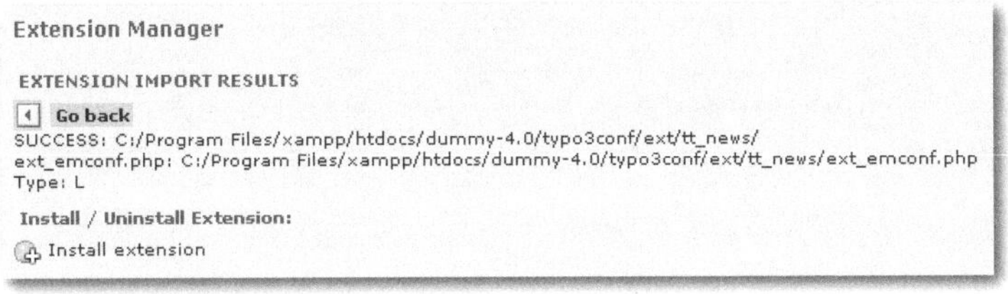

Abbildung 12.9 »News«-Erweiterung installieren

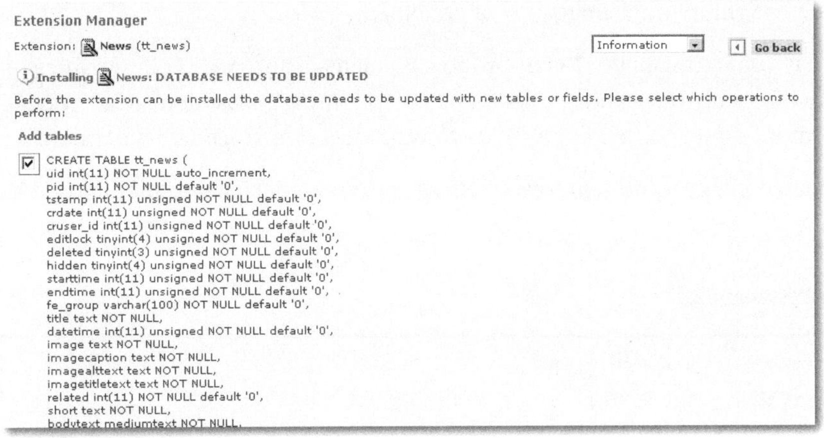

Abbildung 12.10 Erweiterung der Datenbankstruktur

Die Integration der News in den Seitenbaum erfolgt über einen Systemordner, der als Container für die News-Datensätze dient. Einen Systemordner legen Sie an, indem Sie eine neue Seite im Seitenbaum einfügen und als Typ **SysOrdner** auswählen (siehe Abbildung 12.11).

Abbildung 12.11 Systemordner für das News-Modul

In den Einstellungen für Systemordner ist ein Abschnitt mit der Bezeichnung **Enthält Erweiterung** vorhanden. Hier sind die installierten Erweiterungen, die Systemordner nutzen, in einer Auswahlbox verfügbar (siehe Abbildung 12.12: Erweiterung im Systemordner).

In diesem Abschnitt wird **News** für das Nachrichtenmodul ausgewählt.

Abbildung 12.12 Erweiterung im Systemordner

Nachdem Sie den **News**-Ordner eingerichtet haben, ist dieser als speziell gekennzeichnetes Symbol im Seitenbaum zu erkennen.

Über das Kontextmenü des **News**-Ordners können Sie nun neue Beiträge anlegen. Das Menü **Neuer Datensatz** enthält jetzt einen Eintrag **News**, den Sie auswählen können. An dieser Stelle können auch News-Kategorien eingerichtet werden.

Es stehen drei Typen für den News-Beitrag zur Auswahl (siehe Abbildung 12.13):

Abbildung 12.13 News-Beitrag

News	Der Beitrag besteht aus Titel, Text, Bildern, Bildtext und Links, die über die Erfassungsmaske des News-Beitrags erfasst werden.
Link zu interner Seite	Als Beitrag wird auf eine Seite im Seitenbaum verwiesen.
Link zu externer URL	Als Beitrag wird auf eine externe Seite in Form einer URL verwiesen.

Tabelle 12.1 Typen für den News-Beitrag

Die Einstellungen für einen News-Beitrag sind in die Bereiche »Allgemein« und »Relations« gegliedert. Die beiden Bereiche sind über einen Karteireiter anwählbar (Abbildung 12.14). Im Bereich »Allgemein« kann der Titel des Beitrags angegeben werden, die Sichtbarkeit gesetzt und der Veröffentlichungszeitraum bestimmt werden.

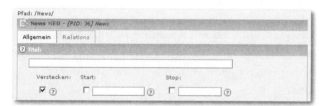

Abbildung 12.14 News-Beitrag »Titel«

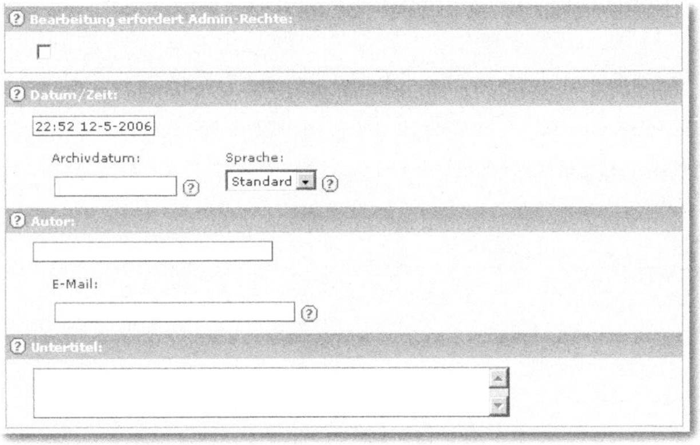

Abbildung 12.15 News-Beitrag »Zusatzinformationen«

Sie können alle drei Formen des News-Beitrags um zusätzliche Angaben ergänzen (siehe Abbildung 12.15):

- Untertitel
- Datum der Nachricht und Archivierungsdatum
- Zugriffsberechtigung
- Kategoriezugehörigkeit
- Autor mit seiner E-Mail-Adresse
- Sprache

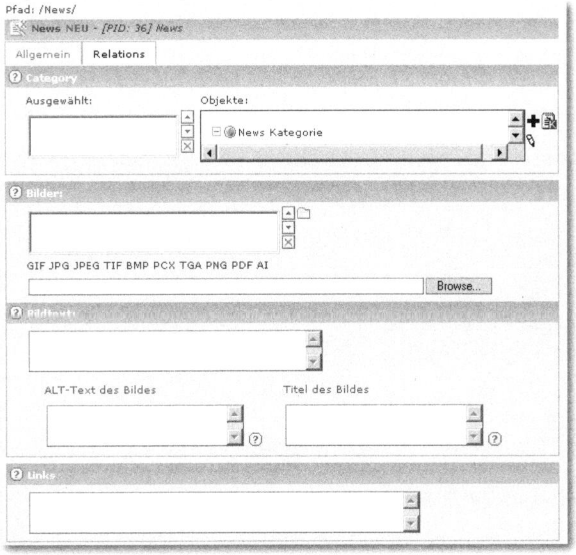

Abbildung 12.16 News-Relations, Teil 1

Der Bereich »Relations« enthält:

- Kategoriezuordung
- Bilder
- Bildtext, Bildtitel und Alternativ-Text
- Links zum Artikel
- Verweise zu verbundenen Beiträgen
- Dateien
- Zugriffsrechte

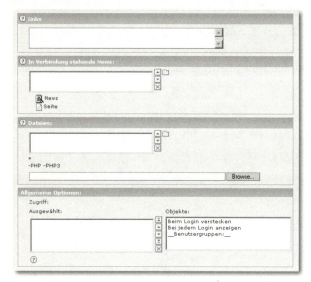

Abbildung 12.17 News-Relations, Teil 2

Im Seitenmodul zeigt der News-Ordner eine Liste aller News-Beiträge an (siehe Abbildung 12.18). Von hier aus können die Beiträge auch bearbeitet werden.

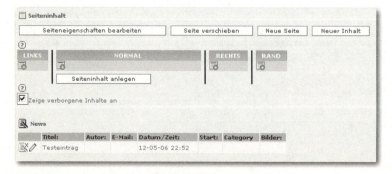

Abbildung 12.18 Liste der News-Beiträge

Bisher haben wir einen Behälter für die News-Beiträge (Folder) angelegt und haben Beiträge neu angelegt. Um die News-Beiträge in der gewünschten Form anzuzeigen, ist es nötig, entsprechende Seiteninhalte einzufügen und das TypoScript-Template zu erweitern.

Fügen Sie im Beispielprojekt auf der Startseite unterhalb des Testinhalts einen Seiteninhalt ein, indem Sie **News** in dem Abschnitt **Plugins** wählen (Abbildung 12.19).

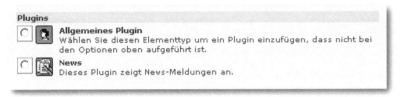

Abbildung 12.19 News-Plugin einfügen

Abbildung 12.20 zeigt Teil 1 der Erfassungsmaske für News als Seiteninhaltselement, in der als Erweiterungstyp **News** bereits ausgewählt ist. Über das Feld **Plugin Optionen-Allgemeine Einstellungen** können Sie die Ausgabeform bestimmen. **Ausgangspunkt** legt fest, woher die News-Beiträge entnommen werden. Darüber hinaus können Kategorieeinstellungen, Sortierreihenfolge und Archiveinstellungen bestimmt werden. Im Beispielprojekt wird der Systemordner **News** und auf der Startseite die Einstellung **LATEST** verwendet.

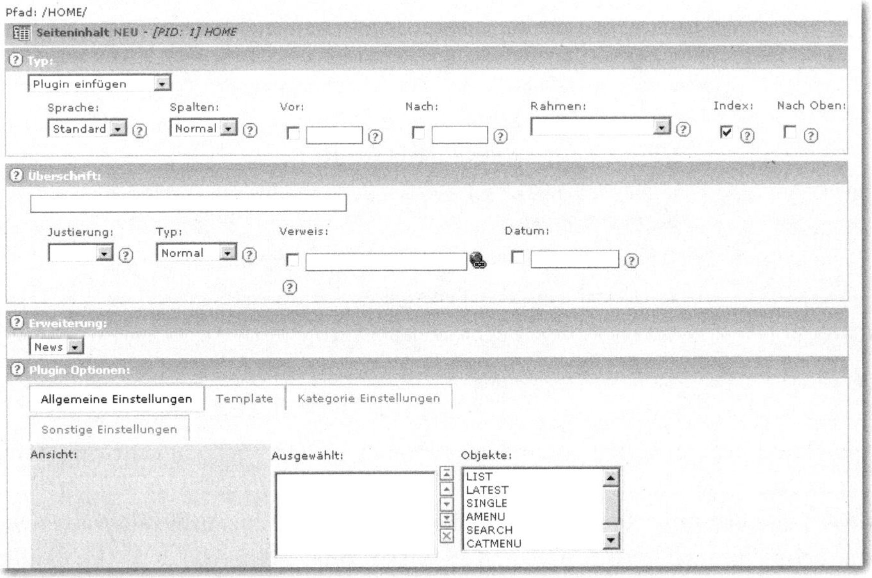

Abbildung 12.20 »News« als Seiteninhalt, Teil 1

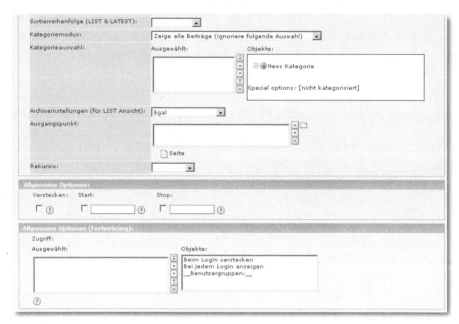

Abbildung 12.21 »News« als Seiteninhalt, Teil 2

Für die Datensätze der News-Erweiterung stehen Ihnen verschiedene Ausgabeformen zur Verfügung, die über die Auswahlbox Objekte des Moduls spezifiziert werden. Sie können folgende Werte angeben:

Werte	Beschreibung
LATEST	Listet die neuesten nicht archivierten News-Beiträge auf. Die Anzahl wird in der Eigenschaft latestLimit angegeben.
AMENU	Erzeugt ein Menü mit den archivierten News-Beiträgen, wobei die Beiträge in Zeitspannen unterteilt werden.
LIST	Listet alle Beiträge auf. Die Anzahl kann über die Eigenschaft limit begrenzt werden.
SEARCH	Erzeugt eine Suchfunktion innerhalb der News.
SINGLE	Zeigt einen einzelnen Beitrag an.
CATMENU	Erstellt ein Menü der Newskategorien

Tabelle 12.2 Werte der News-Erweiterung

Um Newsinhalt ausgeben zu können, benötigt TYPO3 noch ein statisches Template. Von diesem stehen nach der Installation der News-Erweiterung verschiedene Varianten unter **Include static (from extensions)** zur Auswahl. Wählen Sie im Beispielprojekt das Template **CSS-based tmpl (tt_news)** aus (Abbildung 12.22).

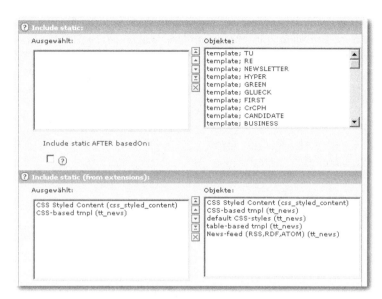

Abbildung 12.22 Statisches Template für News hinzufügen

Die Startseite des Beispielprojekts hat damit folgendes Aussehen (Abbildung 12.23):

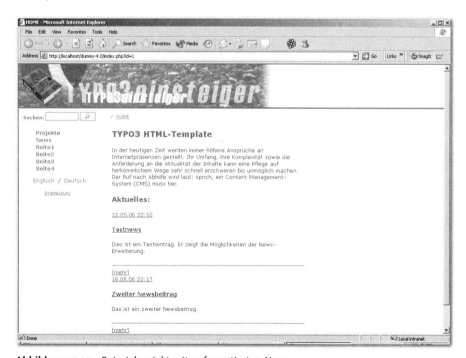

Abbildung 12.23 Beispielprojekt mit unformatierten News

Um das Aussehen der Nachrichtenbeiträge zu beeinflussen, können Sie Einstellungen im TypoScript-Template vornehmen und die zugehörigen HTML- und Stylesheet-Dateien definieren. Zum Beispiel:

```
plugin.tt_news {
    templateFile = fileadmin/news.tmpl
    displayList.date_stdWrap.strftime= %d.%m.%y
    displayLatest.date_stdWrap.strftime= %d.%m.%y
    displaySingle.date_stdWrap.strftime= %d.%m.%y
    displaySingle.image.file.maxW = 350
    limit = 5
    latestLimit = 3
}
```

Listing 12.1 News-Anzeige formatieren

Dieser Codeblock beinhaltet grundlegende Einstellungen für die News-Erweiterung, die für die gesamte Site gültig sind. Sie werden überall dort wirksam, wo News ausgegeben werden. Im Beispielprojekt werden dies neben der Startseite die Seite **Meldungen** unter **NEWS** und die Einzelartikelanzeige sein.

- Das für die News-Erweiterung zuständige TypoScript-Objekt ist `plugin.tt_news`.

- Mit der `templateFile`-Eigenschaft wird der Pfad zur HTML-Designvorlage gesetzt. Sie bestimmt das Erscheinungsbild der Nachrichtenbeiträge. Mit der News-Erweiterung wird eine HTML-Datei mitgeliefert, die an die Bedürfnisse angepasst werden kann.

- Die Datumsausgabe für die Listendarstellung, die Darstellung der letzten Einträge und die Einzelanzeige eines Artikels werden definiert, und zwar in der Form **Wochentag, Tag. Monat Jahr.**

- In der Einzelansicht wird die Bildbreite auf 350 Pixel beschränkt.

- Die Anzahl der Beiträge in der Listen-Ansicht auf der Seite **Meldungen** wird auf 5 festgesetzt.

- Für die Darstellung der letzten Beiträge auf der Startseite wird die Auflistung auf 3 Beiträge beschränkt.

Nachdem nun auf der Startseite die letzten Meldungen ausgegeben werden, müssen Sie im Beispielprojekt noch dafür sorgen, dass die Meldungsübersicht unter dem Menüpunkt **NEWS** und die Einzelartikel angezeigt werden. Die Meldungsübersicht erzeugen Sie, indem Sie ein News-Inhaltselement mit der Einstellung **LIST** auf der Seite **Meldungen** einfügen.

Für die Einzelansicht legen Sie eine neue Seite vom Typ **Nicht im Menü** an, da diese nicht direkt über das Menü erreicht werden soll. Auf dieser Seite platzieren Sie ein News-Inhaltselement mit der Einstellung **SINGLE**. In den beiden Inhaltselementen mit den Einstellungen **LATEST** und **LIST** müssen Sie nun noch im Bereich **Sonstige Einstellungen** die Verweise auf die Seite für die Einzelansicht setzen (siehe Abbildung 12.24).

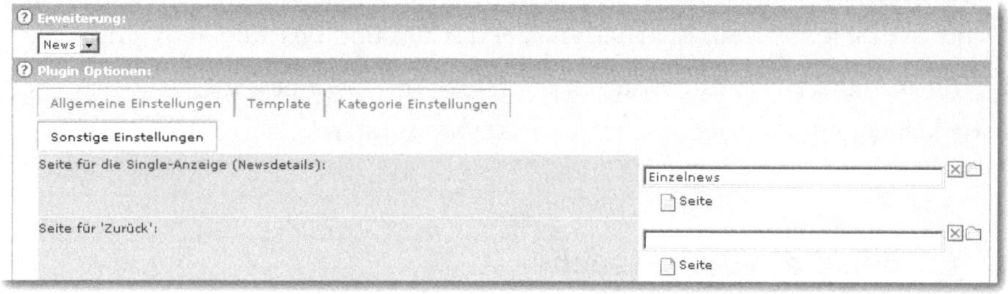

Abbildung 12.24 Einzelansicht einbinden

Wenn Sie die News-Bereiche mit einem Benutzer im Frontend-Editing-Modus betrachten, können Sie auch die Inhaltselemente für die News bearbeiten. Allerdings nicht den Inhalt der Nachrichten, sondern die Einstellungen des News-Plugins (siehe Abbildung 12.25). Dies ist für einen Redakteur, der nur Inhalte einpflegen soll, nicht das gewünschte Resultat.

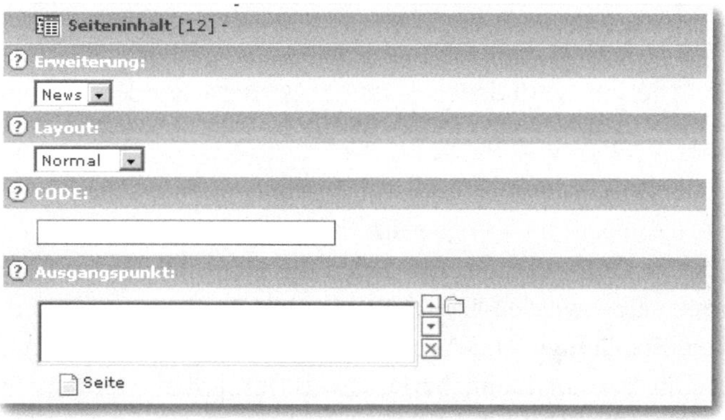

Abbildung 12.25 News-Plugin

Durch eine Erweiterung des Templates erreichen Sie, dass die Inhalte der Nachrichten direkt verändert werden können.

```
plugin.tt_news.general_stdWrap {
    editPanel = 1
    editPanel {
        allow = new,edit,hide,delete
```

```
        line = 5
        label = %s
    }
}
```

Listing 12.2 Frontend Editing für News-Beiträge

- Für News-Beiträge wird die Bearbeitungsleiste eingeblendet.Für diese werden die Symbole für **Neu**, **Bearbeiten**, **Verstecken** und **Löschen** aktiviert.
- Der Abstand zur darunter liegenden Linie wird auf 5 gesetzt.
- Die Beschriftung wird dem News-Titel entnommen.

12.3 Beispiel Volltextsuche

In den Entwürfen für das Beispielprojekt ist ein Suchfeld vorgesehen (siehe Abbildung 12.26). Alle Texte der Website sollen darauf überprüft werden, ob ein eingegebener Such-String vorhanden ist.

Abbildung 12.26 Suchfeld

Als Ergebnis soll eine Liste der gefundenen Seiten präsentiert werden (wie in Abbildung 12.27).

Die Suchergebnisse sollen in Form einer Liste auf Ergebnisseiten platziert werden; jede Ergebnisseite soll dabei höchstens zehn Fundstellen umfassen. Einleitend sollen die Bereiche genannt werden, aus denen die Fundstellen stammen. Die einzelnen Ergebnisse selbst werden gewichtet. Zusätzlich sollen sie mit dem Titel der Fundseite, dem Erstellungs- und Änderungsdatum, der Dateigröße und dem Pfad im Seitenbaum versehen und bereichsweise gruppiert werden. In einem kurzen Textauszug soll zudem der Suchbegriff hervorgehoben werden. Der Bequemlichkeit halber ist eine Möglichkeit zum Blättern in den Ergebnisseiten vorgesehen. Bei der Gewichtung der Ergebnisse soll nicht nur die Häufigkeit, sondern auch die Fundstelle innerhalb der HTML-Datei berücksichtigt werden. Die folgenden, ihrer Priorität nach geordneten Gewichtungskriterien, spielen bei der Bewertung eine Rolle:

- Titel
- Meta-Tags Keywords

- Meta-Tags Beschreibung
- Body-Text

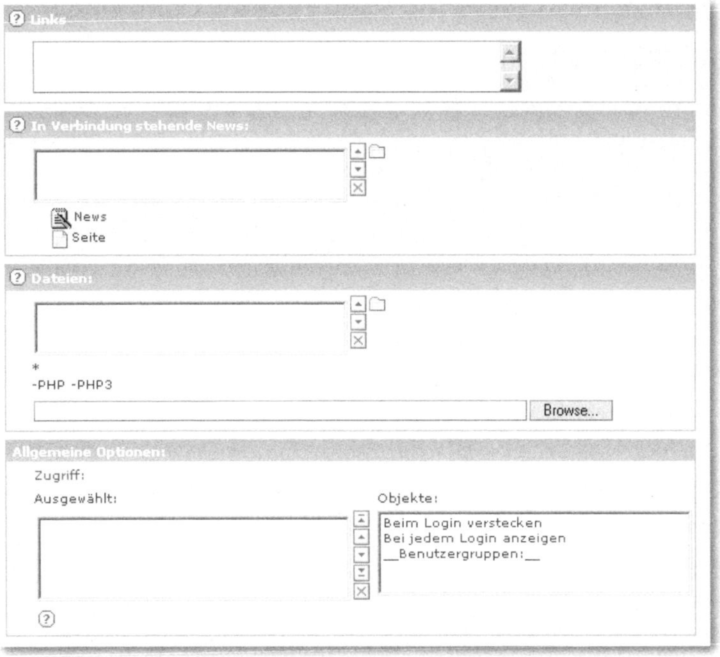

Abbildung 12.27 Suchergebnis

Die Suchfunktionalität setzt folgende Schritte voraus:

- Installation der Erweiterung **Indexed Search Engine**
- Anlegen einer Seite **Suche**
- Einfügen eines Seiteninhalts vom Typ **Erweiterung: Indexsuche**
- Einschalten der Indexierung im Template
- Überprüfung der Indexierung
- Spracheinstellung
- Formatierung der Ausgabe
- Anbindung des Suchformulars in der HTML-Designvorlage

12.3.1 Installation der Erweiterung Indexed Search Engine

Um die Funktionalität der Volltextsuche zur Verfügung zu haben, müssen Sie im Erweiterungs-Manager ein Zusatzmodul namens **Indexed Search Engine** (Abbildung 12.28) installieren.

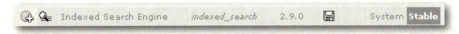

Abbildung 12.28 Die Erweiterung »Indexed Search Engine«

12.3.2 Anlegen einer Seite für die Suchresultate

Im Seitenbaum muss eine Seite angelegt werden, die für die Anzeige der Suchresultate zuständig ist. Diese Seite wird im Beispielprojekt als Typ **Nicht im Menü** definiert. Nur sie soll erscheinen, nachdem die Suchfunktion der HTML-Designvorlage aufgerufen wurde. Die Seite soll nicht direkt über das Menü anwählbar sein.

12.3.3 Einfügen eines Seiteninhalts vom Typ Erweiterung: Indexsuche

Auf der soeben angelegten Seite fügen Sie ein Inhaltselement von Typ **Erweiterung: Indexsuche** ein, indem Sie zuerst **Allgemeines Plugin** auswählen und dann unter »Erweiterung« **Indexed search (englisch)** die Option **Indexsuche** einstellen (siehe Abbildung 12.29).

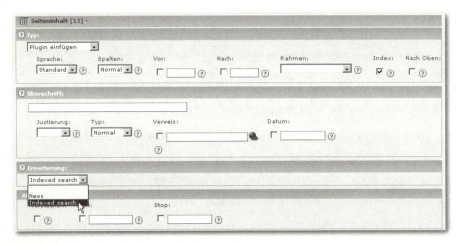

Abbildung 12.29 Das Inhaltselement »Indexsuche«

Das Modul **Anzeigen** zeigt Ihnen die Seite, wie in Abbildung 12.30 zu sehen ist.

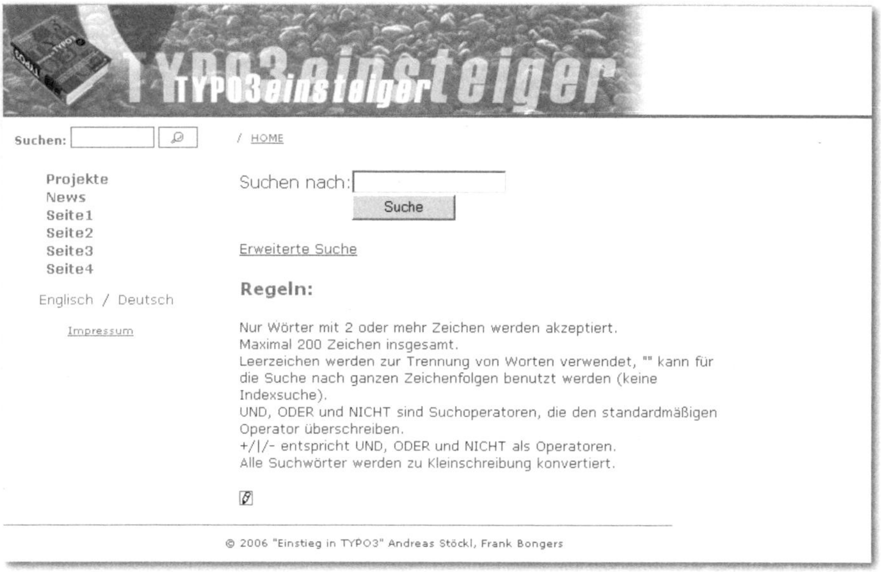

Beispiel Volltextsuche | **12.3**

Abbildung 12.30 Suchseite

12.3.4 Einschalten der Indexierung im Template

Um TYPO3 anzuweisen, die Seiten in den Suchindex aufzunehmen, müssen Sie das Grund-Template des Projekts um einen TypoScript-Eintrag erweitern. Hat das PAGE-Objekt Ihres Templates den Namen `seite`, so besitzt der Eintrag folgende Gestalt:

```
seite.config.index_enable = 1
```

Die Indexierung erfolgt über die Cache-Tabellen von TYPO3. Damit werden nur Seiten gefunden werden, die bereits einmal aufgerufen wurden.

12.3.5 Überprüfung der Indexierung

Um zu prüfen, ob die Indexierung durchgeführt wird, können Sie das Modul **Indexierung** im Bereich **Tools** des Hauptmenüs von TYPO3 aufrufen. Es bietet einen umfassenden Überblick über den Indexierungsvorgang. Abbildung 12.31 zeigt eine Liste der indexierten TYPO3-Seiten des Beispielprojekts.

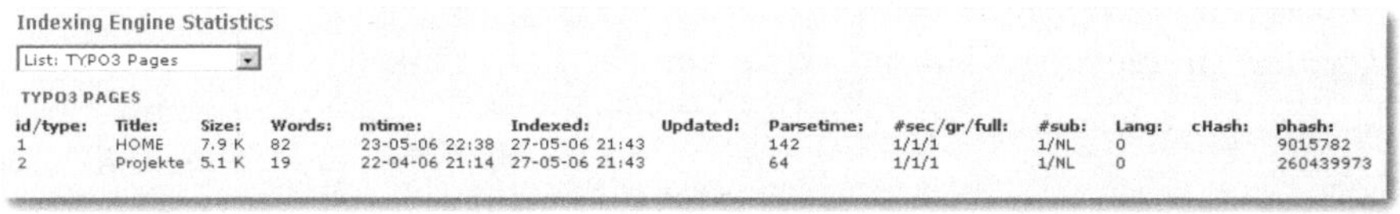

Abbildung 12.31 Das Modul »Indexierung«

Das Modul **Info** im Bereich **Web** wurde durch die Installation des Erweiterungsmoduls um einen Menüeintrag erweitert, über den Sie für jede Seite den Zustand der Indexierung einsehen können (siehe Abbildung 12.32).

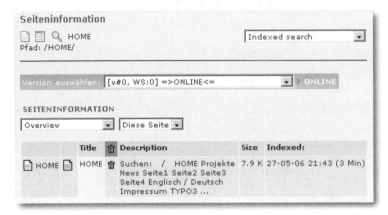

Abbildung 12.32 Indexsuche im Info-Modul

12.3.6 Spracheinstellung

Die Sprachkonfiguration im Beispielprojekt haben wir in Kapitel 10, *Mehrsprachigkeit*, durch folgende Anweisungen im Template vorgenommen:

```
config.linkVars = L
config.sys_language_uid = 0
config.language = de
[globalVar = GP:L = 1]
config.sys_language_uid = 1
config.language = en
[global]
```

Listing 12.3 Spracheinstellungen

Das Suchformular wird mit diesen Einstellungen bei einem Sprachwechsel automatisch in der richtigen Sprache präsentiert. Falls das Erweiterungsmodul nicht in Deutsch verfügbar ist, müssen Sie die Übersetzung noch über den Menüpunkt **Translation handling** mit dem Button **Update from repository** vom Online Repository übertragen.

Möchten Sie die Suche auf die aktive Sprache beschränken, so können Sie das durch eine Erweiterung des Templates erreichen:

```
config.linkVars = L
config.sys_language_uid = 0
config.language = de
```

```
plugin.tx_indexedsearch._DEFAULT_PI_VARS.lang = 0
[globalVar = GP:L = 1]
config.sys_language_uid = 1
config.language = en
plugin.tx_indexedsearch._DEFAULT_PI_VARS.lang = 1
[global]
```

Listing 12.4 Erweiterte Spracheinstellungen

12.3.7 Formatierung der Ausgabe

Sie können die Formatierung der Suchergebnisse auch über das Template der Suchseite beeinflussen.

```
plugin.tx_indexedsearch.tableParams {
    secHead   = border=0 cellpadding=0 cellspacing=0 width="300"
    searchBox = border=0 cellpadding=0 cellspacing=0
    searchRes = border=0 cellpadding=0 cellspacing=0 width="300"
}
plugin.tx_indexedsearch.show.rules = 0
plugin.tx_indexedsearch.search.page_links=10
plugin.tx_indexedsearch._CSS_DEFAULT_STYLE >
```

Listing 12.5 Suchergebnisformatierung

- Über das Objekt `plugin.tx_indexedsearch` sprechen Sie die Eigenschaften der Erweiterung an.
- Die Eigenschaft `tableParams` fasst die Einstellungen der Tabelle zusammen, die für die Darstellung der Suchresultate verantwortlich ist.
- Mit der `show.rules`-Eigenschaft können Sie die Anzeige der Suchregeln abgeschalten.
- Die Anzahl der Suchtreffer pro Seite wird über die Eigenschaft `search.page_links` gesetzt.
- Die Eigenschaft `_CSS_DEFAULT_STYLE` enthält die Stylesheet-Klassen für das Erscheinungsbild der Suchseite. Da diese Definition einigen Platz in Anspruch nimmt, und im Template alle Stylesheet-Einträge in der gleichen Zeile wie der Name der Eigenschaft stehen müssen, wird die Bearbeitung sehr unübersichtlich. Wir empfehlen daher, den Inhalt von `_CSS_DEFAULT_STYLE` in das Stylesheet der Site zu kopieren und den Inhalt von `_CSS_DEFAULT_STYLE` zu löschen. Dies haben wir im obigen Script mit dem >-Operator getan.

Die Definition der Stylesheet-Klassen kann zum Beispiel so aussehen:

```
.tx-indexedsearch .tx-indexedsearch-res .tx-indexedsearch-
descr P {color: #333333; font-size:11px; font-family:Verdana; }
.tx-indexedsearch .tx-indexedsearch-res .tx-indexedsearch-
descr P .tx-indexedsearch-redMarkup { color:red; }
```

- Der erste Block definiert die Klasse für den Beschreibungstext einer gefundenen Seite.
- Der zweite Block definiert eine Unterklasse für den gefundenen Suchbegriff. In diesem Beispiel wird er rot hervorgehoben.

12.3.8 Anbindung des Suchformulars der HTML-Designvorlage

Im Beispielprojekt haben wir in der HTML-Designvorlage ein Formular für die Suche vorgesehen. Um dieses Formular mit der Suchseite der Erweiterung zu verbinden, weisen wir dem Formular folgende Werte zu:

```
action="fileadmin/../index.php?id=41&L=###LANGID###&tx_indexed⮐
    search[sword]" method="POST"
```

Dabei ist der Wert 41 die Seiten-ID der Suchseite im Beispiel. Mit `tx_indexedsearch[sword]` wird der Wert des gleichnamigen Eingabefelds als Parameter übergeben.

```
<input type="text" name="tx_indexedsearch[sword]">
```

Damit die Suche mit der richtigen Sprachkennung aufgerufen wird, wird zusätzlich ein Marker ###LANGID### übergeben. Dieser wird im TypoScript-Template durch folgende Einträge aktiviert:

```
seite.10.marks.LANGID=TEXT
seite.10.marks.LANGID.value=0
[globalVar = GP:L = 1]
seite.10.marks.LANGID.value=1
[global]
```

Listing 12.6 Sprachkennung

12.3.9 Externe Dateien indexieren

Die Volltextsuche kann sich nicht nur auf die Inhalte der Seiten in den TYPO3-Cache-Tabellen erstrecken, sondern auf Wunsch können auch Text-, HTML-, Word- und PDF-Dateien mit einbezogen werden. Die folgende Anweisung schaltet die Indexierung für externe Dateien ein:

```
seite.config.index_externals = 1
```

Um Word-, Excel-, Powerpoint- und PDF-Dateien erfolgreich zu indexieren, benötigt TYPO3 die Unterstützung von Hilfsapplikationen. Die Erweiterung benutzt die Anwendungen **pdftotext** und **pdfinfo**, um die Texte aus PDF-Dateien zu verarbeiten. Die Anwendungen **catdoc**, **xlhtml**, und **ppthtml** werden für Word-, Excel- und Powerpoint-Dateien benötigt.

Damit diese externen Anwendungen gefunden werden, müssen in der Konfiguration der Erweiterung jeweils die richtigen Pfade zu den Programmen eingetragen sein (siehe Abbildung 12.33).

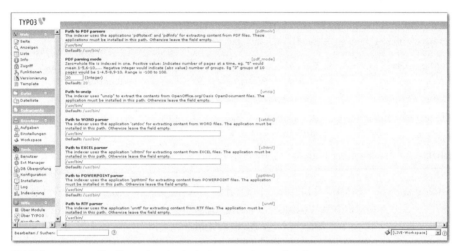

Abbildung 12.33 Konfiguration der Indexierung externer Dateien

12.4 Beispiel Newsletter

Für TYPO3 existiert ein Erweiterungsmodul, mit dem E-Mail-Newsletter im HTML- und Textformat verschickt werden können. Die Empfänger werden dabei in einer Adressdatenbank verwaltet und können zu Interessensgruppen zusammengefasst werden.

Für den Betrieb eines Newsletter-Systems sind drei Erweiterungen zu installieren (siehe Abbildung 12.34). Falls eine Erweiterung in der Liste nicht zu finden ist, versuchen Sie die Einstellung **Enable unsupported extensions** in den Settings des **Extension Managers** zu aktivieren.

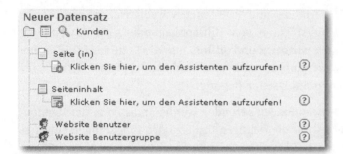

Abbildung 12.34   Newsletter-Erweiterung

Erweiterung	Beschreibung
Address list	Ein Modul zur Adressverwaltung. Es wird vom Newsletter-Modul zur Verwaltung der Adressaten verwendet.
Direct Mail	Das eigentliche Newsletter-Modul.
Direct Mail Subscription	Ein Modul, mit dem sich Benutzer für den Newsletter an- und abmelden können.

Tabelle 12.3   Erweiterungen für das Newsletter-System

Analog zum News-Modul benötigt auch das Newsletter-Modul einen Systemordner. In der Auswahlbox **Enthält Erweiterung** des Systemordners (siehe Abbildung 12.35) haben wir hier jedoch **Direct Mail** gewählt.

Abbildung 12.35   Der Systemordner Newsletter

Dieser Systemordner hat im Beispielprojekt den Namen **Newsletter** und enthält die Seiten, die als Newsletter versendet werden sollen.

Über das Modul **Direct Mail** im Hauptmenü ist jetzt das **Newsletter**-Menü erreichbar (siehe Abbildung 12.36). Es besteht aus folgenden Menüpunkten (siehe Tabelle 12.4):

Menüpunkte	Beschreibung
Newsletter	Dieser Bereich dient zum Anlegen von Newsletter-Seiten. Seiteninhalte können hier einzelnen Kategorien zugeordnet werden. Damit ist eine Personalisierung der Newsletter für verschiedene Interessensgruppen realisierbar. Ein Versand der Mails ist aus diesem Modul nicht möglich.
Versand	In diesem Bereich können Test- und Massen-Mails verschickt werden.
Empfängerliste	Hier können Gruppen angelegt, Empfängerlisten verwaltet und Kategoriezuordnungen verändert werden.
Versand-Status	Die Mailer Engine gibt Auskunft darüber, welche Newsletter versendet wurden, welche gerade versendet werden und welche noch zur Versendung anstehen. Von hier aus wird der Massenversand angestoßen. Es werden Statistiken wie zum Beispiel eine Liste der nicht zustellbaren E-Mails vorgehalten.
QuickMail	Dieses Modul bietet die Möglichkeit, über ein Webformular E-Mails an eine Gruppe von Adressaten zu schicken.
Konvertierung von Kategorien	Mit diesem Modul können die Daten in das neue Kategorienmodel der Version 2 der Erweiterung umgewandelt werden.
Modulkonfiguration	Hier wird das Gesamtmodul konfiguriert, indem z. B. Name und Adresse des Absenders angegeben werden.

Tabelle 12.4 Das Modul Direct mail

In diesem Modul wird mit den Begriffen **Newsletter** und **Versand** gearbeitet. Ein **Newsletter** ist eine normale TYPO3-Seite, die im Systemordner der Newsletter-Erweiterung untergebracht ist. Ein **Versand** ist ein Datensatz, der aus einer TYPO3-Seite oder einer externen URL besteht. Zusätzlich enthält ein **Versand** weitere Informationen wie Antwortadresse, Betreff etc. Für jeden **Versand** wird aufgezeichnet, wie viele Personen diese Mail erhalten und wie viele sie angesehen haben.

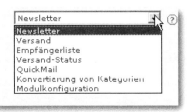

Abbildung 12.36 Das Newsletter-Menü

12.4.1 Konfiguration des Moduls

Bevor Sie Newsletter versenden können, sind noch einige Vorbereitungen zu treffen. Der Menüeintrag **Modulkonfiguration** führt zu einem Formular, das einige grundlegende Einstellungen liefert (siehe Abbildung 12.37). Das Formular trägt die individuellen Werte im **TSconfig**-Feld des Newsletter-Ordners ein. Sie können natürlich auch selbst die Anweisungen direkt in das Feld eingeben. Der Effekt bleibt derselbe.

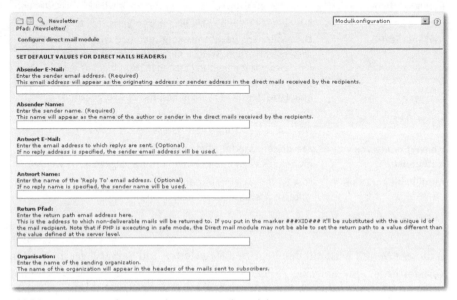

Abbildung 12.37 Konfiguration des Direct-Mail-Moduls

Das sind dies zum Beispiel:

- Der Name und die E-Mail-Adresse, die als Absender erscheinen sollen.
- Der Name und die E-Mail-Adresse, an die Antworten geschickt werden.
- Die Bezeichnung der Firma
- Ob Text und HTML-Mails sind zugelassen sind.
- Kategorien werden erzeugt.
- Der type-Parameter für die reinen Textmails wird auf 99 gesetzt. Dieser Parameter wird zur Erzeugung der Textmails über ein eigenes Template benutzt.
- Die Empfänger werden als Testnutzer definiert.

12.4.2 Template und Designvorlage des Newsletters

Der Systemordner **Newsletter** wird mit einem Seiten-Template versehen, um das Aussehen der Newsletter-Seiten zu definieren. Das Newsletter-Modul von TYPO3 ist in der Lage, E-Mails sowohl im HTML-Format als auch im reinen Textformat zu versenden.

Newsletter im HTML-Format werden über TYPO3-Seiten erzeugt. Dabei bestimmen Sie das Aussehen über ein TypoScript-Template (siehe Listing 12.7) und eine eingebundene HTML-Designvorlage.

```
seite = PAGE
seite.stylesheet = fileadmin/css/style.css
seite.10 = TEMPLATE
seite.10 {
   template = FILE
   template.file = fileadmin/newsletter.html
   workOnSubpart = DOKUMENT
   marks.INHALT < styles.content.get
}
```

Listing 12.7 Newsletter-Template

Die HTML-Datei für die Designvorlage mit Bildern finden Sie im Verzeichnis *Kapitel12* auf der DVD-ROM.

> **Hinweis**
> Werden in der Designvorlage keine Content-Elemente angezeigt, haben Sie möglicherweise vergessen, das statische Template einzubinden.

In die HTML-Designvorlage können Sie einige reservierte Platzhalter einfügen, mit denen eine gewisse Personalisierung des Newsletters erreicht werden kann.

Folgende Daten des Empfängers sind als Marker verfügbar:

- ID (###USER_uid###)
- Der Name (###USER_name###), der bei der Registrierung angegeben wurde.
- Der Vorname (###USER_firstname###). Er wird aus dem Namen automatisch extrahiert und ist daher nicht immer korrekt.
- Titel (###USER_title###)
- E-Mail-Adresse (###USER_email###)
- Telefonnummer (###USER_phone###)
- WWW-Adresse (###USER_www###)

- Postanschrift (###USER_address###)
- Firmenname (###USER_company###)
- Stadt (###USER_city###)
- Postleitzahl (###USER_zip###)
- Staat (###USER_country###)
- FAX (###USER_fax###)
- Eindeutige Nummer des Empfängers (###USER_uid###)
- Authentifizierungscode des Benutzers (###SYS_AUTHCODE###)

Im Beispielprojekt haben wir folgendes Design für den Newsletter entworfen (siehe Abbildung 12.38).

Zur Personalisierung haben wir den Marker ###USER_name### in der Ansprache verwendet. Den Link zur Abmeldung des Newsletters haben wir mit den Markern ###USER_uid### und ###SYS_AUTHCODE### realisiert.

```
<a href=fileadmin/../index.php?id=44&cmd=edit&
  aC=###SYS_AUTHCODE###&rU=###USER_uid###>HIER KLICKEN</a>.
```

Mit diesem Link wird die Seite der Newsletter-Anmeldung (im Beispielprojekt die Seite mit der Seiten-ID 44.) aufgerufen, und über die URL-Parameter wird der Benutzer automatisch am System angemeldet.

Abbildung 12.38   HTML-Newsletter-Designvorlage

12.4.3 Versand eines Newsletters

Wenn Sie mit dem Modul **Address list** die Adressen der potenziellen Empfänger erfasst haben, sind folgende Schritte nötig, um eine **Direct Mail** zu verschicken:

1. Erzeugen Sie eine neue Seite im Systemordner **Newsletter**. Dadurch erhält die Seite das für den E-Mail-Versand vorgesehene Template und Aussehen. Befüllen Sie die Seite mit Inhaltselementen, schauen Sie sich das Ergebnis an und speichern Sie die Seite.

2. Wechseln Sie in das **Direct Mail**-Modul. Wählen Sie dort den Newsletter aus der Liste der verfügbaren Newsletter aus (siehe Abbildung 12.39). Sie können nun alle Inhaltselemente der Seite den Newsletter-Kategorien zuordnen (siehe Abbildung 12.40) und so eine Personalisierung der Inhalte für Interessensgruppen erreichen. Ist keine der Kategorien ausgewählt, wird das zugehörige Inhaltselement allen Gruppen zugeordnet.

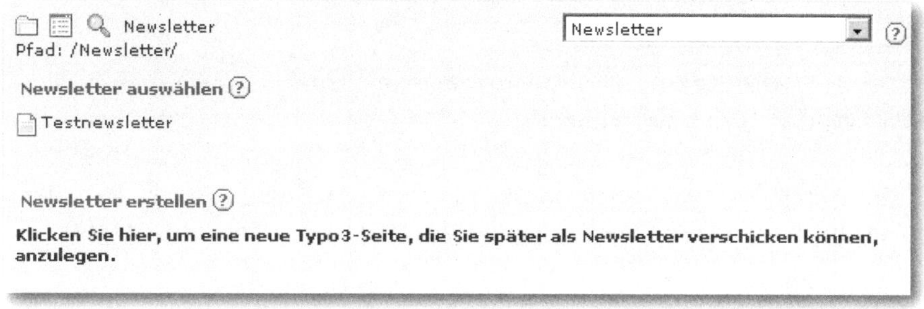

Abbildung 12.39 Newsletter-Auswahl

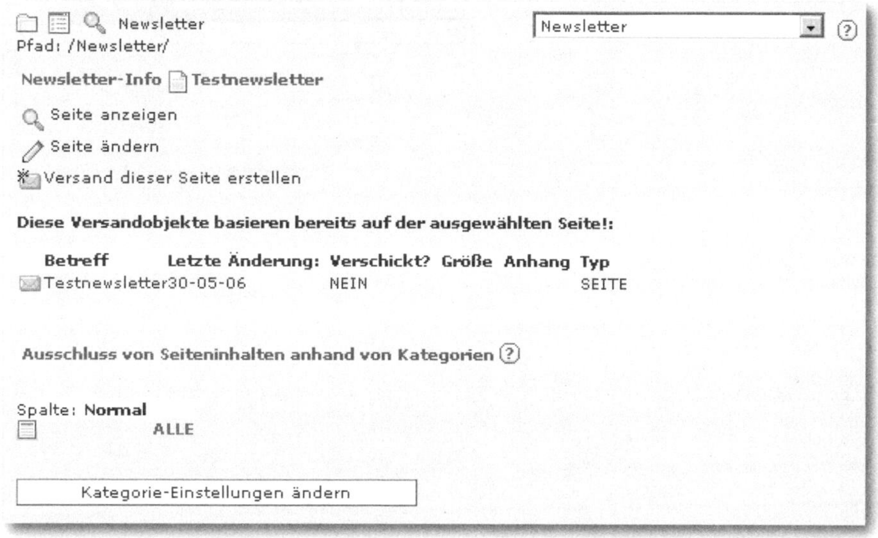

Abbildung 12.40 Newsletter-Verwaltung

3. Klicken Sie auf **Versand dieser Seite erstellen**, um eine Direct Mail basierend auf dem Newsletter zu erzeugen.
4. Wählen Sie **Inhalt der E-Mail generieren (URL auslesen)** im Menü, um aus dem Inhalt der TYPO3-Seite eine E-Mail zu erzeugen (siehe Abbildung 12.41).

Abbildung 12.41 Eine E-Mail erzeugen

5. Im Anschluss daran gelangen Sie zur Direct-Mail-Seite zurück. Das Menü wurde um zwei weitere Menüpunkte erweitert (siehe Abbildung 12.42).

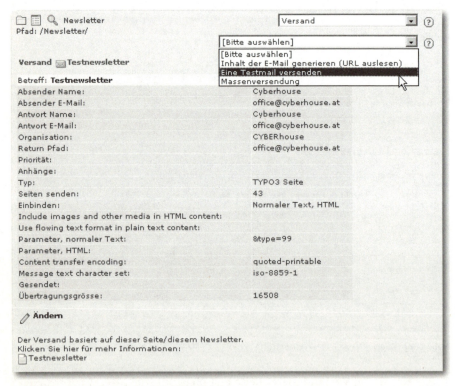

Abbildung 12.42 Menü zum E-Mail-Versand

6. Verschicken Sie eine Test-Mail und kontrollieren Sie das Ergebnis. Verwenden Sie die in der Konfiguration als Testempfänger eingetragen Adressen zum Test.

7. Wählen Sie die gewünschte Adressatengruppe aus und versenden Sie die Massen-Mail (siehe Abbildung 12.43).

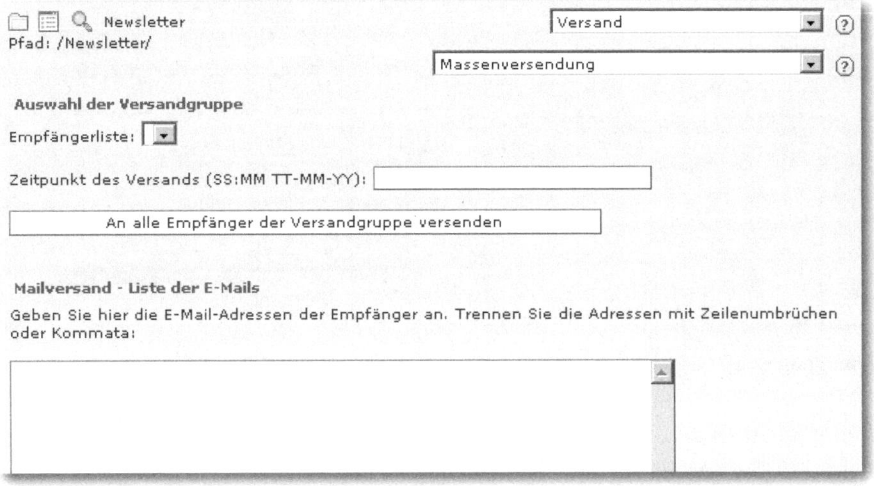

Abbildung 12.43 Menü zum E-Mail-Massenversand

8. Wechseln Sie über das Menü zum **Versand-Status** und starten Sie den Massenversand durch einen Klick auf **Versand anstoßen** (siehe Abbildung 12.44).

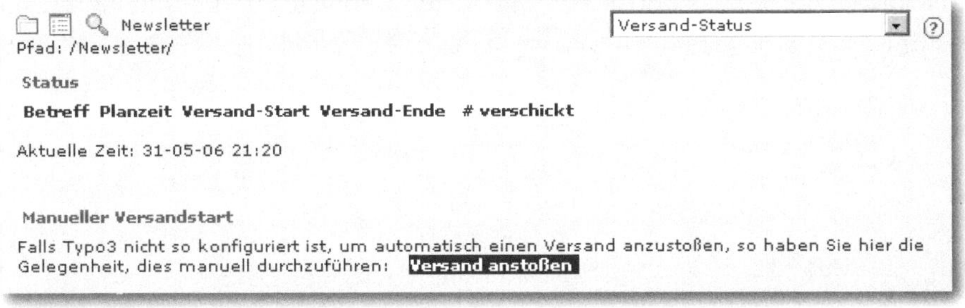

Abbildung 12.44 Versand anstoßen

Die Platzhalter werden durch die Daten des jeweiligen Adressaten ersetzt. Und der über TYPO3 eingefügte Inhalt wird präsentiert. Die Artikel enthalten dabei die Formatierungen des TYPO3-Templates und alle Bilder und Links.

Bisher wurden nur E-Mails im HTML-Format betrachtet. Bei der Anmeldung kann der Benutzer jedoch zwischen den Formaten Text und HTML wählen. Wird die Frage nach dem HTML-Format nicht mit **Ja** beantwortet, wird automatisch eine E-Mail im reinen Textformat verschickt.

Mit TYPO3 wird ein statisches Template mitgeliefert, das für diesen Zweck bestimmt ist. Im Template-Datensatz des Newsletters kann es im Bereich **Include static** hinzugefügt werden (siehe Abbildung 12.45).

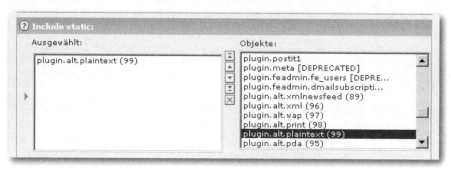

Abbildung 12.45 Das statische Template »plaintext«

Damit Sie nicht den Inhalt für beide Formate pflegen müssen, geschieht der Versand von Text-Mails so, dass der Inhalt der normalen TYPO3-Newsletter-Seite verwendet und für die Textdarstellung ein eigenes Template definiert wird. Anhand des Parameters Type-Nummer der Seite unterscheidet TYPO3, ob es sich um die HTML-Version oder die Text-Version handelt. Die Text-Version hat die Type-Nummer 99 (`type=99`).

Der Aufbau der Textnachricht wird durch eine Template-Datei bestimmt, die im Constant Editor eingebunden werden kann (siehe Abbildung 12.46).

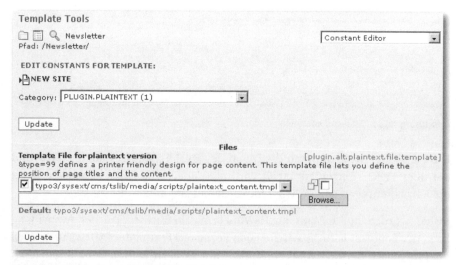

Abbildung 12.46 Constant Editor für Plaintext

Es werden die gleichen Platzhalter wie in der HTML-Vorlage verwendet. Die Datei enthält ansonsten nur normalen Text ohne Auszeichnungselemente. Neben der personalisierten Ansprache enthält das Template einen http-Link, der für eine Abmeldung genutzt werden kann. Die Formatierung der Inhaltselemente wird vom statischen Template übernommen.

12.4.4 Newsletter-Anmeldung

Das Anmeldeformular wird erstellt, indem Sie auf der gewünschten Seite das Seitenelement **Direct Mail Anmeldung** vom Typ **Plugin einfügen** platzieren und anschließend über den Constant Editor konfigurieren. Hier müssen Sie den Systemordner, der den Newsletter enthält, in Form der Seiten-ID angeben. Zudem sind gestalterische Veränderungen (Farbgebung und Schrifttyp der Anmeldung) möglich.

Den Inhalt und das Erscheinungsbild des Anmeldeformulars definiert ein HTML-Template, das im Constant Editor angegeben wird. Sie können im mitgelieferten Erweiterungs-Template **fe_admin_dmailsubscrip.tmpl** die gewünschten Änderungen und Übersetzungen vornehmen.

Im Template ist nicht nur das Anmeldeformular definiert, sondern auch weitere Inhalte, die im Zusammenhang mit bestimmten newsletter-spezifischen Ereignissen benötigt werden. Es sind dies im Einzelnen:

- Die Antwort, die der Benutzer nach der Anmeldung erhält
- Ein Formular zur Bearbeitung der Daten eines bereits existierenden Benutzers
- Die Antwort nach Änderung der Daten
- Ein Formular zur Authentifizierung bei einer Datenänderung
- Eine Antwortseite, wenn die Zusendung des Passworts per E-Mail verlangt wurde
- Eine Antwort bei der Abmeldung vom Newsletter
- Eine Antwort bei der Bestätigung der Anmeldung
- Eine Antwort, wenn die Anmeldung fehlgeschlagen ist
- Eine E-Mail, die zur Bestätigung der Anmeldung verschickt wird
- Eine E-Mail, die der Administrator erhält, wenn sich ein neuer Benutzer angemeldet hat
- Eine E-Mail für die »Passwort-vergessen«-Funktion

Im Gegensatz zu den im vorigen Kapitel vorgestellten Extensions dient TemplaVoilà nicht der Erweiterung der Funktionalität bestehender TYPO3-Sites, sondern ist ein Werkzeug, das auf die Erhöhung der Produktivität und die Vereinfachung der Erstellung von TYPO3-Sites abzielt.

13 TemplaVoilà

TemplaVoilà stellt so etwas wie eine »aufgebohrte Oberfläche« zum Einbinden von HTML-Dokumentvorlagen dar – das Arbeitsprinzip läuft unter der Bezeichnung »Mapping«.

Das Ziel besteht darin, die Handhabung von Dokumentvorlagen zu vereinfachen, wobei ein anderer Weg, als der automatisierte des Template-Autoparsers eingeschlagen wird: Bereiche der Vorlage, die Inhalte aufnehmen sollen, brauchen nicht mit Markern oder Subparts, bzw. (wie für den Autoparser erforderlich) mit id-Attributen versehen werden, sondern können in der graphischen Oberfläche von TemplaVoilà einfach per »Point & Click« markiert werden.

13.1 Installation der Erweiterung TemplaVoilà

So einfach die Handhabung sich prinzipiell anhört, gibt es doch einige anfängliche Hürden. Die erste besteht darin, dass TemplaVoilà als Erweiterung installiert werden muss (weshalb es auch in diesem Kapitel behandelt wird).[1] Die zweite besteht in der, nicht gerade selbsterklärenden, Handhabung – die Erweiterung bringt zwar einen »Wizard« mit, dessen Flexibilität allerdings zu wünschen lässt (wenn er auch zur Verdeutlichung des Arbeitsprinzips gute Dienste leistet).

Sie installieren TemplaVoilà wie beschrieben, über den Erweiterungsmanager. Alle hier in Folge benötigten Erweiterungsmodule finden Sie auch als t3x-Dateien auf der Begleit-DVD, im Verzeichnis »Erweiterungen«. Zuvor muss jedoch eine weitere Erweiterung installiert sein, nämlich »Static Info Tables«. Die Reihenfolge der Installation ist von Bedeutung.

---

1 Ursprünglich war TemplaVoilà als integraler Bestandteil von TYPO3 4.0 vorgesehen – dies wird voraussichtlich jedoch erst mit der kommenden Version geschehen.

13 | TemplaVoilà

> **Hinweis**
> Die Änderungen durch TemplaVoilà sind erheblich. Wir empfehlen Ihnen daher diese mit einer frischen Installation von TYPO3 vorzunehmen.

1. Installieren Sie »**Static Info Tables**« (static_info_tables). Sie finden diese Erweiterung als `static_info_tables_1.8.0.t3x` auf der DVD.
2. Vergessen Sie nicht den Update der Datenbankstruktur, da TemplaVoilà sonst einige benötigte Tabellen nicht vorfindet.
3. Installieren Sie nun »**TemplaVoilà**« (TemplaVoila). Diese Erweiterung finden Sie als `TemplaVoila_1.0.1.t3x` auf der Begleit-DVD.
4. Machen Sie erneut einen Update der Datenbankstruktur, um die TemplaVoilà-Tabellen anzulegen.

Leeren Sie den Cache und loggen Sie sich neu ein – Sie finden nun ein leicht verändertes Menü im Backend vor (Abbildung 13.1, rechts).

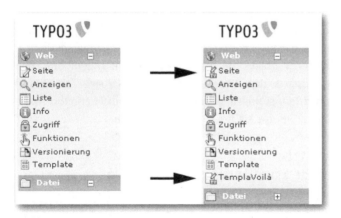

Abbildung 13.1 Erweiterung des Backendmenüs durch TemplaVoilà

Wie Sie sehen, ist ein eigenes Modul **TemplaVoilà** hinzugekommen und auch das bisherige Modul **Seite** ist durch ein Modul **TemplaVoilà-Seite** ersetzt worden.

13.2 Einbinden einer HTML-Designvorlage mit TemplaVoilà

Da TemplaVoilà eine Designvorlage verarbeitet, muss zunächst eine solche zur Verfügung gestellt werden, die, mit allen beteiligten Dateien, im Fileadmin in einem neuen Verzeichnis *template/* abgelegt wird (der Name des Verzeichnisses kann natürlich auch beliebig anders lauten).

Sie finden die benötigten Dateien auf der Begleit-DVD im Unterordner *TemplaVoila/* im Verzeichnis *Kapitel13/*. (Das Design kommt Ihnen vielleicht schon bekannt vor ...)

Unserer Vorstellung nach sollen in der Seite vier, in der Illustration mit schwarzen Rahmen hervorgehobene **Bereiche** mit Inhalt gefüllt werden. Eine Navigation, ein Headline-Bereich, der beispielsweise den Seitentitel zugewiesen bekommen könnte, ein Inhaltsbereich und eine rechte Spalte, die voraussichtlich Illustrationen beinhalten wird (Abbildung 13.2).

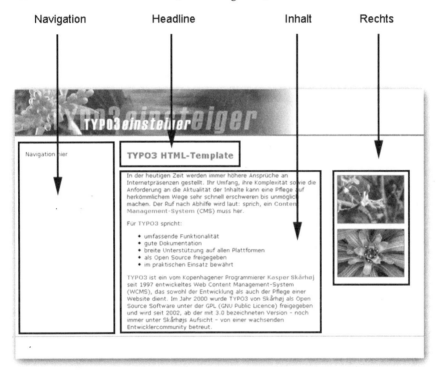

Abbildung 13.2   Designvorlage mit Planung der Bereiche

13.2.1   Vorarbeiten – Anlegen eines SysOrdners

TemplaVoilà benötigt zur Verwaltung der Template-Daten einen **SysOrdner** im Seitenbaum. Da TemplaVoilà das Modul »Seite« an sich gerissen hat (verändertes Icon!), ist die *direkte* Erstellung eines SysOrdners allerdings (vorläufig) erschwert. Gehen Sie einstweilen folgendermaßen vor:

1. Klicken Sie auf das Weltkugelsymbol und wählen Sie »Neu« im Kontextmenü als ob Sie eine normale Seite erstellen würden.
2. Erstellen und positionieren Sie das Seitenobjekt mit dem Assistenten.

3. Klicken Sie im Dialog »Vorlage für Ihre neue Seite auswählen« auf das Icon **Standard Vorlage** (Abbildung 13.3).

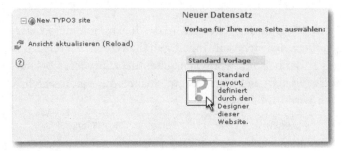

Abbildung 13.3   Die Wahl der Standard Vorlage

4. Geben Sie der Seite den Titel »Templates« – wir werden Sie anschließend in einen SysOrdner dieses Namens umwandeln.

5. Wählen Sie die Seite im Seitenbaum und klicken Sie auf das Stiftsymbol zur Bearbeitung des Seitendatensatzes (Abbildung 13.4).

Abbildung 13.4   Der Bearbeitungsmodus wird etwas anders angewählt

6. Wählen Sie im Dropdown-Menü für den Seitentyp den Typ **SysOrdner** (Abbildung 13.5).

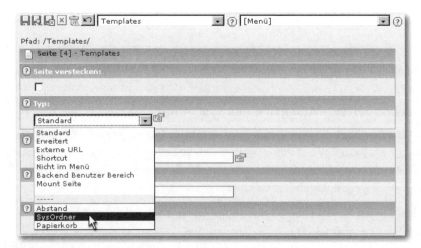

Abbildung 13.5   Umwandeln der Seite in einen SysOrdner

Als Endergebnis haben wir mit allerhand Umständen einen SysOrdner angelegt, der bislang noch keinem Zweck zu dienen scheint. Er wird gleich in Zusammenhang mit dem TemplaVoilà-Template jedoch benötigt.

Nun soll eine Startseite für den Seitenbaum erzeugt werden – Sie können hierfür vorgehen wie eben – nennen Sie die Seite »Home«.

Abbildung 13.6 Öffnen der neuen Seite zur Bearbeitung

Wählen Sie auch diese Seite zur Bearbeitung an (siehe Abbildung 13.6 – wieder das Stiftsymbol). Diesmal können Sie sie als normale Seite belassen. Wichtig ist ein Formularfeld, dass Sie etwas weiter unten im Bearbeitungsdialog finden: **Allgemeine Datensatzsammlung** (Abbildung 13.7). Klicken Sie auf das Ordnersymbol rechts von diesem Feld und wählen Sie im Seitenbaum den vorhin erstellten SysOrdner »Templates«. Hiermit ist dieser als Ordner für Template-Datensätze in Zusammenhang mit dieser Seite ausgewählt.

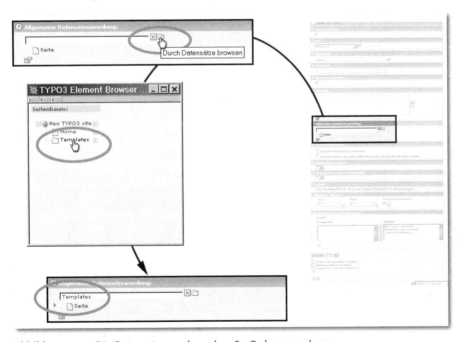

Abbildung 13.7 Die Datensatzsammlung dem SysOrdner zuordnen

13.2.2 Einbinden von TemplaVoilà ins TypoScript-Template

Nun soll die eigentliche Arbeit für TemplaVoilà beginnen, nämlich das Einbinden der Dokumentvorlage. Hierfür muss noch ein Template für die Seite »Home« angelegt werden. Wechseln Sie in das Modul **Web > Template** und legen Sie per **Create Template for new site** ein Root-Template an. Wechseln Sie über das Dropdown-Menü in den Bereich Info/Modify und klicken Sie das Stiftsymbol bei **Setup** an.

Das TypoScript-Setup muss ein wenig geändert werden, um TemplaVoilà mit der Verwaltung des Templates zu betrauen. Geben Sie folgendes TypoScript ein (im Grunde müssen nur die beiden letzten Zeilen des Standardsetups geändert werden):

```
# Default PAGE object:
page = PAGE
page.10 = USER
page.10.userFunc = tx_TemplaVoila_pi1->main_page
```

Listing 13.1 Einbinden von TemplaVoilà (listing_tv1.ts)

Des Weiteren muss noch die Erweiterung **CSS Styled Content** in das Template eingebunden werden. Öffnen Sie den Dialog **»Click here to edit whole template record«** und binden Sie das statische Template auf die bekannte Weise ein. Speichern Sie das Template.

13.3 Mapping der Dokumentvorlage

TemplaVoilà muss nun mitgeteilt bekommen, mit welcher Dokumentvorlage es zu arbeiten hat und wie die Inhaltsbereiche definiert werden sollen. Der erste Schritt ist etwas ungewöhnlich. Die Vorlagedatei muss nämlich im Fileadmin ausgewählt werden. Wechseln Sie nach **Datei > Dateiliste** und wählen Sie den Ordner `templates` an, in dem die Vorlagendateien verstaut wurden. Klicken Sie nun das Icon der HTML-Vorlage an (Abbildung 13.8). Sie sehen, dass das Kontextmenü einen neuen Eintrag TemplaVoilà besitzt. Dieser Befehl öffnet die Vorlage für den Mapping-Vorgang.

> **Hinweis**
>
> Wenn Sie an dieser Stelle die Fehlermeldung **ERROR: No accessible Storage Folder found – please create one immediately!** erhalten, so haben Sie beim Zuweisen des SysOrdners »Template« einen Fehler gemacht (Kontrolle: Speichern vielleicht vergessen?). Prüfen Sie nach, ob dieser der Seite »Home« als Allgemeine Datensatzsammlung korrekt zugewiesen ist. Der Fehler tritt auf, da an diese Seite das Root-Template gebunden ist.

Mapping der Dokumentvorlage | **13.3**

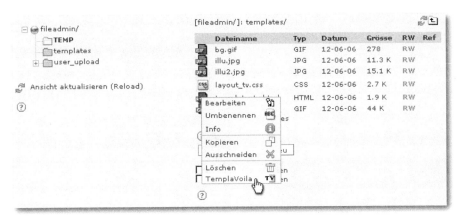

Abbildung 13.8 Bearbeiten der Vorlage mit TemplaVoilà (Fileadmin)

Klicken Sie ruhig gleich auf den Button **Preview**, der eine Voransicht auf die HTML-Vorlage in einen Frame unter dem Bearbeitungsdialog lädt (Abbildung 13.9).

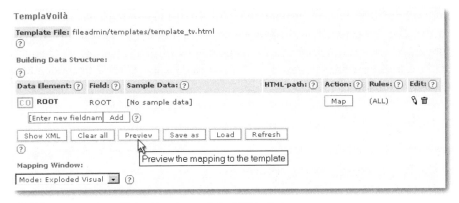

Abbildung 13.9 Anwahl der Vorschau auf die HTML-Vorlage

Sie haben die Wahl, ob Sie die Vorschau auf die Präsentation der Seite (»Exploded Visual«) oder den Quelltext (»HTML-Source«) bevorzugen. Mittels Dropdown-Menü können Sie zwischen beiden Ansichten wechseln (Abbildung 13.10).

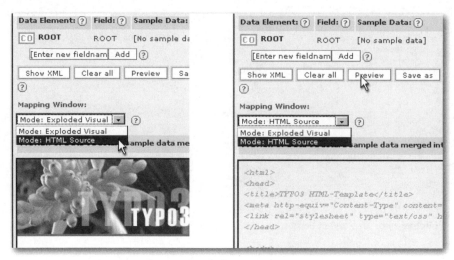

Abbildung 13.10 Wahl zwischen den Ansichtsmodi von TemplaVoilà

13.3.1 Mapping des Dokumentkörpers

Nun soll der erste Bereich gemappt werden. Das ist gewöhnlich der Dokumentkörper, den TemplaVoilà als Ausgangspunkt verwenden soll (dies entspricht dem Subpart ###DOCUMENT###, den Sie aus den Designvorlagen kennen). Dem Bereich ROOT soll also der Body-Tag zugewiesen werden. Klicken Sie hierfür auf den Button **Map** (Abbildung 13.11).

Abbildung 13.11 Mapping des ROOT-Bereichs (Dokumentkörper)

Den Body-Tag müssen Sie nun in der Voransicht des Dokuments durch Klick anwählen – wie Sie sehen, sind in der Präsentationsansicht nun auch Tags sichtbar (Abbildung 13.12, links). Befinden Sie sich in der Quelltextansicht, so sehen Sie, dass die möglichen Zielcontainer farblich markiert sind (Abbildung 13.12, rechts). Die Tags dienen nun als Schalter – in welcher Ansicht auch immer: **Klicken Sie das Body-Element an.**

13.3 Mapping der Dokumentvorlage

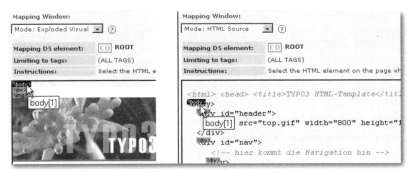

Abbildung 13.12 Auswahl des Body-Tags für den ROOT-Bereich

Der Body-Tag ist nun als ROOT-Bereich gewählt. Es muss nun noch entschieden werden, ob die Ersetzungen – TemplaVoilà bezeichnet dies als **Action** – im Inneren des Elements erfolgen sollen INNER (Exclude Tag), oder das Element selbst ebenfalls mitersetzt werden soll OUTER (Include Tag). Die Defaultvariante INNER ist für diesen Zweck die geeignete. Lassen Sie sie also stehen und klicken Sie auf **Set**, um das Mapping dieses Bereiches abzuschließen (Abbildung 13.13).

Abbildung 13.13 Wahl der Ersetzungsart; Setzen des Bereiches (rechts)

Nun ist erforderlich, weitere Bereiche zu definieren, denen Inhalte zugeordnet werden. Da dies für jedes Design individuell erfolgen muss, kann es hier keine vordefinierten Bereiche geben, sondern jeder muss einzeln erstellt und mit den gewünschten Eigenschaften belegt werden.

13.3.2 Erstellen eines weiteren Bereichs

Einen neuen Bereich (TemplaVoilà spricht von »field«) legen Sie an, indem Sie in das (soeben erst eingeblendete) Eingabefeld unterhalb der ROOT-Definition einen geeigneten Bezeichner eingeben (da der **Headline**-Bereich erstellt werden soll, wählen Sie den Bezeichner[2] `field_headline`) und anschließend auf **Add** klicken (Abbildung 13.14).

---

[2] Das Präfix `field_` erleichtert die Übersicht im erzeugten XML-Konfigurationsdokument, ist jedoch nicht zwingend. Eine konsistente Nomenklatur ist aber anzuraten.

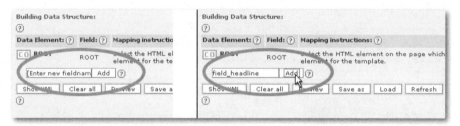

Abbildung 13.14 Anlegen eines neuen Bereichs

Sie sehen nun eine Eingabemaske (Abbildung 13.15), in der Sie die Eigenschaften des neuen Bereichs (TemplaVoilà spricht von »Element«) bestimmen können.

Wählen Sie im Pulldown-Menü **Mapping Type** die Option »Element« aus. In das Feld **Title** tragen Sie den Namen des Bereichs ein, in unserem Falle also »Headline«. Das Feld **Mapping Instructions** besitzt eher beschreibenden Charakter. In **Sample Data** sollten Sie einen halbwegs sinnvollen Platzhalterinhalt eingeben. Wählen Sie schließlich im Pulldown-Menü **Editing Type** die Option »TypoScript Object Path«. Geben Sie in das nun erscheinende Feld **Object path** den Namen »lib.headline« ein.

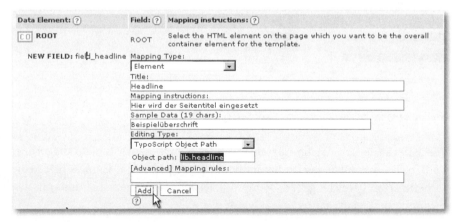

Abbildung 13.15 Bestimmen der Eigenschaften des neuen Bereichs

Klicken Sie nun wieder auf **Add**. Der Bereich soll jetzt einem HTML-Container der Dokumentvorlage zugeordnet werden. Klicken Sie hierfür auf den Button **Map**.

Wählen Sie diesmal den Container an, der die Überschrift enthält, also den Bereich »Headline« bilden soll. Dies ist der `<div>`-Container mit id = »headline« (Abbildung 13.16). Belassen Sie die Ersetzungsvorschrift wiederum bei »INNER (Exclude Tag)« und klicken Sie den Button **Set** an. Verschaffen Sie sich mittels des Buttons **Preview** eine Vorschau auf den Erfolg des Mappings (Abbildung 13.17).

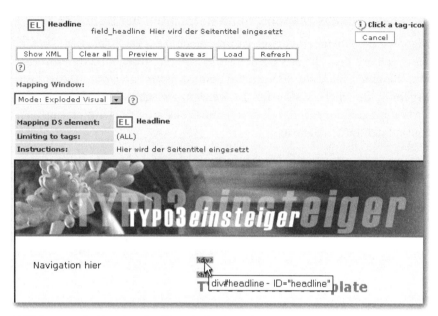

Abbildung 13.16 Mapping des Überschriftenbereichs

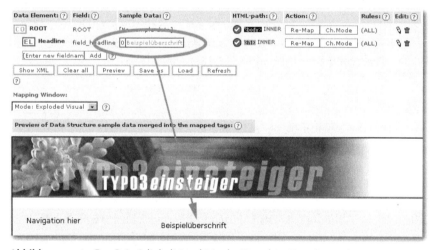

Abbildung 13.17 Der Beispielinhalt taucht in der Template-Vorschau auf

TemplaVoilà gibt hier eine Rückmeldung über den Erfolg des Bereichs-Mappings – Sie sehen in der Template-Vorschau anstelle der ursprünglich in der Template-Datei stehenden Überschrift nun den Beispieltext (Sample Data) »Beispielüberschrift«, wie er in den Einstellungen des Bereichs eingetragen wurde. Der umgebende <h1>-Container wurde allerdings entfernt. Er wird später mittels Typo-Script wieder hinzugefügt.

13.3.3 Speichern des Mappings und Betrachten der Datenstruktur

Das Mapping der Dokumentvorlage ist zwar noch nicht abgeschlossen – es sind noch drei weitere Bereiche zu erstellen – hier soll die Arbeit kurz unterbrochen werden, um einen Blick auf die erstellte Datenstruktur zu werfen. **Dafür muss das Ergebnis, um nicht verworfen zu werden, zwischengespeichert werden** (die XML-Konfigurationsdatei, mit der TemplaVoilà arbeitet, wird erzeugt). Klicken Sie auf den Button **Save as**.

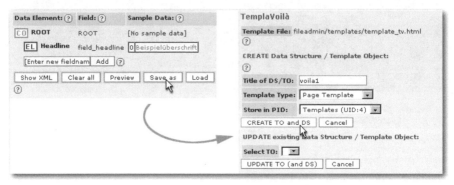

Abbildung 13.18 Speichern und Benennen des TV-Datensatzes

Zum Speichern muss im Feld **Title of DS/TS** ein Titel für den Datensatz angegeben werden. Im Beispiel wurde »voila1« verwendet. Den **Template Type** belassen Sie bei »Page Template« (Abbildung 13.18, rechts).

> **Hinweis**
> Achten Sie darauf, was im Pulldownmenü **Store in PID** erscheint. Hier muss der Sys-Ordner »Templates« auftauchen, der zu Anfang angelegt und später dem Seitentemplate zugewiesen wurde. Er wird hier erstmals wirklich benötigt.

Klicken Sie auf **CREATE TO and DS**. Wurde im SysOrdner tatsächlich etwas abgelegt? Finden Sie dies heraus, indem Sie über das Modul **Web > Liste** den SysOrdner öffnen (siehe Abbildung 13.19): Sie sehen hier tatsächlich zwei Objekte TO (ein so genanntes »Template Objekt«) und DS (eine so genannte »Datenstruktur«), die soeben abgespeichert wurden.

Was es mit diesen Objekten auf sich hat, erkennen Sie, indem Sie Sie anklicken. Das Objekt-Icon trägt hier wie in TYPO3 üblich ein Kontextmenü. Wählen Sie den Befehl **TemplaVoilà** des Objekts TO (Abbildung 13.20).

Unter der Listenansicht (Abbildung 13.21) wird eine Strukturübersicht des Template-Objekts eingeblendet, in der Sie auch ein Remapping der beiden vorhandenen Bereiche vornehmen können.

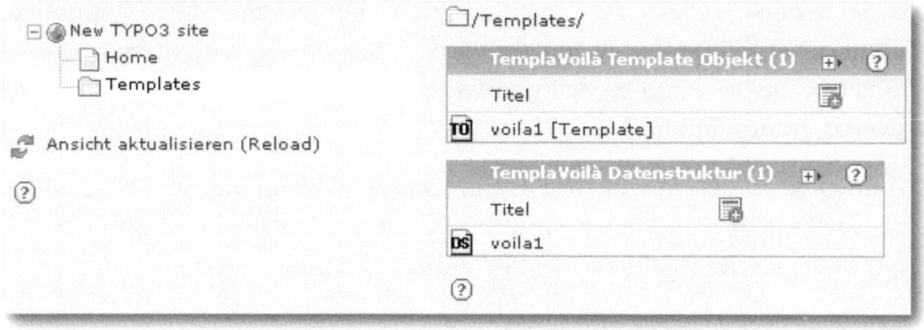

Abbildung 13.19 Template Objekt und Datenstruktur in der Listenansicht

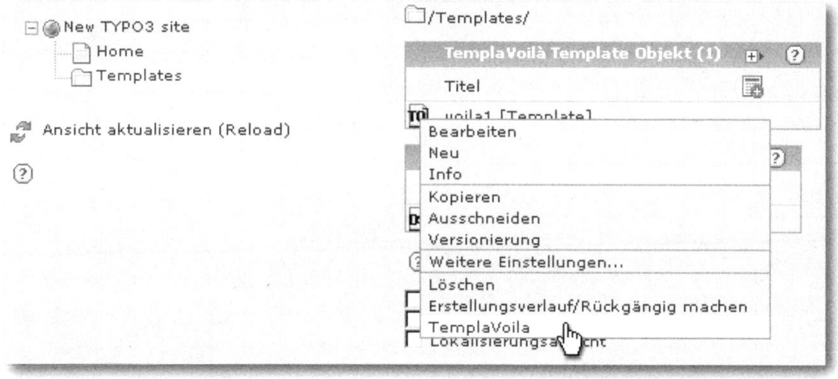

Abbildung 13.20 Das Kontextmenü des TemplaVoilà Template Objekts

Das Anlegen neuer Bereiche ist hier nicht möglich, daher ist diese Ansicht nicht geeignet zur Weiterarbeit am Mapping. Hierfür werden wir später zum Fileadmin zurückwechseln.

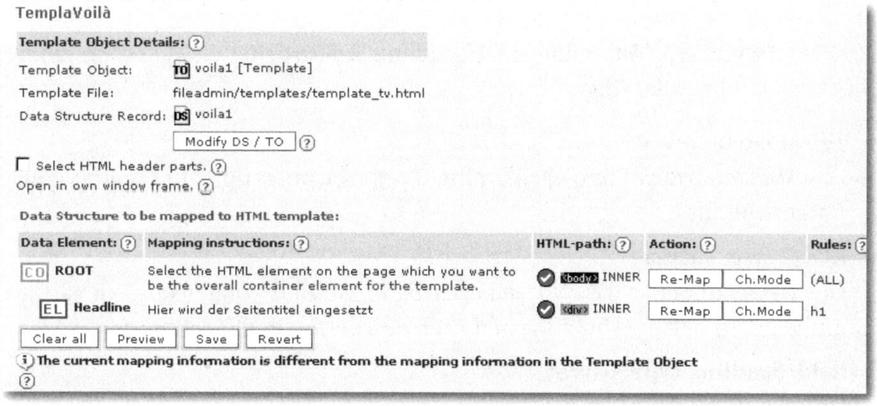

Abbildung 13.21 Näherer Blick auf das Template Objekt in Listenansicht

Klicken Sie erneut auf das TO-Objekt, wählen aber diesmal den Menüpunkt **Bearbeiten**. Es erscheint ein Dialogfeld, in dem Sie die Eigenschaften des Template Objekts ändern können, beispielsweise den Titel. Auch hier sollten Sie nichts weiter unternehmen.

Interessanter ist in diesem Fall ein Blick auf das DS-Objekt, das im XML-Format die Datenstruktur enthält. Klicken sie also nun auf das **DS-Objekt** und wählen Sie auch hier in dessen Kontextmenü den Befehl »Bearbeiten«.

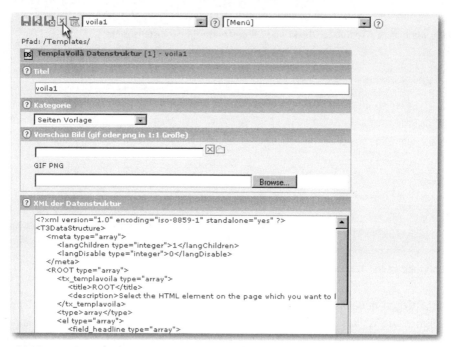

Abbildung 13.22 Zugriff auf die XML-Daten des DS-Objekts

Das XML-Dokument (Abbildung 13.22) soll nicht bearbeitet werden – ein kurzer Blick darauf lohnt allerdings.

- **T3DataStructure**
  Das Wurzelelement und gleichzeitig Typbezeichner für eine TemplaVoilà-Datenstruktur.

- **ROOT type »array«**
  Der Datencontainer des Wurzelbereichs. Er ist vom komplexen Typ »array« und enthält, neben seiner eigenen Metabeschreibung die definierten Felder.

- **field_headline type=»array«**
  Der Datencontainer, für den Bereich »Headline«. Er besitzt ebenfalls den komplexen Typ »array« und enthält weitere Definitionen, z. B.

▶ **sample_data type=»array«**
Die Platzhalterdaten, die in der Templatepreview für den gemappten Bereich eingesetzt werden – hier ist es »Beispielüberschrift«

```xml
<?xml version="1.0" encoding="iso-8859-1" standalone="yes" ?>
<T3DataStructure>
    <meta type="array">
        <langChildren type="integer">1</langChildren>
        <langDisable type="integer">0</langDisable>
    </meta>
    <ROOT type="array">
        <tx_TemplaVoila type="array">
            <title>ROOT</title>
            <description>Select the HTML element on
             the page which you want to be the overall
             container element for the template.
            </description>
        </tx_TemplaVoila>
        <type>array</type>
        <el type="array">
            <field_headline type="array">
                <tx_TemplaVoila type="array">
                    <title>Headline</title>
                    <description>
                        Hier wird der Seitentitel eingesetzt
                    </description>
                    <sample_data type="array">
                        <numIndex index="0">
                            Beispielüberschrift
                        </numIndex>
                    </sample_data>
                    <eType>input_h</eType>
                </tx_TemplaVoila>
                <TCEforms type="array">
                    <config type="array">
                        <type>input</type>
                        <size>48</size>
                        <eval>trim</eval>
                    </config>
                    <label>Headline</label>
                </TCEforms>
            </field_headline>
        </el>
    </ROOT>
</T3DataStructure>
```

Listing 13.2 Die Datenstruktur als XML (listing_tv2.xml)

Das XML-Dokument finden Sie auch auf der Begleit-DVD. Zu diesem Zeitpunkt ist es, da nur ein eigener Bereich definiert ist, nur wenig komplex. Wenn Sie im Zuge der folgenden Arbeiten einen gelegentlichen Blick darauf werfen, sehen Sie, dass dies sich ändern wird.

Wenden wir uns nun wieder dem unterbrochenen Mapping-Vorgang zu. Gehen Sie wieder über **Datei > Dateiliste** in den Fileadmin und wählen Sie, wie bereits bekannt, die HTML-Vorlage zur Bearbeitung in TemplaVoilà aus.

13.3.4 Fortführen des Mappingvorgangs

Da das Mapping unterbrochen wurde, ist an dieser Stelle **Vorsicht geboten**:

> **Achtung**
> TemplaVoilà muss mitgeteilt werden, dass wir nicht ein **neues** Template Objekt auf Grundlage der gleichen HTML-Vorlage erstellen wollen, sondern an einem vorhandenen **weiterarbeiten.** Wenn Sie das Template Objekt später updaten wollen, gehen Sie analog vor.

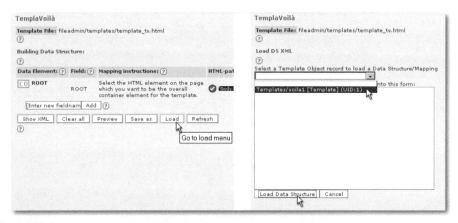

Abbildung 13.23 Laden des Template Objekt zur Weiterarbeit

Hierfür muss das Template Objekt geladen werden. Klicken Sie auf den Button **Load** (Abbildung 13.23, links) und wählen Sie im Pulldown-Menü des »Load DS XML«-Dialogs das gespeicherte Template Objekt *Templates/voila1*. Klicken Sie nun auf **Load Data Structure**. Anschließend kann mit dem unterbrochenen Mapping fortgefahren werden.

Definieren Sie ein neues Element `field_inhalt` und weisen Sie ihm den Typ »Element« und den Titel »Inhalt der Seite« zu. Als Beispieltext dient das übliche »Lorem Ipsum ...«. Wählen Sie als **Editing Type** den Typ »Content Elements«.

13.3 Mapping der Dokumentvorlage

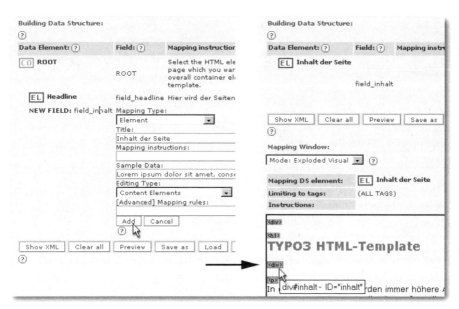

Abbildung 13.24 Mapping des Inhaltsbereiches field_inhalt

Klicken Sie nun auf **Add** und anschließend auf **Map**. Weisen Sie dem Bereich den Inhaltscontainer zu (hier ist dies ein `<div>` mit `id="inhalt"`). Fügen Sie analog einen Bereich `field_nav` und einen Bereich `field_spalte_rechts` hinzu. Wählen Sie für `field_spalte_rechts` den **Editing Type** »Content Elements«, für `field_nav` jedoch wieder »TypoScript Object Path«. Setzen Sie den **Object path** auf »lib.nav«.

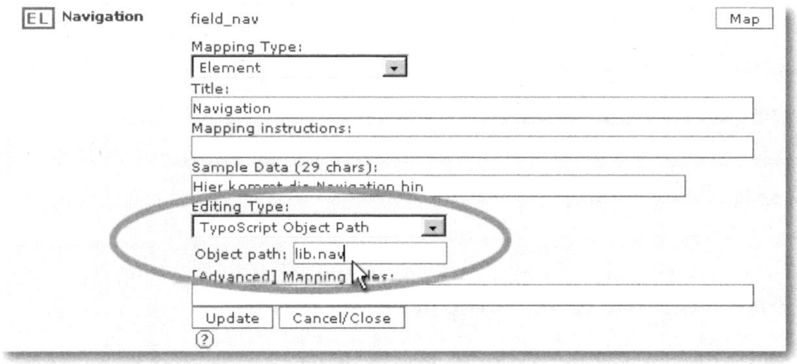

Abbildung 13.25 Zuweisen eines TypoScript Objekt Pfads

Nach dem Setzen des letzten Bereiches sollten sie ein Ergebnis wie in Abbildung 13.26 vor sich sehen. Die jetzt am Template Objekt gemachten Änderungen müssen noch gespeichert werden. Klicken Sie hierfür wieder auf den Button **Save as**.

353

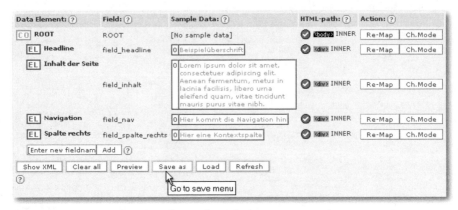

Abbildung 13.26 Das TemplaVoilà Template Objekt mit vier Bereichen

Hierbei müssen Sie beachten, dass nicht ein neues Template Objekt erzeugt werden soll (Sie könnten die Bearbeitung auch unter neuem Namen abspeichern), sondern das bestehende aktualisiert werden soll. Wählen Sie es als Ziel des Updates im Pulldown-Menü aus und klicken Sie diesmal auf den Button **UPDATE TO (and DS)**.

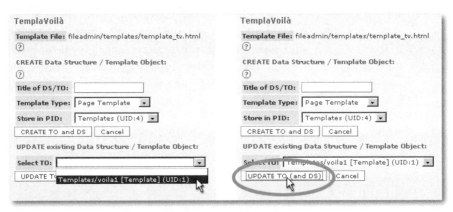

Abbildung 13.27 Aktualisieren des geänderten Template Objekts

13.4 Arbeiten mit dem TemplaVoilà-Template

13.4.1 Zuweisen der TemplaVoilà-Datenstruktur an die Startseite

Die erstellte und gespeicherte Datenstruktur muss nun noch der Startseite zugewiesen werden. Wechseln Sie hierfür nach **Web > Seite**, wählen Sie die Seite »Home« und wechseln über das Stiftsymbol in den Bearbeitungsmodus.

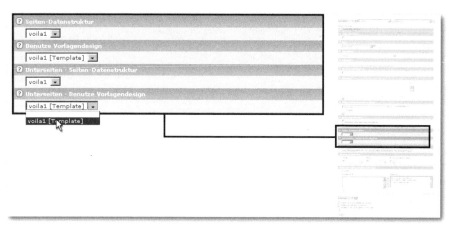

Abbildung 13.28 Einbinden der Datenstruktur für Haupt- und Unterseiten

Sie finden ein Feld **Seiten-Datenstruktur** und ein Feld **Unterseiten – Seiten-Datenstruktur** vor, in denen Sie die im SysOrdner abgelegten TemplaVoilà-Datenstrukturen per Pulldown-Menü auswählen können. Zurzeit ist dies nur eines, nämlich voila1 – wählen Sie dieses. **Speichern** Sie die Zuweisung mit Hilfe der Speicherbuttons **ohne den Dialog zu verlassen**.

Es erscheinen jetzt zwei weitere Felder, die **Benutze Vorlagendesign** und **Unterseiten – Benutze Vorlagendesign** benannt sind. Wählen Sie hier per Pulldown-Menü wieder voila1 aus. Speichern Sie erneut. Sie können den Dialog nun verlassen.

13.4.2 Einbinden der Stylesheetdatei

Es muss jetzt noch das Stylesheet in das Design eingegliedert werden. Erinnern Sie sich, dass TYPO3 den Dokumentkopf selbst zu generieren pflegt und daher ein in die HTML-Vorlage eingefügter Stylesheet-Link nicht automatisch in der TemplaVoilà-Vorlage erscheint. Er muss nachträglich wieder hinzugefügt werden.

Um dies zu tun, wechseln Sie wieder in das Modul **Web > Liste** in den SysOrdner »Templates« und wählen im Kontextmenü des TO-Objekts den Befehl »TemplaVoilà« (hier waren Sie schon einmal). Klicken Sie die Checkbox Select **HTML header parts** an (Abbildung 13.29, links).

Setzen Sie jeweils ein Häkchen in die Checkbox des Meta-Tags und des Stylesheet-Links. Den Body können Sie außer Acht lassen. Klicken Sie auf **Set** und dann auf **Save**. Nun ist das Template soweit vorbereitet, dass Sie Beispielinhalte einfügen können. Um die Navigation werden wir uns anschließend noch kümmern.

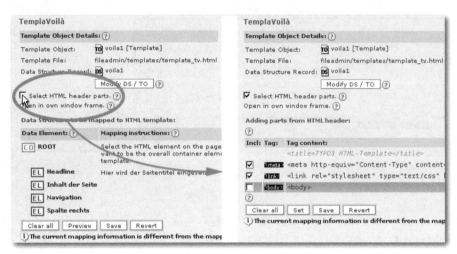

Abbildung 13.29   Einbinden der Header Parts der Dokumentvorlage

13.4.3   Einfügen von Inhalten

Wechseln Sie in das Modul **Web > Seite** und wählen Sie »Home« aus. Sie sehen hier zwei Icons (siehe Abbildung 13.30), die für die beiden als »Content Elements« definierten Inhaltsbereiche stehen. Die weiteren Bereiche werden anders befüllt und tauchen hier deshalb nicht auf.

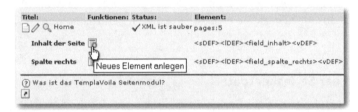

Abbildung 13.30   Inhalte über das TV-Seite Modul anlegen

Klicken Sie zunächst auf das Icon neben dem Eintrag **Inhalt der Seite**. Den folgenden Dialog kennen Sie bereits – hier geht es um die Auswahl des einzufügenden Inhaltselements. Wählen Sie »Normaler Text«. Sie können eine beliebige Überschrift und einen beliebigen Inhaltstext eingeben.[3] Speichern Sie das Ergebnis.

Gehen Sie analog für den Bereich **Spalte rechts** vor. Wählen Sie hier das Inhaltselement »Nur Bilder« aus. Sie finden im Projektordner TemplaVoilà auf der Begleit-DVD eine Reihe von Bildern `illu_XX.jpg`, die für diesen Bereich vorgesehen sind. Suchen Sie sich ein oder zwei aus und ordnen Sie sie in einer Spalte an. Speichern Sie das Ergebnis. Das Ergebnis ähnelt der Ansicht in Abbildung 13.31.

---

3   Auf der Begleit-DVD finden Sie auch eine Datei lorem-ipsum.txt, die Dummy-Text enthält.

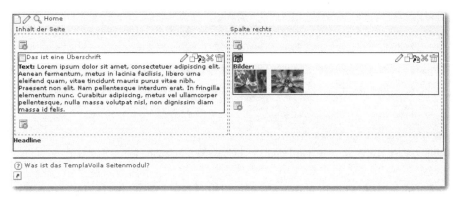

Abbildung 13.31 TemplaVoilà-Ansicht mit eingegebenen Inhalten

Sie können jedem Bereich nach Belieben weitere Inhalte zuweisen. Da den Bereichen der Typ »Content Elements« zugewiesen wurde, können sie jeweils auch mehrere Inhaltselemente enthalten.

13.4.4 Anlegen weiterer Seiten

Es werden jetzt weitere Seiten angelegt. Für die Beispiel-Website werden einige Hauptseiten in der Hierarchieebene unter der Startseite benötigt sowie ein paar Unterseiten auf der zweiten Hierarchieebene. Für die noch zu erstellende Navigation kommt auch die Erstellung eines Shortcuts zur Startseite aus der Hauptseitenhierarchie. Der Seitenbaum soll etwa so aussehen:

Home (Startseite)
   Home (Shortcut zur Startseite)
   Erste Seite
     Unterseite
     Unterseite2
   Zweite Seite

Klicken Sie auf das Icon der Startseite im Seitenbaum und wählen Sie den Menüpunkt **Neu**. Das Starten des Assistenten zur Seitenerstellung und die Wahl der gewünschten Position im Seitenbaum erfolgt wie gewohnt. Dann allerdings weicht die Seitenerstellung vom gewohnten Pfad ab. Sie sehen, wie in Abbildung 13.32, zwei Klickflächen, mit denen Sie sich zwischen einer »Standard Vorlage« und einem Template »voila1« entscheiden können. Stünden weitere Templates zur Verfügung, so würden entsprechend mehr Icons auftauchen. Wählen Sie das Template »voila1«.

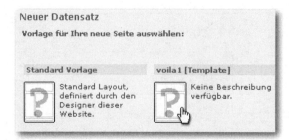

Abbildung 13.32 Wahl zwischen Templates bei der Seitenerstellung

Legen Sie analog weitere Seiten an. Fügen Sie ihnen Inhalte hinzu. Ihre Startseite könnte nun aussehen wie in Abbildung 13.33. Vom Bereich Headline ist hier und auch auf den anderen Seiten noch nichts zu sehen; von der Navigation lediglich der Platzhalterinhalt.

Abbildung 13.33 Die Startseite – noch fehlt Headline und Navigation

> **Tipp**
> Sollten Sie an dieser Stelle wider Erwarten **keine** Inhalte dargestellt bekommen, obwohl die Eingabe fehlerfrei erfolgt ist, überprüfen Sie, ob in Ihr Template-Setup das statische Template » styled content« korrekt eingebunden wurde.

13.4.5 Verwendung des Headline-Bereichs

Für die Bereiche Inhalt und Spalte Rechts ist es offensichtlich, auf welche Art Inhalte eingebunden werden. Im Falle des Headline-Bereichs sind bislang noch keine Inhalte sichtbar. Dies liegt daran, dass er auf eine andere Art definiert ist, nämlich als **TypoScript-Objekt** mit dem Namen `lib.headline`. Ihm wird der

Inhalt daher nicht über die Seitenobjekte zugewiesen, sondern direkt im Templatesetup. Wechseln Sie also nach **Web > Template** und öffnen Sie das Setup-Feld. Geben Sie hier vor der Definition des PAGE-Objekts folgende Zeilen ein:

```
lib.headline = TEXT
lib.headline.value = {page:title}
lib.headline.insertData = 1
lib.headline.wrap = <h1> | </h1>
```

Listing 13.3 Headline als Überschrift (listing_tv3.ts)

Speichern Sie das Setup. Was passiert hier? Es wird ein TEXT-Objekt definiert, dem als Wert der Seitentitel zugewiesen wird. Dies geschieht mit dem Platzhalter {page:title}. Anschließend wird das Einfügen der Daten gestattet und das Objekt in einen Überschriften-Container »gewrappt«.

Abbildung 13.34 Der Seitentitel wurde den Bereich Headline zugewiesen

Wie Sie in Abbildung 13.34 sehen, wird nun tatsächlich der Seitentitel in der Seite eingeblendet. Das hierfür zuständige TypoScript-Objekt kann allerdings beliebig geändert werden, um eine andere Aufgabe zu übernehmen. Eine ebenso interessante Variante ist es, an dieser Stelle einen klickbaren Pfad, also eine Breadcrumb-Navigation einzusetzen.

Umwidmen des Bereiches als Breadcrumb-Navigation

Sie erinnern sich vielleicht an das `special`-Property des `HMENU`-Objekts, wie es in Kapitel 7, *Menüs erstellen mit TypoScript*, vorgestellt wurde. Um dem Headlinebereich eine Breadcrumb-Navigation zuzuweisen, verfahren Sie wie folgt. Ändern Sie das Setup im Template wie folgt (auch die CSS-Klasse `mini` ist im Stylesheet definiert):

```
lib.headline = HMENU
lib.headline.wrap = <div class="mini"> | </div>
lib.headline {
    special = rootline
    special.range = 0 | -1
    1 = TMENU
    1 {
       NO {
          allWrap = /  |  
       }
    }
}
```

Listing 13.4 Headline als Breadcrumb (listing_tv4.ts)

Das Ergebnis wirkt sofort ansprechender (Abbildung 13.35). Noch stört die fehlende Navigation. Diese wird im nun folgenden Schritt eingebunden.

Abbildung 13.35 Layout mit Breadcrumb, aber noch ohne Hauptnavigation

13.4.6 Einbinden des Menüs

Das Einbinden des Menüs ist ebenso einfach. Erinnern Sie sich daran, dass der Menübereich als TypoScript Object Path mit dem Namen `lib.nav` definiert worden ist. Es muss also, analog zum Einbinden des Headline-Bereichs, hier wiederum nur ein Objekt dieses Namens im TypoScript Setup des Templates erzeugt werden.

Wechseln Sie hierfür nach **Web > Template** und fügen Sie folgende Zeilen vor der Definition des `PAGE`-Objekts ein. Der ID-Selektor `#mainnav` ist bereits im CSS definiert:

```
lib.nav = HMENU
lib.nav.1 = TMENU
lib.nav.1 {
    expAll = 1
    wrap = <ul id="mainnav">|</ul>
    NO.wrapItemAndSub = <li>|</li>
    }
lib.nav.2 = TMENU
lib.nav.2 {
    expAll = 1
    wrap = <ul>|</ul>
    NO.wrapItemAndSub = <li>|</li>
}
```

Listing 13.5 Das Menü des TemplaVoilà-Templates (listing_tv5.ts)

Die erstellte Website hat nun folgendes abschließendes Aussehen (siehe Abbildung 13.36. Im Stylesheet sind Hover-Klassen definiert um Mouseover-Effekte für die Navigation auf CSS-Basis zu ermöglichen:

Sie finden die komplette Site als t3d-File *TemplaVoila_site.t3d* im Ordner *Dateien_zum_Buch/Kapitel13/TemplaVoila*.

Natürlich gäbe es über TemplaVoilà weit mehr zu sagen, als an dieser Stelle, zumal in einem einführenden Buch, aufgenommen werden kann. TYPO3 stellt ein hochkomplexes System dar, sodass eine vertiefte Behandlung aller Aspekte entsprechend mehr Raum benötigt. An dieser Stelle möchten wir Sie deshalb gerne auf das weiterführende Werk unserer Kollegen, »*TYPO3 4.0 – Das Handbuch für Entwickler*«, Laborenz et. al (ebenfalls Galileo Press) hinweisen, das prinzipbedingt mehr in die Tiefe geht.

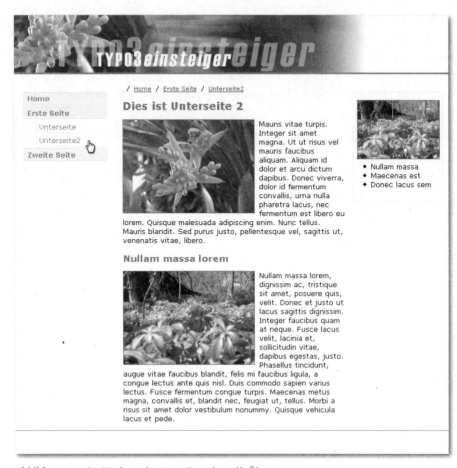

Abbildung 13.36 Die komplettierte TemplaVoilà-Übung

Das Finale?

Der in TYPO3 einführende Teil des Buches ist hiermit abgeschlossen. Wir hoffen, dass Sie bis hierher erfolgreich und mit Spaß mitgearbeitet haben und freuen uns auf entsprechende Rückmeldungen.

Andreas Stöckl & Frank Bongers
Linz und Berlin

Was kommt jetzt?

Das folgende Kapitel 14, *TypoScript – eine Kurzreferenz* ist zum Nachschlagen gedacht und dient als kompakte Übersicht über alle Aspekte von TypoScript, wie sie in den bisherigen Kapiteln verstreut behandelt wurden. Im Anschluss finden Sie, mit Kapitel 15, *Das Backend von TYPO3*, noch einen knappen, informativen

Abriss über das Backend von TYPO3 und seine Module. Die Anhänge A bis C decken Themen wie die Installation von XAMPP, TYPO3-Installationspakete und das Erstellen von Datenbank-Backups mit phpMyAdmin ab. In Abschnitt D finden Sie einen Pool von Onlineressourcen zu TYPO3, der Ihnen helfen soll, sich selbstständig weiter zu informieren.

Dieses Kapitel bildet eine kurze Übersicht über TypoScript und seine Grundprinzipien. Es werden die wichtigsten TypoScript-Objekte und deren Eigenschaften erläutert und kurze Beispiele gegeben.

14 TypoScript – eine Kurzreferenz

Trotz seines Namens, der den Programmierer an Sprachen wie JavaScript oder VBScript erinnern mag, handelt es sich bei **TypoScript** nicht um eine Programmiersprache. Die Aufgabe von TypoScript besteht vielmehr in der baumartig **hierarchisch geordneten Ablage von Informationen**, die vom Content-Management-System für Darstellungs- und Konfigurationszwecke[1] genutzt wird. Hierfür kommt TypoScript ausschließlich mit ASCII-Zeichen aus.

Als Redakteur werden Sie mit TypoScript kaum in Berührung kommen – zumindest sollte dies so sein. Sobald Sie sich jedoch also Programmierer mit der Erzeugung von Templates für TYPO3 befassen (müssen), kommen sie nicht umhin, in dieses Thema einzusteigen. Die folgenden Seiten sollen Ihnen dies ermöglichen.

> **Achtung**
> Es handelt sich bei dieser Kurzreferenz **ausdrücklich nicht** um eine vollständige Referenz aller Objekte und Möglichkeiten, die TypoScript bietet.

Wo wird TypoScript in TYPO3 eingesetzt?
TypoScript verwendet man innerhalb von TYPO3 für drei verschiedene Aufgabenbereiche:

- **TypoScript Templates**
  TypoScript dient zur Definition der Templates, die als Bauplan für die Seiten innerhalb des Seitenbaums einer TYPO3-Website verwendet werden. Gesteuert wird hiermit die Arbeit der Frontend-Engine von TYPO3. Hierfür wird das Template in PHP-Anweisungen umgesetzt. Ein TypoScript-Template bezieht sich auf die Root-Seite einer Website.

---

[1] TypoScript ist ausdrücklich nicht zur Speicherung darzustellender Information geeignet – hierfür ist die Datenbank da.

- **Page TSconfig**
  Innerhalb der Definition jedes Datensatzes (page record) einer TYPO3-Seite und (falls gewünscht) ebenfalls für die von dieser im Seitenbaum abstammenden Seiten können zusätzliche TypoScript-Anweisungen eingefügt werden. Hierzu existiert pro Seite ein Eingabefeld im Backend.

- **User TSconfig**
  Zur Definition und Festlegung von Eigenschaften von Nutzergruppen und Einzelnutzern für Front- und Backend wird ebenfalls TypoScript eingesetzt. Hierbei können pro Nutzergruppe allgemeine, und für Nutzer innerhalb der Gruppen spezielle Einstellungen vorgenommen werden

14.1 TypoScript – die Grundlagen

Es sollen hier kurz einige Ähnlichkeiten sowie Unterschiede zu bekannten Programmiersprachen gezeigt werden.

14.1.1 Ähnlichkeiten und Unterschiede zu Programmiersprachen

Obwohl selbst keine echte Programmiersprache, enthält TypoScript doch einige Grundkonzepte, die denen einer Programmiersprache gleichen. So werden die gespeicherten Informationen ebenfalls nach **Datentypen** unterschieden und behandelt. Die **Leerraumbehandlung** innerhalb des Quelltexts gleicht weitgehend dem Gewohnten. Auch das Prinzip von **Kommentaren** ist praktisch identisch zur Behandlung in den bekannten Programmiersprachen.

Kontrollstrukturen[2] in Form von Schleifen sucht man dagegen vergebens. Auch das Konzept, für das TypoScript die Bezeichnung »Objekt« verwendet, ähnelt bei genauer Betrachtung eher dem des (mehrdimensionalen) assoziativen Arrays oder dem von Strukturen (structs) in Pascal oder C. Innerhalb eines TypoScript-Objekts existieren keine Methoden (objektgebundene Funktionen), sondern lediglich Properties als Wertespeicher.

Ein TypoScript-Quelltext besteht vielmehr aus einer Abfolge von Deklarationen von Objektinstanzen, deren Properties Werte zugewiesen werden.

---

2 Es gibt ein Konzept der »bedingten Deklaration« (Conditions), die in Abhängigkeit von äußeren Bedingungen zwischen Deklarationen wählen kann – mehr dazu im entsprechenden Abschnitt.

14.1.2 Operatoren in TypoScript

Gelegentlich werden zu übergebende Werte in TypoScript berechnet. Dies wird uns beispielsweise bei der Berechnung der Breite oder Höhe einer zu erstellenden Grafik begegnen. Diese Operatoren können nur für diejenigen Datentypen eingesetzt werden, für die entsprechende Berechnungen auch zulässig sind[3].

Es existieren hierfür die gängigen mathematischen Operatoren:

- \+ für Addition
- \- für Subtraktion
- * für Multiplikation
- / für Division

Die Berechnung erfolgt für alle Operatoren strikt von links nach rechts:

2 + 3 * 5 ergibt daher 25 und nicht, wie erwartet, 17.

> **Achtung**
> Wichtig zu beachten ist, dass es **keine Operatorpräzedenz** gibt. Es gilt also nicht, wie gewohnt, »Punkt vor Strich«. Bei Berechnungen kommt es alleine auf die Reihenfolge der Operationen an. Klammersetzungen sind nicht vorgesehen.

Weitere Operatorsymbole

Weitere in TypoScript verwendete **Operatorsymbole** sind die geschweiften Klammern { }, die runden Klammern ( ) und die spitzen Klammern < >. Die spitzen Klammern werden auch in Kombination mit dem als Zuweisungsoperator verwendeten Gleichheitszeichen = benutzt.

Diese Operatorsymbole werden wir in Folge anhand von Beispielen vorstellen.

Leerzeichen und Leerzeilen

TypoScript ignoriert Leerraum in Scripts in den meisten Fällen. Hierzu gehören beispielsweise **Leerzeichen** oder Tabulatoren am Beginn und Ende von Zeilen oder vor und nach Operatoren (wie dem Gleichheitszeichen). Etwaige Leerzeichen am Zeilenende werden entfernt, normalerweise also nicht einem übergebenen Wert zugeschlagen.

Auch **Leerzeilen** innerhalb des Scripts werden nicht beachtet. Zusammen mit Kommentaren kann man so längere Scripts übersichtlich gliedern und ihnen auch Erläuterungen hinzufügen.

---

[3] Der entsprechende Datentyp muss die Zusatzeigenschaft »+calc« besitzen.

Kommentare in TypoScript

TypoScript kennt die Möglichkeit, **Kommentare** in längere Scripts einzufügen. Die Kommentarzeichen gelten jeweils für die gesamte Zeile; lediglich Leerzeichen dürfen ihnen vorangehen.

Unter anderem aus C kennt man den »Bourne-Shell«-Kommentartyp[4]:

```
#    dies ist ein einzeiliger Kommentar
  # dies hier auch
```

Eine entsprechend auskommentierte Zeile wird ignoriert. Auch ein **Einzelslash** genügt für einen einzeiligen Kommentar:

```
/    dies ist ebenfalls ein einzeiliger Kommentar
```

Man kann ebenso den »gewohnten« **Doppelslash** einsetzen[5]:

```
//   dies ist auch ein einzeiliger Kommentar
```

Längere Passagen kann man mit **Kommentarblöcken** auskommentieren, die mit der Zeichenfolge /* begonnen und mit */ beendet werden.

Kommentarblöcke dürfen aber (Vorsicht!) nicht verschachtelt[6] werden:

```
/*   (der Rest der ersten Zeile ist bereits Kommentar)

     Dies ist ein Kommentar über mehrere Zeilen.
     Er muss entsprechend beendet werden:

*/   aber auch dies gehört noch zum Kommentar. Bis hier.
```

14.1.3 Bedingungen (Conditions)

TypoScript kennt einige wenige Kontrollstrukturen, die es ermöglichen, das Einlesen eines Scriptes zu steuern. Mittels sogenannter **Conditions** können Scriptblöcke abhängig von der Erfüllung bestimmter Bedingungen abgearbeitet (d.h. eingelesen) oder ausgeschlossen werden. Geprüft werden kann beispielsweise der Useragent (Browser) oder das Betriebssystem, aber auch gesetzte Umge-

---

[4] Achtung: Anders als bei Shell-Commands dürfen auf der gleichen Zeile keine Instruktionen vor dem Kommentarzeichen stehen. Die Methode »den Rest der Zeile auskommentieren« ist hier also nicht gangbar.

[5] Eigentlich nur ein optischer Trick, da der zweite Slash bereits dem Kommentar zugerechnet wird. Aber erlaubt ist erlaubt ;-)

[6] Dies bedeutete, dass ein Kommentar die Zeichenfolge */ enthielte – an dieser Stelle würde er jedoch sofort beendet. Vorsicht daher beim Auskommentieren von Passagen, die bereits Kommentarblöcke enthalten; diese müssen vorher entfernt werden.

bungsvariablen in PHP, beispielsweise eine Spracherkennung für mehrsprachige Websites.

Formal geschieht dies mit folgender Syntax:

```
[bedingung]
//   bedingte TypoScript-Anweisungen
[GLOBAL]
```

... oder so:

```
[bedingung]
//   bedingte TypoScript-Anweisungen
[END]
```

Ein bedingter Block wird wahlweise mit dem Statement [END] oder dem Statement [GLOBAL] beendet. Ausnahmsweise darf hier alternativ auch (in Kleinbuchstaben) [end] oder [global] geschrieben werden.

Beispiel:
```
[browser = msie]
// Typoscript speziell für Internet Explorer
[END]
```

Hier wird getestet, ob der Nutzer einen Internet Explorer MSIE einsetzt.

```
[globalVar = GP:L = 1]
// wenn der globale Parameter L den Wert 1 hat
[global]
```

Hier wird eine per URL übergebene Variable geprüft,[7] die die zu verwendende Sprachversion der Website bestimmt.

Condition mit Alternative

Auch ein ELSE-Zweig ist möglich, um einen alternativen TypoScript-Block einzublenden:

```
[bedingung]
//   bedingte TypoScript-Anweisungen
[ELSE]
//   alternative TypoScript-Anweisungen
[GLOBAL]
```

Beispiel:
```
[browser = msie]
// Typoscript speziell für Internet Explorer
[ELSE]
```

---

7 Mehr dazu in Abschnitt 10.2.3, Konfiguration im Haupttemplate.

```
// TypoScript für alle anderen Browser
[END]
```

Der ELSE-Zweig tritt dann in Kraft, wenn die vorausgehende Bedingung nicht erfüllt wurde.

Verknüpfung von Bedingungen

Mehrere Bedingungen können auch verküpft werden, was mit AND- oder OR-Verknüpfungen geschehen kann.

- **AND-Verknüpfung** (beide Bedingungen müssen erfüllt sein):

```
[browser = msie] && [system = win]
//   Internet Explorer unter Windows
[END]
```

Die Bedingung ist beispielsweise nicht erfüllt, wenn die Seite durch einen Internet Explorer aufgerufen wird, der unter MacOS läuft. Seit TYPO3 4.0 kann zur Und-Verknüpfung auch das Keywords AND eingesetzt werden:

```
[browser = msie] AND [version < 7]
//   Internet Explorer bis 6.xx
[END]
```

Die Bedingung (mit dieser Formulierung nur in TYPO3 4.0) ist erfüllt, wenn der Browser ein Internet Explorer älter als Version 7 ist.

- **OR-Verküpfung** (eine der gegebenen Conditions muss erfüllt sein):

```
[useragent = *Opera*] || [useragent = *mozilla*]
// ein Opera oder ein Mozilla
[end]
```

Die Bedingung ist erfüllt, wenn der Useragent-String des Browsers entweder die Zeichenkette »Opera« oder die Zeichenkette »mozilla« enthält. Seit TYPO3 4.0 kann zur Oder-Verknüpfung auch das Keyword OR eingesetzt werden:

```
[version => 4] OR [browser =  netscape]
// ein Netscape oder mindestens ein 4er-Browser
[end]
```

Die Bedingung ist erfüllt, wenn der Browser einen Versionsstand von 4 oder höher hat, oder wenn es sich um einen beliebigen Netscape-Browser handelt.

> **Hinweis**
>
> Die OR-Verknüpfung kann alternativ auch *ohne* Operator geschrieben werden, indem die zu verknüpfenden Bedingungen einfach hintereinander geschrieben werden:
>
> ```
> [useragent=*Opera*] [useragent = *mozilla*]
> // ein Opera oder ein Mozilla
> [end]
> ```

Simulation der Erfüllung von Bedingungen

Die Erfüllung von Bedingungen kann zu Testzwecken mit Hilfe des TypoScript-Object-Browsers (in den Template Tools) **erzwungen** werden. Hierdurch kann das Verhalten gegenüber verschiedenen Useragents oder bei bestimmten, gesetzten Umgebungsvariablen simuliert werden.

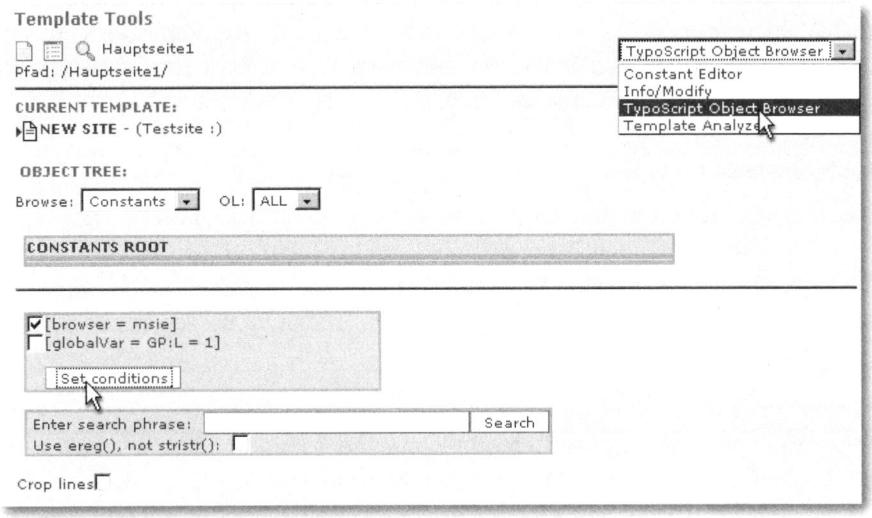

Abbildung 14.1 Erzwingen von Conditions im Object Browser

Der Object Browser listet automatisch alle im aktuellen TypoScript-Template enthaltenen Bedingungen auf und bietet jeweils die Option, sie per Checkbox auf den Wert true zu setzen. Im oberen Beispiel wurde die Bedingung [browser = msie] auf true gesetzt, sodass das Script sich verhält, als ob es durch einen Internet Explorer aktiviert würde.

14.1.4 Datentypen in TypoScript

Das Konzept des Datentyps unterscheidet sich in TypoScript ein wenig von dem, das man von anderen Programmiersprachen oder auch Datenbanken kennt. Eine erschöpfende Darstellung bzw. Auflistung führt im Rahmen eines einführenden Werks zu weit. Hier muss auf die ausführliche Referenz bei typo3.org verwiesen werden. So viel aber sollte an dieser Stelle genügen:

Man kann, grob gesehen, einfache Datentypen, funktionale Datentypen und schließlich Objekttypen unterscheiden. Einfache und funktionale Datentypen werden in TypoScript jedoch nicht zugewiesen, sondern sind fest mit den vordefinierten Objekttypen bzw. ihren Properties verknüpft.

Einfache Datentypen

TypoScript kennt neben **Ganzzahlen** (int), **Zeichenketten** (string) und **Booleschen Werten** (boolean) u.a. auch **Winkelgrad** (degree) und **Pixel** (pixel). Der Vergleich mit einfachen Datentypen bei Programmiersprachen hinkt insofern, als an Datentypen in TypoScript jeweils bestimmte Funktionalitäten oder Eigenschaften gebunden sind. So sind als Pixel bzw. Grad gespeicherte Werte zwar auch Zahlenwerte (bzw. von diesem Typ abgeleitet), werden jedoch anders behandelt. Auch von Zeichenketten abgeleitete Typen existieren und werden gesondert ausgewertet. Hierzu zählen beispielsweise Pfadangaben (path).

Funktionale Datentypen

Das Konzept der »funktionalen Datentypen« beschreibt eigentlich, was TypoScript mit entsprechenden Daten machen kann bzw. darf. Im Grunde steht hinter einem solchen Datentyp eine PHP-Funktion, die jedoch nicht direkt aufgerufen, sondern durch Belegen für den entsprechenden Datentyp vorgegebener Properties gesteuert wird.

Zu nennen sind hier die Typen/Funktionen stdWrap, imgResource, split, typolink, makelink und einige weitere. Im Rahmen der Funktionalität stdWrap steht für Zeichenketten (cObject TEXT) oder HTML (cObject HTML) beispielsweise eine Umwandlung in Groß- oder Kleinbuchstaben zur Verfügung, die durch Belegen eines Properties case mit den Werten upper oder lower gesteuert wird.

Nicht in jedem Fall kann der Programmierer die Behandlung eines Datentyps mit Hilfe von Properties explizit steuern. In vielen Fällen geschieht dies »von selber«, beispielsweise für Werte, die innerhalb eines durch TypoScript erzeugten Menüs die Menüpunkte ergeben: Diese sind vom Typ typolink, was dazu führt, dass um ihren Wert automatisch ein HTML-<a>-Tag gelegt wird, der über einen Identifier mit einer Seite innerhalb des CMS verknüpft wird. Die Zuordnung des Datentyps ergibt sich dadurch, dass der Wert innerhalb der Hierarchie eines HMENU-Objekts abgelegt wird, das selbst einem der Objektdatentypen von TypoScript entspricht.

Objekttypen

Viele Datentypen in TypoScript besitzen Objektcharakter, d.h. sie besitzen selbst eine hierarchische Struktur und Properties, die ebenfalls festgelegte Datentypen besitzen. Auf den folgenden Seiten werden exemplarisch die wichtigsten in TypoScript eingesetzten Objekttypen beschrieben.

14.2 Die Objektmetapher von TypoScript

Zur hierarchischen Anordnung der zu speichernden Informationen verwendet TypoScript eine Objektmetapher, wie sie vergleichbar auch in Java zu finden ist. TypoScript greift hierfür auf eine relativ übersichtliche Zahl vordefinierter **Objekttypen** zurück, die über bestimmte festgelegte **Properties**[8] (Eigenschaften) verfügen, in denen die gewünschten Informationen abgelegt werden.

14.2.1 Einteilung der Objekttypen

Die Objekttypen von TypoScript kann man, je nach der Hierarchiestufe auf der sie verwendet werden und ihren Aufgaben, in Untergruppen einteilen[9]:

- **Toplevelobjekte (TLO)**
  TLOs sind für die grundlegenden »Dinge« in einem TypoScript zuständig. Sie dienen zur Definition von Konfigurationen, Konstanten und Seiten. Nachfolgend werden exemplarisch der Objekttyp PAGE sowie die Frameobjekte (frameObj) FRAMESET und FRAME behandelt.

  Anmerkung: Nicht näher behandelt werden die TLOs lib, plugin, temp, styles, includeLibs, sitetitle, CARRAY, META, CONFIG, CONSTANTS, FE_DATA. Bitte konsultieren Sie zu Einzelheiten über diese Objekttypen die offizielle TypoScript Referenz TSRef.

- **Content Objekte (cObjects)**
  Content Objekte oder cObjects enthalten und strukturieren Inhalte, die hierarchisch den Toplevel Objekten unterstellt sind und legen über die Datentypen ihrer Properties gleichzeitig die Darstellung der in ihnen gespeicherten Werten fest. Nachfolgend werden exemplarisch die Objekttypen COA, FILE, TEMPLATE, HTML, TEXT, IMAGE, IMG_RESOURCE, CLEARGIF, CONTENT, OTABLE, CTABLE und HMENU vorgestellt.

- **Grafikobjekte (GIFBUILDER, GBObj)**
  Das GIFBUILDER-Objekt und seine Unterobjekte dienen zur Erstellung von Grafiken anhand der in ihnen gespeicherten Werte. Das GIFBUILDER-Objekt sowie die Unterobjekte, TEXT, SHADOW, EMBOSS, BOX und IMAGE werden ebenfalls auf den folgenden Seiten erläutert.

---

8 Ein, den Methoden vergleichbares, Konzept existiert dagegen nicht: TypoScript-Objekte können keine Funktionen im eigentlichen Sinn ausführen, sondern nur Information speichern.
9 Die Unterteilung folgt hier eher einer didaktisch motivierten Gruppierung als einer streng formalen.

Anmerkung: Nicht behandelt werden die Unterobjekte OUTLINE, EFFECT, WORKAREA, CROP, SCALE und ADJUST von GIFBUILDER. Kosultieren Sie auch hier bei Interesse bitte die TSRef.

▶ **Menüobjekte (menuObj)**
Menüobjekte sind spezielle dem Content Objekt HMENU unterstellte Objekttypen, die durch TypoScript die Erzeugung von Menülisten anhand der in ihnen gespeicherten Werte ermöglichen. Es werden exemplarisch die Objekte GMENU, GMENU_LAYERS, TMENU und TMENUITEM erläutert.

> **Hinweis**
>
> Achten Sie stets auf korrekte Schreibweise bei Verwendung bzw. Zuweisung der Objekttypen: TypoScript ist »case-sensitive«, d. h. Groß-/Kleinschreibung wird unterschieden. Es heißt beispielsweise PAGE-Objekt und nicht page-Objekt!

14.2.2 Wertzuweisung an Objektproperties

Die Properties der Objekte dienen der Speicherung von Werten. Dies erfolgt analog zur Speicherung von Werten in Variablen. Für alle Zuweisungsaktionen dient das Gleichheitszeichen als Operator. Die Zuweisung erfolgt stets von rechts nach links:

```
das_objekt.die_eigenschaft = die Information
```

Jeder vordefinierte Objekttyp in TypoScript verfügt automatisch über diejenigen, auch entsprechend benannten, Properties, die er für die zu speichernde Information und deren jeweiligen Datentyp benötigt. Welche Properties bzw. Verarbeitungsmöglichkeiten eine gespeicherte Information bietet, hängt von ihrem Datentyp ab. Gegebenenfalls besitzt ein Property daher seinerseits eigene (ebenfalls namentlich festgelegte) Sub-Properties[10], damit in ihnen Information ebenfalls hierarchisch gestaffelt gespeichert werden können.

14.2.3 Bildung von Objektinstanzen

TypoScript verwendet Objekte festgelegten Typs zum Speichern von Informationen. Wie immer stellt der Objekttyp lediglich ein »Baumuster« dar. Die eigentliche Arbeit wird von einer konkreten Instanz[11] erfüllt. Um Informationen abzulegen, muss also zunächst eine **Objektinstanz** gebildet und dieser ein Objekttyp zugewiesen werden. Hier abstrakt:

---

10 Anders ausgedrückt ist das Property ebenfalls ein Objekt, das wiederum Properties besitzt. Diese Staffelung kann im Prinzip beliebig tief sein.
11 Das spezielle Auto, das ich fahre stellt z. B. eine konkrete Instanz der Idee »Auto«, also des allgemeinen Objekts »Auto« dar.

```
mein_objekt = TYPOSCRIPTOBJEKT
```

Der Bezeichner der Objektinstanz

Die Objektinstanz muss benannt werden, um in Folge verwendet zu werden. Hier hat sie den **Bezeichner** mein_objekt erhalten. Der Bezeichner ist weitestgehend frei wählbar, darf aber lediglich aus den alphanumerischen Zeichen a-z, A-Z, 0-9 sowie dem Bindestrich (-) und dem Unterstrich (_) zusammengesetzt sein. Sonderzeichen, Leerzeichen und andere Interpunktionszeichen sind verboten. TypoScript unterscheidet zwischen Groß- und Kleinschreibung, die Sprache verhält sich also **case-sensitiv**.

Verwendung der Objektproperties

Nun können dessen Eigenschaften verwendet werden. Je nach Art des Properties werden verschiedene **Datentypen** der zu speichernden Information erwartet. Dies können einfache Typen wie Zeichenketten oder Zahlen sein, aber auch wiederum ein **TypoScript-Objekt**. Zwischen einem Objekt und seinem Property steht ein Punkt, der auch die hierarchische Zugehörigkeit verdeutlicht:

```
mein_objekt.eigenschaft1 = meine Zeichenkette
mein_objekt.eigenschaft2 = 42
mein_objekt.eigenschaft3 = TYPOSCRIPTOBJEKT
```

Beachten Sie an dieser Stelle, dass die übergebenen **Werte nicht in Anführungszeichen** gestellt werden. Anführungszeichen können jedoch Teil einer übergebenen Zeichenkette sein. Ein **Zeilenumbruch** wird als Ende des übergebenen Wertes angesehen.

Soll ein **Wert über mehrere Zeilen** übergeben werden, so muss er **in runde Klammern** gestellt werden. In diesem Falle sind Leerzeichen relevant. Ansonsten werden diese am Zeilenende nicht beachtet. Auch Zeilenenden werden als Teil des Wertes übergeben[12]:

```
mein_objekt.eigenschaft4 = (Rosen
                Tulpen
                Nelken)
```

Hauptsächlich wird dies für zu übergebenden HTML-Code (oder ähnliches) benötigt, in dem Einrückungen und Zeilenumbrüche erhalten bleiben sollen.

Eine kleine Einschränkung ist anzumerken: Innerhalb von Werten, die über mehrere Zeilen übergeben werden, sind **keine TypoScript-Kommentare** möglich; sie werden hier nicht erkannt.[13]

---

12 Im Grunde wird das normale Parsing von TypoScript innerhalb der Klammern deaktiviert.

```
mein_objekt.eigenschaft4 = (Rosen
                            Tulpen
                // ein Kommentar ist hier fehl am Platz!!
                            Nelken)
```

> Sehr wichtig ist es, die schließende runde Klammer nicht zu vergessen, da sonst das nachfolgende TypoScript nicht ausgewertet wird!

Properties von Unterobjekten

Das in `eigenschaft3` gespeicherte Objekt soll die drei Properties[14] `eigenschaft1`, `eigenschaft2`, `eigenschaft3` besitzen, die nun folgendermaßen mit Werten belegt werden können:

```
mein_objekt.eigenschaft3.eigenschaft1 = ein Wert
mein_objekt.eigenschaft3.eigenschaft2 = ein weiterer Wert
mein_objekt.eigenschaft3.eigenschaft3 = noch ein Wert
```

Alternative Schreibweise für Unterobjekte

Da dies erstens Schreibarbeit bedeutet – in jeder Zeile wird das übergeordnete Objekt `mein_objekt.eigenschaft3` bernötigt – und zweitens unübersichtlich wirkt, gibt es alternativ[15] eine **abkürzende Schreibweise**, die sich der geschweiften Klammern bedient:

```
mein_objekt.eigenschaft3 = TYPOSCRIPTOBJEKT
mein_objekt.eigenschaft3 {
    eigenschaft1 = ein Wert
    eigenschaft2 = ein weiterer Wert
    eigenschaft3 = noch ein Wert
}
```

Man bezeichnet diese Methode auch als **Confinement** oder Verschachtelung von Properties. Die hierfür verwendeten geschweiften Klammern { } werden daher zu den Operatoren gezählt. Sie sind stets paarweise[16] zu verwenden.

---

13 Das liegt daran, dass die Zeilenenden hier nicht beachtet werden. So kann nicht festgestellt werden, ob eine Zeile mit einem Kommentarsymbol beginnt.
14 Es schadet nichts, wenn die Propertynamen identisch sind – sie sind durch ihre Zugehörigkeit zum jeweiligen Mutterobjekt eindeutig indentifizierbar.
15 Die andere vorgestellte Schreibweise ist selbstverständlich ebenfalls erlaubt.
16 Ein TypoScript funktioniert zwar auch mit »überschüssigen« geschweiften End-Klammern, gibt jedoch eine entsprechende Warnung aus.

Kopieren, Referenzieren und Löschen von Objekten

Zwischen den deklarierten Objektinstanzen eines Scriptes können Beziehungen bestehen. So kann beispielsweise ein deklariertes Objekt einfach in ein anderes **kopiert** werden. Hierzu dient der <-Operator (hier symbolisch beschrieben):

```
# Beispielobjekt ´gegenstand_1´ mit zwei Properties:
gegenstand_1 = TYPOSCRIPTOBJEKT
gegenstand.form = quadratisch
gegenstand.farbe = rot

# gegenstand_2 erhält alle Eigenschaften von gegenstand_1:
gegenstand_2 = TYPOSCRIPTOBJEKT
gegenstand_2 < gegenstand_1

# Properties können nachfolgend überschrieben werden:
gegenstand_2.form = rund
```

Man verfügt nun über zwei im Wesentlichen gleichartige Objekte (gegenstand_1 ist quadratisch und rot, gegenstand_2 rund und rot). Lohnenswert ist dieses »Klonen« bei komplexeren Objekten, die sich nur in Einzelaspekten unterscheiden. Üblicherweise wird diese Methode bei Menüobjekten eingesetzt (Normal- und Rollover-Zustand etc.).

> **Hinweis**
>
> Ein **kopiertes** Objekt ist **autark**: Eine nachfolgende Änderung am Ursprungsobjekt zu einem späteren Zeitpunkt im Script wirkt sich nicht auf die vorher erstellte Kopie aus! Ebensowenig hat eine Änderung an der Kopie Einfluss auf das Originalobjekt.

Es lassen sich nicht nur vollständige Objekte, sondern bei Bedarf auch einzelne Eigenschaften kopieren:

```
gegenstand_3.form < gegenstand_2.form
```

Eine weitere Möglichkeit, Beziehungen zwischen TypoScript-Objekten aufzubauen, besteht in der **Referenzierung**, ### Etwas unklar: was man auch mit der Bildung eines Zeigers umschreiben könnte. Hierfür wird der Operator =< eingesetzt.

Referenzierung funktioniert allerdings **nur für vollständige Objekte** und nicht für einzelne Properties:

```
# Bildung einer Referenz auf ein anderes Objekt:
gegenstand_4 =< gegenstand_2
```

In Folge hat man ein und dasselbe Objekt unter zwei Bezeichnern zur Verfügung. Änderungen an Original wirken sich auf **alle Instanzen** der Referenz aus.

```
# auch der referenzierte 'gegenstand_2' ist hiernach grün:
gegenstand_4.farbe = gruen
```

> **Hinweis**
>
> Ein **referenziertes** Objekt ist **nicht autark:** Änderungen an Original oder Referenz wirken sich gegebenenfalls auf beide Objekte aus. Da eine Referenz erst instantiiert wird, wenn die TypoScript-Anweisungen vollständig eingelesen sind, spiegelt sie stets den letzen Zustand des Originals wider.

Praktisch sind Referenzen dann, wenn ein Objekt mehrfach im TypoScript-Objektbaum eingesetzt werden, eine Änderung eines Wertes sich aber an allen Stellen auswirken soll (Aktualität!). Mit Kopien ist dies nicht möglich, da eine Änderung sich nicht auf im Vorfeld erstellte kopierte Objektinstanzen auswirken würde.

Schließlich kann es gelegentlich vorteilhaft sein, ein Objekt oder auch nur ein Property explizit zu **löschen**. Hierzu dient der Operator >. Da in diesem Falle keine Wertzuweisung erfolgt, bleibt dessen rechte Seite leer:

```
# das Objekt 'gegenstand_1' wird gelöscht:
gegenstand_1 >
```

14.2.4 Objektzugehörige Arrays

Zusätzlich zu den benannten und in ihrer Aufgabe festgelegten Properties verfügen einige Objekttypen noch über eine allgemeinere Speichermethode, die einem **Array** entspricht.

Informationen kann über eine frei wählbare »Fachnummer« ein Speicherplatz innerhalb des Objekts zugewiesen werden. Dieser Speicherplatz wird über seine **Fachnummer** angesprochen, die damit gewissermaßen als »Bezeichner« fungiert. Abgelegt werden können hier einfache Informationen bis hin zu Objekten:

```
mein_objekt.10 = mein erster Inhalt
mein_objekt.20 = mein zweiter Inhalt
mein_objekt.30 = TYPOSCRIPTOBJEKT
mein_objekt.30 {
    eigenschaft1 = ein Wert
    eigenschaft2 = ein weiterer Wert
    eigenschaft3 = noch ein Wert
}
```

In das Arrayfeld 30 wurde ein Objekt abgelegt, dessen Properties mit Hilfe der abgekürzten Schreibweise befüllt werden. Auch hier könnten selbstverständlich wieder Objekte abgelegt werden um eine tiefere hierarchische Staffelung zu ermöglichen.

Die **Reihenfolge der Deklaration** numerischer Properties innerhalb eines Objektes ist irrelevant. So könnte im obigen Beispiel die Eigenschaft 20 problemlos *vor* der Eigenschaft 10 deklariert werden, sowie nach der Eigenschaft 30 eine Eigenschaft 25 hinzugefügt werden. Ihre **Abarbeitung** während der Auswertung des Skriptes hingegen erfolgt strikt in der numerischen Rangfolge der vergebenen Fachnummern.

14.3 Seiten definieren – das PAGE-Objekt

Das PAGE-Objekt besitzt in TypoScript eine zentrale Rolle. Es dient allgemein dazu, ein Seitenobjekt zu definieren, das im Browserfenster dargestellt wird. Es ist dabei nicht von vornherein festgelegt, ob ein PAGE-Objekt eine normale HTML-Seite oder ein Frameset-Dokument erzeugt. Ersteres ist jedoch die geläufigere Variante. In jedem Fall stellt ein PAGE-Objekt den Ausgangspunkt (die Wurzel) eines hierarchischen Informationsbaums dar. Es wird daher auch als **Toplevel Objekt** (TLO) bezeichnet.

Mit den Properties des PAGE-Objekts werden weitere Eigenschaften der zu erzeugenden Seiten definiert. Beispiele für ihren Einsatz sind die Einbindung von Stylesheets (mit dem stylesheet-Property) oder von MetaTags (mit dem meta-Property).

Um in TYPO3 mit PAGE-Objekten ein HTML-Design mit Frames umzusetzen, verfügt TypoScript über weitere Objekte für Frames und Framesets.

14.3.1 TL-Objekt PAGE

Die mit dem PAGE-Objekt gebildeten Instanzen können frei benannt werden. Eingebürgert hat sich für die Hauptseite jedoch der Bezeichner seite (bzw. page). Weitere PAGE-Objektinstanzen benennt man meist funktional (z. B. oben, unten, menue, inhalt für Frame-Dokumente).

Beispiel:
seite = PAGE

Hier wird ein PAGE-Objekt mit dem **Bezeichner** seite erzeugt. Der Bezeichner dient zum Referenzieren dieser Objektinstanz. Sofern – wie im Falle eines Framesets – mehrere PAGE-Objekte benötigt werden, sollten diese unterschiedliche Bezeichner bekommen:

```
neue_seite = PAGE
noch_eine_seite = PAGE
```

Jedes `PAGE`-Objekt verfügt über eine Reihe von Properties, mit deren Hilfe seine Eigenschaften definiert werden. Ihnen können ebenfalls weitere Inhalte in Form von Content Objekten zugeordnet werden. Die Properties müssen nicht alle verwendet werden; dies ist jedoch selbstverständlich möglich. In einigen Fällen treten bei Nichtverwendung entsprechende Defaultwerte in Kraft.

Properties (Auszug):

- `typeNum`
  Ein numerischer Typbezeichner
- `bodyTag`
  Der `<body>`-Tag der erzeugten Seite mit Attributen
- `bodyTagMargins`
  Ein Shortcut, um nur die Body-Margins zu setzen
- `config`
  Dient mit Sub-Properties der Konfiguration der Seite (z. B. DOCTYPE)
- `meta`
  Erzeugt Metatags für die Seite
- `stylesheet`
  Erzeugt einen Stylesheet-Link
- `includeCSS`
  Bindet Stylesheet(s) optional mit Titel und Medientyp ein
- `includeLibs`
  Bindet PHP-Bibliotheken ein
- `headerData`
  Bindet Informationen in den Seitenkopf ein
- 1, 2 ,3, ..., 10, 20, ... (numerische Properties)
  Deklaration von Positionsobjekten
- `frameSet`
  Deklaration der Seite als Frameset

Property: typeNum (von PAGE)

Beschreibung:
Diese Typennummer dient im Wesentlichen zur Unterscheidung von Seiten in einem Framelayout. Die Seite, die dem Frameset entspricht (Toplevel), hat die Nummer 0, die restlichen Seiten eine jeweils andere positive Ganzzahl.

In framelosen Designs muss die `typeNum` = 0 sein. Da dies auch der Defaultwert ist, könnte das Property auch gefahrlos undeklariert bleiben.

Beispiel:
```
seite = PAGE
seite.typeNum = 0
```

Property: bodyTag (von PAGE)

Beschreibung:
Hier kann mitsamt Attributen der HTML-BodyTag angegeben werden, den die Seite erhalten soll. Auf diese Weise können Sie beispielsweise die Hintergrundfarbe der Webseite bestimmen.

Beispiel:
```
seite = PAGE
seite.bodyTag = <body bgcolor = "#dddddd">
```

Anmerkung:
Dies lässt sich genausogut und technisch sogar sauberer mit einem verknüpften CSS-Stylesheet bewirken. Ein Stylesheet können Sie mittels des `stylesheet`-Properties oder des `includeCSS`-Properties an die Seite anlegen.

Property: bodyTagMargins (von PAGE)

Beschreibung:
Hier können Sie die Margins des BodyTags auf eine bestimmten Wert setzen. Das Property wird in Verbindung mit einem `CTABLE`-Layout eingesetzt.

Beispiel:
```
seite = PAGE
seite.bodyTagMargins = 0
```

Dem generierten BodyTag werden durch die obige Anweisung folgende Attribute zugewiesen:

```
<body leftmargin="0" topmargin="0"
 marginwidth="0" marginheight="0">
```

Anmerkung:
Wenn Sie statt einer numerischen Angabe hier das Sub-Property

```
seite.bodyTagMargins.useCSS = 1
```

setzen, so erzeugt TYPO3 eine Stylesheet-Datei mit dem Inhalt

```
BODY {margin: 0px 0px 0px 0px;}
```

und verlinkt diese automatisch; die CSS-Datei wird im Verzeichnis `typo3temp/` abgelegt.

Property: config (von PAGE)

Beschreibung:
Mit Hilfe des Properties `config` und seiner Sub-Properties kann die Seite für die Ausgabe konfiguriert werden. Unter anderem ist die Angabe eines DOCTYPES möglich oder die Umsetzung eines Outputs als XHTML.

Anmerkung:
Die hier auf Seitenebene vorgenommenen Einstellungen überschreiben eventuelle gleichnamige Werte im Toplevel-Objekt CONFIG.

Beispiel: config.doctype
```
seite = PAGE
seite.config.doctype = xhtml_trans
```

Dieses Beispiel erzeugt einen XML-Prolog sowie die Doctype-Declaration für eine XHTML-konforme Seite (XHTML transitional) und setzt den korrekten Namensraum im `<html>`-Container. Das Ergebnis sieht so aus:

```
<?xml version="1.0" encoding="iso-8859-1"?>
<!DOCTYPE html PUBLIC "-//W3C//DTD XHTML 1.0 Transitional//EN"
 "http://www.w3.org/TR/xhtml1/DTD/xhtml1-transitional.dtd">
<html xmlns="http://www.w3.org/1999/xhtml"
 xml:lang="en" lang="en">
...
```

Anmerkung:
Als Werte sind `xhtml_frames`, `xhtml_trans`, `xhtml_strict`, `xhtml_11`, `xhtml_2` und `none` (Unterdrückung einer Deklaration) gestattet. Ansonsten wird eine Default-Doctype-Declaration ausgegeben.

```
<!DOCTYPE HTML PUBLIC "-//W3C//DTD HTML 4.0 Transitional//EN">
```

Beispiel: config.xmlprologue
```
seite = PAGE
seite.config.doctype = xhtml_trans
seite.config.xmlprologue = none
```

Soll in Verbindung mit einer XHTML-Doctype-Declaration kein XML-Prolog ausgegeben werden, so kann dies mit diesem Property unterdrückt werden.

Beispiel: config.xhtml_cleaning
```
seite = PAGE
seite.config.doctype = xhtml_trans
seite.config.xhtml_cleaning = all
```

Das Property veranlasst das »Aufräumen« des Quellcodes entsprechend der XML-Syntax, d.h es sorgt für die Kleinschreibung von Elementen und Attributen sowie für die Anführungszeichen um Attributwerte. Des Weiteren werden leere Tags mit /> beendet. Der Wert `all` bewirkt die Verarbeitung in jedem Falle; der Wert `cached` nur dann, wenn die Seite gecacht wird. Der Wert `output` bewirkt eine Verarbeitung des direkt ausgegebenen Codes.

Beispiel: config.baseURI
```
seite = PAGE
seite.config.baseURI = http://www.example.com
```

Dieses Beispiel erzeugt einen BasisURI für die Seite in der Form:

```
<base href="http://www.example.org" />
```

Achtung:
Der früher (bis TYPO3 3.7) für dieses Property erlaubte Boolesche Wert 1 darf seit TYPO3 3.8 nicht mehr gesetzt werden!

Property: meta (von PAGE)

Beschreibung:
Mit Hilfe des Properties `meta` können die Meta-Tags als weitere Sub-Eigenschaften angegeben werden, denen die gewünschten Werte zugewiesen werden. Als Subproperties werden die Bezeichner der jeweils gewünschten HTML-Metatags eingesetzt.

Beispiel:
```
seite = PAGE
seite.meta.AUTHOR = Stöckl
seite.meta.KEYWORDS = Web, Internet
seite.meta.DESCRIPTION = Die Internetagentur ...
```

Dieses Beispiel erzeugt die gängigen Metatags für den Seitenautor – die Seitenbeschreibung und die Schlüsselwörter. Das Ergebnis sieht so aus:

```
<meta name="AUTHOR" content="St&ouml;ckl" />
<meta name="KEYWORDS" content="Web, Internet" />
<meta name="DESCRIPTION" content="Die Internetagentur ..." />
```

Anmerkung:
Sie sind beim Meta-Namen nicht auf Großbuchstaben oder feststehende Bezeichner festgelegt. Was immer Sie hier einsetzen, erscheint (in der gewählten Schreibweise) als Wert des name-Attributs. Wollen Sie XHTML-konform bleiben, so verwenden Sie Bezeichner in Kleinbuchstaben.

Property: stylesheet (von PAGE)

Beschreibung:
Hier können Sie eine einzelne Stylesheet-Datei angeben. Sie wird von TYPO3 mittels des `<link>`-Tags im Header-Container eingebunden.

Beispiel:
```
seite = PAGE
seite.stylesheet = fileadmin/screen.css
```

Mit der erzeugten Seite wird ein CSS-Stylesheet verlinkt, das im Fileadmin-Repository abgelegt wurde. Es werden Pfad und Dateiname übergeben. Der erzeugte Quellcode sieht so aus:

```
<link rel="stylesheet" type="text/css"
    href="fileadmin/screen.css" />
```

Anmerkung:
Wollen Sie mehrere Stylesheets einbinden und diesen auch einen Titel geben oder ein Ausgabemedium bestimmen, so verwenden Sie alternativ das Property `includeCSS`.

Property: IncludeCSS (von Page)

Beschreibung:
Mit dem `includeCSS`-Property können mehrere CSS-Stylesheets eingebunden werden, wozu ein Array aus `file`-Properties dient. Diese werden namentlich durch ein frei wählbares, numerisches Postfix unterschieden (z. B. `file01`, `file02`, ... `fileNN`). Jedem `file`-Property kann ein Stylesheet-Titel und ein oder – als kommagetrennte Liste –, mehrere Medientypen zugewiesen werden. Hierzu dienen die Sub-Properties `title` und `media`. Mittels des dritten Sub-Properties `alternate` kann durch Übergabe eines Booleschen Wertes das Keyword »alternate« dem `rel`-Attribut des Link-Tags hinzugefügt werden.

Beispiel:
```
seite = PAGE
seite.includeCSS {
    file10 = fileadmin/screen.css
    file10.title = Screenstylesheet
    file10.media = screen, projection
    file20 = fileadmin/print.css
    file20.title = Druckstylesheet
    file20.media = print
    }
```

Mit der erzeugten Seite werden per `<link>`-Tag mehrere im Fileadmin-Repository abgelegte CSS-Stylesheets verknüpft und gleichzeitig Titel und Ausgabemedium genannt. Der erzeugte Quellcodeabschnitt sieht so aus:

```
<link rel="stylesheet" type="text/css" title="Screenstylesheet"
 href="fileadmin/screen.css" media="screen, projection" />

<link rel="stylesheet" type="text/css" title="Druckstylesheet"
 href="fileadmin/print.css" media="print" />
```

Achtung:
Die Stylesheets müssen am bezeichneten Ort auch tatsächlich existieren. Ansonsten wird keine Verknüpfung angelegt!

Property: includeLibs (von PAGE)

Beschreibung:
Mit dieser Eigenschaft können Sie PHP-Dateien einbinden.

Beispiel:
```
seite = PAGE
seite.includeLibs.shop = fileadmin/fx/cybershop.php
```

Hier wird an das `PAGE`-Objekt[17] eine PHP-Datei gebunden, die Shopfunktionalitäten zur Verfügung stellt. Dem Objekt können beliebig benannte Properties zugewiesen werden. Hier wurde der Deutlichkeit halber der Propertybezeichner `shop` gewählt. Es werden Pfad und Dateiname übergeben.

Property: headerData (von PAGE)

Beschreibung:
Die Eigenschaft dient dazu, den Inhalt in den Header-Bereich der Seite auszugeben. Es können dies zum Beispiel JavaScripts, Meta-Tags, Referenzen zu Stylesheets oder ganze HTML-Vorlagen sein.

Beispiel:
```
seite = PAGE
seite.headerData.10 = TEMPLATE
seite.headerData.10 {
        template = FILE
        template.file = fileadmin/header.html
        workOnSubpart = HEADER
}
```

---

[17] Nicht zu verwechseln mit dem TLO `includeLibs`, das nicht den Seiten direkt zugeordnet wird. Das lokale `seite.includeLibs` kann gegebenenfalls Werte des TLO `includeLibs` überschreiben.

Das Property `headerData` erhält hier ein Positionsobjekt 10, dem ein Content-Objekt TEMPLATE zugewiesen wird. Über desssen `file`-Property wird eine HTML-Datei eingebunden, die in der Seitenvorlage in dem durch die Markierung ###HEADER### gekennzeichneten Bereich eingefügt wird. Mehr über die Objekttypen TEMPLATE und FILE bei den Content-Objekten.

Property: 1, 2, 3, ..., 10, 20, ... (von PAGE)

Beschreibung:

Hier wird ein numerisch bezeichnetes Positionsobjekt innerhalb des PAGE-Objekts deklariert, das ein Inhaltsobjekt enthält.

Die Inhalte werden von TYPO3 in PHP-Arrays abgelegt. Die vergebene Positionsnummer ist der Schlüssel, über den auf das Objekt zugegriffen werden kann. Er entspricht sozusagen der Fachnummer des Arrays.

Die Positionsnummer bestimmt ebenfalls über die Reihenfolge der Objekte auf der Seite. Ein Objekt an Position `seite.5` erscheint auf der Seite stets vor `seite.10`, dieses wiederum vor `seite.20`:

```
seite = PAGE
seite.10 = TEXT
seite.10.value = Das ist
seite.20 = TEXT
seite.20.value = ein Beispiel
```

Erzeugt die Ausgabe[18]:

Das ist ein Beispiel

Hier werden zwei numerische Properties deklariert und ihnen die Eigenschaft »Textobjekt«[19] (TEXT) zugewiesen. In diesem Falle steht anschließend jeweils ein `value`-Subproperty zur Verfügung, das eine Zeichenkette enthalten kann.

Die absoluten Zahlen der Positionsnummer spielen dabei keine Rolle, sondern nur deren numerische Abfolge. Die Reihenfolge ihrer Deklaration im Template ist dabei ausdrücklich irrelevant. Es ist also möglich, wenn auch unübersichtlich, ein Objekt 20 im Template *vor* einem Objekt 10 zu definieren und beiden jeweils Inhalte zuzuweisen. Ausgegeben wird dennoch in der numerisch vorgegebenen Folge.

```
seite = PAGE
seite.20 = TEXT
seite.20.value = ein Beispiel
```

---

18 Hier nur als Hervorhebung kursiv wiedergegeben!
19 Mehr hierzu bei den Content Objekten.

```
seite.10 = TEXT
seite.10.value = Das ist
```

Erzeugt ebenfalls die Ausgabe:

Das ist ein Beispiel

Es empfiehlt sich (wie hier bei den Beispielen), ausreichend »Sicherheitsabstand« zwischen den definierten Objekten zu lassen. So können zwischen einem Objekt 10 und einem Objekt 20 im Bedarfsfall weitere Objekte 11, 12, 15 oder ähnlich eingeschoben werden:

```
seite = PAGE
seite.10 = TEXT
seite.10.value = Das ist
seite.20 = TEXT
seite.20.value = ein Beispiel
seite.15 = TEXT
seite.15.value = gelungenes
```

Erzeugt die Ausgabe:

Das ist ein gelungenes Beispiel

14.4 Erzeugen von Framesets – FRAME-Objekte

Ein PAGE-Objekt kann auch ein Frameset-Dokument erzeugen. Hierfür verwendet man sein frameSet-Property. Darüberhinaus benötigt man in diesem Zusammenhang auch zwei weitere Objekte: das FRAME-Objekt (stets) und (seltener) das FRAMESET-Objekt.

Property: frameSet (von PAGE)

Beschreibung:
Wird ein frameset-Property gesetzt, so ist das entsprechende PAGE-Objekt automatisch als Frameset deklariert. Die durch dieses Objekt bestimmte Seite wird mit Hilfe weiterer Sub-Properties des frameset-Properties in Bildschirmbereiche unterteilt:

Sub-Properties:

- cols
  Spaltenbreiten des Framesets
- rows
  Reihenhöhe des Framesets

- params
  Eigenschaften des `<frameset>`-Tags
- 1, 2, 3, ...
  Numerische Properties, denen Frame-Objekte zugeordnet werden

Besitzt das PAGE-Objekt die `typeNum = 0`, so entspricht dies der Position `_top` im Browserfenster.

Die in den Frames dargestellten PAGE-Objekte müssen in jedem Fall von 0 verschiedene Typnummern haben.

Beispiel:
```
# ein PAGE-Objekt wird erzeugt ...
mein_frameset = PAGE

# ... und als Frameset deklariert
mein_frameset.frameSet.rows = 120,*
mein_frameset.frameSet.params = border="0" framespacing="0"

# ... dem Frameset werden zwei Seiten zugewiesen:
seite.frameSet {
         1 = FRAME
         1.obj = oben
         1.params = scrolling="NO" noresize
         2 = FRAME
         2.obj = inhalt
         2.params = scrolling="AUTO"
              }
```

Hier wurde, um für Klarheit zu sorgen, dem Toplevel-PAGE-Objekt auch der Bezeichner »mein_frameset« gegeben. Die `rows`- und `params`-Properties des `frameSet`-Properties können unmittelbar belegt werden. Die den Framebereichen zugeordneten PAGE-Objekte »oben« und »inhalt« müssten allerdings noch deklariert werden (hier aus Platzgründen weggelassen). Die sie beherbergenden Objekte 1 und 2 werden als FRAME-Objekte deklariert.

Außer als Property `frameSet` des PAGE-Objekts tritt FRAMESET (man beachte die Schreibweise) auch als eigenständiger Objekttyp auf. Dies hat eher formale als technische Gründe.

14.4.1 TL-Objekt FRAMESET

Streng genommen besteht zwischen dem autarken FRAMESET-Objekt und dem eben vorgestellten `frameSet`-Property des PAGE-Objekts kein Unterschied. Genauer können Sie sich dem `frameSet`-Property von PAGE stets ein FRAMESET-

Objekt zugeordnet denken. In bestimmten Fällen (verschachtelte Framesets) weist man ein FRAMESET-Objekt allerdings auch explizit zu, um seine Eigenschaften verwenden zu können.

Properties:
- cols
  Spaltenbreiten des Framesets
- rows
  Reihenhöhe des Framesets
- params
  Eigenschaften des <frameset>-Tags
- 1, 2, 3, ...
  Numerische Properties, denen Frame-Objekte zugeordnet werden

Property: cols

Beschreibung:
Gibt in der gleichen Weise wie in HTML die Spaltenbreiten des Framesets an.

Beispiel:
seite.frameSet.**cols** = 200,*

Erzeugt einen zweispaltigen Frameset mit einer festen, 200 Pixel breiten Spalte und einer weiteren Spalte von variabler Breite.

Property: rows

Beschreibung:
Gibt in der gleichen Weise wie in HTML die Zeilenbreiten des Framesets an.

Beispiel:
seite.frameSet.**rows** = 120,*,50

Erzeugt einen dreireihigen Frameset mit einem oberen, 120 Pixel hohen Frame, einem mittleren mit variabler Höhe und einem unteren von 50 Pixel Höhe.

Property: params

Beschreibung:
Hier werden die Parameter des HTML-Frameset-Tags angegeben.

Beispiel:
seite.frameSet.1.**params** = scrolling="NO" noresize

Doppelte Anführungszeichen dürfen unmaskiert in der Zeichenkette enthalten sein, da TypoScript sie nicht als Zeichenkettenbegrenzer benötigt.

Property: 1,2,3, ... (Nummer des Frames)

Beschreibung:
Die einzelnen Frames innerhalb des Framesets werden über diese Nummern identifiziert. Jedes dieser Objekte ist vom Typ frameObj. Ihnen kann entweder ein FRAME-Objekt oder wiederum ein FRAMESET-Objekt zugeordnet werden. Bei der letzten Methode wird dabei ein verschachtelter Frameset erzeugt.

Beispiel:
```
seite.frameSet.1 = FRAME
seite.frameSet.2 = FRAMESET
seite.frameSet.2.1 = FRAME
seite.frameSet.2.2 = FRAME
```

Ein verschachtelter Frameset: Dem inneren Frameset werden seinerseits zwei FRAME-Objekte zugeordnet (siehe Beispiel unten).

14.4.2 TL-Objekt FRAME

Das FRAME-Objekt kann einem Speicherplatz vom Typ frameObj zugewiesen werden. Es wird sich um ein (wie oben) numerisches Property eines FRAMESET-Objekts handeln. Das FRAME-Objekt generiert den <frame>-Tag innerhalb des HTML-Framesets. Es existieren zwei Properties, aus deren Werten das src-Attribut und die restlichen Parameter des <frame>-Tags abgeleitet werden.

Properties:
- obj
  Zuordnung eines PAGE-Objekts an den Frame
- params
  Attribute des <frame>-Tags

Property: obj

Beschreibung:
Über das Property obj wird definiert, welches vorher deklarierte PAGE-Objekt in diesem Frame darzustellen ist. Zur Zuordnung wird der Bezeichner des gewünschten PAGE-Objektes übergeben.

Beispiel:
```
# das PAGE-Objekt 'oben'
oben = PAGE

seite.frameSet.1 = FRAME
seite.frameSet.1.obj = oben
```

Property: params
Beschreibung:
Das Property `params` übernimmt eine Zeichenkette, die als gewünschten Attribute des `<frame>`-Tags enthält, der durch das `FRAME`-Objekt erzeugt wird. Es dürfen alle in HTML an dieser Stelle vorgesehenen Attributbezeichner eingesetzt werden. Die Attributwerte sollten korrekterweise in doppelte Anführungszeichen gesetzt werden.

14.4.3 Quelltextbeispiel: Frameset mit TypoScript
Hierzu ein ausführliches Beispiel zur Erläuterung:

```
# das Toplevel-Dokument ´seite´:
seite = PAGE
seite.typeNum = 0

# ein PAGE-Objekt ´oben´:
oben = PAGE
oben.typeNum = 6

# ein PAGE-Objekt ´links´:
links = PAGE
links.typeNum = 7

# ein PAGE-Objekt ´rechts´:
rechts = PAGE
rechts.typeNum = 9

# ´seite´ wird als Frameset-Dokument deklariert
# das zwei Framebereiche enthält:

seite.frameSet {
   rows = 120,*
   params = border="0" frameborder="no" framespacing="0"

# den Framebereichen entsprechen frameObj 1 und frameObj 2
# wobei frameObj 1 als Frame deklariert wird ...

   1 = FRAME
# ... dem das PAGE-Objekt ´oben´ zugewiesen wird ...

   1.obj = oben
   1.params = noresize scrolling="no"
```

```
# ... frameObj 2 hingegen als Frameset ...

   2 = FRAMESET

# ... der in zwei Spalten geteilt ist ...

   2.params = noresize scrolling="no"
   2.cols = 180,*

# ... und seinerseits zwei frameObj 1 und 2 enthält:
   2 {
      1 = FRAME
      1.obj = links
      2 = FRAME
      2.obj = rechts
   }
}
```

Dieser Quelltext erzeugt einen verschachtelten Frameset und die den einzelnen Frame-Bereichen zugeordneten PAGE-Objekte.

14.5 Inhalt einbinden – Content-Objekte

TypoScript stellt eine Reihe mehr oder weniger spezialisierter Content-Objekte (**cObjects**) zur Aufnahme unterschiedlicher Inhaltstypen zur Verfügung. Deren Daten können PAGE-Objekten an unterschiedlichen Positionen zugewiesen und somit im Frontend dargestellt werden.

Je nach Art des einzubindenden Inhalts unterscheidet man die Objekttypen:

- COA (Content Object Array, auch: COBJ_ARRAY)
- FILE
- CONTENT
- TEMPLATE
- TEXT
- HTML
- IMAGE
- IMG_RESOURCE
- CLEARGIF
- OTABLE

- CTABLE
- COLUMNS

Die Aufgabenbereiche der Objekte überschneiden sich zum Teil. So kann IMAGE als eine Spezialform des FILE-Objektes betrachtet werden, CLEARGIF (veraltet) wiederum als spezialisiertes IMAGE-Objekt, das gezielt eine transparente Grafik einfügt. Des Weiteren existieren mit OTABLE, CTABLE und COLUMNS drei cObjects, deren Aufgabe die Erstellung von HTML-Tabellen ist.

- HMENU

Das Content-Objekt HMENU, das zum Erzeugen von Navigationsmenüs dient, wird im folgenden Abschnitt über Menüs abgehandelt. Es wird jedoch ebenfalls zu den cObjekts gezählt.

> **Anmerkung**
> Dies ist keine vollständige Referenz aller cObjects. Aus Platzgründen nicht näher beschrieben werden die cObjects RECORDS, HRULER, IMGTEXT, CASE, LOAD_REGISTER, RESTORE_REGISTER, FORM, SEARCHRESULT, USER, USER_INT, PHP_SCRIPT, PHP_SCRIPT_INT, PHP_SCRIPT_EXT und MULTIMEDIA. Entnehmen Sie Einzelheiten zu diesen Objekten bitte der TSRef. Das cObject EDITPANEL wird in Abschnitt 14.8, *Userkonfiguration* behandelt.

14.5.1 cObject COA

Das Objekt COA (Content Object Array) dient der Definition von Feldern, die weitere Content-Objekte enthalten können. Es ist synonym auch unter der Bezeichnung COBJ_ARRAY bekannt. Eine Verschachtelung ist möglich: Jedem Feld eines COAs kann selbst wiederum ein COA zugewiesen werden.

seite.10 = COA

Man kann das COA also als ein »übergeordnetes« Content-Objekt betrachten, das seinerseits andere Content-Objekte aufnehmen und gruppieren kann. Hierfür werden, vergleichbar dem PAGE-Objekt, numerische Positionsobjekte eingesetzt.

Properties:
- 1, 2, 3, ..., 10, ..., 20,
  numerisches Property als Speicherplatz
- wrap
  Quelltext, mit dem das Objekt bei Ausgabe umgeben wird

14 | TypoScript – eine Kurzreferenz

Property: 1, 2, 3, ..., 10, 20, ... (Position)

Beschreibung:
Hiermit wird ein Positionsobjekt innerhalb des Arrays definiert, das ein beliebiges Inhaltsobjekt aufnehmen kann.

Beispiel:
```
seite.10 = COA
seite.10.10 = HTML
seite.10.10.value = <table border=0 cellpadding=0>
seite.10.20 = TEXT
seite.10.20.value = Bildtext
```

Das Positionsobjekt `10` eines `PAGE`-Objekts wird mit einem `COA` befüllt. Dieses erhält seinerseits Postionsobjekte `10` und `20`, denen Content-Objekte vom Typ `HTML` bzw. `TEXT` zugeordnet werden. Diese erhalten anschließend über ihr `value`-Property entsprechende Inhalte.

```
seite.10 = COA
seite.10 {
   10 = HTML
   10.value = <table border=0 cellpadding=0>

   20 = TEXT
   20.value = Bildtext
}
```

Das gleiche Beispiel wie oben, jedoch verkürzt mit Hilfe von Confinement-Klammern geschrieben.[20]

Property: wrap

Beschreibung:
Gibt den Code an, mit dem das Content-Array umschlossen wird.

Beispiel:
```
seite.10 = COA
seite.10.wrap =  <td> | </td>
```

Wenn das Objekt für die Ausgabe gerendert wird (also z. B. enthaltene `TEXT`-Objekte dargestellt werden), so wird es von HTML-`<td>`-Tags umgeben.

---

20 Welche Schreibweise Sie verwenden, ist im Grunde egal – lesen können sollten Sie jedoch beide ;-)

14.5.2 cObject FILE

Dient dem Einbinden einer allgemeinen Datei in ein Template. Die Art (Typ) der Datei ist hierbei nicht näher festgelegt.

```
seite.10 = FILE
```

Dem Seitenobjekt wird an seiner Position 10 ein FILE-Objekt zugewiesen. Dieses kann über sein Property file eine Datei einbinden, deren Inhalt mittels eines weiteren Properties wrap mit HTML-Code umgeben werden kann.

Properties:
- file
  Pfad und Name der einzubindenden Datei
- wrap
  Quelltext, mit dem das Objekt bei Ausgabe umgeben wird

Property: file

Beschreibung:
Diesem Property wird der Name der Datei und der Pfad zugewiesen, der zur einzubindenden Datei führt. Wie die eingebundene Datei behandelt wird, entscheidet sich anhand ihrer Dateiendung:

- Hat die Datei eine der Endungen jpg, jpeg, gif oder png, so wird ein <img>-Tag erzeugt und die Datei über dessen src-Attribut als Grafik eingebunden.
- Bei allen anderen Dateiendungen (z. B. html oder txt) wird der Quelltextinhalt der Datei in unmittelbar den HTML-Code der erzeugten Seite eingefügt und in Folge wie HTML ausgewertet.

Beispiele:
```
seite.10 = FILE
seite.10.file = fileadmin/vorlage.html
```

In diesem Fall handelt es sich bei der eingebundenen Datei um ein HTML-Dokument, das an der gewünschten Position in die erzeugte Seite eingefügt wird. Dies entspricht der üblichen Verwendung des Objektproperties.

```
seite.10 = FILE
seite.10.file = fileadmin/logo.gif
```

Hier wird die eingebundene Datei aufgrund ihrer Dateiendung als Grafik erkannt und entsprechend behandelt. In der Regel wird man für diese Funktionalität jedoch den Objekttyp IMAGE vorziehen.

Property: wrap

Beschreibung:
Gibt den Code an, mit dem der Dateiinhalt umschlossen wird. Der obligatorische senkrechte Strich (|), das »Pipesymbol«, steht stellvertretend für den Dateiinhalt. Der Code **links** des Striches wird demnach **vor** den Dateiinhalt, der **rechts** hiervon **nach** dem Dateiinhalt eingefügt. Wird der Code vor oder nach dem Trennstrich weggelassen, so erfolgt an der betreffenden Stelle keine Einfügung (siehe folgende Beispiele).

Beispiele:
```
seite.10 = FILE
seite.10.file = fileadmin/mein_text.txt
seite.10.wrap =  <p> | </p>
```

Der Dateiinhalt (hier ein über das `file`-Property eingebundener Text) wird mit einem <p>-Container umgeben.

```
seite.10 = FILE
seite.10.file = fileadmin/mein_text.txt
seite.10.wrap = | <br>
```

In diesem Fall wird nach dem Dateiinhalt lediglich ein
-Tag eingefügt.

14.5.3 cObject CONTENT

Dieses Objekt dient dazu, Inhalt aus der Datenbank des Content-Management-System einzufügen. Über die Eigenschaften können Sie die Quelle des Inhalts und dessen Aussehen beeinflussen.

```
seite.10 = CONTENT
```

Properties:
- `table`
  Die auszulesende Datenbanktabelle
- `select`
  Spezifiziert die Abfrage der Datenbanktabelle
- `renderObj`
  Legt Art und Weise des Renderings fest
- `wrap`
  Quelltext, mit dem das Objekt bei Ausgabe umgeben wird

Sub-Properties (von select):
- `select.where`
  Bestimmt die Spalte des Inhaltsdatensatzes
- `select.orderBy`
  Bestimmt die Sortierung der Ausgabe der Inhaltsdatensätze

Property: table

Beschreibung:
Gibt die Datenbanktabelle an, aus der der Inhalt entnommen wird. Standard ist die Tabelle `tt_content` von TYPO3.

Beispiel:
```
seite.10 = CONTENT
seite.10.table = tt_content
```

Property: select

Beschreibung:
Mit der `select`-Struktur kann die Abfrage der Inhaltstabelle definiert werden.

Beispiel:
```
seite.10 = CONTENT
seite.10.table = tt_content
seite.10.select {
   where = colPos=0
   orderBy = sorting
}
```

Anmerkung:
Das Property `select` besitzt den (funktionalen) Objektdatentyp `select`, erzeugt also eine SQL-Abfrage. Es besitzt eine Reihe von Sub-Properties (darunter `where` und `orderBy`), um die Abfrage näher zu spezifizieren.

Sub-Property: select.where

Beschreibung:
Die Angabe `colPos` des Sub-Properties `where` bestimmt die Spalte des PAGE-Inhaltsdatensatzes, aus der die Daten entnommen werden.

Beispiel:
```
seite.10 = CONTENT
seite.10.table = tt_content
seite.10.select {
   where = colPos=0
   orderBy = sorting
}
```

TYPO3 unterscheidet bei den Inhaltselementen zwischen der Spalte NORMAL (colPos = 0), der Spalte LINKS (colPos = 1), der Spalte RECHTS (colPos = 2) und der Spalte RAND (colPos = 3).

Anmerkung:
Beachten Sie, dass die Spaltenbennennung abstrakt zu verstehen ist und nichts mit der Zuordnung der Inhalte zu einem Seitenlayout zu tun hat!

Sub-Property: select.orderBy

Beschreibung:
Das Sub-Property orderBy von select bestimmt die Sortierung der Inhaltsdatensätze.

Beispiel:
```
seite.10 = CONTENT
seite.10.table = tt_content
seite.10.select {
   where = colPos=0
   orderBy = sorting
}
```

Wenn Sie den Wert sorting angeben, werden die Inhalte in der Reihenfolge ausgegeben, wie sie durch die Sortierung im Backend festgelegt ist.

Property: renderObj

Beschreibung:
Das Property renderObj legt fest, wie die Daten aus der Tabelle für die Ausgabe verarbeitet werden sollen. Standardmäßig werden sie mit dem TypoScript-Objekt verarbeitet, das den gleichen Namen wie die verwendete Tabelle trägt. In der Regel also mit dem Objekt tt_content.

Wird beispielsweise zusätzlich zum im statischen Template **content (default)** definierten Objekt tt_content ein eigenes TypoScript-Objekt zur Inhaltsdarstellung definiert, so wird über die renderObj-Eigenschaft bestimmt, wann es verwendet wird.

Beispiel:
```
seite.10 = CONTENT
seite.10.table = tt_content
seite.10.renderObj = meincontent
```

Property: wrap

Beschreibung:
Gibt den Code an, mit dem ein Inhaltselement umschlossen wird.

Beispiel:
```
seite.10 = CONTENT
seite.10.table = tt_content
seite.10.wrap =   <tr align="center"> <td> | </td> </tr>
```

14.5.4 cObject TEMPLATE

Ordnet dem Seitenobjekt eine HTML-Designvorlage zu, bestimmt deren Abarbeitung und definiert die, cObjects, die den in der Vorlage enthaltenen Markern oder Subparts zugewiesen werden sollen.

```
page.10 = TEMPLATE
page.10.template = FILE
```

Properties:
- template
  Obligatorisch. Dem Property wird ein cObject vom Typ FILE zugeordnet.
- marks
  Array der in der Vorlage erscheinenden Marker, die als Sub-Properties zugeordnet sind. Die Schreibweise muss der im Dokument entsprechen.
- subparts
  Array der in der Vorlage erscheinenden Subparts, die als Sub-Properties zugeordnet sind. Die Schreibweise muss der im Dokument entsprechen.
- workOnSubpart
  Der Subpart, der als Body-Bereich der Ersetzungen dienen soll; meist mit DOCUMENT bezeichnet. Er verhindert eine Verdoppelung des Body-Elements.
- relPathPrefix
  Zeichenkette. Dient als Präfix für alle relativen Pfadangaben innerhalb der Vorlage, z. B. Verknüpfungen zu Bildern, Stylesheets usw.
- markerWrap
  Definiert die einen Marker umgebenden Zeichenketten. Wird benötigt, falls eine alternative Kenzeichnung der Marker nötig ist. Default: ### | ###.
- substMarksSeperatly
  Boolean (0 oder 1). Der Wert 1 bewirkt Ersetzung der Marker im Anschluss an jene der Subparts und Wraps. Default: 0 (Marker zuerst verarbeiten).

Sub-Properties (von template):
- template.file
  Obligatorisch. Pfad und Dateiname der einzubindenden HTML-Vorlage.

Property: template

Beschreibung:
Obligatorisch. Weist dem `TEMPLATE`-Objekt ein `FILE`-Objekt zu.

Beispiel:
```
page.10 = TEMPLATE
page.10.template = FILE
page.10.template.file = fileadmin/templates/vorlage.html
```

Sub-Property: template.file

Beschreibung:
Obligatorisch. Übergibt dem `template`-Property von `TEMPLATE` einen Dateipfad, der auf die einzubindende HTML-Vorlage verweist.

Beispiel:
```
page.10 = TEMPLATE
page.10.template = FILE
page.10.template.file = fileadmin/templates/vorlage.html
```

Property: marks

Beschreibung:
Ein Array, das die in der Dokumentvorlage verwendeten Marker enthält.

Beispiel:
```
seite.10 = TEMPLATE
...
seite.10.marks.MENUE = HMENU
```

Die Sub-Properties von `marks` entsprechen den Bezeichnern der Marker im Dokument. Sie müssen auch exakt in der gleichen Schreibweise verwendet werden. Großbuchstaben sind üblich, aber nicht Vorschrift.

Property: subparts

Beschreibung:
Ein Array, das die in der Dokumentvorlage verwendeten Subparts enthält.

Beispiel:
```
seite.10 = TEMPLATE
...
seite.10.subparts.INHALT < styles.content.get
```

Dem Subpart INHALT wird mit `styles.content.get` die mittlere Inhaltsspalte (NORMAL) zugewiesen. Damit dieses Beispiel funktioniert, muss das statische Template »CSS Styled Content« in die Template-Konfiguration eingebunden sein.[21]

Die Inhalte anderer Spalten werden mit `styles.content.getLeft` (Spalte `LINKS`), `styles.content.getRight` (Spalte `RECHTS`) bzw. `styles.content.getBorder` (Spalte `RAND`) eingebunden.

Property: workOnSubpart

Beschreibung:
Bezeichnet denjenigen Subpart-Marker, in dem die Verarbeitung stattfinden soll.

Beispiel:
```
seite.10 = TEMPLATE
...
seite.10.workOnSubpart = DOCUMENT
```

Property: markerWrap

Beschreibung:
Gibt die Zeichenketten an, mit denen Marker und Subpart-Bezeichner zu ihrer Kennzeichnung umgeben werden müssen.

Beispiel:
```
seite.10 = TEMPLATE
...
seite.10.markerWrap = _ | _
```

Im oberen Beispiel müsste ein Marker beispielsweise in der Form _INHALT_, statt wie sonst in der Form ###INHALT### in der Dokumentvorlage eingefügt werden. Normalerweise ist eine Änderung des `markerWrap`s nicht erforderlich und daher ungebräuchlich. Default ist: ### | ###.

Gesamtbeispiel:
```
page.10 = TEMPLATE
page.10.template = FILE
page.10.template.file = fileadmin/templates/vorlage.html
page.10 {
    workOnSubpart = DOCUMENT
    marks.MENUE = HMENU
    // Menüdefinitionen
    ...
    subparts.INHALT < styles.content.get
}
```

Bindet eine im Ordner `templates` des `fileadmin`-Verzeichnisses liegende HTML-Dokumentvorlage `vorlage.html` ein. Der Verarbeitungsbereich der Vorlage ist

---

21 Alternativ können Sie auch das, allerdings als veraltet geltende, statische Template »content (Default)« einsetzen.

durch den Subpart ###DOCUMENT### gekennzeichnet. In ihm liegen der Marker ###MENUE### und der Subpart ###INHALT###, denen ein HMENU-Objekt bzw. die Inhaltsspalte NORMAL zugewiesen werden. (Die Definition des HMENU-Objekts ist der Übersichtlichkeit wegen weggelassen.)

14.5.5 cObject TEXT

Mit diesem Objekt kann reiner Text (eine Zeichenkette, die kein zu interpretierendes HTML enthält) eingefügt werden. Das TEXT-Objekt ist vom Datentyp stdWrap. Die entsprechenden Funktionen werden direkt auf das Objekt und nicht auf eines seiner Properties angewendet.

```
seite.10 = TEXT
```

Properties:
- value
  Die zu speichernde Zeichenkette

Property: value

Beschreibung:
Dieser Eigenschaft wird der Wert des Textobjektes zugewiesen.

Beispiel:
```
seite.10 = TEXT
seite.10.value = Das ist ein Bildtext.
```

Auch hier wird die übergebene Zeichenkette nicht mit eigenen Begrenzern versehen. Sie darf deshalb auch Anführungszeichen als Zeichen enthalten. Um den Text mittels stdWrap als Großbuchstaben darzustellen, muss die Eigenschaft case (von stdWrap) auf das Objekt selbst und nicht (wie beim HTML-Objekt) auf das value-Property angewendet werden, das den Text enthält:

```
seite.10 = TEXT
seite.10.value = Das ist ein Bildtext.
seite.10.case = upper
```

Das TEXT-Objekt wird mit Großbuchstaben gerendert.

14.5.6 cObject HTML

Mit diesem Objekt kann HTML-Quellcode in Form einer Zeichenkette eingefügt werden. Für längere Codeabschnitte empfiehlt sich das cObject FILE.

```
seite.10 = HTML
```

Properties:
- value
  Die zu speichernde Zeichenkette; wird als HTML behandelt.

Property: value

Beschreibung:
Der Eigenschaft `value` wird der HTML-Code zugewiesen.

Beispiel:
```
seite.10 = HTML
seite.10.value = <p>Das ist ein <br> zweizeiliger Absatz.</p>
```

Das Property `value` eines `HTML`-Objekts[22] ist vom Datentyp `stdWrap`. Es stehen hier also die entsprechenden Funktionen (z. B. das Property `case`) zur Verfügung:

```
seite.10.value.case = upper
```

Der durch das Objekt ausgegebene Text wird aus Großbuchstaben gesetzt.

14.5.7 cObject IMAGE

Bindet eine Bilddatei in ein Template ein. Dieses Objekt dient dazu, in der Ausgabe einen `<img>`-Tag zu erzeugen, dessen Attributwerte mittels der Properties festgelegt werden.

```
seite.10 = IMAGE
```

Properties:
- file
  Pfad und Name der einzubindenden Bilddatei
- wrap
  Quelltext, mit dem der `<img>`-Tag bei Ausgabe umgeben wird
- alttext
  Erzeugt ein `alt`-Attribut für den `<img>`-Tag
- params
  Weitere Attribute für den `<img>`-Tag

Property: file

Beschreibung:
In dieser Eigenschaft wird der Pfad zu der Datei angegeben, die eingebunden werden soll.

---

[22] Hier liegt ein wesentlicher Unterschied zum `TEXT`-Objekt: dieses ist selbst von Typ `stdWrap`, sodass die Funktionen auf das Objekt direkt angewendet werden können.

Beispiel:
```
seite.10 = IMAGE
seite.10.file = fileadmin/gfx/logo.gif
```
Hier wird eine Grafik eingebunden, die im Fileadmin-Repository in einem Unterverzeichnis *gfx* abgelegt wurde. Pfad und Dateiname werden für das `src`-Attribut des erzeugten `<img>`-Tags verwendet.

Property: wrap

Beschreibung:
Gibt den Code an, mit das der `<img>`-Tag des Bildes umschlossen wird.

Beispiel:
```
seite.10 = IMAGE
seite.10.file = fileadmin/logo.gif
seite.10.wrap =  | <br>
```
Nach dem `<img>`-Tag wird ein HTML-`<br>` eingefügt. Da vor dem Pipe-Symbol nichts steht, wird entsprechend vor dem Bild kein Code eingefügt.

Property: alttext

Beschreibung:
Gibt den Alternativtext des Bildes an.

Beispiel:
```
seite.10 = IMAGE
seite.10.file = fileadmin/logo.gif
seite.10.alttext = Das ist das Firmenlogo.
```
Die hier übergebene Zeichenkette dient als Wert des `alt`-Attributs des Bildes.

Property: params

Beschreibung:
Gibt weitere Parameter an, die dem `<img>`-Tag des Bildes mitgegeben werden.

Beispiel:
```
seite.10 = IMAGE
seite.10.file = fileadmin/logo.gif
seite.10.params = hspace="3" vspace="2"
```
Der Wert des `params`-Properties wird dem `<img>`-Tag als Attribute beigegeben (hier `hspace` und `vspace`). Es dürfen alle in HTML für `<img>` gültigen Attribute übergeben werden. Für das `alt`-Attribut sollte jedoch das hierfür vorgesehene Property verwendet werden.

14.5.8 cObject IMAGE_RESOURCE

Dient dem Einbinden (lediglich) des Pfades zu einer Bilddatei in ein Template: In diesem Fall wird kein `<img>`-Tag für die Grafik erzeugt. Dies kann zum Beispiel nützlich sein, wenn Sie eine Tabelle mit einem Hintergrundbild versehen möchten, der Pfad also als Wert eines HTML-Attributs eingesetzt werden muss.

```
seite.10 = IMAGE_RESOURCE
```

Properties:
- `file`
  Pfad und Dateiname der Grafik

Property: file

Beschreibung:
In dieser Eigenschaft wird der Pfad zu der Datei angegeben, die eingebunden werden soll.

Beispiel:
```
seite.10 = IMAGE_RESOURCE
seite.10.file = fileadmin/img/bg.gif
```

14.5.9 cObject CLEARGIF

(Veraltet) Legt eine transparente GIF-Datei an. Dies dient meist Positionierungszwecken. Entsprechende Grafiken werden von TYPO3 selbst erzeugt. Sie müssen also nicht wie andere Bildobjekte über ein `file`-Property eingebunden werden. Dieses Property existiert hier folgerichtig auch nicht.

```
seite.10 = CLEARGIF
```

Properties:
- `height`
  Höhe der transparenten Grafik in Pixel (Default: 1)
- `width`
  Breite der transparenten Grafik in Pixel (Default: 1)
- `wrap`
  Quelltext, mit dem der `<img>`-Tag bei Ausgabe umgeben wird

Property: height

Beschreibung:
Höhe der GIF-Datei in Pixel

Beispiel:
```
seite.10 = CLEARGIF
seite.10.height = 10
```

Die Höhe der transparenten Grafik wird auf 10 Pixel gesetzt. Da die Breite nicht angegeben ist, bleibt sie auf dem Defaultwert 1.

Property: width

Beschreibung:
Breite der GIF-Datei in Pixel

Beispiel:
```
seite.10 = CLEARGIF
seite.10. width = 5
```

Die Breite der transparenten Grafik wird auf 5 Pixel gesetzt. Da die Höhe nicht angegeben ist, bleibt sie auf dem Defaultwert 1.

Property: wrap

Beschreibung:
Gibt den Code an, mit dem das `<img>`-Tag des Bildes umschlossen wird.

Beispiel:
```
seite.10 = CLEARGIF
seite.10.wrap =  <tr> <td> | </td> </tr>
```

Hier wird der `<img>`-Tag der transparenten Grafik mit einer HTML-Tabellenzelle umgeben.

14.5.10 cObject OTABLE

(Veraltet) Das OTABLE-Objekt legt eine Tabelle an, die Positionierungszwecken relativ zum umgebenden Element dient. Die Positionierung wird als »Offset« bezeichnet und durch Einfügen eines transparenten GIFs *clear.gif* in die linke obere Tabellenzelle (Offset-Zelle) erzwungen. Außer einer Inhaltszelle existieren noch weitere, blinde Tabellenzellen.

```
seite.10 = OTABLE
```

Properties:
- `tableParams`
  Tabelleneigenschaften, die dem table-Container zugeordnet werden
- `offset = leftPx, topPx`
  Dimensionierung des Cleargifs in der Offset-Zelle (Breite, Höhe)

Property: tableParams

Beschreibung:
Eigenschaften der Offset-Tabelle (Attributliste wie in `<table>`). Gesetzt werden können Tabellenbreite, Border, Hintergrundfarbe, Cellpadding und Cellspacing. Defaultwert[23] (wenn das `tableParams`-Property nicht verwendet wird) ist border = 0, cellspacing = 0, cellpadding = 0.

Beispiel:
```
seite.10 = OTABLE
seite.10.tableParams = border=1 width=250
```

Die Tabelle wird mit 250 Pixel Breite und einem Rand von 1 px dargestellt.

Property: offset

Beschreibung:
Breite und Höhe der GIF-Datei in der Offset-Zelle in Pixel

Es können an dieser Stelle auch mehr als zwei Werte übergeben werden. In diesem Fall spannen die optionalen Werte drei und vier eine weitere Offset-Zelle am rechten unteren Tabellenrand auf. Wert fünf beschreibt die Breite, Wert sechs die Höhe des Inhaltsbereichs, dessen Abmessungen ansonsten durch die Inhalte bestimmt werden. Die vollständige Beschreibung des Properties lautet daher:

```
offset = leftPx, topPx [,rightPx, bottomPx, widthPx, heightPx]
```

Beispiel:
```
seite.10 = OTABLE
seite.10.offset = 40, 20
```

Die Offset-Zelle links oben wird auf 40 px Breite und 20 px Höhe aufgespannt.

Gesamtbeispiel:
```
seite.10 = OTABLE
seite.10 {
   tableParams = border=1
   offset = 20, 20
   10 = TEXT
   10.value = Ein Beispiel für ein OTABLE Objekt
   10.wrap = <p> | </p>
   20 = TEXT
   20.value = ... das zwei Absätze enthält
   20.wrap = <p> | </p>
   }
```

---

[23] Achtung, dies entspricht nicht den Defaultwerten von HTML-Tabellen ohne Attribute!

Breite und Höhe der transparenten Grafik in der Offset-Zelle werden auf 20 Pixel gesetzt. Die Tabelle erhält einen Rand von 1 px Breite.

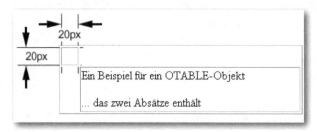

Abbildung 14.2 OTABLE-Objekt

Anmerkung:
Das Setzen der `border` auf Werte ungleich Null empfiehlt sich aus optischen Gründen nicht, da sonst (wie hier) die Offset-Zelle sichtbar wird.

14.5.11 cObject CTABLE

(Veraltet) Legt eine komplexe Layout-Tabelle an.

```
page.10 = CTABLE
```

Properties:
- `tableParams`
  Tabelleneigenschaften, die dem table-Container zugeordnet werden
- `offset = leftPx, topPx`
  Dimensionierung des Cleargifs in der Offset-Zelle (Breite, Höhe)
- `c`
  Innere Layoutzelle (Center)
- `cMargins = linksPx, obenPx, rechtsPx, untenPx`
  Abmessungen von Blindzellen, welche die Innenzelle umgeben können
- `cWidth`
  Breite der inneren Layoutzelle, durch Blindgif erzwungen
- `c.TDParams`
  Eigenschaften der Innenzelle (z. B. Hintergrundfarbe, -grafik)
- `tm, rm, bm, lm`
  Obere (Top), rechte (Right), untere (Bottom) und linke Layoutzelle (Left)
- `tm.TDParams, rm.TDParams, bm.TDParams, lm.TDParams`
  Eigenschaften der Randlayoutzellen

Property: tableParams

Beschreibung:
Gesetzt werden können Tabellenbreite, Border, Hintergrundfarbe, Cellpadding und Cellspacing der Layouttabelle. (siehe OTABLE-Object).

Beispiel:
```
seite.10 = CTABLE
seite.10.tableParams = border=1 cellpadding=5 cellspacing=1
```
Bewirkt Darstellung mit 1 px Border, 5 px Cellpadding und 1 px Cellspacing.

Property: offset

Beispiel:
Breite und Höhe der GIF-Datei in der Offset-Zelle in Pixel

Beispiel:
```
seite.10 = CTABLE
seite.10.offset = 50, 30
```
Die Offset-Zelle wird auf 50 px Breite und 30 px Höhe aufgespannt.

Property: c

Beschreibung:
Breite der GIF-Datei in Pixel

Beispiel:
```
seite.10 = CLEARGIF
seite.10. width = 5
```
Die Breite der transparenten Grafik wird auf 5 Pixel gesetzt. Da die Höhe nicht angegeben ist, bleibt sie auf dem Defaultwert 1.

Property: cMargins

Beschreibung:
Erzeugt zusätzliche Zellen um die zentrale Zelle, die deren Inhalt von den Randzellen des Layoutbereiches abrücken können.

Beispiel:
```
page.10 = CTABLE
page.10.cMargins = 25, 25, 0, 25
page.10.c {
   10 = TEXT
   ...
   }
```

Der Inhalt wird durch Blindzellen links, oben und unten um je 25 Pixel von den umgebenden Zellen tm, rm, lm und bm abgerückt.

Property: cWidth

Beschreibung:
Erzwungene Breite der inneren Zelle

Beispiel:
```
page.10 = CTABLE
page.10.cWidth = 480
page.10.c {
   10 = TEXT
   ...
   }
```

Entspricht einer gesetzten Mindestbreite für den Inhaltsbereich. Die zentrale Zelle (und damit auch Kopf- und Fußzelle) wird mittels einer zusätzlichen, unteren Blindzeile, die ein transparentes GIF der angegebenen Breite enthält, aufgespannt. Eventuell links und rechts mit cMargin definierte Bereiche zählen nicht zur cWidth.

Gesamtbeispiel:
Hier wird eine CTABLE-Layouttabelle erzeugt, die die Inhalte 50 Pixel vom linken und 30 Pixel vom oberen Browser-Fensterrand abrückt. Die linke Spalte wird über ihr TDParams-Property mit hellgrauer Hintergrundfarbe versehen. Allen fünf Layoutzellen können beliebige Inhaltsobjekte zugewiesen werden.

```
page.bodyTagMargins = 0
page.10 = CTABLE
page.10 {
   tableParams = border=1 cellpadding=5 cellspacing=1
   offset= 50,30
   c.10 = TEXT
   c.10.value = Überschrift
   c.10.wrap = <h3> | </h3>
   c.20 = TEXT
   c.20.value = Das ist ein erster Textabsatz
   c.20.wrap = <p> | </p>
   rm.10 = TEXT
   rm.10.value = Spalte rechts (Kontext)
   lm.10 = TEXT
   lm.10.value = Spalte links (Menü)
   lm.TDParams = bgcolor=#999999
   tm.10 = TEXT
   tm.10.value = Kopfzelle
```

```
bm.10 = TEXT
bm.10.value = Fußzelle
}
```

> **Anmerkung**
> Die Body-Margins wurden durch das `bodyTagMargins`-Property des `PAGE`-Objekts (siehe dort) auf 0 px gesetzt. Der linke und obere Rand wird daher durch das `CTABLE`-Objekt erzeugt.

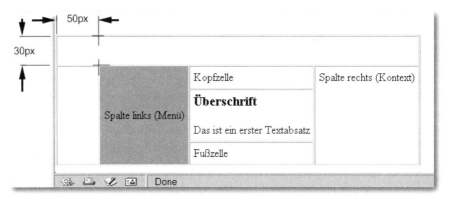

Abbildung 14.3 Ein CTABLE-Objekt zum Seitenlayout

14.5.12 cObject COLUMNS

(Veraltet) Legt eine Tabelle zur Anordnung der Inhalte in Spalten an. Es können dabei beliebig Tabelleneigenschaften, Spaltenzahl (2 bis 20 Spalten), Zwischenraum (Gaps) zwischen den Spalten sowie Ränder und Hintergrundfarben definiert werden. Jeder Spalte können Content-Objekte zugeordnet werden.

Achtung:
Unverständlicherweise wird die Spaltenzahl mit `rows` bestimmt!

```
page.10 = COLUMN
```

Properties:
- `tableParams`
  Tabelleneigenschaften, die dem table-Container zugeordnet werden
- `rows`
  Die Anzahl der **Spalten**(!) des Layouts. Defaultwert: 2
- 1, 2, 3, 4 ...
  Positionsobjekte der definierten Spalten, je nach `row`-Definition
- `totalWidth`
  Gesamtbreite der Tabelle inklusive aller Zwischenräume (Gaps)

- `gapWidth`
  Blindzellen; Breite der Zwischenräume zwischen den Spalten
- `gapBgCol`, `gapLineCol`, `gapLineThickness`
  Eigenschaften der Zwischenraumzellen (bgcolor, bordercolor, borderwidth)
- `TDparams`
  Eigenschaften der Spaltenzellen (align, valign, bgcolor etc.)
- `after`
  Beliebiges cObjekt, das dem `COLUMS`-Objekt zugeordnet ist, aber nach diesem platziert wird

Property: tableParams

Beschreibung:
Gesetzt werden können Tabellenbreite, Border, Hintergrundfarbe, Cellpadding und Cellspacing der Layouttabelle. Siehe `OTABLE`-Object.

Beispiel:
```
seite.10 = COLUMNS
seite.10.tableParams = border=1 cellspacing=2 cellpadding=5
```

Bewirkt Darstellung mit 1 px Border, 5 px Cellpadding und 1 px Cellspacing.

Property: rows

Beispiel:
Anzahl der Inhaltsspalten in der Layouttabelle

Beispiel:
```
seite.10 = COLUMNS
seite.10.rows = 3
```

Es werden drei Inhaltsspalten definiert, für die in Folge die Positionsobjekte `seite.10.1`, `seite.10.2` und `seite.10.3` zur Verfügung stehen.

Property: 1, 2, 3

Beispiel:
Die Positionsobjekte, mit denen den Inhaltsspalten beliebige cObjects zugewiesen werden können. Die Anzahl der Positionsobjekte wird durch die `rows`-Definition bestimmt.

Beispiel:
```
seite.10 = COLUMNS
seite.10.rows = 3
seite.10.1 = TEXT
```

```
seite.10.2 = TEXT
seite.10.3 = COA
...
```

Den ersten beiden der drei definierten Spalten wird je ein TEXT-Objekt, der dritten ein COA-Objekt zugewiesen.

Property: totalWidth

Beispiel:
Bestimmt die Gesamtbreite des COLUMNS-Objekt in Pixel.

Beispiel:
```
seite.10 = COLUMNS
seite.10.totalWidth = 600
```

Als Tabellenbreite werden 600 Pixel festgelegt.

Property: gapWidth

Beispiel:
Breite der zwischen die Inhaltszellen als Abstand eingeschobenen Blindzellen.

Beispiel:
```
seite.10 = COLUMNS
seite.10.gapWidth = 25
```

Die Blindzellen werden pauschal auf je 25 Pixel Breite gesetzt. Eine individuelle Bemaßung ist nicht vorgesehen.

Property: after

Ein beliebiges cObject, das nach der Tabelle platziert wird. Dies kann beispielsweise zum Generieren einer Tabellenbeschriftung verwendet werden.

Beispiel:
```
seite.10 = COLUMNS
...
seite.10.after = TEXT
seite.10.after.value = Das ist eine Tabellenunterschrift
```

Gesamtbeispiel:
Es wird ein dreispaltiges Layout erzeugt. Zwischen den Spalten wird per gapWidth ein Abstand von jeweils 25 Pixeln erzeugt, die Gesamtbreite über alles der Tabelle (totalWidth) wird auf 600 px gesetzt. Zwecks Übersichtlichkeit des Screenshots wurde die Tabellenborder aktiviert.

```
page.10 = COLUMNS
  page.10 {
  tableParams =  border=1 cellspacing=2 cellpadding=5
  totalWidth = 600
  gapWidth = 25
  rows = 3
  1 = TEXT
  1.value = Beispieltext Spalte 1
  2 = TEXT
  2.value = Beispieltext Spalte 2
  3 = COA
  3 {
     10 = TEXT
     10.value = Überschrift
     10.wrap = <h1> | </h1>
     20 = TEXT
     20.value = Lorem ipsum dolor sit amet ...
     20.wrap = <p> | </p>
     }
  }
```

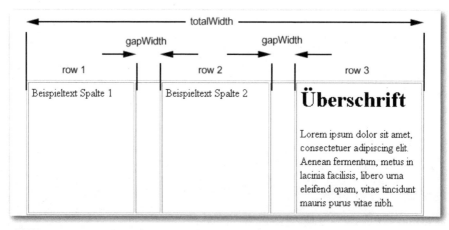

Abbildung 14.4 Ein dreispaltiges Layout mit COLUMN-Objekt

Anmerkung:
Es bietet sich an, den Spaltenobjekten auch Spalten der Inhaltsobjekte der Seite zuzuordnen (NORMAL, LINKS, RECHTS, RAND).

14.6 Dynamische Grafiken – GIFBUILDER

14.6.1 Objekt GIFBUILDER

Mit dem `GIFBUILDER`-Objekt können dynamisch erzeugte Grafiken definiert werden, die anstelle einer realen Datei dem `file`-Property eines `IMAGE`-Objekts zugewiesen werden können. Über die Eigenschaften wird das Aussehen der Bilddatei bestimmt, wobei aktuelle Inhalte aus der Datenbank mit einfließen können. Entgegen seines Namens kann ein `GIFBUILDER`-Objekt auch eine JPG-Grafik sein.

In Folge werden die **Eigenschaften der Grafik** immer dem `file`-Property des `IMAGE`-Objekts zugewiesen, das also mit der Instanz des erzeugten `GIFBUILDER`-Objekts gleichzusetzen ist.

```
seite.10 = IMAGE
seite.10.file = GIFBUILDER
```

Properties:
Das `GIFBUILDER`-Objekt besitzt weitere Properties, mit denen seine Eigenschaften und die Zusammensetzung aus weiteren Objekten näher bestimmt werden können.

- `1, 2, 3, ..., 10, 20, ...` (Position)
  Die Elemente eines Bildes als übereinandergelegte Schichten betrachtet
- `XY`
  Die Abmessungen der Grafik
- `format`
  Das Grafikformat; entweder GIF oder JPG
- `transparentBackground`
  Für GIF-Bilder den Hintergrund transparent schalten
- `transparentColor`
  Für GIF-Bilder eine Transparentfarbe explizit bestimmen
- `quality`
  Für JPG-Bilder den Kompressionsgrad bestimmen
- `backColor`
  Die Hintergrundfarbe der erzeugten Grafik
- `maxWidth`
  Maximale Breite bei dynamischer Höhe
- `maxHeight`
  Maximale Höhe bei dynamischer Breite

Property: 1, 2, 3, ..., 10, 20, ... (Position)

Beschreibung:
Die Bilder werden aus verschiedenen Schichten aufgebaut, die Positionsnummern bestimmen von unten nach oben die Reihenfolge der Schichten. Die einzelnen Schichten enthalten ihrerseits Objekte, die entweder Grafiken (IMAGE) oder Schrift (TEXT) sein können.

Beispiel:
```
seite.10 = IMAGE
seite.10.file = GIFBUILDER
seite.10.file {
    10 = IMAGE
    10.file = fileadmin/test.jpg
    20 = TEXT
    20.text.field = title
}
```

Dem file-Property eines IMAGE-Objekts ist ein GIFBUILDER-Objekt zugewiesen. Das erzeugte Bild enthält zwei Elemente in zwei Schichten. Die untere davon, im Property 10 enthält eine über ein IMAGE-Objekt eingebundene Grafik. Die obere Schicht im Property 20 enthält ein Objekt von Typ TEXT, das seinen Textinhalt aus einem Datenbankfeld bezieht.

Property: XY

Beschreibung:
Mit XY werden die Abmessungen der zu erzeugenden Grafik angegeben. Die beiden Werte für X (Breite) und Y (Höhe) werden durch ein Komma getrennt übergeben. Für jeden einzelnen oder beide Werte ist neben der Angabe von fixen Pixelwerten auch die Berechnung aus den Bestimmungsstücken möglich. So kann zum Beispiel die Breite der Grafik aus der Länge w einer Textschicht berechnet werden.

Beispiel:
```
seite.10 = IMAGE
seite.10.file = GIFBUILDER
seite.10.file {
    XY = [10.w], 14
    10 = TEXT
    10.text.field = title
}
```

Die Breite des erzeugten Grafikobjektes wird aus der Länge des Textobjekts TEXT bestimmt, das dem Property 10 des GIFBUILDER-Objekts zugeordnet ist (hier nicht mit dem Property 10 des PAGE-Objekts seite zu verwechseln!). Der eigentliche Textinhalt wird mit der `stdWrap`-Eigenschaft `field` des `TEXT`-Objekts aus dem Datenbankfeld `title` des aktuellen Datensatzes bezogen.

Property: format

Beschreibung:
Das Dateiformat der Grafik kann bestimmt werden. Als Formate stehen GIF und JPG zur Verfügung, wobei GIF die Standardeinstellung ist.

Beispiel:
```
seite.10 = IMAGE
seite.10.file = GIFBUILDER
seite.10.file.format = jpg
```

Hier wird zunächst ein `IMAGE`-Objekt deklariert, dessen `file`-Property wiederum mit einem `GIFBUILDER`-Objekt belegt wird. Letzterem wird mit dem `format`-Property die Eigenschaft »jpg« zugeordnet.

Property: reduceColors

Beschreibung:
Wird das GIF-Format verwendet, so kann durch Angabe einer Zahl zwischen 1 und 255 die Größe der Farbpalette bestimmt werden.

Beispiel:
```
seite.10 = IMAGE
seite.10.file = GIFBUILDER
seite.10.file.format = gif
seite.10.file.reduceColors = 16
```

Die erzeugte Grafik besitzt eine reduzierte Farbpalette aus maximal 16 Farben.

Property: transparentBackground

Beschreibung:
Wenn diese Eigenschaft auf den Wert 1 (true) gesetzt wird, wird die Grafik mit transparentem Hintergrund dargestellt. Die Transparenzfarbe wird dabei über den Wert des Pixels an Position 0, 0 (linke obere Ecke) bestimmt.

Beispiel:
```
seite.10 = IMAGE
seite.10.file = GIFBUILDER
seite.10.file.transparentBackground = 1
```

Property: transparentColor

Beschreibung:
Hiermit kann die Transparenzfarbe explizit bestimmt werden. Mit der Untereigenschaft **closest** kann angegeben werden, dass der dem angegebenen Farbwert nächstliegende verwendet wird.

Beispiel:
```
seite.10 = IMAGE
seite.10.file = GIFBUILDER
seite.10.file.transparentColor = #1212a3
seite.10.file.transparentColor.closest = 1
```

Die auf transparent zu setzende Farbe (hier ein dunkles Blau) wird durch einen RGB-Wert in Hexadezimalform angegeben. Das zusätzliche Subproperty `closest` mit Wert 1 (true) erlaubt geringfügige Abweichungen der in der Grafik auftretenden Transparenzfarbe vom genannten Wert.

Property: quality

Beschreibung:
Wenn als Format JPG angegeben ist, kann mit dem Property `quality` der Komprimierungsgrad und damit die Bildqualität der Grafik fixiert werden. Als Werte sind ganze Zahlen zwischen 10 und 100 erlaubt.

Beispiel:
```
seite.10 = IMAGE
seite.10.file = GIFBUILDER
seite.10.file.format = jpg
seite.10.file.quality = 75
```

Die Kompressionsstufe wurde auf 75 (hohe Qualität) gesetzt. Die Dateigröße der erzeugten Grafik variiert mit der Qualitätseinstellung von klein (10, minimale Qualität) bis groß (100, maximale Qualität).

Property: backColor

Beschreibung:
Bestimmt die Hintergrundfarbe der Grafik. Die Standardfarbe ist Weiß (#ffffff). Es muss entweder ein RGB-Wert in Hexadezimalschreibweise (z. B. #ffff00) oder ein HTML-Farbwertname (z. B. yellow) angegeben werden.

Beispiel:
```
seite.10 = IMAGE
seite.10.file = GIFBUILDER
seite.10.file.backColor = #cccccc
```

Hier wurde als Hintergrundfarbe ein helles Grau angegeben.

Property: maxWidth

Beschreibung:
Fixiert eine Obergrenze für die Breite X der Grafik. Diese Eigenschaft ist nur bei dynamischer Berechnung des X-Wertes sinnvoll.

Beispiel:
```
seite.10 = IMAGE
seite.10.file = GIFBUILDER
seite.10.file {
   XY = [10.w], 14
   10 = TEXT
   10.text.field = title
   maxWidth = 200
}
```

Property: maxHeight

Beschreibung:
Fixiert eine Obergrenze für die Höhe Y der Grafik. Diese Eigenschaft ist nur bei dynamischer Berechnung des Y-Wertes sinnvoll.

Beispiel:
```
seite.10 = IMAGE
seite.10.file = GIFBUILDER
seite.10.file {
   XY = [10.w], [10.h]
   10 = TEXT
   10.text.field = title
   10.fontSize = 24
   maxHeight = 30
}
```

14.6.2 Objekt TEXT (von GIFBUILDER)

Mit dem TEXT-Objekt innerhalb eines GIFBUILDER-Objekts kann Text auf der Grafik platziert und formatiert werden. Die Darstellung des Texts kann durch eine Reihe von Properties des Objekts genauer bestimmt werden.

```
seite.10 = IMAGE
seite.10.file = GIFBUILDER
seite.10.file {
   XY = 100, 30
   10 = TEXT
```

```
      10.text = Hallo
      10.fontSize = 12
}
```

Properties:

- `text` und `text.field`
  Dient der Zuordnung eines Textes; fix oder (über stdWrap) aus Datenbanktabelle

- `textMaxLength`
  Die maximal erlaubte Länge des Texts in Buchstaben

- `maxWidth`
  Die maximal erlaubte Länge des Texts in Pixel

- `fontSize`
  Die Schriftgröße in Punkt

- `fontColor`
  Ein Farbwert für die Schriftfarbe

- `fontFile`
  Pfad zur verwendenden .ttf-Datei

- `angle`
  Abweichung von der Horizontalen in Grad

- `align`
  Horizontale Textausrichtung auf der Grafik

- `doNotStripHTML`
  HTML bei Textdarstellung berücksichtigen

- `niceText`
  Glättung des Texts durch Weichzeichner

- `iterations`
  Anzahl der Überlagerung zum Anfetten des Texts

- `antiAlias`
  Glättung des Texts durch Antialiasing

- `offset`
  Positionierung gegenüber der Nullkoordinate der Grafik

- `shadow`
  Schatteneffekt unter dem Text; besitzt Sub-Properties

- `emboss`
  Reliefeffekt für den Text; besitzt Sub-Properties

Property: text und text.field

Beschreibung:
Dem Property `text` wird der Wert des Textobjektes zugewiesen. Dies kann ein fixer Text sein, oder es wird über die `stdWrap`-Untereigenschaft `text.field` eine Spalte der Datenbanktabelle `tt_content` als Inhaltsquelle definiert.

Beispiel:
```
seite.10 = IMAGE
seite.10.file = GIFBUILDER
seite.10.file {
    XY = 100, 30
    10 = TEXT
    10.text.field = title
}
```

Property: textMaxLength

Beschreibung:
Gibt die maximale Länge des Textes an. Der Standardwert ist 100 Zeichen.

Beispiel:
```
seite.10 = IMAGE
seite.10.file = GIFBUILDER
seite.10.file {
    XY = 100, 30
    10 = TEXT
    10.text.field = title
    10.textMaxLength = 25
}
```

Property: maxWidth

Beschreibung:
Gibt die maximale Breite des Textes in Pixel an. Ist der Text zu lang, wird die Schriftgröße so lange verkleinert, bis der Text vollständig in die angegebene Pixel-Länge passt.

Beispiel:
```
seite.10 = IMAGE
seite.10.file = GIFBUILDER
seite.10.file {
    XY = 100, 30
    10 = TEXT
    10.text.field = title
    10.maxWidth = 90
}
```

Property: fontSize

Beschreibung:
Mit dieser Eigenschaft kann die Schriftgröße in Punkten angegeben werden.

Beispiel:
```
seite.10 = IMAGE
seite.10.file = GIFBUILDER
seite.10.file {
   XY = [10.w], [10,h]
   10 = TEXT
   10.text.field = title
   10.fontSize = 12
}
```

Property: fontColor

Beschreibung:
Gibt die Textfarbe an. Es muss entweder ein RGB-Wert in Hexadezimalschreibweise (z. B. #000000) oder ein HTML-Farbwertname (z. B. black) angegeben werden.

Beispiel:
```
seite.10 = IMAGE
seite.10.file = GIFBUILDER
seite.10.file {
   XY = [10.w], [10,h]
   10 = TEXT
   10.text.field = title
   10.fontColor = red
}
```

Property: fontFile

Beschreibung:
Hier wird der Pfad zu einer Schriftdatei im TrueType-Format (.ttf) angegeben. Auf diese Weise wird die Schriftart bestimmt.

Beispiel:
```
seite.10 = IMAGE
seite.10.file = GIFBUILDER
seite.10.file {
   XY = [10.w], [10,h]
   10 = TEXT
   10.text.field = title
   10.fontFile = fileadmin/verdana.ttf
}
```

Hier wird ein Zeichensatz in Form einer im Fileadmin-Repository abgelegten TTF-Datei eingebunden.

Property: angle

Beschreibung:
Mit dieser Eigenschaft kann der Text rotiert werden. Die Rotation wird dabei in Grad zwischen –90 und 90 angegeben.

Beispiel:
```
seite.10 = IMAGE
seite.10.file = GIFBUILDER
seite.10.file {
    XY = [10.w], [10,h]
    10 = TEXT
    10.text.field = title
    10.angle = 45
}
```

Property: align

Beschreibung:
Bestimmt die horizontale Textausrichtung auf der Fläche der erzeugten Grafik. Als Werte sind right, left und center möglich.

Beispiel:
```
seite.10 = IMAGE
seite.10.file = GIFBUILDER
seite.10.file {
    XY = [10.w], [10,h]
    10 = TEXT
    10.text.field = title
    10.align = center
}
```

Property: doNotStripHTML

Beschreibung:
Enthält der Text HTML-Tags, werden diese in der Standardeinstellung ignoriert. Wird diese Eigenschaft auf 1 gesetzt, so werden auch die HTML-Tags dargestellt.

Beispiel:
```
seite.10 = IMAGE
seite.10.file = GIFBUILDER
seite.10.file {
    XY = 120, 20
    10 = TEXT
```

```
            10.text.field = title
            10.doNotStripHTML = 1
}
```

Property: niceText

Beschreibung:
Mit dieser Eigenschaft kann ein Weichzeichnereffekt für den Text aus- oder eingeschaltet werden. Dies ist vor allem bei großen Schriften zu empfehlen. Bei transparentem Hintergrund ist jedoch Vorsicht geboten.

Beispiel:
```
seite.10 = IMAGE
seite.10.file = GIFBUILDER
seite.10.file {
    XY = 120, 20
    10 = TEXT
    10.text.field = title
    10.fontSize = 24
    10.niceText = 1
}
```

Der Text wird mit einem leichten Weichzeichner versehen. Achtung: Ein gleichzeitiges Verwenden des Properties `niceText` ist nicht möglich!

Property: iterations

Beschreibung:
Hier wird angegeben, wie oft der Text an gleicher Stelle ausgegeben werden soll. Damit wird die Schrift fetter dargestellt. Je größer die Zahl der Wiederholungen (iterations) ist, desto fetter wird der Text.

Beispiel:
```
seite.10 = IMAGE
seite.10.file = GIFBUILDER
seite.10.file {
    XY = 120, 20
    10 = TEXT
    10.text.field = title
    10.fontSize = 16
    10.iterations = 2
}
```

Hier wird der Text zweimal an der gleichen Position ausgegeben. Dies ist zur Anfettung von Text notwendig, da ein Property `bold` für das `TEXT`-Objekt von `GIFBUILDER` nicht existiert.

Property: antiAlias

Beschreibung:
Die Glättungsfunktion der FreeType-Bibliothek wird ein- oder ausgeschaltet. Standardmäßig ist sie eingeschaltet. Diese Glättung kann nicht gemeinsam mit dem `niceText`-Weichzeichner verwendet werden.

Beispiel:
```
seite.10 = IMAGE
seite.10.file = GIFBUILDER
seite.10.file {
    XY = 120, 20
    10 = TEXT
    10.text.field = title
    10.fontSize = 11
    10.antiAlias = 0
}
```

Hier wird der Antialiasing-Effekt durch Setzen des Wertes 0 (false) deaktiviert.

Property: offset

Beschreibung:
Gibt die Position des Textes ausgehend von der linken oberen Ecke an.

Beispiel:
```
seite.10 = IMAGE
seite.10.file = GIFBUILDER
seite.10.file {
    XY = 120, 20
    10 = TEXT
    10.text.field = title
    10.offset = 5, 2
}
```

Property: shadow

Beschreibung:
Erzeugt einen Schlagschatten für den Text. Das Aussehen des Schattens wird ausschließlich über seine Untereigenschaften (Sub-Properties) bestimmt.[24] Dem `shadow`-Property selbst wird kein Wert zugewiesen.

---

[24] Die Parameter ähneln denen gängiger Bildbearbeitungsprogramme wie Photoshop, GIMP etc.

Sub-Properties:
- `offset`
  Gibt den Versatz des Schattens nach rechts und unten an. Negative Zahlen versetzen den Schatten nach links bzw. oben. Es sind zwei durch Komma getrennte Werte anzugeben.
- `blur`
  Bestimmt die Stärke des Weichzeichners. Werte von 1 bis 99 sind möglich.
- `color`
  Farbwert für die Farbe des Schattens. Es ist ein Hex-RGB-Wert (z. B. `#333333`) oder ein HTML-Farbname anzugeben.
- `opacity`
  Bestimmt, mit welcher Deckkraft (Opazität) der Schatten erzeugt wird. Werte von 1 (maximale Transparenz) bis 100 (maximale Opazität) sind möglich.
- `intensity`
  Bestimmt die Stärke des Schattens. Werte von 0 bis 100 sind möglich.

Beispiel:
```
seite.10 = IMAGE
seite.10.file = GIFBUILDER
seite.10.file {
    XY = [10.w], 30
    10 = TEXT
    10.text.field = title
    10.shadow.offset = 2, 2
    10.shadow.blur = 70
    10.shadow.color = #333333
    10.shadow.opacity = 60
    10.shadow.intensity = 50
}
```

Property: emboss

Beschreibung:
Erzeugt einen Reliefeffekt durch Verwendung zweier Schatteneffekte in unterschiedliche Richtungen. Der eine Schatteneffekt wird als »Licht« (`highColor`), der andere als »Schatten« (`lowColor`) verwendet. Die Gestaltung des Reliefs wird daher durch ähnliche Untereigenschaften wie für die Generierung von Schatteneffekten bestimmt. Es müssen diesem gegenüber jedoch zwei Farbwerte definiert werden Das Aussehen des Reliefs wird ausschließlich über seine Untereigenschaften (Sub-Properties) bestimmt.[25] Dem `emboss`-Property selbst wird kein Wert zugewiesen.

Sub-Properties:

- `offset`
  Gibt den Versatz der beiden Schatteneffekte des Reliefs nach links und oben (Licht, `highColor`) bzw. rechts und unten (Schatten, `lowColor`) an. Es sind zwei durch Komma getrennte Zahlenwerte anzugeben. Ein getrenntes Setzen des Offsets für beide Farbanteile des Effekts ist nicht möglich.

- `blur`
  Bestimmt die Stärke des Weichzeichners über die Schatteneffekte. Es sind Werte von 1 bis 99 möglich.

- `highColor`
  Der Wert für die Farbe des ersten Schattens (bzw. hier des Lichteffekts). Es ist ein Hex-RGB-Wert (z. B. `#ffffff`) oder ein HTML-Farbname (z. B. `white`) anzugeben.

- `lowColor`
  Der Wert für die Farbe des zweiten Schattens. Es ist ein Hex-RGB-Wert (z. B. `#333333`) oder ein HTML-Farbname (z. B. `black`) anzugeben.

- `opacity`
  Gibt an, mit welcher Deckkraft das Relief erzeugt wird. Werte von 1 bis 100, von transparent bis opak, sind möglich.

- `intensity`
  Bestimmt die Stärke des Reliefeffekts. Es sind Werte von 0 bis 100 möglich.

Beispiel:
```
seite.10 = IMAGE
seite.10.file = GIFBUILDER
seite.10.file {
    XY = [10.w], 30
    10 = TEXT
    10.text.field = title
    10.text.offset = 6, 3
    10.emboss.offset = 2, 2
    10.emboss.highColor = #333333
    10.emboss.lowColor = #666666
    10.emboss.opacity = 60
    10.emboss.intensity = 80
}
```

---

25 Die Parameter ähneln denen gängiger Bildbearbeitungsprogramme wie Photoshop, GIMP etc.

14.6.3 Objekt BOX (von GIFBUILDER)

Zeichnet ein ausgefülltes Rechteck in einer GIFBUILDER-Grafik. Drei Properties regeln Abmessung, Farbe und Ausrichtung des erzeugten Rechtecks gegenüber der Muttergrafik.

```
seite.10 = IMAGE
seite.10.file = GIFBUILDER
seite.10.file {
    XY = 140, 20
    10 = TEXT
    10.text.field = title
    50 = BOX
}
```

Properties:
- dimensions
  Die Abmessungen des Box-Objekts

- color
  Die Farbe des Boxobjekts

- align
  Die Ausrichtung gegenüber dem Mutterobjekt

Property: dimensions

Beschreibung:
Die Abmessungen des Rechtecks werden in der Form x, y, w, h angegeben. Dabei sind x, y die Koordinaten der linken oberen Ecke des eingefügten Rechtecks gegenüber derjenigen der Muttergrafik. Die Werte w, h bestimmen Breite und Höhe des Rechtecks. Es sind also vier durch Komma getrennte Werte zu übergeben.

Beispiel:
```
seite.10 = IMAGE
seite.10.file = GIFBUILDER
seite.10.file {
    XY = 140, 20
    10 = TEXT
    10.text.field = title
    50 = BOX
    50.dimensions = 0, 0, 140, 2
}
```

Property: color

Beschreibung:
Bestimmt die Füllfarbe des Rechtecks. Es ist ein Hex-RGB-Wert (z. B. #ff0000) oder ein HTML-Farbname (z. B. red) anzugeben.

Beispiel:
```
seite.10 = IMAGE
seite.10.file = GIFBUILDER
seite.10.file {
   XY = 140, 20
   10 = TEXT
   10.text.field = title
   50 = BOX
   50.dimensions = 0, 0, 140, 2
   50.color = #000000
}
```

Property: align

Beschreibung:
Mit dieser Eigenschaft kann die horizontale und vertikale Ausrichtung des Rechtecks innerhalb der GIFBUILDER-Grafik in der Form horizontal, vertikal angegeben werden. Horizontal können die Werte r, l, c für rechts, links, zentriert angenommen werden. Vertikal können die Werte b, t, c für unten (bottom), oben (top), zentriert (center) angenommen werden. Sollen beide Werte angegeben werden, so werden die Kürzel durch ein Komma getrennt.

Beispiel:
```
seite.10 = IMAGE
seite.10.file = GIFBUILDER
seite.10.file {
   XY = 140, 20
   10 = TEXT
   10.text.field = title
   50 = BOX
   50.dimensions = 0, 0, 140, 2
   50.align = r, b
}
```

14.6.4 Objekt IMAGE (von GIFBUILDER)

Fügt ein Bild in eine GIFBUILDER-Grafik ein.

```
seite.10 = IMAGE
seite.10.file = GIFBUILDER
```

```
seite.10.file {
   XY = 120, 120
   10 = IMAGE
}
```

Properties:
- `file`
  Pfad und Dateiname der einzufügenden Grafik
- `offset`
  Position gegenüber dem Mutterobjekt
- `tile`
  Flächenfüllung durch Kacheln (tiles)
- `align`
  Ausrichtung zum Mutterobjekt

Property: file

Beschreibung:
Bindet eine Grafikdatei in ein `GIFBUILDER`-Objekt über die Angabe des Dateipfads ein.

Beispiel:
```
seite.10 = IMAGE
seite.10.file = GIFBUILDER
seite.10.file {
   XY = 120, 120
   10 = IMAGE
   10.file = fileadmin/test.jpg
}
```

Property: offset

Beschreibung:
Bestimmt die Position der Grafikdatei innerhalb des `GIFBUILDER`-Objekts ausgehend von der linken oberen Ecke.

Beispiel:
```
seite.10 = IMAGE
seite.10.file = GIFBUILDER
seite.10.file {
   XY = 120, 120
   10 = IMAGE
   10.file = fileadmin/test.jpg
   10.offset = 4, 4
}
```

Property: tile

Beschreibung:
Die Grafik wird als Kachel eingefügt. Die Anzahl der Wiederholungen in horizontaler und vertikaler Richtung wird in der Form x, y angegeben.

Beispiel:
```
seite.10 = IMAGE
seite.10.file = GIFBUILDER
seite.10.file {
    XY = 120, 120
    10 = IMAGE
    10.file = fileadmin/test.jpg
    10.tile = 10, 2
}
```

Property: align

Beschreibung:
Mit dieser Eigenschaft wird die horizontale und vertikale Ausrichtung der Grafik innerhalb der GIFBUILDER-Grafik in der Form horizontal, vertikal angegeben. Horizontal können die Werte r, l, c für rechts, links, zentriert und vertikal können die Werte b, t, c für unten, oben, zentriert angenommen werden.

Beispiel:
```
seite.10 = IMAGE
seite.10.file = GIFBUILDER
seite.10.file {
    XY = 120, 120
    10 = IMAGE
    10.file = fileadmin/test.jpg
    10.align = r, t
}
```

14.7 Menüs erstellen – Menü Objekte

14.7.1 Objekt HMENU

Das Objekt HMENU dient der Definition von hierarchischen Menüstrukturen und zählt zu den Content Objekten (cObjects). Es bildet die Basis für alle Menütypen und enthält die für alle Typen gleichermaßen gültigen Eigenschaften.

Beispiel:
```
seite.10.marks.MYNAVIGATION = HMENU
```

Die Menüeinträge (items) des `HMENU`-Objekts werden in unterschiedliche Zustände unterteilt:

- Der normale Zustand eines Menüeintrages wird mit **NO** (normal) abgekürzt.
- Der Rollover Zustand wird mit **RO** abgekürzt. Er beschreibt das Aussehen, das der Menüeintrag annimmt, wenn sich der Mauszeiger über dem Eintrag befindet.
- **ACT** (active) ist die Abkürzung für den aktuellen Verlauf. Das sind der Menüeintrag, der aktuell ausgewählt ist, und die in der Hierarchie über ihm liegenden Einträge (die so genannte Rootline).
- **CUR** bezeichnet die aktuelle (current) Seite. Im Gegensatz zu ACT jedoch nur die Seite selbst.
- **IFSUB** definiert das Aussehen eines Menüeintrages, wenn (if) dieser mindestens eine Unterseite (sub) hat.

Properties:

- 1, 2, 3, ...
  Numerisches Property für Hierarchieebene
- `entryLevel`
  Die Hierarchiestufe, ab der das Menü gilt
- `special` und `special.value`
  Umschalten auf spezielle Darstellung (z. B. Directory)
- `minItems`
  Mindestanzahl von Menüpunkten
- `maxItems`
  Höchstanzahl von Menüpunkten
- `excludeUidList`
  Liste nicht im Menü auftauchender Seiten
- `begin`
  Bestimmt den ersten Menüeintrag
- `wrap`
  Quellcode, der das gesamte Menü umgibt

Property: 1, 2, 3, ... (Hierarchieebene)

Beschreibung:
Mit der Nummer wird der jeweiligen Hierarchieebene der Menütyp zugeordnet. Das Beispiel definiert die erste Ebene (unter der Seite, die das Menü enthält) von `MEINENAVIGATION` als Textmenü und die, dieser untergeordnet, zweite Ebene als grafisches Textmenü.

Beispiel:
```
seite.10.marks.MYNAVIGATION   = HMENU
seite.10.marks.MYNAVIGATION.1 = TMENU
seite.10.marks.MYNAVIGATION.2 = GMENU
```

Property: entryLevel

Beschreibung:
Diese Eigenschaft legt für ein Menüobjekt fest, ab welcher Hierarchieebene des Seitenbaums die Einträge dargestellt werden. Der Wert der Eigenschaft wird zu den Hierarchiewerten des Menüobjektes addiert und ergibt die dargestellte Ebene des Seitenbaums. Der Standardwert ist 0.

Beispiel:
```
seite.10.marks.MYNAVIGATION             = HMENU
seite.10.marks.MYNAVIGATION.entryLevel  = 1
```

In diesem Fall stellt die Ebene 1 des HMENU-Objekts auch die erste Ebene des Seitenbaums dar.

Property: special und special.value

Beschreibung:
Ohne spezielle Einstellungen bildet ein HMENU-Objekt die Struktur des Seitenbaums ab. Mit den unterschiedlichen Werten der special-Eigenschaft und den dazugehörenden special.value-Werten kann die Darstellung des Menüs allerdings erheblich verändert werden. Als Werte können übergeben werden: directory, list, updated, rootline und keywords.

- **special = directory**
  Der Wert directory führt dazu, dass alle in der special.value-Eigenschaft durch Angabe der Seiten-ID aufgeführten Seiten und deren Unterseiten das Menü bilden.

  Beispiel:
  ```
  seite.10.marks.MYNAVIGATION               = HMENU
  seite.10.marks.MYNAVIGATION.special       = directory
  seite.10.marks.MYNAVIGATION.special.value = 14, 18
  ```

- **special = list**
  Die Einstellung list bildet ein Menü aus den Seiten der unter special.value aufgelisteten Seiten-IDs.

  Beispiel:
  ```
  seite.10.marks.MYNAVIGATION               = HMENU
  seite.10.marks.MYNAVIGATION.special       = list
  seite.10.marks.MYNAVIGATION.special.value = 3, 4, 5, 8
  ```

- **special = updated**

  Mit dem Wert `updated` können Menüs der zuletzt geänderten Seiten erstellt werden. Die `special.value`-Eigenschaft gibt an, aus welchem Bereich des Seitenbaumes die Seiten entnommen werden.

  Beispiel:
  ```
  seite.10.marks.MYNAVIGATION = HMENU
  seite.10.marks.MYNAVIGATION.special = updated
  seite.10.marks.MYNAVIGATION.special {
     value = 2, 3
     mode = tstamp
     maxAge = 3600*24*3
     limit = 5
  }
  ```

  Im Beispiel umfasst der Seitenbaum die Seiten mit ID 2 und 3 und deren Unterseiten. Die `mode`-Eigenschaft bestimmt, wie das Alter der Seiten berechnet wird, und `maxAge`, wie alt sie sein dürfen. Die Anzahl der Menüeinträge wird mit `limit` beschränkt.

- **special = rootline**

  Der Wert `rootline` ist dafür geeignet, klickbare Pfadanzeigen zu erzeugen. Über die `range`-Eigenschaft wird festgelegt, welche Ebenen angezeigt werden. Die übergebene Zeichenkette darf keine Leerzeichen enthalten. Der Wert links vom Pipe-Symbol setzt den Startpunkt des Menüs – man wird hier normalerweise die 0 für die Rootseite (Home) verwenden. Für den rechten Wert -1 (Default) wird das Menü durch alle Hierarchieebenen bis einschließlich der aktuellen Seite weitergeführt. Soll die aktuelle Seite selbst nicht dargestellt werden (eine Ebene[26] weniger), so setzt man hier -2.

  Beispiel:
  ```
  seite.10.marks.MYNAVIGATION = HMENU
  seite.10.marks.MYNAVIGATION {
     special = rootline
     special.range = 0|-1
  }
  ```

  Im Beispiel beginnt der Pfad bei Home (Level 0) und endet bei (diese eingeschlossen) der aktuellen Seite (Level -1).

- **special** = keywords

  `keywords` kann verwendet werden, um Seiten ins Menü einzubinden, die bestimmte Schlüsselwörter enthalten.

---

26 Soll auch die Ebene davor nicht dargestellt werden, so setzt man den Wert -3 und so fort.

Beispiel:
```
seite.10.marks.MYNAVIGATION = HMENU
seite.10.marks.MYNAVIGATION {
    special = keywords
    special.setKeywords = News, Aktuelles
}
```

Property: minItems

Beschreibung:
Mit `minItems` kann die Mindestanzahl der Menüeinträge bestimmt werden. Sind nicht genügend Seiten vorhanden, wird das Menü bis zur Mindestanzahl durch leere Menüeinträge »...« mit Link auf die aktuelle Seite ergänzt.

Beispiel:
```
seite.10.marks.MYNAVIGATION = HMENU
seite.10.marks.MYNAVIGATION.minItems = 5
```

Property: maxItems

Beschreibung:
Mit `maxItems` kann die Maximalanzahl der Menüeinträge angegeben werden. Sind mehr Seiten vorhanden, werden die überzähligen bei der Menüerzeugung ignoriert.

Beispiel:
```
seite.10.marks.MYNAVIGATION = HMENU
seite.10.marks.MYNAVIGATION.maxItems = 6
```

Property: excludeUidList

Beschreibung:
In dieser Eigenschaft kann eine Liste von Seiten-IDs angegeben werden, die nicht im Menü aufscheinen sollen.

Beispiel:
```
seite.10.marks.MYNAVIGATION = HMENU
seite.10.marks.MYNAVIGATION.excludeUidList = 23, 55, 77
```

Property: begin

Beschreibung:
Diese Eigenschaft bestimmt den ersten Menüeintrag.

Beispiel:
```
seite.10.marks.MYNAVIGATION = HMENU
seite.10.marks.MYNAVIGATION.begin = 5
```

Property: wrap

Beschreibung:
Mit der `wrap`-Eigenschaft kann HTML-Code angegeben werden, der das ganze Menü umschließt.

Beispiel:
```
seite.10.marks.MYNAVIGATION = HMENU
seite.10.marks.MYNAVIGATION.wrap = <td class="text"> | </td>
```

14.7.2 Objekt TMENU

Den einzelnen Ebenen eines HMENU-Objekts können verschiedene Menütypen zugeordnet werden. TMENU ist das Objekt zur Erstellung von Textmenüs. Es gibt dafür Eigenschaften, die dem übergeordneten HMENU-Objekt zugewiesen werden.

Properties:
- `collapse`
  Öffnen und Schließen »onClick«
- `target`
  Zuweisung eines Targets für Frame-Navigation
- `expAll`
  Alle oder nur aktuelle Untermenüpunkte anzeigen

Property: collapse

Beschreibung:
Wird `collapse` auf 1 gesetzt, werden die Unterpunkte eines Menüelements bei einem Klick geschlossen.

Beispiel:
```
seite.10.marks.NAVIGATION = HMENU
seite.10.marks.NAVIGATION.collapse = 1
seite.10.marks.NAVIGATION.1 = TMENU
```

Property: target

Beschreibung:
Hier kann das Ziel der Menü-Links angegeben werden. Der Standardwert ist `_self`.

Beispiel:
```
seite.10.marks.NAVIGATION = HMENU
seite.10.marks.NAVIGATION.target = _blank
seite.10.marks.NAVIGATION.1 = TMENU
```

Property: expAll

Beschreibung:
Wird `expAll` auf 1 gesetzt ist, werden alle Untermenüebenen angezeigt. Bei `expAll = 0` werden nur die Untereinträge der aktuellen Seite eingeblendet.

Beispiel:
```
seite.10.marks.NAVIGATION = HMENU
seite.10.marks.NAVIGATION.1 = TMENU
seite.10.marks.NAVIGATION.1.expAll = 1
```

14.7.3 Objekt TMENUITEM (NO, ACT, CUR, etc.)

Die weiteren Eigenschaften der Menüelemente werden den Objekten der einzelnen Hierarchieebenen zugeordnet, die formal als als TMENUITEM bezeichnet werden. Der Objekttyp TMENUITEM wird diesen jedoch nicht direkt zugewiesen.

Hierbei können je Ebene für die Zustände NO, ACT, CUR (und für diese, gegebenenfalls, RO) verschiedene Eigenschaften festgelegt werden. Die in Folge beschriebenen Properties sind für alle Zustände gültig.

> In jedem Fall ist zwingend eine Standardkonfiguration NO mit allen erforderlichen Eigenschaften zu definieren!

```
# ein Menü mit Name NAVIGATION:
seite.10.marks.NAVIGATION = HMENU

# die erste Ebene ist ein TMENU:
seite.10.marks.NAVIGATION.1 = TMENU

# die Standardkonfiguration
seite.10.marks.NAVIGATION.1.NO {
    # Eigenschaften von NO
}

# die optionale Rootline-Konfiguration:
seite.10.marks.NAVIGATION.1.ACT {
    # Eigenschaften von ACT
}
# der ACT-Zustand muss aktiviert werden:
seite.10.marks.NAVIGATION.1.ACT = 1
```

Statt alle Properties jedes Zustandes einzeln zu belegen, kann auch ein Zustand kopiert und nur die erforderlichen Properties neubelegt werden.

Properties:
- `allWrap`
  HTML-Code um den kompletten Menüeintrag
- `ATagParams`
  Attribute für den `<a>`-Tag des Menüeintrags
- `linkWrap`
  HTML-Code um den `<a>`-Link des Menüeintrags
- `RO`
  Aktivieren eines Roll-Over-Zustandes
- `before`
  Text vor jedem Menüeintrag
- `beforeWrap`
  HTML-Wrap um den `before`-Text
- `beforeImg`
  Grafik (z. B. Bullet) vor jedem Menüeintrag
- `beforeImgTagParams`
  Attribute der Grafik vor dem Menüeintrag
- `beforeROImg`
  Rollover-Zustand der Grafik vor dem Menüeintrag
- `after`
  Text hinter jedem Menüeintrag
- `afterWrap`
  HTML-Wrap um den `after`-Text
- `afterImg`
  Grafik (z. B. Bullet) hinter jedem Menüeintrag
- `afterImgTagParams`
  Attribute der Grafik hinter dem Menüeintrag
- `afterROImg`
  Rollover-Zustand der Grafik hinter dem Menüeintrag

Property: allWrap

Beschreibung:
Über diese Eigenschaft wird HTML-Code angegeben, der jeden Menüeintrag umschließt.

Beispiel:
```
seite.10.marks.NAVIGATION = HMENU
seite.10.marks.NAVIGATION.1 = TMENU
seite.10.marks.NAVIGATION.1.NO.allWrap = <p> | </p>
```

Property: ATagParams

Beschreibung:
Hier können zusätzliche Parameter zum `<a>`-Tag der Menü-Links angegeben werden.

Beispiel:
```
seite.10.marks.NAVIGATION = HMENU
seite.10.marks.NAVIGATION.1 = TMENU
seite.10.marks.NAVIGATION.1.NO.ATagParams = style=linkstyle
```

Property: linkWrap

Beschreibung:
Mit dieser Eigenschaft wird HTML-Code angegeben, der um den `<a>`-Tag der Menü-Links gelegt wird.

Beispiel:
```
seite.10.marks.NAVIGATION = HMENU
seite.10.marks.NAVIGATION.1 = TMENU
seite.10.marks.NAVIGATION.1.NO.linkWrap = <div> | </div>
```

Property: RO

Beschreibung:
Mit dieser Eigenschaft kann der Rollover-Effekt des Textmenüs aktiviert werden. Das Rollover bezieht sich nicht auf den Text selbst, sondern auf die Grafiken vor und hinter dem Text des Menüs. Entsprechende Grafiken und Austauschbilder müssen daher mit den Properties `beforeImg` und `beforeROImg` bzw. `afterImg` und `afterROImg` definiert werden.

Beispiel:
```
seite.10.marks.NAVIGATION = HMENU
seite.10.marks.NAVIGATION.1 = TMENU

seite.10.marks.NAVIGATION.1.NO {
    beforeImg = /fileadmin/space.gif
    beforeROImg = /fileadmin/pfeil.gif
    RO = 1
}
```

Wird die RO-Eigenschaft auf 1 (true) gesetzt, ist der Effekt aktiv, ansonsten ist er abgeschaltet (Wert 0 oder Property nicht gesetzt).

Property: before

Beschreibung:
Enthält den Text, der vor jedem Menüeintrag angezeigt wird.

Beispiel:
```
seite.10.marks.NAVIGATION = HMENU
seite.10.marks.NAVIGATION.1 = TMENU
seite.10.marks.NAVIGATION.1.NO.before = *
```

Property: beforeWrap

Beschreibung:
Hier wird der HTML-Code angegeben, der den before-Code umschließt.

Beispiel:
```
seite.10.marks.NAVIGATION = HMENU
seite.10.marks.NAVIGATION.1 = TMENU
seite.10.marks.NAVIGATION.1.NO.before = *
seite.10.marks.NAVIGATION.1.NO.beforeWrap =   |  
```

Property: beforeImg

Beschreibung:
Hier wird der Pfad zu einer Grafikdatei angegeben, die vor dem Menüeintrag angezeigt wird.

Beispiel:
```
seite.10.marks.NAVIGATION = HMENU
seite.10.marks.NAVIGATION.1 = TMENU
seite.10.marks.NAVIGATION.1.NO.beforeImg= /fileadmin/space.gif
```

Property: beforeImgTagParams

Beschreibung:
Mit dieser Eigenschaft können zusätzliche Parameter zur beforeImg-Grafik angegeben werden. Beispiele dafür sind Höhe, Breite und Rahmen der Grafik. Die Parameter beziehen sich automatisch auch auf das Austauschbild an dieser Position, sofern ein Rollover-Effekt eingesetzt wird.

Beispiel:
```
seite.10.marks.NAVIGATION = HMENU
seite.10.marks.NAVIGATION.1 = TMENU
seite.10.marks.NAVIGATION.1.NO.beforeImg=/fileadmin/space.gif
seite.10.marks.NAVIGATION.1.NO.beforeImgTagParams = width=15
```

Property: beforeROImg

Beschreibung:
Spezifiziert den Pfad zu einer Grafikdatei, die im Rollover-Zustand anstelle des mit `beforeImg` definierten Bildes vor dem Menüeintrag angezeigt wird. Der Rollover-Effekt funktioniert nur, wenn die Eigenschaft RO = 1 gesetzt wird.

Beispiel:
```
seite.10.marks.NAVIGATION = HMENU
seite.10.marks.NAVIGATION.1 = TMENU
seite.10.marks.NAVIGATION.1.NO.beforeImg=/fileadmin/space.gif
seite.10.marks.NAVIGATION.1.NO.beforeImgTagParams=width=15
seite.10.marks.NAVIGATION.1.NO.beforeROImg
   = /fileadmin/pfeil.gif
seite.10.marks.NAVIGATION.1.NO.RO = 1
```

Property: after

Beschreibung:
Enthält den HTML-Code, der nach jedem Menüeintrag angezeigt wird.

Beispiel:
```
seite.10.marks.NAVIGATION = HMENU
seite.10.marks.NAVIGATION.1 = TMENU
seite.10.marks.NAVIGATION.1.ACT.after = //
```

Property: afterWrap

Beschreibung:
Hier wird der HTML-Code angegeben, der den `after`-Code umschließt.

Beispiel:
```
seite.10.marks.NAVIGATION = HMENU
seite.10.marks.NAVIGATION.1 = TMENU
seite.10.marks.NAVIGATION.1.NO.after = ↩
seite.10.marks.NAVIGATION.1.NO.afterWrap =   |
```

Hinter den Linktext wird durch das Property `after` ein Doppelslash geschrieben. Zwischen diesem und dem Linktext wird mittels des `afterWrap`-Properties ein geschütztes Leerzeichen eingeschoben.

Property: afterImg

Beschreibung:
Hier wird der Pfad zu einer Grafikdatei angegeben, die hinter dem Menüeintrag angezeigt wird.

Beispiel:
```
seite.10.marks.NAVIGATION = HMENU
seite.10.marks.NAVIGATION.1 = TMENU
seite.10.marks.NAVIGATION.1.ACT.afterImg = /fileadmin/mark.gif
```

Alle Menüpunkte in der Rootline (ACT) der aktuellen Seite bekommen eine Markierungsgrafik `mark.gif` nachgestellt.

Property: afterImgTagParams

Beschreibung:
Mit dieser Eigenschaft können zusätzliche Parameter zur `afterImg`-Grafik gesetzt werden. Beispiele dafür sind Höhe, Breite und Rahmen der Grafik. Die Parameter beziehen sich automatisch auch auf das Austauschbild an dieser Position, sofern ein Rollover-Effekt eingesetzt wird.

Beispiel:
```
seite.10.marks.NAVIGATION = HMENU
seite.10.marks.NAVIGATION.1 = TMENU
seite.10.marks.NAVIGATION.1.ACT.afterImg = /fileadmin/mark.gif
seite.10.marks.NAVIGATION.1.ACT.afterImgTagParams = border=0
```

Property: afterROImg

Beschreibung:
Bestimmt den Pfad zu einer Grafikdatei, die im Rollover-Zustand nach dem Menüeintrag angezeigt wird. Der Rollover-Effekt funktioniert jedoch nur, wenn die Eigenschaft `RO = 1` gesetzt wird.

Beispiel:
```
seite.10.marks.NAVIGATION = HMENU
seite.10.marks.NAVIGATION.1 = TMENU
seite.10.marks.NAVIGATION.1.NO.afterImg = /fileadmin/mark.gif
seite.10.marks.NAVIGATION.1.NO.afterImgTagParams = width=15
seite.10.marks.NAVIGATION.1.NO.afterROImg = /fileadmin/mark_h.gif
seite.10.marks.NAVIGATION.1.NO.RO = 1
```

14.7.4 Quelltextbeispiel: Textmenü mit TypoScript

Hier ein längeres kommentiertes Beispiel zu einem Textmenü:

```
# Das HMENU-Objekt deklarieren und
# den Marker ###NAVIGATION### verwenden:
seite.10.marks.NAVIGATION = HMENU

# Das Menü soll ein Textmenü sein:
```

```
seite.10.marks.NAVIGATION.1 = TMENU

# Die Eigenschaften des Textmenüs
seite.10.marks.NAVIGATION.1 {

    # Zunächst der Normalzustand:
    NO {
    allWrap = <tr height="20"><td class="navi">|</td></tr>
    ATagParams=class="navi"
    }

    # Die Rootlineeigenschaften aktivieren:
    ACT = 1


    # ... mit folgenden Eigenschaften:
    ACT {
    allWrap = <tr height="20"><td class="navi_active">|</td></tr>
    ATagParams=class="navi_active"
    }
}

# die zweite Ebene des Menüs
seite.10.marks.NAVIGATION.2 = TMENU
seite.10.marks.NAVIGATION.2 {
    NO {
    allWrap = <tr height="20"><td class="navi">|</td></tr>
    ATagParams=class="navi"
    beforeImg = fileadmin/img/pfeilchentrans.gif
    beforeROImg = fileadmin/img/pfeilchen.gif

    # Rollover-Effekt für Ebene 2 aktivieren:
    RO = 1
    }

    # Die Rootlineeigenschaften für Ebene 2 aktivieren:
    ACT = 1

    # ... mit folgenden Eigenschaften:
    ACT {
    allWrap = <tr height="20"><td class="navi_active">|</td></tr>
    ATagParams=class="navi_active"
    beforeImg = fileadmin/img/pfeilchen.gif
    }
}
```

14.7.5 Objekt GMENU

Die Zustände eines GMENU-Objektes sind dynamisch erzeugte Grafiken. Sie werden mit denselben Befehlen wie GIFBUILDER-Objekte definiert. Darüber hinaus existieren weitere Eigenschaften zur Beschreibung der Menüs.

Properties:
- expAll
  Alle oder nur aktuelle Untermenüpunkte anzeigen
- collapse
  Öffnen und Schließen »onClick«
- target
  Zuweisung eines Targets für Frame-Navigation
- min
  Minimalabmessungen Breite und Höhe
- max
  Maximalabmessungen Breite und Höhe
- useLargestItemX
  Breitester Menüpunkt bestimmt Breite
- useLargestItemY
  Höchster Menüpunkt bestimmt Höhe
- disableAltText
  Kein alt-Attribut für Menügrafik

Beispiel:
```
seite.10.marks.NAVIGATION = HMENU
seite.10.marks.NAVIGATION.1 = GMENU
```

Property: expAll

Beschreibung:
Wenn expAll auf 1 gesetzt ist, werden alle Untermenüebenen angezeigt. Bei expAllm = 0 werden nur die Untereinträge der aktuellen Seite eingeblendet.

Beispiel:
```
seite.10.marks.NAVIGATION = HMENU
seite.10.marks.NAVIGATION.1 = GMENU
seite.10.marks.NAVIGATION.1.expAll = 1
```

Property: collapse

Beschreibung:
Wenn collapse auf 1 gesetzt ist, werden die Unterpunkte eines Menüelements bei einem Klick geschlossen.

Beispiel:
```
seite.10.marks.NAVIGATION = HMENU
seite.10.marks.NAVIGATION.1 = GMENU
seite.10.marks.NAVIGATION.1.collapse = 1
```

Property: target

Beschreibung:
Hier kann das Ziel der Menü-Links angegeben werden. Der Standardwert ist _self.

Beispiel:
```
seite.10.marks.NAVIGATION = HMENU
seite.10.marks.NAVIGATION.1 = GMENU
seite.10.marks.NAVIGATION.1.target = _top
```

Property: min

Beschreibung:
Mit dieser Eigenschaft können die minimalen Abmessungen des gesamten Menüs in Pixel definiert werden.

Beispiel:
```
seite.10.marks.NAVIGATION = HMENU
seite.10.marks.NAVIGATION.1 = GMENU
seite.10.marks.NAVIGATION.1.min = 120, 30
```

Property: max

Beschreibung:
Mit dieser Eigenschaft können die maximalen Abmessungen des gesamten Menüs in Pixel definiert werden.

Beispiel:
```
seite.10.marks.NAVIGATION = HMENU
seite.10.marks.NAVIGATION.1 = GMENU
seite.10.marks.NAVIGATION.1.min = 120, 30
seite.10.marks.NAVIGATION.1.max = 120, 230
```

Property: useLargestItemX

Beschreibung:
Das Menü ist so breit wie die Breite des längsten Menüelements.

Beispiel:
```
seite.10.marks.NAVIGATION = HMENU
seite.10.marks.NAVIGATION.1 = GMENU
seite.10.marks.NAVIGATION.1.useLargestItemX = 1
```

Property: useLargestItemY

Beschreibung:
Das Menü ist so hoch wie die Höhe des höchsten Menüelements.

Beispiel:
```
seite.10.marks.NAVIGATION = HMENU
seite.10.marks.NAVIGATION.1 = GMENU
seite.10.marks.NAVIGATION.1.useLargestItemY = 1
```

Property: disableAltText

Beschreibung:
Mit dem Property disableAltText kann die Anzeige der Alternativtexte für die Menügrafiken ausgeschaltet werden.

Beispiel:
```
seite.10.marks.NAVIGATION = HMENU
seite.10.marks.NAVIGATION.1 = GMENU
seite.10.marks.NAVIGATION.1.disableAltText = 1
```

14.7.6 Objekt GMENU_LAYERS

Mit diesem Objekt können Aufklappmenüs erstellt werden, die aus grafischen Menüeinträgen bestehen. Die erste Hierarchieebene wird dabei als GMENU_LAYERS-Objekt definiert und die zweite als GMENU. Es können jedoch auch mehrstufige Aufklappmenüs aufgebaut werden, indem für weitere Ebenen auch GMENU_LAYER verwendet wird.

Wichtig: Um das Objekt nutzen zu können, ist es notwendig, den PHP-Quelltext mit den erforderlichen Funktionen dem PAGE-Objekt, das das Menü enthalten soll, als Bibliothek hinzuzufügen. Hierfür wird das Property includeLibs von PAGE verwendet.

Die benötigte Bibliothek befindet sich bei einer Standardinstallation von TYPO3 im Ordner media/scripts und besitzt den Dateinamen gmenu_layers.php. Dieser Pfad ist daher anzugeben:

```
seite.includeLibs.gmenu_layers
 = media/scripts/gmenu_layers.php
```

Sobald dies geschehen ist, steht das Objekt wie gewohnt zur Verfügung.

Beachten Sie, dass die zugrunde liegenden JavaScript-Funktionen und verwendeten CSS-Properties nicht in allen älteren Browsern funktionstüchtig sind. Ein `GMENU_LAYERS`-Menü arbeitet nur ab folgenden Plattformen: MSIE 4+, Netscape 4+ und 6+, Opera 5+, Konqueror. In Einzelfällen, vor allem, wenn sehr alte Browser als Zielplattform in Frage kommen, empfiehlt es sich, Tests vorzunehmen.

Properties:
Das `GMENU_LAYERS`-Objekt besitzt eine ganze Reihe von Properties, die die Positionierung und das Verhalten der eingeblendeten Menüebenen bestimmen. Die wichtigsten von ihnen (es gibt einige mehr!) sind:

- `layerStyle`
  »CSS-Position«-Eigenschaften der Menübenen (u.a. Sichtbarkeit)
- `lockPosition`
  Menü fest positioniert, folgt nicht dem Mauszeiger
- `xPosOffset`
  Horizontaler Offset bei fester Positionierung
- `yPosOffset`
  Vertikaler Offset bei fester Positionierung
- `topOffset`
  Offset ab oberer Kante des Browserfensters
- `leftOffset`
  Offset ab linker Kante des Browserfensters
- `displayActiveOnLoad`
  Menü wird beim Laden der Seite eingeblendet
- `dontHideOnMouseUp`
  Menü bleibt bei Klick auf Seite sichtbar
- `hideMenuWhenNotOver`
  Abstand für Zuklappen bei MouseOut
- `hideMenuTimer`
  Latenzzeit für Zuklappen bei MouseOut

Beispiel:
```
# Einbinden der Bibliothek (pro PAGE-Objekt):
seite.includeLibs.gmenu_layers= media/scripts/gmenu_layers.php

# Deklaration des Menü-Objekts
seite.10.marks.NAVIGATION = HMENU
seite.10.marks.NAVIGATION.1 = GMENU_LAYERS
```

Property: layerStyle

Beschreibung:
In dieser Eigenschaft werden die HTML-Layer-Parameter für den <div>-Layer des Aufklappmenüs fixiert. Eine explizite Anpassung wird eher selten erforderlich sein – die unten verwendeten Werte entsprechen den Defaults. Eine Verwendungsmöglichkeit besteht in der Fixierung der Left- bzw. Top-Position von vertikalen oder horizontalen Menüs. Es wird jedoch empfohlen, hierfür besser die Menü-Properties leftOffset oder topOffset einzusetzen.

Beispiel:
```
seite.includeLibs.gmenu_layers = //media/scripts/gmenu_layers.php
seite.10.marks.NAVIGATION = HMENU
seite.10.marks.NAVIGATION.1 = GMENU_LAYERS
seite.10.marks.NAVIGATION.1 {
    layerStyle = position:absolute; VISIBILITY:hidden
}
```

Property: lockPosition

Beschreibung:
Die Position des Aufklapp-Layers wird normalerweise von der Mausposition über dem aktiven Menüpunkt bestimmt (und folgt dabei dem Mauszeiger). Soll seine Position neben oder unter dem übergeordneten Menü in einer Koordinatenrichtung (x oder y) fixiert werden, kann dies mittels dieser Eigenschaft geschehen.

Mögliche Werte sind x, y oder der leere String (was false entspricht). Der Wert x sollte für horizontale Menüs gewählt werden. Der Wert y ist analog für vertikale Menüs einzusetzen. Der leere String deaktiviert die Fixierung explizit.

Beispiel:
```
seite.includeLibs.gmenu_layers = ↩
media/scripts/gmenu_layers.php
seite.10.marks.NAVIGATION = HMENU
seite.10.marks.NAVIGATION.1 = GMENU_LAYERS
seite.10.marks.NAVIGATION.1 {
    lockPosition = x
}
```

Property: xPosOffset

Beschreibung:
Diese Eigenschaft gibt die Verschiebung des Layers in x-Richtung ausgehend von der Aktivierungsposition des Menüs an. Wenn `lockPosition = x` ist, wird die horizontale Verschiebung von der linken Seite der Menügrafik aus berechnet.

Beispiel:
```
seite.includeLibs.gmenu_layers = ⮐
media/scripts/gmenu_layers.php
seite.10.marks.NAVIGATION = HMENU
seite.10.marks.NAVIGATION.1 = GMENU_LAYERS
seite.10.marks.NAVIGATION.1 {
   lockPosition = x
   xPosOffset = -40
}
```

Property: yPosOffset

Beschreibung:
Diese Eigenschaft gibt die Verschiebung des Layers in y-Richtung ausgehend von der Aktivierungsposition des Menüs an. Wenn `lockPosition = y` ist, wird die vertikale Verschiebung von oberen Kante der Menügrafik aus berechnet.

Beispiel:
```
seite.includeLibs.gmenu_layers = ⮐
media/scripts/gmenu_layers.php
seite.10.marks.NAVIGATION = HMENU
seite.10.marks.NAVIGATION.1 = GMENU_LAYERS
seite.10.marks.NAVIGATION.1 {
   lockPosition = y
   yPosOffset = -60
}
```

Property: topOffset

Beschreibung:
Bestimmt die Position eines Menüeintrages von der oberen Kante des Browsers her gesehen. Diese Eigenschaft wird in Kombination mit `lockPosition = x` verwendet.

Beispiel:
```
seite.includeLibs.gmenu_layers = ⮐
media/scripts/gmenu_layers.php
seite.10.marks.NAVIGATION = HMENU
seite.10.marks.NAVIGATION.1 = GMENU_LAYERS
seite.10.marks.NAVIGATION.1 {
```

```
    lockPosition = x
    topOffset = 50
}
```

Property: leftOffset

Beschreibung:
Bestimmt die Position eines Menüeintrages von der linken Kante des Browsers her gesehen. Diese Eigenschaften wird in Kombination mit `lockPosition = y` verwendet.

Beispiel:
```
seite.includeLibs.gmenu_layers = ⮑
media/scripts/gmenu_layers.php
seite.10.marks.NAVIGATION = HMENU
seite.10.marks.NAVIGATION.1 = GMENU_LAYERS
seite.10.marks.NAVIGATION.1 {
    lockPosition = y
    leftOffset = 70
}
```

Property: displayActiveOnLoad

Beschreibung:
Wird diese Eigenschaft eingeschaltet, so wird ein Menüeintrag automatisch geöffnet, wenn eine Unterseite dieses Eintrags geöffnet wird.

Beispiel:
```
seite.includeLibs.gmenu_layers = ⮑
media/scripts/gmenu_layers.php
seite.10.marks.NAVIGATION = HMENU
seite.10.marks.NAVIGATION.1 = GMENU_LAYERS
seite.10.marks.NAVIGATION.1 {
    displayActiveOnLoad = 1
}
```

Property: dontHideOnMouseUp

Beschreibung:
Wird innerhalb einer Seite die Maustaste gedrückt, wird normalerweise das aktive Menü verborgen. Mit dieser Eigenschaft kann dieses Verhalten unterbunden werden.

Beispiel:
```
seite.includeLibs.gmenu_layers = ⮑
media/scripts/gmenu_layers.php
seite.10.marks.NAVIGATION = HMENU
```

```
seite.10.marks.NAVIGATION.1 = GMENU_LAYERS
seite.10.marks.NAVIGATION.1 {
    displayActiveOnLoad = 1
    dontHideOnMouseUp = 1
}
```

Property: hideMenuWhenNotOver

Beschreibung:
Wird die Maus außerhalb eines aktiven Menüs bewegt, so wird das Menü geschlossen. Dieser Eigenschaft kann eine ganze Zahl zugeordnet werden, die in Pixel angibt, wie weit sich der Mauszeiger vom Rand des Menüs entfernen darf.

Beispiel:
```
seite.includeLibs.gmenu_layers = ↩
media/scripts/gmenu_layers.php
seite.10.marks.NAVIGATION = HMENU
seite.10.marks.NAVIGATION.1 = GMENU_LAYERS
seite.10.marks.NAVIGATION.1 {
    hideMenuWhenNotOver = 20
}
```

Property: hideMenuTimer

Beschreibung:
Millisekunden, die verstreichen sollen, bis das Menü geschlossen wird, nachdem es vom Mauszeiger verlassen wurde.

Beispiel:
```
seite.includeLibs.gmenu_layers = ↩
media/scripts/gmenu_layers.php
seite.10.marks.NAVIGATION = HMENU
seite.10.marks.NAVIGATION.1 = GMENU_LAYERS
seite.10.marks.NAVIGATION.1 {
    hideMenuTimer = 900
}
```

14.7.7 Quelltextbeispiel: Layermenü-Objekt

Es folgt ein ausführliches Beispiel für ein Layermenü-Objekt:

```
seite.includeLibs.gmenu_layers= ↩
media/scripts/gmenu_layers.php
seite.10.marks.NAVIGATION = HMENU
seite.10.marks.NAVIGATION.1 = GMENU_LAYERS
seite.10.marks.NAVIGATION.1 {
```

```
        layerStyle = position:absolute; VISIBILITY:hidden
        xPosOffset = -40
        lockPosition = x
        topOffset = 80
        displayActiveOnLoad = 1
        dontHideOnMouseUp = 1
        NO.backcolor = #bbbbbb
        NO.XY = [10.w]+10, 16
        NO.10 = TEXT
        NO.10.text.field = title
        NO.10.offset = 5,10
    }
    seite.10.marks.NAVIGATION.2 = GMENU
    seite.10.marks.NAVIGATION.2 {
        NO.backColor = #aaaaaa
        NO.XY = [10.w]+10, 16
        NO.10 = TEXT
        NO.10.text.field = title
        NO.10.offset = 5,10
    }
```

14.8 Userkonfiguration – cObjekt EDITPANEL

Das Content-Objekt `EDITPANEL` fügt für Redakteure (Backend-Nutzer) eine Bearbeitungsleiste in der Frontend-Ansicht der Seite ein. Vorraussetzung für das Einblenden der Seite ist, dass der Redakteur als Backend-User angemeldet ist und die Option **Display Edit Icons** in seinem Frontend-Admin-Panel aktiviert hat.

```
seite.10 = EDITPANEL
```

Properties (Auswahl):
- `label`
- `allow`
- `newRecordFromTable`
- `line`

Property: label

Beschreibung:
Beschriftung für die Bearbeitungsleiste

Beispiel:
```
seite.10 = EDITPANEL
seite.10.label = Hier können Sie eine Unterseite zu dieser Seite an-
legen
```

Property: allow

Beschreibung:
Definiert, welche Symbole und damit Funktionen in die Bearbeitungsleiste integriert sein sollen. Mögliche Werte sind `toolbar`, `edit`, `new`, `delete`, `move`, `hide`.

Beispiel:
```
seite.10 = EDITPANEL
seite.10.allow = new, hide
```

Property: newRecordFromTable

Beschreibung:
Gibt an, aus welcher Tabelle ein neues Inhaltselement eingefügt wird.

Beispiel:
```
seite.10 = EDITPANEL
seite.10.newRecordFromTable = tt_content
```

Property: line

Beschreibung:
Gibt den Abstand zu einer schwarzen Linie unterhalb der Bearbeitungsleiste an. Bei `line = 0` wird keine Linie angezeigt.

Beispiel:
```
seite.10 = EDITPANEL
seite.10.line = 5
```

Wir stellen Ihnen in diesem Kapitel das TYPO3-Backend und seine Module vor. Sie erfahren unter anderem, wie Sie die Oberfläche des Backends für kleinere Bildschirme konfigurieren können.

15 Übersicht: TYPO3 Backend

Die in den folgenden Abbildungen gezeigte Benutzeroberfläche von TYPO3 kann sich in Teilen von Ihrer Installation unterscheiden. Der Grund hierfür ist, dass sich die Installation von Erweiterungen und die Konfiguration des Systems auch auf das Aussehen und die Funktionen von TYPO3 auswirken (können). Zudem hängt die Gestalt der Benutzeroberfläche stark von den Rechten des Benutzers ab. Mehr dazu erfahren Sie in Kapitel 12, *Benutzerverwaltung und Zugriffsrechte*.

15.1 Die Bereiche des Backends

15.1.1 Die Modulleiste

Die linke Seite des Backend-Bereiches enthält in der Grundkonfiguration ein Menü für die einzelnen TYPO3-Module und ist in folgende logische Bereiche gegliedert: **Web, File, Doc, User, Tools, Help** sowie **Admin functions**. Die rechte Seite zeigt eine kurze Beschreibung der Module an.

Jeder Moduleintrag besteht aus einem Icon und dem daneben stehenden Funktionsbezeichner. Der Funktionsname ist defaultmäßig auf Englisch – dies kann jedoch geändert werden; dazu gleich.

- Das **Icon** dient nur der Illustration und ist nicht anklickbar.
- Der **Funktionsname** dient als Link und ruft das entsprechende TYPO3-Modul auf: Die rechte Bildschirmseite wechselt, um die zur Steuerung der Funktion erforderlichen Bedienelemente anzuzeigen.

Die Modulleiste bleibt unabhängig von der gerade aktiven Funktion stets unverändert sichtbar.

Logout des aktuellen Nutzers – Wechsel des Nutzerprofils

Unterhalb der Modulleiste finden Sie den **Logoutbutton**. Unter dem Button wird in eckigen Klammern der **Nutzername** angezeigt, mit dem Sie sich angemeldet haben.

Abbildung 15.1 Logout-Button mit Angabe des Nutzernamens

Die Logout-Möglichkeit dient dazu, sich vom System ordnungsgemäß abzumelden, sobald die Arbeiten im Backend abgeschlossen sind. Dies ist die »sauberere« Methode. Natürlich könnten Sie auch einfach den Browser schließen oder die Verbindung abbrechen: Das System merkt nach einiger Zeit, dass Sie inaktiv sind und beendet Ihre Sitzung.

TYPO3 wechselt bei einer Abmeldung aus dem Backend-Fenster zum LogIn-Fenster. Sie können sich also unmittelbar unter einem anderen Nutzernamen wieder anmelden. Dies ist praktisch, wenn Sie als Administrator selbst Nutzerprofile anlegen und diese testen wollen.

15.1.2 Der Arbeitsbereich

Die im rechten Bildschirmbereich (Arbeitsbereich) angezeigte Seite hängt von der gewählten Funktion ab.

Im Betrieb wird der rechte Bereich oft noch weiter unterteilt. Er enthält je nach aktueller Aufgabe zusätzliche Navigationsmöglichkeiten in der Struktur der bearbeiteten TYPO3-Website (z. B. in Form eines Seitenbaums) und gegebenenfalls die Ansicht der zur Bearbeitung ausgewählten Seite. Sie können in den Nutzereinstellungen **Benutzer > Einstellungen** festlegen, ob der gesamte Arbeitsbereich dem Bearbeitungsdialog dienen soll. Beispielsweise wenn Sie nur über einen kleinen Bildschirm verfügen. Wählen Sie hierfür die Checkbox **Schmale Ansicht im Backend verwenden** an.

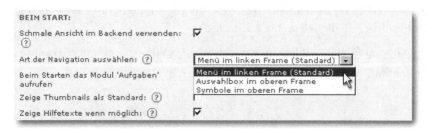

Abbildung 15.2 Backend-Menü und Arbeitsbereich konfigurieren (Benutzer)

15.1.3 Der Menübereich

Weitere Möglichkeiten Platz zu sparen, bietet das Menü **Art der Navigation auswählen**. Wenn Sie die Option **Auswahlbox im oberen Frame** wählen, verschwindet der Menübereich und wird durch ein Dropdown-Menü am oberen Seitenrand ersetzt. Der Arbeitsbereich erstreckt sich somit über die ganze Bildschirmbreite.

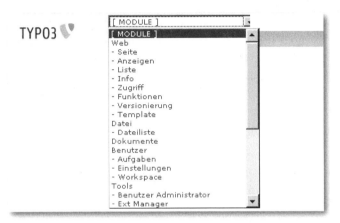

Abbildung 15.3 Auswahlbox als Alternative zum Backendmenü

Sie können auch anstelle einer Auswahlbox eine Icon-Leiste einblenden. Wählen Sie hierzu die Option **Symbole im oberen Frame**.

Abbildung 15.4 Icon-Leiste als Alternative zum Backend-Menü

Alle auf Nutzerebene vorgenommenen Konfigurationen der Backendansicht sind erst dann wirksam, nachdem Sie diese gespeichert und Sie sich ab- und wieder neu angemeldet haben.

15.2 Der modulare Aufbau des Backends

TYPO3 ist **modular** aufgebaut. Seine Funktionen (Module) sind im Backend über Einzelbefehle zugänglich. Die Befehle sind in zusammengehörige Gruppen (Modulgruppen) zusammengefasst. Ein Vorteil des modularen Aufbaus besteht in der Konfigurierbarkeit der Oberfläche: Jeder Backend-Nutzer kann die Bedienoberfläche erhalten, die er benötigt und braucht sich nicht mit Funktionen zu befassen, die für seine Tätigkeit irrelevant sind.

> **Achtung**
> Dies betrifft auch einen Sicherheitsaspekt. Der Administrator kann so gewisse Funktionen für die Redakteure ausblenden.

Anzahl und Art der angezeigten Module hängen von der jeweiligen Installation von TYPO3 und den Rechten des angemeldeten Nutzers ab: Administratoren erhalten Zugriff auf alle Module und Funktionalitäten, sehen daher die komplette Backend-Struktur. Im Falle von Redakteuren mit eingeschränkten Zugriffsrechten können einzelne Module oder Modulgruppen (Tools, File etc.) ausgeblendet sein. Im Realbetrieb arbeiten die Redakteure aus Gründen der Übersichtlichkeit, Sicherheit und Effizienz meist nur mit den von ihnen benötigten Funktionen.

Die in den folgenden Abbildungen gezeigten Ausschnitte aus der Bedienoberfläche geben die umfassende Sicht eines mit Administrator-Rechten ausgestatteten Benutzers wieder – alle Module sind eingeblendet.

15.2.1 Die Modulgruppe Web

In der Modulgruppe **Web** sind die wichtigsten Funktionen zusammengefasst, die Sie zum Erstellen, Betrachten und zur Bearbeitung von Seiten sowie zur Information über ihre Eigenschaften benötigen.

Abbildung 15.5 Die Funktionsmodule des Modulbereichs »Web«

Seite (Page)

Hiermit legen Sie neue Seiten und Seiteninhalte in Ihrem Webprojekt an und bearbeiten diese. Sie werden später dieses Modul immer wieder verwenden, um sich einen Überblick über die Struktur des Gesamt-Projekts zu verschaffen.

Ein Klick auf das Modul **Seite** zeigt Ihnen die Struktur der Site in Form eines Seitenbaums. Bei einer Installation des Dummy-Paketes wird dies zunächst ein leerer Seitenbaum sein.

Anzeigen (View)

Zeigt Ihnen im Arbeitsbereich (also nicht in einem separaten Browserfenster) eine Voransicht der aktuellen Seite an. Sie können die Inhalte einer Seite direkt bearbeiten, indem Sie auf die Bleistiftsymbole in der Voransicht klicken.

Liste (List)

Mit dem Modul **Liste** können Sie auf alle Datensätze einer Seite zugreifen. Während die anderen Module hauptsächlich auf Operationen mit bestimmten Inhalten spezialisiert sind, bietet dieses Modul den Zugriff auf alle Inhalte, die für den jeweiligen Benutzer zugänglich sind. Es können dies z. B. Seiten (Unterseiten der aktuellen Seite), Seiteninhalte, Templates, Benutzer und andere sein. Mehr zu diesem Modul später in diesem Kapitel im Abschnitt »Arbeiten mit dem List-Modul«.

Info (Info)

Das Modul **Info** verwaltet statistische Informationen der Seiten. Hierzu gehören beispielsweise Statistiken über Seitenzugriffe und eine Protokollierung der Änderungen.

Access (Zugriff)

Mit dem Setzen der Seitenzugriffsrechte kann der Zugriff der Backend-Benutzer auf die einzelnen Seiten gesteuert werden. Sie können damit einzelne Benutzer und Benutzergruppen als Besitzer der Seite sowie deren Zugriffsrechte festlegen.

Funktionen (Functions)

Hier finden Sie spezielle Zusatzfunktionen (Assistenten). In der Standardinstallation können Seiten automatisiert angelegt und umsortiert werden.

Versionierung (Versioning)

Hier finden Sie das Versionierungstool von TYPO3 und haben Zugriff auf die Versionierungs-Funktionen des Seitenbaumes.

Template (Template)

Hier werden die TypoScript-Templates angelegt und verwaltet. Diese Templates sind für das Erscheinungsbild und die Funktionen Ihrer Webseite verantwortlich. Über dieses Modul wird auch der Object-Browser und der Konstanteneditor erreicht. Es kann nur von Nutzern mit Administratoren-Rechten benutzt werden.

15.2.2 Die Modulgruppe Datei (File)

Die Modulgruppe **Datei** besteht aus einem Modul, das zur Dateiverwaltung innerhalb des Content-Management-Systems dient.

Abbildung 15.6   Das Funktionsmodul der Modulgruppe »Datei« (File)

Dateiliste (Filelist)

Dieses Modul erlaubt den Zugriff auf das Fileadmin-Repository. Welche Bereiche von Fileadmin zugänglich sind, wird durch die Rechte des jeweils angemeldeten Nutzers bestimmt. Sie können die Möglichkeit Dateien abzulegen auf bestimmte Ordner beschränken. Im Rahmen der Freigabe können Dateien auf dem Server hochgeladen, kopiert, verschoben, umbenannt, bearbeitet oder gelöscht werden.

15.2.3 Die Modulgruppe Dokumente (Doc)

Die Modulgruppe **Dokumente** besteht nur aus einem einzigen Modul.

Abbildung 15.7   Das Funktionsmodul der Modulgruppe »Dokumente«

Dokumente (Doc.)

Dieses Modul öffnet das aktuell bearbeitete Dokument im gesamten Arbeitsbereich; der Seitenbaum wird in diesem Falle ausgeblendet. Falls kein Dokument in Bearbeitung ist, erscheint eine anklickbare Liste der zuletzt bearbeiteten Dokumente mit dem Zeitpunkt der letzten Bearbeitung.

15.2.4 Die Modulgruppe Benutzer (User)

Die Modulgruppe **User** besitzt zwei Module, die den Workflow des angemeldeten Nutzers und seine persönlichen Einstellungen betreffen.

Abbildung 15.8   Die Funktionsmodule der Modulgruppe »Benutzer« (User)

Aufgaben (Task Center)

Das Modul **Aufgaben** bietet Zugriff auf die interne To-Do-Liste des jeweiligen Nutzers und an ihn gerichtete Benachrichtigungen, Notizen und Weiteres. Es erleichtert damit den Workflow und die Bearbeitung der anstehenden Aufgaben.

Einstellungen (Setup)

Dieses Modul dient zur Einstellung des aktuellen Benutzerprofils im Backend. Hier können Benutzername und E-Mail-Kontakt eingegeben werden. Auch kann die im Backend benutzte Sprache eingestellt werden.

Workspace

Dieses Modul bedient die Workspaces auf Nutzerebene. Es zeigt Änderungen und ermöglicht deren Veröffentlichung, sofern die Berechtigung dazu vorliegt.

15.2.5 Die Modulgruppe Tools

Die Modulgruppe **Tools** bietet eine Reihe von Funktionen, die der Systemkonfiguration, -überprüfung und -verwaltung dienen. In der Regel werden diese nur von Administratoren benötigt. Sie können aus diesem Grunde (mit Ausnahme des Erweiterungsmanagers) in Redakteurprofilen aus Gründen der erforderlichen Zugriffsrechte[1] auch nicht zur Verfügung gestellt werden.

Abbildung 15.9 Die Funktionsmodule der Modulgruppe »Tools«

Benutzer (User)

Dieses Modul bietet einen Überblick über alle Backend-Benutzer des Systems. Die Übersicht kann entsprechend der Eigenschaften der Nutzer gruppiert werden. Die Gruppierung kann in beliebigen Kombinationen gemäß Zugriffrechten, Dateifreigaben, Konfiguration, Gruppenzugehörigkeit erfolgen. Das Modul steht nur Administratoren zur Verfügung.

---

1 Dies ist sinnvoll, da die Nutzung der Funktionen Systemkenntnisse erfordert, mit denen sich Redakteure ansonsten nicht zu belasten brauchen.

Erw.-Manager (Ext Manager)

Der **Erweiterungs-Manager** verwaltet die im System zur Verfügung[2] stehenden Erweiterungen. Hierzu gehören Plugins, Erweiterungsmodule und Menüübersetzungen. Der Erweiterungsmanager dient zum Installieren und Deinstallieren vorhandener Erweiterungen und kann bei Bedarf auch Kontakt zu einem Online-Repository aufnehmen, aus dem weitere Erweiterungen geladen werden können. Dieses Modul kann Redakteuren zur Verfügung gestellt werden.

DB Überprüfung (DB check)

Mit diesem Modul können allgemeine statistische Werte (Seitenbaum und Hierarchie, Anzahl und Gattung der Seiten, auch gelöschte Seiten) der Datenbank abgefragt werden. Die Datenbank kann durchsucht werden und ein Integritätscheck vorgenommen werden. Die Zugehörigkeit vorhandener Datensätze zu Seiten, die Existenz verknüpfter Dateien usw. können beispielsweise überprüft werden. Das Modul steht nur Administratoren zur Verfügung.

Konfiguration (Configuration)

Das Modul ermöglicht einen lesenden Zugriff auf die Systemvariablen in $TCA (Konfiguration der Datenbanktabellen) und $TYPO3_CONF_VARS (Systemumgebunsvariablen). Die Werte können allerdings an dieser Stelle nicht geändert werden. Das Modul steht nur Administratoren zur Verfügung.

Installation (Install)

Bietet Zugang zum Installations-Tool. Dies funktioniert nur dann, wenn die entsprechende Datei im *install*-Ordner nicht aus Sicherheitsgründen entfernt oder blockiert wurde. Sie benötigten zusätzlich zu den Administratorrechten auch das erforderliche Passwort. Das Modul steht nur Administratoren zur Verfügung.

Log

TYPO3 protokolliert die im System erfolgten Änderungen und Login-Vorgänge für Nutzer bzw. Benutzergruppen. Die entsprechenden Protokolle sind über dieses Modul zugänglich. Das Modul steht nur Administratoren zur Verfügung.

15.2.6 Die Modulgruppe Hilfe (Help)

Die Modulgruppe **Hilfe** besitzt zwei Einträge, die Informationen zum aktuellen System bieten und einen Link zum TYPO3-Onlinehandbuch enthalten.

---

[2] Erweiterungen können lokal zur Verfügung stehen ohne installiert zu sein, bzw. sie können deinstalliert werden, ohne dabei aus dem lokalen Vorrat gelöscht zu werden.

Abbildung 15.10 Die Funktionsmodule der Modulgruppe »Hilfe«

Über Module (About Modules)

Im Arbeitsbereich wird eine Seite mit Kurzinformationen über die in der Installation vorhandenen Module gezeigt. Die Seite entspricht der Startseite bei Aufruf des Backends. Die Module sind aus der Seite direkt aktivierbar.

Über TYPO3 (About)

Im Arbeitsbereich wird eine Info-Seite über die verwendetet TYPO3-Version mit entsprechenden Copyrightvermerken und Hinweisen auf die GNU-Public-License eingeblendet. Weitere Funktionalität besitzt dieses Modul nicht.

Handbuch (Manual)

Ein lokales, per Browser navigierbares Handbuch für TYPO3 in HTML-Form, das sich aus den gesammelten Hilfedateien der Kontexthilfen der vorliegenden Installation zusammensetzt (entspricht ca. 120 Druckseiten).

Hilfesymbol (Fragezeichen)

Ein Button in Form eines Fragezeichensymbols öffnet allgemein eine Kontexthilfe. Dieser stellt dementsprechend eine (sehr knapp gehaltene) Kontexthilfe zum Backend Menü dar.

15.2.7 Die Modulgruppe Admin Funktionen

Die Modulgruppe der Administratorfunktionen beinhaltet zwei Funktionen, die mit den Datencaches des Systems in Verbindung stehen, die von hier aus gelöscht werden können.

Abbildung 15.11 Die Funktionsmodule der Modulgruppe »Admin Funktionen«

Cache in typo3conf/ löschen (Clear temp_CACHED)

Diese Option löscht diejenigen Konfigurationsdateien, die TYPO3 automatisch für installierte Erweiterungen erstellt und in `ext_localconf.php` und `ext_tables.php` ablegt. Beide Dateien werden anschließend neu erstellt, indem die Originalquellen eingelesen werden. Erforderlich kann dies sein, wenn Erweiterungen installiert, aktualisiert oder deinstalliert werden oder die Dateien beschädigt sind.

FE-Cache löschen (Clear FE Cache)

Diese Option zwingt TYPO3 zur Neuerstellung aller gecachten Inhalte[3], in erster Linie von generierten Seitenansichten. Nach Betätigen dieses Links müssen die Seiten erneut aus den Quelldaten erstellt werden. Diese Option wird nicht häufig genutzt; ihre Verwendung ist allerdings nach größeren Systemaktualisierungen oder dem Hinzufügen von Erweiterungen anzuraten.

---

3 Genauer gesagt wird der Inhalt der Datenbanktabelle `cache_hash` gelöscht.

Anhang

A	Installation von XAMPP	467
B	TYPO3-Installer	481
C	Backup mit phpMyAdmin	489
D	Online-Ressourcen	503
E	Inhalt der Begleit-DVD	507

Das XAMPP-Paket, das als Grundlage für die in diesem Buch beschriebene TYPO3-Installation dient, liegt in verschiedenen Versionen für die wichtigsten Betriebssysteme vor. Hier wird kurz die Installation für Windows, Linux und Mac OS X beschrieben.

A   Installation von XAMPP

Das XAMPP-Installationspaket wird von **Apachefriends** als Open-Source-Projekt (GNU General Public License) gepflegt um eine einfache und kompakte Installation des Apache-Webservers mit PHP, MySQL und einigen Zusatzprogrammen zu ermöglichen. Die aktuellen Versionen sind stets unter **www.apachefriends.org** erhältlich. Die Installation, wie sie im Buch verwendet wurde, basiert auf **XAMPP 1.5.5**. Das XAMPP-Paket existiert in Varianten für Windows, Linux, Mac OS X und Solaris; die beiden letztgenannten Pakete sind offiziell noch im Beta-Stadium.

Neben den XAMPP-Basispaketen sind für das Windows-Paket verschiedene **Add-Ons** erhältlich, um die Installation mit Perl oder Tomcat zu erweitern.

A.1   XAMPP unter Windows

Die meistverbreitete Version des XAMPP-Pakets ist jene für Windows, da sie eine ebenso umfassende wie einfache Komplettinstallation aller für den Test und die Entwicklung von Webanwendungen erforderlichen Komponenten ermöglicht.

Die Version für Windows liegt als gepackte Zip-Datei und als **selbstextrahierendes Installerpaket** vor. Dieses wurde in seiner **Version 1.5.5** als Basis für die dem Buch zugrundeliegende Testinstallation von TYPO3 eingesetzt. Der XAMPP-Installer `xampp-win32-1.5.5-installer.exe` (33 MB) befindet sich auf der Buch-DVD. Folgende Hauptkomponenten sind enthalten:

▶ Apache 2.2.3
▶ MySQL 5.0.2
▶ PHP 5.2.0 & PHP 4.4.4 (Version wählbar; Default: PHP 5)
▶ FileZilla FTP Server 0.9.20

A | Installation von XAMPP

- phpMyAdmin 2.9.1.1
- XAMPP Control Panel Version 2.3

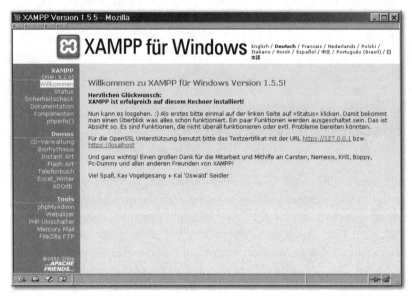

Abbildung A.1 Startseite von XAMPP für Windows

A.1.1 Installation

Wenn Sie den selbstextrahierenden Installer verwenden, ist die Installation von XAMPP problemlos. Die Installation erfolgt **standardmäßig** nach *C:\Programme\xampp*.

Sie können statt *C:\Programme* ein beliebiges anderes Verzeichnis für XAMPP bei der Installation angeben. Bei der Beschreibung der folgenden Befehle wird das Installationsverzeichnis mit dem Stellvertreterkürzel [Ihr_Vz] abgekürzt.

A.1.2 Deinstallation

Eine Deinstallation von XAMPP ist problemlos. Beachten Sie aber, dass mit dem Löschen der Datenbank auch deren Inhalte entfernt werden. Machen Sie also gegebenenfalls ein **Backup** ihrer Datenbankinhalte. Wie dies mit **phpMyAdmin** erfolgen kann, wird in Anhang C, *Backup mit phpMyAdmin* beschrieben.

> **Hinweis**
>
> Verwenden Sie zur Deinstallation von XAMPP **unbedingt** den mitgelieferten **Uninstaller**, sofern Sie die Installer-Version verwendet haben, da sonst die in die Windows-Registry erfolgten Einträge nicht entfernt werden.

Sie aktivieren den Uninstaller über

`[Ihr_Vz]\xampp\uninstall.exe`

A.1.3 Steuerung von XAMPP unter Windows

XAMPP kann einfach über das gleich beschriebene Control Panel gesteuert werden. Alle in XAMPP vereinten Komponenten sind allerdings auch einzeln zu starten:

- Start des Control Panels
  `[Ihr_Vz]\xampp\xampp-control.exe`
- Start von XAMPP (Apache & MySQL)
  `[Ihr_Vz]\xampp\xampp_start.exe`
- Anhalten von XAMPP (Apache & MySQL)
  `[Ihr_Vz]\xampp\xampp_stop.exe`
- Neustart von XAMPP (Apache & MySQL)
  `[Ihr_Vz]\xampp\xampp_restart.exe`
- Alleinstart Apache
  `[Ihr_Vz]\xampp\apache_start.bat`
- Anhalten Apache
  `[Ihr_Vz]\xampp\apache_stop.bat`
- Alleinstart MySQL
  `[Ihr_Vz]\xampp\mysql_start.bat`
- Anhalten MySQL
  `[Ihr_Vz]\xampp\mysql_stop.bat`

A.1.4 Konfiguration der XAMPP-Komponenten unter Windows

Die Struktur der XAMPP-Installation ist in sich stets gleich. Die genaue Lage der Konfigurationsdateien der Einzelkomponenten hängt lediglich vom Installationsverzeichnis, das Sie gewählt haben, ab. In der folgenden Tabelle finden Sie eine Übersicht über die wichtigsten beteiligten Ordner und Dateien.

Konfigurationsdateien von XAMPP	Erläuterung
`[Ihr_Vz]\xampp\htdocs`	Dokumentenverzeichnis
`[Ihr_Vz]\xampp\setup_xampp.bat`	XAMPP Setup Batch
`[Ihr_Vz]\xampp\apache\conf\httpd.conf`	Konfiguration von Apache
`[Ihr_Vz]\xampp\apache\conf\ssl.conf`	Apache SSL-Konfiguration

Tabelle A.1 Konfigurationsdateien von XAMPP unter Windows

Konfigurationsdateien von XAMPP	Erläuterung
[Ihr_Vz]\xampp\mysql\bin\my.cnf	Konfiguration von MySQL
[Ihr_Vz]\xampp\apache\conf\php.ini	Konfiguration von PHP
[Ihr_Vz]\xampp\php-switch.bat	Wahl PHP 5/PHP 4 (Batch)
[Ihr_Vz]\xampp\FileZillaFTP\FileZilla Server.xml	Konfiguration von FileZilla[1]
[Ihr_Vz]\xampp\phpMyAdmin\config.inc.php	Konfig. von phpMyAdmin

Tabelle A.1 Konfigurationsdateien von XAMPP unter Windows (Forts.)

A.1.5 Das XAMPP Control Panel

Die Windows-Version von XAMPP ist über ein Control Panel steuer- und konfigurierbar. Nach der Installation ist es als Icon in der Statusleiste zu finden. Der aktuelle Versionsstand des Control Panels ist 2.3 (in XAMPP 1.5.5 enthalten). Ein Control Panel existiert ebenfalls – derzeit allerdings noch in der weniger mächtigen Version 0.6 – innerhalb des Linux-Pakets von XAMPP, nicht jedoch in der Mac-OS-Variante.

Das Control Panel starten Sie mit [Ihr_Vz]\xampp\xampp-control.exe.

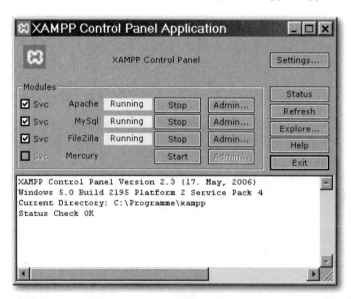

Abbildung A.2 Das XAMPP Control Panel 2.3 aus XAMPP 1.5.5

Mir Hilfe des Panels (Abbildung A.2) können Sie einzelne Komponenten als Services einrichten, um Sie beim nächsten Start des Rechners automatisch hochzu-

---

[1] Anmerkung: Der Dateiname FileZilla Server.xml enthält tatsächlich ein Leerzeichen.

fahren. Aktivieren Sie hierfür die entsprechenden Checkboxen. Alternativ können Sie Webserver, Datenbank, FTP- und Mailserver über die **Start/Stop**-Buttons manuell bedienen. Links der Buttons erhalten Sie die Information über den momentanen Zustand. Die **Admin**-Buttons öffnen die Verwaltungsschnittstellen der Komponenten für eine weitergehende Konfiguration. Der Button **Status** blendet im Fenster des Panels Informationen (als Dienst installiert, aktiv, inaktiv) über die Komponenten ein. **Refresh** setzt alle Programme auf ihren Ausgangszustand beim Systemstart zurück; manuell gestartete Komponenten werden daher deaktiviert. **Explore** öffnet eine Ansicht des Windows-Explorers auf die XAMPP-Installation.

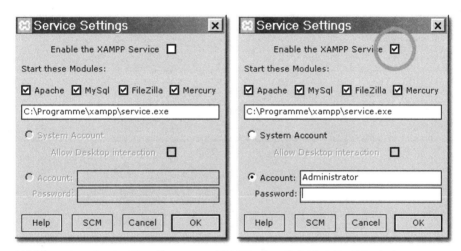

Abbildung A.3 Service-Einstellungen von XAMPP, ohne (links)/mit Profil (rechts)

Über den Button **Settings** erhalten Sie in einem weiteren Fenster (siehe Abbildung A.3) Informationen darüber, ob die Module unter Windows als Services laufen. Sie können hier auch XAMPP selbst als Dienst anmelden, indem Sie die obere Checkbox **Enable the XAMPP Service** aktivieren (siehe Abbildung A.3, rechts). In diesem Falle haben Sie die zusätzliche Möglichkeit, bei **Account** Benutzername und Passwort eines Windows-Nutzerprofils anzugeben, unter dessen Rechten XAMPP gestartet wird (siehe rechts).

A.2 XAMPP unter Linux

Auch für Linux existiert ein XAMPP-Paket. Dies eher der Vollständigkeit halber, da sowohl Apache als auch PHP und MySQL bei gängigen Linux-Distributionen enthalten oder optional nachinstallierbar sind. Das aktuelle Paket ist der Nachfolger des ursprünglichen LAMP-Pakets, was sich noch in den Bezeichnungen der

Befehlspfade widerspiegelt. Aus Gründen der Vereinheitlichung wird dieses Paket jedoch ebenfalls als XAMPP bezeichnet. Die Installation ist unter **SUSE**, **RedHat**, **Mandrake** und **Debian** getestet, sollte aber auch unter anderen Distributionen lauffähig sein.

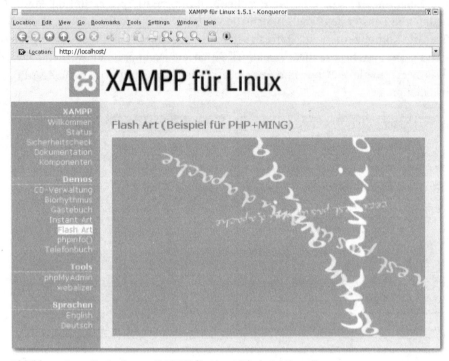

Abbildung A.4 Startseite von XAMPP für Linux (Flash Art Demo)

Das rund 51 MB große XAMPP-Paket für Linux befindet sich als TAR-Archiv `xampp-linux-1.5.5a.tar.gz` auf der Begleit-DVD des Buches. Zusätzlich ist auch das Entwickler-Paket `xampp-linux-devel-1.5.5a.tar.gz` beigefügt. Das XAMPP-Paket für Linux enthält folgende Hauptkomponenten:

- Apache 2.2.3
- MySQL 5.0.27
- PHP 5.2.0 & 4.4 (Version wählbar; Default: PHP 5)
- ProFTPD 1.3.0a
- phpMyAdmin 2.9.1
- GD 2.0.1
- Freetype2 2.1.7
- XAMPP Control Panel 0.6

A.2.1 Installation

Das Paket muss (als Nutzer root) mit folgendem Kommando entpackt werden:

`tar xvfz xampp-linux-1.5.5a.tar.gz -C /opt`

Die Installation erfolgt nach /opt/lampp. Die Startseite von XAMPP ist nach vollständiger Installation über http://localhost/ zu erreichen.

A.2.2 Deinstallation

Die Deinstallation von XAMPP für Linux erfolgt über den Befehl

`rm -rf /opt/lampp`

A.2.3 Steuerung von XAMPP unter Linux

XAMPP wird über die Linux-Shell gesteuert. Die wichtigsten Befehle sind:

- Start von XAMPP
  /opt/lampp/lampp **start**
- Stoppen von XAMPP
  /opt/lampp/lampp **stop**
- Restart von XAMPP
  /opt/lampp/lampp **restart**
- Alleinstart des Apache-Webservers
  /opt/lampp/lampp **startapache**
- Anhalten des Apache-Webservers
  /opt/lampp/lampp **stopapache**
- Alleinstart der MySQL-Datenbank
  /opt/lampp/lampp **startmysql**
- Anhalten der MySQL-Datenbank
  /opt/lampp/lampp **stopmysql**

A.2.4 Konfiguration der XAMPP-Komponenten unter Linux

Die folgende Tabelle beschreibt Dateiname und Position der für die Konfiguration der einzelnen XAMPP-Komponenten unter Linux zuständigen Dateien.

Konfigurationsdateien von XAMPP	Erläuterung
/opt/lampp/bin/	Befehlsverzeichnis von XAMPP
/opt/lampp/htdocs/	Apache-DocumentRoot

Tabelle A.2 Konfigurationsdateien von XAMPP unter Linux

A | Installation von XAMPP

Konfigurationsdateien von XAMPP	Erläuterung
/opt/lampp/etc/httpd.conf	Konfigurations-Datei für Apache
/opt/lampp/etc/my.cnf	Konfigurations-Datei für MySQL
/opt/lampp/etc/php.ini	Konfigurations-Datei für PHP
/opt/lampp/etc/proftpd.conf	Konfigurations-Datei für ProFTPd
/opt/lampp/phpmyadmin/config.inc.php	Konfiguration von phpMyAdmin

Tabelle A.2 Konfigurationsdateien von XAMPP unter Linux (Forts.)

A.3 XAMPP unter Mac OS X

Das XAMPP-Installationspaket von Apachefriends für Mac OS X (ab Mac OS X 10.3) liegt derzeit, ebenso wie die hier nicht beschriebene Version für Solaris, noch in einer Beta-Version vor.

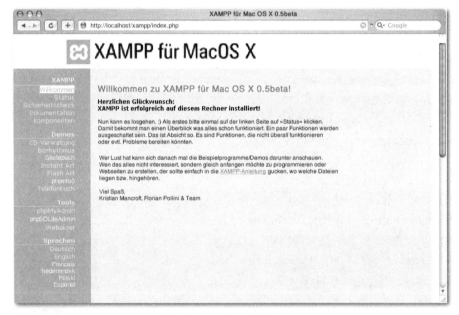

Abbildung A.5 Startseite von XAMPP unter Mac OS X

Das rund 52 MB große XAMPP-Paket für Mac OS befindet sich als Stuffit-Archiv xampp-macosx-0.5.pkg.sitx auf der Begleit-DVD des Buches und enthält folgende Hauptkomponenten:

- Apache 2.0.55,
- MySQL 5.0.15,

- PHP 4.4.1, PHP 5.0.5,
- phpMyAdmin 2.6.4-pl3
- GD 2.0.33
- Freetype 2.1.10

A.3.1 Installation

Zum Installieren muss das Archiv lediglich mit dem StuffitExpander entpackt werden. Der Installer wird automatisch gestartet (Administratorrechte erforderlich). Die fertige Installation wird im Verzeichnis `/Applications/xampp` abgelegt. Die Startseite von XAMPP (siehe Abbildung) ist über `http://localhost/xampp/` zu erreichen.

A.3.2 Deinstallation

Das XAMPP-Paket kann mit folgendem Befehl einfach gelöscht werden:

`rm -rf /Applications/xampp`

A.3.3 Steuerung von XAMPP unter Mac OS

XAMPP kann durch Befehlseingabe an der Terminal Shell gesteuert werden (Admin-Rechte erforderlich). Die wichtigsten Befehle sind:

- Start von XAMPP
  `sudo /Applications/xampp/xamppfiles/mampp start`
- Stoppen von XAMPP
  `sudo /Applications/xampp/xamppfiles/mampp stop`
- Restart von XAMPP
  `sudo /Applications/xampp/xamppfiles/mampp restart`
- Alleinstart des Apache-Webservers
  `sudo /Applications/xampp/xamppfiles/mampp startapache`
- Anhalten des Apache-Webservers
  `sudo /Applications/xampp/xamppfiles/mampp stopapache`
- Alleinstart der MySQL-Datenbank
  `sudo /Applications/xampp/xamppfiles/mampp startmysql`
- Anhalten der MySQL-Datenbank
  `sudo /Applications/xampp/xamppfiles/mampp stopmysql`

A.3.4 Konfiguration der XAMPP-Komponenten unter Mac OS

Die folgende Tabelle beschreibt Dateiname und Position der für die Konfiguration der einzelnen XAMPP-Komponenten unter Mac OS zuständigen Dateien.

Konfigurationsdateien von XAMPP	Erläuterung
/Applications/xampp/xamppfiles/bin	Befehlsverzeichnis von XAMPP
/Applications/xampp/htdocs/	Apache-DocumentRoot
/Applications/xampp/etc/httpd.conf	Konfigurations-Datei für Apache
/Applications/xampp/etc/my.cnf	Konfigurations-Datei für MySQL
/Applications/xampp/etc/php.ini	Konfigurations-Datei für PHP
/Applications/xampp/etc/proftpd.conf	Konfigurations-Datei für ProFTPd

Tabelle A.3 Konfigurationsdateien von XAMPP unter Mac OS X

A.4 Konfiguration und Sicherheitseinstellungen

A.4.1 Konfiguration und Statusanzeige

Der aktuelle Status der Einzelmodule von XAMPP kann, außer über das Control Panel (nicht für die Mac-OS-Version) auch direkt über die XAMPP-Startseite (http://localhost/xampp/) erfragt werden. Klicken Sie hierfür einfach auf der XAMPP-Startseite auf den Link **Status**.

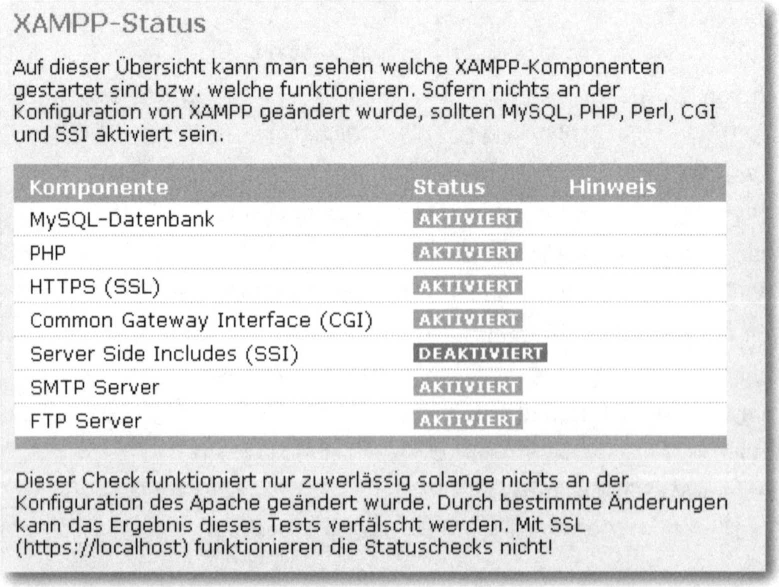

XAMPP-Status

Auf dieser Übersicht kann man sehen welche XAMPP-Komponenten gestartet sind bzw. welche funktionieren. Sofern nichts an der Konfiguration von XAMPP geändert wurde, sollten MySQL, PHP, Perl, CGI und SSI aktiviert sein.

Komponente	Status	Hinweis
MySQL-Datenbank	AKTIVIERT	
PHP	AKTIVIERT	
HTTPS (SSL)	AKTIVIERT	
Common Gateway Interface (CGI)	AKTIVIERT	
Server Side Includes (SSI)	DEAKTIVIERT	
SMTP Server	AKTIVIERT	
FTP Server	AKTIVIERT	

Dieser Check funktioniert nur zuverlässig solange nichts an der Konfiguration des Apache geändert wurde. Durch bestimmte Änderungen kann das Ergebnis dieses Tests verfälscht werden. Mit SSL (https://localhost) funktionieren die Statuschecks nicht!

Abbildung A.6 Statusanzeige der in XAMPP integrierten Programme

Konfiguration und Sicherheitseinstellungen | **A.4**

Sie können (siehe Abbildung A.6) auf einen Blick sehen, welche Komponenten von XAMPP ordnungsgemäß in Betrieb bzw. welche inaktiv oder deaktiviert sind.

A.4.2 Sicherheitseinstellungen

Eine frische XAMPP-Installation ist »aus Prinzip« unsicher. Dies liegt daran, dass XAMPP als Entwicklungsumgebung und nicht primär als Produktionsumgebung ausgelegt ist. Im Heimbetrieb macht dies nicht viel aus. Will man eine XAMPP-Installation allerdings von außen zugänglich machen, so sollten einige Sicherheitslücken vorher geschlossen werden.

Abbildung A.7 Sicherheitsstatus von XAMPP

Der Status der Installation bezüglich der Sicherheit lässt sich von der Startseite aus über den Menüpunkt **Sicherheitscheck** abfragen (siehe Abbildung A.7). Hintergrund ist, etwaigen Programmtests möglichst wenig Restriktionen aufzuerlegen. Angemahnt werden:

▶ Zugänglichkeit des XAMPP-Installationsverzeichnisses ohne Passwort
▶ Fehlen von Passwörtern für die Datenbank und phpMyAdmin

477

A | Installation von XAMPP

- Standardpasswörter für FTP-Programm und Mail Server
- PHP nicht im »Safe Mode«

Sie können ein paar der monierten Sicherheitslücken schließen, indem Sie über

http://localhost/security/xamppsecurity.php

die Konfiguration von XAMPP entsprechend anpassen. Hier wird vorgeschlagen, ein **Passwort für die MySQL-Datenbank** einzurichten sowie das XAMPP-Installationsverzeichnis ebenfalls über Benutzername und Passwort abzusichern (Notieren Sie sich diese irgendwo!). Der Schutz des XAMPP-Verzeichnisses geschieht über eine .htaccess-Datei.

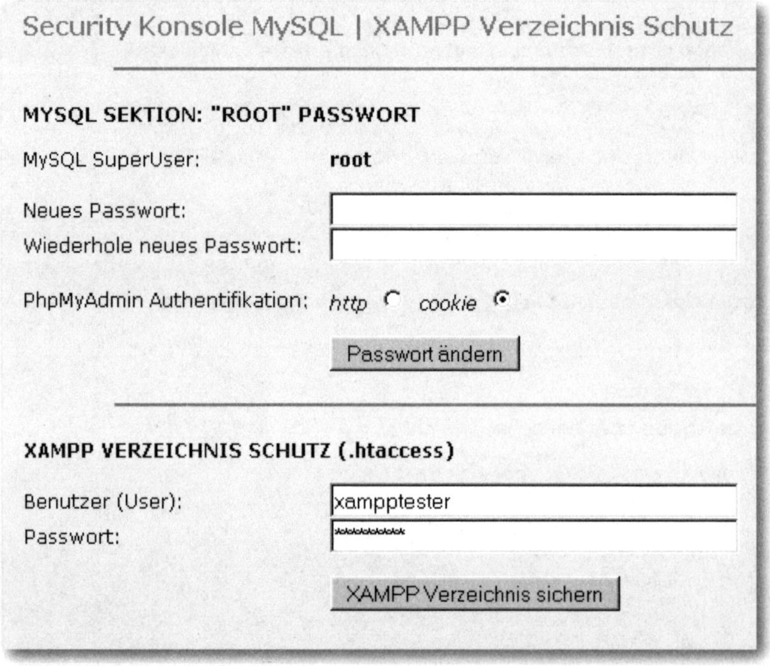

Abbildung A.8 MySQL-Passwort und Schutz des XAMPP-Verzeichnisses

Achtung
Sofern Sie hier ein Root-Passwort für MySQL einrichten, müssen Sie dies bei einer nachfolgenden **Installation von TYPO3** entsprechend eingeben.

Für eine reine, lokale Testumgebung brauchen diese Sicherheitseinstellungen nicht vorgenommen werden. Sie können XAMPP im Anschluss an die Installation zu diesem Zweck bedenkenlos nutzen.

A.5 Dokumentation von XAMPP

Zu allen Komponenten von XAMPP sind Dokumentationen online zugänglich. Nähere Informationen hierzu erhalten Sie in Form einer Linkliste, wenn Sie auf der Startseite von XAMPP den Menüpunkt **Dokumentation** betätigen.

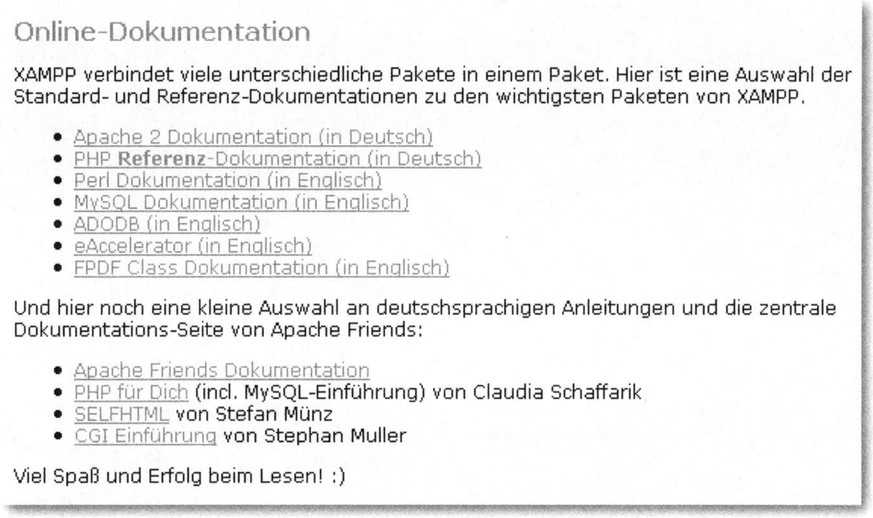

> **Online-Dokumentation**
>
> XAMPP verbindet viele unterschiedliche Pakete in einem Paket. Hier ist eine Auswahl der Standard- und Referenz-Dokumentationen zu den wichtigsten Paketen von XAMPP.
>
> - Apache 2 Dokumentation (in Deutsch)
> - PHP **Referenz**-Dokumentation (in Deutsch)
> - Perl Dokumentation (in Englisch)
> - MySQL Dokumentation (in Englisch)
> - ADODB (in Englisch)
> - eAccelerator (in Englisch)
> - FPDF Class Dokumentation (in Englisch)
>
> Und hier noch eine kleine Auswahl an deutschsprachigen Anleitungen und die zentrale Dokumentations-Seite von Apache Friends:
>
> - Apache Friends Dokumentation
> - PHP für Dich (incl. MySQL-Einführung) von Claudia Schaffarik
> - SELFHTML von Stefan Münz
> - CGI Einführung von Stephan Muller
>
> Viel Spaß und Erfolg beim Lesen! :)

Abbildung A.9 Linkliste zur Online-Dokumentation der XAMPP-Komponenten

Die einfachste Installation von TYPO3 unter Windows oder Linux ist mit den hier beschriebenen Installationspaketen möglich. Neben Server und Datenbank wird gleichzeitig auch TYPO3 mitinstalliert.

B TYPO3-Installer

Neben der, von uns empfohlenen, eigenständigen Installation eines XAMPP-Pakets als Grundlage beliebiger TYPO3-Installationen existieren für Windows zwei weitere Pakete. Diese sind zwar etwas weniger flexibel, dafür aber leicht zu handhaben: Der **TYPO3 Winstaller** und der **TYPO3 WAMP**. Unter Linux steht für TYPO3 4.0 aktuell nur das **LAMP Testsite**-Paket von Lars Leuchter zur Verfügung. Für Mac OS X existiert das **TYPO3 4.0 Quickstart für OS X**, das von Andreas Beutel, ebenfalls auf der Basis von XAMPP, zusammengestellt wurde.

Alle vier hier beschriebenen Pakete befinden sich in ihren aktuellen Versionen (Stand: Juni 2006) auf der Begleit-DVD zum Buch.

B.1 Typo3Winstaller (Windows)

Der **Typo3Winstaller** von Andreas Eberhard enhält als Hauptkomponenten neben einem Apache Webserver, sowie MySQL und PHP 5.1.6, die fast aktuelle TYPO3-Version 4.0.2. Die Komponenten des Pakets sind aufeinander abgestimmt, entsprechen jedoch nicht in allen Fällen (z. B. MySQL 4.1.15) den allerneuesten Versionen. Im Gegensatz zum TYPO3 WAMP ist in dieses Paket anstelle von ImageMagick dessen (modernere) Alternative **GraphicsMagick** integriert.

Das Paket enthält folgende Hauptkomponenten:

- Apache 2.0.55
- PHP 5.1.6
- MySQL 4.1.15
- phpMyAdmin 2.8.0.1
- AFPL Ghostscript 8.53
- GraphicsMagick 1.1.7
- TYPO3 4.0.2 (inkl. Dummy-Paket)

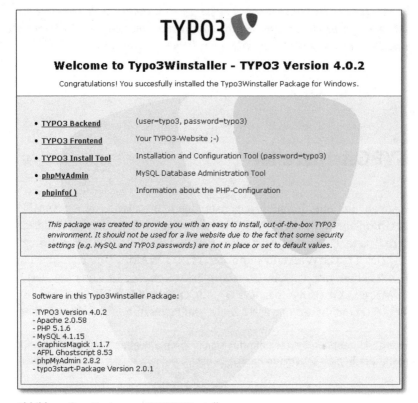

Abbildung B.1 Startscreen TYPO3 Winstaller

Die Installation des Pakets ist einfach und geht problemlos vonstatten. Als Zielverzeichnis wird bei der Installation `C:\Programme\TYPO3_Dummy_4.0_2` vorgeschlagen. Die TYPO3-Installation erfolgt in einem eigenen Verzeichnis `typo3-dummy-4.0.2` des Webservers.

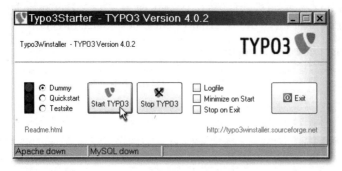

Abbildung B.2 Bedienpanel des TYPO3Winstallers

Das Paket verfügt über ein komfortables Bedienpanel `typo3start.exe`, mit dem Webserver und Datenbank gestartet und gestoppt werden können (siehe Abbildung B.2). Eine Deinstallation ist durch den mitgelieferten **Uninstaller** jederzeit möglich.

Begleit-DVD

Sie finden das Paket `Typo3Winstaller_Dummy_4.0_1.3.exe` auf der Begleit-DVD im Verzeichnis `Installation/windows/typo3winstaller`.

Download

Sie erhalten die aktuelle Version des TYPO3Winstallers unter

http://sourceforge.net/projects/typo3winstaller.

B.2 TYPO3 WAMP (Windows)

Der **TYPO3 WAMP** von Alwin Viereck basiert (Stand Februar 2007) auf dem XAMPP-Paket in dessen Version 1.5. Hinzu kommt **ImageMagick** 4.2.9 sowie ein Installationspaket von TYPO3 4.0, wobei man die Auswahl zwischen Dummy-, Quickstart- und Testsite-Paket hat. (Die im Paket eingesetzte TYPO3-Version ist leider nicht ganz aktuell.)

Das Paket (Dummy-Version) enthält folgende Hauptkomponenten:

- Apache 2.2.0
- MySQL MySQL 5.0.15
- PHP 5.1.1
- phpMyAdmin 2.6.4
- Freetype
- ImageMagick 4.2.9
- TYPO3 4.0 dummy package

Auch die Installation des **TYPO3 WAMP** geht schnell und ohne große Konfigurationsarbeit vonstatten. Als Standardordner schlägt die Installation `C:\Programme\typo3` vor. TYPO3 selbst wird im einem Verzeichnis `htdocs/typo3wamp` des Webservers angelegt. Das Paket lässt sich dank des mitgelieferten **Uninstallers** jederzeit restlos deinstallieren.

B | TYPO3-Installer

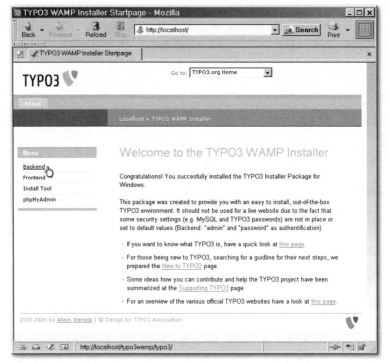

Abbildung B.3 Startscreen TYPO3 WAMP Installer

Abbildung B.4 Menü des TYPO3 WAMP Installers

Begleit-DVD

Sie finden das Paket `typo3_v4-0_wamp_r1.exe` auf der Begleit-DVD im Verzeichnis *Installation/windows/typo3wamp*.

Download

Sie erhalten die aktuelle Version des TYPO3 WAMP Installers unter

http://sourceforge.net/projects/typo3wamp.

B.3 LAMP Testsite (Linux)

Das **LAMP Testsite** Package von Lars Leuchter ist ein Installer für Linux, der ein Testsite-Paket von TYPO3 4.0.4, sowie die aktuellen Versionen von Apache, PHP und MySQL enthält. Hierzu kommen FreeType und ImageMagick. Das Paket ist für SUSE-Linux und Mandrake geeignet.

Das Paket enthält folgende Hauptkomponenten:

- Apache 2.2.4
- PHP 5.2.0
- MySQL 5.0.27
- phpMyAdmin 2.8.0.1
- FreeType 2.3.0
- ImageMagick 4.2.9
- Typo3 4.0.4 Testsite-Package

Das Paket installiert sich – Rootrechte sind hierfür erforderlich – per default in /usr/local/typo3/ (inklusive des Webservers) und benötigt hier ca. 300 MB freien Speicherplatz. Eine Besonderheit ist, dass eine Installation parallel zu einem auf dem System bereits befindlichen Apache-Webserver erfolgen kann, der weiterhin normal ansprechbar bleibt. Der Webserver des TYPO3-System nimmt seine Anfragen auf Port 81 entgegen.

Starten Sie den Apache des TYPO3-Systems in /usr/local/typo3/ über

```
bash apachectl start
```

Sie erreichen den Server Ihrer Testumgebung über

http://localhost:81.

> **Warnung**
> Ein bereits vorhandenes MySQL wird bei Installation überschrieben und aktualisiert. Nehmen Sie also **unbedingt** ein Backup Ihrer Datenbank vor.

Begleit-DVD

Auf der Buch-DVD finden Sie im Verzeichnis Installation/linux/lamp_installer das Build Script build4.0_full.sh und das dazugehörige, für eine Offline-Installation geeignete Tarball-Archiv fullpackage.tar.gz (in das Root-Verzeichnis zu extrahieren) mit allen Komponenten.

Download

Sie erhalten die aktuelle Version des LAMP Testsite Pakets unter

http://www.typo3-installer.de.

B.4 TYPO3 4.0 Quickstart für OS X

Der Installer **TYPO3 4.0.1 Quickstart für OS X** von Andreas Beutel (www.mehrwert.de) basiert, wie die Vorgängerversionen, auf XAMPP 0.5 vom Apache Friends Team und enthält ImageMagick 5.5.7. Der Installer ist für Mac OS X ab Version 10.3 geeignet.

Das Paket enthält folgende Hauptkomponenten:

- Apache 2.0.55
- MySQL 5.0.15
- PHP 4.4.1 & PHP 5.0.5
- Freetype 2.1.10
- ImageMagick 5.5.7
- Typo3 4.0 Quickstart-Package

Zur Installation sind Admin-Rechte erforderlich. Wie bei einer XAMPP-Installation unter Mac OS X (siehe Angang A, *Installation von XAMPP*) erfolgt die Installation aller Dateien in ein Verzeichnis */Applications/xampp*, das bei Bedarf wieder gelöscht werden kann. Als problematisch erweist sich höchstens ein bereits auf dem Rechner befindlicher Webserver, der an Port 80 arbeitet, den auch der XAMPP-Apache für sich beansprucht. Der vorhandene Server muss in diesem Falle vorübergehend deaktiviert werden, damit XAMPP und damit TYPO3 gestartet werden kann. Deaktivieren Sie hierfür die Checkbox **Personal Web Sharing** in den Einstellungen zu **Sharing**.

Begleit-DVD

Sie finden das Paket `TYPO3-QuickStart-4.0.1-1.2.dmg.zip` im Verzeichnis *Installation/macosx/quickstartinstaller*. Installation und Deinstallation des Paketes sind auf den PDFs `manual-doc_inst_macosx-20-05-2004_00-24-48.pdf` bzw. `mw-doc-typo3-remove-osx.pdf` näher beschrieben, die sich ebenfalls in diesem Verzeichnis befinden.

Download:

Sie erhalten die aktuelle Version des LAMP Testsite Pakets unter

www.mehrwert.de/typo3packages.html.

B.5 Weitere TYPO3-Komplettpakete

Es liegen noch zwei weitere TYPO3-Komplettpakete für Linux vor, die derzeit allerdings alle noch nicht auf dem Stand von TYPO3 4.0 sind.

Zu nennen sind hier

- **TYPO3 für Debian Linux** (mit TYPO3 3.8.0)
  http://typo3.sunsite.dk/software/debian/
  Achtung: Download derzeit (Juni 2006) nicht möglich
- **Ebuilds für Gentoo Linux** (mit TYPO3 3.8.1)
  http://bugs.gentoo.org/show_bug.cgi?id=37465

Anmerkung
Diese beiden Install-Pakete befinden sich **nicht** auf der Begleit-DVD.

Mit phpMyAdmin können Sie einen Datenbank-Dump Ihrer kompletten TYPO3-Datenbank vornehmen. Er lässt sich als Backup oder zum Einspielen Ihrer Daten in eine Neuinstallation verwenden. Ebenso leicht können die Inhalte ausgewählter Einzeltabellen gespeichert werden.

C Backup mit phpMyAdmin

Wenn Sie Ihre TYPO3-Installation auf ein vollständiges XAMPP-Paket aufgesetzt haben, so ist dort automatisch ein Tool enthalten, das Ihnen beim Backup oder Export Ihrer TYPO3-Datenbank sehr nützliche Dienste leisten kann: **phpMyAdmin**.

Sie erreichen Ihre lokale, zusammen mit XAMPP erfolgte Installation von phpMyAdmin über den URL

http://localhost/phpmyadmin/

Sollten Sie ein anderes Installationspaket[1] gewählt haben, bei dem phpMyAdmin nicht integriert ist, so können Sie die aktuelle Version des Programms stets unter dem URL **www.phpmyadmin.net** downloaden.

C.1 Was ist phpMyAdmin?

MySQL besitzt als Datenbank-Managementsystem keine eigene Oberfläche. Die Datenbank von der Kommandozeile zu bedienen (was selbstverständlich möglich wäre) ist abstrakt und umständlich. Tobias Ratschiller begann daher 1998 mit **phpMyAdmin** eine komfortablere, auf PHP basierende Bedienoberfläche für MySQL zu programmieren, die er als Open Source Project der Allgemeinheit zur Verfügung stellte. Die aktuelle Version (Mai 2006) von phpMyAdmin ist 2.8.1.

Sie können mit phpMyAdmin (unter anderem)

▶ Datenbanken anlegen oder löschen
▶ bestehende Datenbanken verwalten

---

1 phpMyAdmin ist im XAMPP-basierenden »TYPO3 WAMP« in der Version 2.6.4 und im »TYPO3Winstaller« in der Version 2.8.1 enthalten.

C | Backup mit phpMyAdmin

- Datenbanktabellen anlegen, ändern oder löschen
- Berechtigungen und Passwörter von Datenbanken verwalten
- Daten in CSV-, XML- und Latex-Format im- und exportieren
- Datenbankinhalte ein- und auslesen (SQL-Dumps)

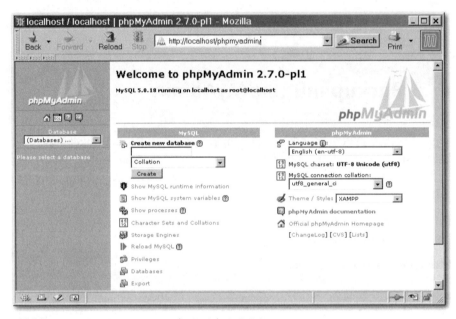

Abbildung C.1   Die Startseite von phpMyAdmin 2.7.0

Vor allem der letzte Punkt ist hier von Interesse. Die restlichen Möglichkeiten, die phpMyAdmin bietet, sind für den Betrieb von TYPO3 seltener von Belang. Wie Sie sich vielleicht erinnern, besteht bei der Installation von TYPO3 (beim Anlegen der Datenbankstruktur) die Alternative, einen im Dateisystem abgelegten SQL-Dump einzulesen. Dieser kann in Form von SQL-Anweisungen die gesamte Datenstruktur einer anderen TYPO3-Installation importieren.

C.1.1   Spracheinstellung von phpMyAdmin

Die Bedienoberfläche von phpMyAdmin ist per Default in Englisch gehalten. Zunächst sollten Sie der Bequemlichkeit halber die Sprache auf Deutsch umstellen. Dies können Sie auf der Startseite von phpMyAdmin im rechten Dropdown-menü **Language** vornehmen (siehe Abbildung C.2).

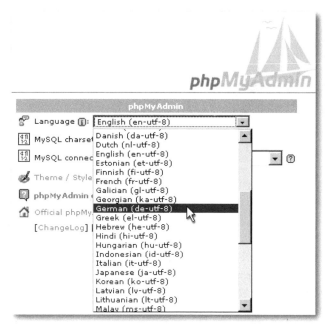

Abbildung C.2 Umstellung der phpMyAdmin-Oberfläche auf Deutsch

C.2 Dump der TYPO3-Datenbank mit phpMyAdmin

Es kann mehrere Gründe geben, warum Sie einen SQL-Dump Ihrer TYPO3-Datenbank vornehmen möchten. Einer besteht in regelmäßig vorzunehmenden Backups, ein anderer darin, eine bestehende Datenstruktur in eine andere TYPO3-Installation zu verpflanzen. In jedem Fall ist phpMyAdmin das geeignete Tool, um einen solchen SQL-Dump zu erstellen.

Bestimmen Sie dafür zunächst im linken Dropdown-Menü **Datenbank** die Datenbank, für die ein Dump erstellt werden soll (siehe Abbildung C.3). In diesem Beispiel wird die Datenbank »cms1« gewählt. Sie sehen, dass hier weitere parallele Installationen von TYPO3 verwaltet werden, dabei auch eine ältere Version. Wählen Sie die von Ihnen erstellte TYPO3-Datenbank, die Sie in dieser Liste wiederfinden müssten.

Sie werden ebenfalls, neben Ihrer TYPO3-Datenbank, eine Reihe weiterer Datenbanken vorfinden, die Sie nicht selbst eingerichtet haben. Bei diesen handelt es sich entweder um Demoanwendungen, die durch XAMPP hinzugefügt wurden (z. B. »cdcol«) oder um Datenbanken, die MySQL automatisch mitinstalliert (z. B. »mysql«, »test«). Auch phpMyAdmin selbst richtet eine eigene Datenbank ein. Sie brauchen sie allesamt nicht weiter zu berücksichtigen.

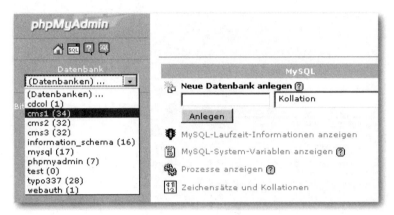

Abbildung C.3 Wahl der Datenbank in phpMyAdmin

Sie sehen nun eine Übersichtsseite, die alle Datentabellen der TYPO3-Datenbank zeigt (Abbildung C.4). Jede Tabelle könnte für sich bearbeitet, betrachtet, durchsucht, geleert oder gelöscht werden. Hierzu dient die Vielzahl an Icons, die sich Zeile für Zeile wiederholen. Sie können auch in der links erschienenen Menüliste eine Tabelle anwählen.

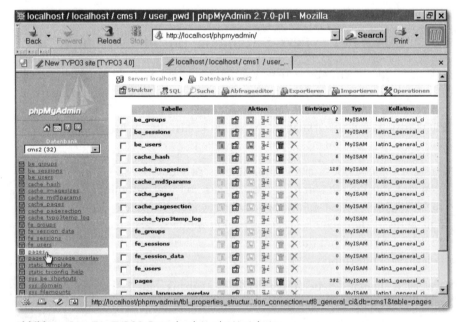

Abbildung C.4 Die TYPO3-Datenbank in phpMyAdmin

C.2.1 Export der vollständigen TYPO3-Datenbank

Einzelne Tabellen sollen vorerst nicht berücksichtigt werden. Von besonderem Interesse ist die Buttonleiste am oberen Seitenrand (Abbildung C.5), welche die Datenbank in ihrer Gesamtheit betrifft. Wählen Sie den Befehl **Exportieren** aus.

Abbildung C.5 Die Befehls-Buttons von phpMyAdmin

Auf der Folgeseite haben sie eine große Vielzahl von Möglichkeiten, die Art des Datenexports zu bestimmen (Abbildung C.6). Das Standardformat ist »SQL«, was in diesem Fall gewünscht ist. Unter dem Feld, das die Tabellenliste enthält, können Sie jedoch auch alternative Formate wie XML, CSV oder auch das MS Excel-Format wählen. Lassen Sie die voreingestellte Option SQL aktiviert.

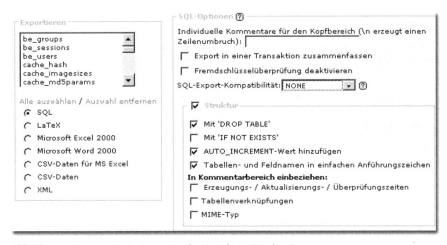

Abbildung C.6 Export-Optionen in phpMyAdmin (Struktur)

Zusätzlich sind einige weitere Checkboxen im Bereich **Struktur** der SQL-Optionen von Bedeutung.

▶ **Mit 'DROP TABLE'**
  Dies fügt dem Export einen SQL-Befehl hinzu, der eine bestehende, gleichnamige Tabelle im importierenden System zunächst löscht. Dies beugt Inkonsistenzen durch bereits existierende Datenbank-Tabellen vor.

▶ **Mit 'IF NOT EXISTS'**
  Wählen Sie diese Option, so wird eine Tabelle nur dann erzeugt, wenn keine gleichnamige Tabelle vorhanden ist. Wenn Sie die **DROP TABLE** Option gewählt haben, können Sie diese hier unberücksichtigt lassen.

- **AUTO_INCREMENT-Wert hinzufügen**
  Ein Wert, der durch eine Autoinkrement-Funktion (wie automatische Nummerierungen u.ä.) erzeugt wurde, wird in den Export eingeschlossen.
- **Tabellen- und Feldnamen in einfachen Anführungszeichen**
  Dies ermöglicht es, Tabellen, deren Namen Sonderzeichen enthalten, sauber zu exportieren. Solche Tabellen sind allerdings in TYPO3 normalerweise nicht enthalten.

Abbildung C.7 Export-Optionen in phpMyAdmin (Daten)

Im darunterliegenden Feld **Daten** (Abbildung C.7) können Sie die Art der Insert-Befehle bestimmen, die im SQL-Dump verwendet werden sollen.

- **Vollständige 'INSERT's**
  Diese Option fügt jedem Insertkommando die Bezeichner der betroffenen Spalten hinzu, was das Exportfile größer, dafür aber übersichtlicher macht. Die Auswahl dieser Option ist nicht unbedingt notwendig.
- **Hexadezimalschreibweise für Binärfelder verwenden**
  Lassen Sie diese Option angewählt.
- **Exporttyp**
  Lassen Sie die voreingestellte Option **INSERT** angewählt.

Abbildung C.8 Speichern des Datenbank-Dumps als Datei

Im letzten Schritt muss noch gewährleistet werden, dass der Dump als Datei gespeichert wird. Wählen Sie hierfür die Checkbox **Senden** (siehe Abbildung C.8). Lassen Sie die Voreinstellung der Dateinamenskonvention unverändert.

Der Platzhalter __DB__ wird beim Export durch den Datenbanknamen ersetzt. Wichtig ist jeoch, ob Sie den Dump als komprimiertes File oder in nicht-komprimierter Form speichern wollen. Sofern Sie einen Dump einer Remote-Installation vornehmen, muss die Datei über Internet übertragen werden. Ist die Datei sehr groß, sollten Sie sie komprimieren. Nehmen Sie einen lokalen Backup vor, den Sie nur lokal nutzen wollen, so benötigen Sie keine Kompression.

Speichern Sie den Dump, indem Sie auf **OK** klicken und wählen Sie einen geeigneten Speicherort aus.

C.3 Wichtige Tabellen der TYPO3-Datenbank

Die folgende Abbildung Abbildung C.9 zeigt den Ausschnitt eines Blicks auf die Datenbanktabellen einer TYPO3-Installation mit phpMyAdmin.

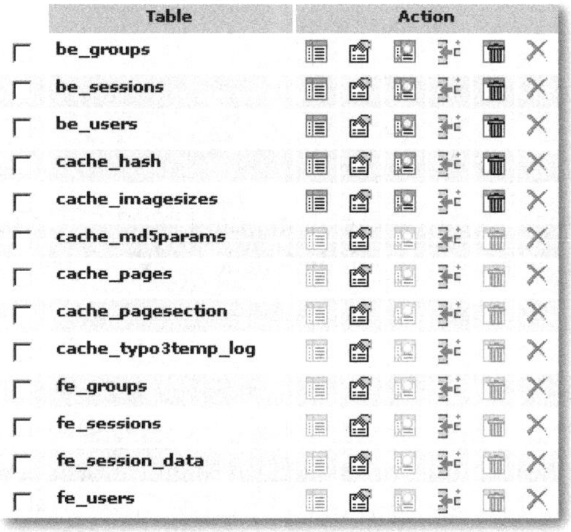

Abbildung C.9 Einige Tabellen der TYPO3-Datenbank

Die Struktur der TYPO3-Datenbank variiert von Installation zu Installation, da TYPO3-Erweiterungen bei ihrer Installation gewöhnlich neue Spalten zu bestehenden Standardtabellen hinzufügen oder eigene, neue Tabellen erstellen.

Folgende wichtige Tabellen und Gruppen von Tabellen seien kurz beschrieben:

Tabellengruppe be_

Die Gruppe von Tabellen mit vorangestelltem be_ im Namen dient dazu, Benutzer, Benutzergruppen und Session-Daten zu verwalten. Das vorangestellte be_ deutet an, dass es sich um Daten von **B**ackend-Benutzern (Redakteuren) handelt.

Hier sind dies die Tabellen

- be_groups
- be_users
- be_sessions

Die Tabelle be_sessions enthält die Sessiondaten angemeldeter Benutzer.

Tabellengruppe cache_

Mit cache_ sind Tabellen gekennzeichnet, die dem Zwischenspeichern von Seiten dienen.

Hierzu gehören die Tabellen

- cache_pages
- cache_pagesection
- cache_typo3temp_log
- cache_hash
- cache_imagesizes
- cache_md5params

Die wichtigste von Ihnen ist die Tabelle cache_pages, in der die TYPO3-Seiten in HTML-Form abgelegt werden, um sie nicht bei jedem Aufruf neu erzeugen zu müssen.

Tabellengruppe fe_

Analog zur Backend-Benutzerverwaltung existieren Tabellen mit vorangestelltem fe_ (für **Front**end). Sie dienen der Verwaltung von Benutzern, Benutzergruppen und Sessiondaten von Website-Besuchern, die sich auf der Site registriert haben. Mit diesen Daten ist es möglich, Bereiche zu schaffen, die nur bestimmten Benutzern (Gruppen) zugänglich sind, und Inhalte zu personalisieren. Zu nennen sind hier:

- fe_groups
- fe_users
- fe_sessions
- fe_session_data

Tabelle pages

pages dient dazu, Seiteninformationen zu speichern. Des Weiteren gibt es noch eine Tabelle zur Verwaltung von Spracheinstellungen.

- pages
- pages_language_overlay

In der `pages`-Tabelle befinden sich nur die Seitendatensätze selbst, also u.a. Informationen über ihren Typ, ihre UID, Sichtbarkeit und Position im Seitenbaum. Die eigentlichen Seiteninhalte befinden sich in der Tabelle `tt_content`.

Tabellengruppe static_

Die `static_` Tabellen enthalten die statischen Templates und Hilfeinformationen.

Hier existieren zwei Tabellen:

- static_template
- static_tsconfig_help

In `static_template` enthalten ist beispielsweise `content (default)` sowie die anderen, von TYPO3 bereitgehaltenen Standard-Templates wie `template: BUG`, `template: FIRST` und weitere.

`CSS Styled Content` ist hier jedoch nicht enthalten, da dieses statische Template über eine separate (vorinstallierte) Erweiterung hinzugefügt wird.

Tabellengruppe sys_

Die Gruppe der `sys_`-Tabellen dient dazu, Templates, Workflows, ToDo-Listen, Domains, Sprachen, Login-Informationen, Notizen, Workspaces etc. zu verwalten.

Es gibt hier entsprechend viele Tabellen, namentlich

- sys_be_shortcuts
- sys_domain
- sys_filemounts
- sys_history
- sys_language
- sys_lockedrecords
- sys_log
- sys_note
- sys_preview
- sys_refindex

- sys_template
- sys_workspace

Tabelle tt_content

Die tt_content-Tabelle enthält die Seiteninhalte (»Content«).

- tt_content

C.3.1 Export einer einzelnen Datenbanktabelle am Beispiel tt_content

Anstatt einen vollständigen Dump der gesamten Datenbank vorzunehmen, möchten Sie vielleicht (außer Sie wollen eine Installation übertragen) nur eine einzelne Tabelle der Datenbank sichern. Dies soll am Beispiel der Tabelle tt_content exemplarisch demonstriert werden.

Abbildung C.10 Anwahl der Tabelle tt_content in der Tabellenliste (Ausschnitt)

Wählen Sie in phpMyAdmin nach Anwahl der TYPO3-Datenbank in der Liste die zu speichernde Tabelle aus (siehe Abbildung C.10), in diesem Fall tt_content. Sie gelangen auf eine Übersichtsseite, die Ihnen die Spalten der Tabelle zeigt. Am oberen Rand der Seite befindet sich wieder eine Buttonleiste (Abbildung C.11), die sich diesmal jedoch auf die Tabelle bezieht. Achten Sie auf die Pfadangabe über den Buttons.

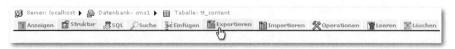

Abbildung C.11 Export der aktuellen Tabelle mit phpMyAdmin

Wählen Sie die Option **Exportieren**. Die nun gezeigte Übersichtsseite ähnelt derjenigen für den Datenbankexport, gilt jedoch für die aktuelle Tabelle. Wählen Sie bei **Struktur** (Abbildung C.12) auch hier zusätzlich die Option **Mit 'DROP TABLE'** an.

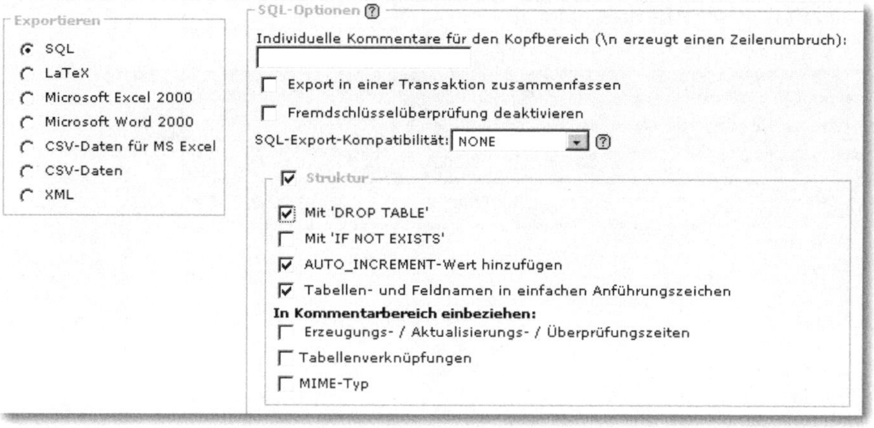

Abbildung C.12 Bestimmung der SQL-Struktur für den Tabellenexport

Der Bereich **Daten** gleicht demjenigen für den Datenbankexport. Sie können hier ebenfalls die Option **Vollständige 'INSERT's** anwählen. Auch die SQL-Datei des Tabellenexports kann wahlweise komprimiert werden. Sie können zwischen Zip und Gzip wählen oder den Export (Default) unkomprimiert lassen. Wählen Sie aber auf jeden Fall die Checkbox **Senden** an (Abbildung C.13).

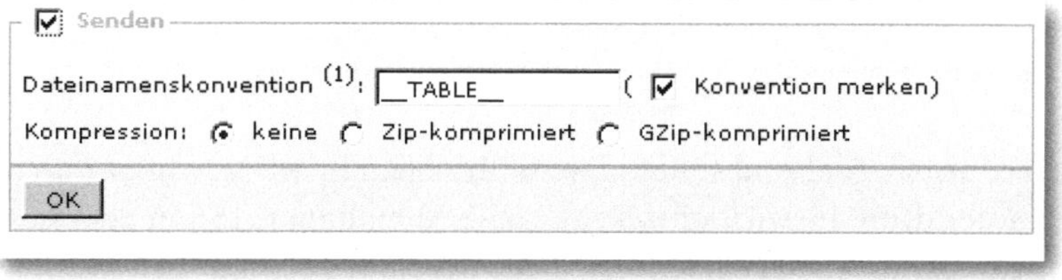

Abbildung C.13 Speichern des Tabellen-Dumps als Datei

Sie sehen, dass die Namenskonvention der Exportdatei dem Tabellenexport entsprechend angepasst wurde. Sie können (und *sollten* dies, falls Sie chronologische Backups machen wollen) den Dateinamen durch eine Datumsangabe vervollständigen – beispielsweise in der Form __TABLE__06-06-06. Lassen Sie den Platzhalter __TABLE__ stehen. Er wird im Dateinamen durch den Tabellennamen ersetzt. Klicken Sie nun auf **OK** und wählen Sie einen Speicherort.

C.4 Einlesen eines Datenbank-Dumps bei Installation

Einen Datenbank-Dump, wie Sie ihn eben erstellt haben, können Sie bei einer neuen TYPO3-Installation einlesen. Hierfür muss er vor Start des Install Tools im Ordner *typo3conf* abgelegt werden (siehe Abbildung C.14). Für eine Remote-Installation geschieht dies per FTP.

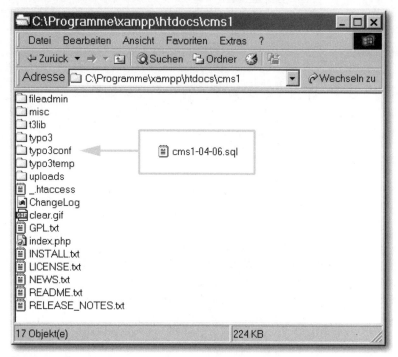

Abbildung C.14 Ablegen eines SQL-Dumps im TYPO3 Verzeichnisbaum

Starten Sie das Install Tool und führen Sie die Installation wie gewohnt durch. Interessant ist der dritte Installationsschritt (siehe Abbildung C.15), in dem normalerweise die Datenbanktabellen Ihrer TYPO3-Datenbank angelegt werden: Alle zum Zeitpunkt der Installation im Ordner *typo3conf* befindlichen Dateien vom Typ .sql werden im Dropdown-Menü **Please select a database dump** als Optionen angeboten.

Wählen Sie den Dump, der als Datenbasis für die Installation dienen soll. TYPO3 wird dann unter Verwendung der gewünschten Inhaltsdaten installiert.

Einlesen eines Datenbank-Dumps bei Installation | **C.4**

Abbildung C.15 Wahl des SQL-Dumps während der Installation

TYPO3 gilt als eines der am besten dokumentierten Open-Source-Projekte überhaupt. In der Tat existiert eine große Anzahl von Informationsquellen im Internet, von denen hier deshalb nur eine Auswahl genannt werden können.

D Online-Ressourcen

D.1 Onlineressourcen zu TYPO3

Hier sind in erster Linie die beiden offiziellen Websites zu TYPO3 zu nennen. Neben den aktuellen Installations-Paketen sind hier auch grundlegende sowie weiterführende Informationen, Tutorials und Dokumentationen zu finden.

Allgemeine Informationen zu TYPO3

- **www.typo3.com**
  Englischsprachige Erläuterungen zu TYPO3 für Anfänger und Einsteiger. Behandelt grundsätzliche Informationen über Leistungsfähigkeit und Verwendungszweck der Systems sowie Referenzlisten von Seiten, die mit Typo3 realisiert wurden.

- **www.typo3.de**
  Unter dieser Adresse ist die (inzwischen weitestgehend vollständige) deutsche Übersetzung der Website www.typo3.com zu erreichen.

- **http://wiki.typo3.org/**
  Ein englischsprachiges Wiki zu TYPO3

- **www.typo3tutorials.org/**
  Sammlung von TYPO3-Tutorials

Spezielle Informationen zu TYPO3

- **www.typo3.org**
  Die »offizielle« TYPO3-Seite, die sich jedoch ausdrücklich nicht an Anfänger richtet, die sich vorher bei www.typo3.com umsehen sollten. Auf www.typo3.org stehen die offizellen Installationspakete zur Verfügung.

Innerhalb von www.typo3.org

- **http://typo3.org/download/**
  Hier stehen die aktuellen Installationspakete von TYPO3 zur Verfügung; Sie finden sie auch auf der Begleit-DVD des Buches. Es wird zwischen reinen TYPO3-Paketen und solchen unterschieden, die auch gleich den benötigten Webserver mitinstallieren.

- **http://typo3.org/extensions/**
  Das Extension Repository mit verfügbaren Erweiterungen und zugehörigen Informationen. Die Liste ist nach Kategorien filterbar. Es ist auch von einer TYPO3-Installation aus über den Ext-Manager zu erreichen.

- **http://typo3.org/documentation/**
  Die offizielle »Bibliothek« zu TYPO3 mit der Onlinedokumentation. Die Dokumentationen stehen als HTML-Dateien online zur Verfügung, aber auch als PDF oder (empfehlenswert) im Open Office-Format .sxw.

- **http://typo3.org/documentation/faq-howto/**
  Ein FAQ und HowTo zu TYPO3

- **http://typo3.org/documentation/mailing-lists/**
  Eine Aufstellung der zu TYPO3 bestehenden Mailinglisten
  (Stand Juni 2006: derzeit inaktiv – Relaunch des Bereichs vorgesehen)

- **http://typo3.org/documentation/mailing-lists/english-main-list-archive/**
  Das englischsprachige Mailinglistenarchiv bei www.typo3.org
  (Stand Juni 2006: derzeit inaktiv – Relaunch des Bereichs vorgesehen)

- **http://typo3.org/documentation/mailing-lists/german-user-list-archive/**
  Das deutschsprachige Mailinglistenarchiv bei www.typo3.org
  (Stand Juni 2006: derzeit inaktiv – Relaunch des Bereichs vorgesehen)

- **http://typo3.org/about/sites-made-with-typo3/**
  Eine Liste von Websites, die mit TYPO3 realisiert wurden

Foren

- **http://www.typo3.net/**
  Deutschsprachiges Forum zu TYPO3 von Mittwaldmedien. Behandelt werden Fragen zu Installationsproblemen, Backendbenutzung, Erweiterungen und mehr.

- **http://www.typo3forum.net/**
  Deutschsprachiges Forum mit stärkerer Ausrichtung auf Entwickler

- **lists.netfielders.de**
  Archiv von Mailinglisten zu TYPO3

Demosite zu TYPO3

- http://demo.typo3.com/
  Derzeit (Juni 2006) **nicht in Betrieb**. Relaunch unbestimmt. Diese Website dient(e) zum Ausprobieren einer TYPO3-Testinstallation.

D.2 Weitere Onlineressourcen

XAMPP

- www.apachefriends.org
  Hier erhalten Sie die aktuellen XAMPP-Installationen für Windows, Linux und (geplant) Solaris. Enthalten ist neben dem Apache-Webserver auch PHP und MySQL.

ImageMagick

- www.imagemagick.org
  Hier können Sie ein aktuelles Paket der ImageMagick-Bildverarbeitungsfunktionen herunterladen. Aktuell ist Version 6.15. Es wird jedoch aus Kompatibilitätsgründen empfohlen, die auf der Begleit-DVD befindliche (ältere) Version ImageMagick 4.2.9 einzusetzen.

GDLib

- www.boutell.com/gd/
  Die Grafikbibliothek GDLib erhalten Sie hier einzeln. Seit PHP 4.3 ist sie in einer normalen PHP-Installation jedoch bereits enthalten.

Freetype

- www.freetype.org
  FreeType ist für den Umgang mit Schriften verantwortlich. Hier können Sie das Paket herunterladen und finden weitergehende Informationen.

Apache Webserver

- www.apache.org
  Hier finden Sie die aktuelle Version des Apache Webservers und weiterführende Informationen.

MySQL

▶ **www.mysql.com**
Hier erhalten Sie die aktuelle Version der MySql-Datenbank und entsprechende Hintergrundinformationen.

PHP

▶ **www.php.net**
Die aktuelle Version von PHP und die dazugehörige Onlinedokumentation.

Sie finden auf der Begleit-DVD alle im Buch beschriebenen TYPO3-Installationspakete, XAMPP und OpenOffice jeweils in Versionen für Linux, Windows und Mac OS X. Desweiteren sind alle Dateien zu den Beispielprojekten sowie eine Auswahl von Dokumentationen über TYPO3 enthalten.

E   Inhalt der Begleit-DVD

Die Begleit-DVD zu »Einstieg in TYPO3 4.0« besitzt eine HTML-Oberfläche, die Sie über die Seite *index.html* einfach in Ihrem Browser öffnen können.

E.1   Installation

Das Verzeichnis *Installation* enthält alle zur Installation von TYPO3 oder Lesen der Dokumentation erforderlichen Programme und Hilfsprogramme. Sie finden die Daten für Ihr jeweiliges Betriebssystem in den Unterordnern *windows*, *macosx* und *linux*.

E.1.1   Windows

Der Ordner *windows* enthält in verschiedenen Unterordnern

- TYPO3-Source und Dummypaket (zip), Version 4.0.4
- OpenOffice 2.01
- XAMPP 1.5.5 für Windows
- TYPO3Winstaller, Version 4.0.2
- TYPO3 WAMP
- ImageMagick 4.2.9 (zip)
- GraphicsMagic 1.1.6 (exe)

E.1.2 Linux

Der Ordner *linux* enthält in verschiedenen Unterordnern

- TYPO3-Source und Dummypaket (tar.gz), Version 4.0.4
- XAMPP 1.5.5a für Linux (Standard- und Developer-Edition; für Ubuntu, SuSE, RedHat, Mandrake und Debian)
- TYPO3 LAMP Installer, Version 4.04
- ImageMagick 4.2.9 (tar.gz)
- GraphicsMagick 1.1.6 (tar.gz)

E.1.3 Mac OS

Der Ordner *macosx* enthält in verschiedenen Unterordnern

- TYPO3-Source und Dummypaket (tar.gz), Version 4.04
- XAMPP 0.5 für Mac OS X (Beta)
- OpenOffice 2.01 für Mac OS X (X11)
- ImageMagick 4.2.9 (tar.gz) und ImageMagick 5.5.7 (tar.gz)
- TYPO3 4.0 Quickstart für Mac OS X (Komplettinstaller), Version 4.0.1

> **Anmerkung**
> Beigefügt ist (im swx-Format von OpenOffice) die englischsprachige Dokumentation »Installing TYPO3 on Mac OS X«, die zwar nicht dem neusten Stand entspricht, dennoch aber eine brauchbare Hilfestellung leistet.

E.2 Dokumentation

Im Verzeichnis *Dokumentation* finden Sie Teile der auf **www.typo3.org** zur Verfügung gestellten offiziellen TYPO3-Dokumentation im OpenOffice-Format swx. Zum Lesen der Dokumentation liegt in den Installationsordnern für Windows und Mac OS X jeweils die aktuelle Version 2.01 von OpenOffice bei. Auf OpenOffice für Linux wurde verzichtet, da das Programmpaket in den gängigen Linux-Distributionen bereits enthalten ist.

Einführung in TYPO3

- **Getting Started** (Stand: 22.07.2004)
  Einführung in die Grundlagen von TYPO3
  doc_tut_quickstart.sxw (englisch)

- **Der Einstieg** (Stand: 31.01.2005)
  Einführung in die Grundlagen von TYPO3; Übers.: Robert Lemke
  de_doc_tut_quickstart.sxw (deutsch)
- **Handbuch für Redakteure** (Stand: 26.11.2002)
  Einführung in TYPO3 aus Redakteurssicht; von Werner Altmann
  handbuch_fuer_redakteure.sxw (deutsch)

TYPO3 für Fortgeschrittene

- **Inside TYPO3** (Stand: 07.10.2005)
  Umfangreiche Einführung in TYPO3
  inside_typo3.sxw (englisch)
- **htmlArea RTE – Manual** (Stand: 2006)
  FAQ zum htmlArea Rich Text Editor von TYPO3 4.0
  htmlArea_rte_manual.sxw (englisch)
- **Database Abstraction Layer – Manual** (Stand: 2006)
  Erläuterungen zum Einbinden anderer Datenbanken anstelle MySQL
  database_abstraction_manual.sxw (englisch)
- **Frames with Typo3 – Tutorial** (Stand: 2001)
  Einführung in die Erstellung framebasierter Websites mit TYPO3
  frames_with_typo3_tutorial.sxw (englisch)

Erweiterungen

- **Coding Guidelines** (Stand: 05.06.2004)
  Handreichung zur Erstellung eigener TYPO3-Erweiterungen
  coding_guidelines.sxw (englisch)
- **Direct Mail Tutorial** (Stand: 2003)
  Handbuch zur Newsletter-Erweiterung Direct Mail, von Marlies Cohen
  direct_mail_extension_manual.sxw (englisch)
- **News Manual** (Stand: 2006)
  Handbuch zur News-Erweiterung EXT: news, von Rupert Germann
  extension_news_manual.sxw (englisch)
- **TemplaVoila Manual** (Stand: 2006)
  Handbuch zu TemplaVoila, von Kasper Skårhøj, Robert Lemke
  templavoila_manual.sxw (englisch)

Templates und Template-Erstellung

- **Modern Template Building, Part 1** (Stand: 29.12.2003)
  Einführung in die Erstellung von Templates für TYPO3-Projekte
  modern_template_building_part_1.sxw (englisch)

- **Moderne Templateerstellung, Teil 1** (Stand: 29.12.2003)
  Einführung in die Erstellung von Templates für TYPO3-Projekte
  de_modern_template_building_part_1.sxw (deutsch)

- **Modern Template Building** Part 2 & 3 (Stand: 21.12.2003)
  Fortgeschrittene Techniken der Template-Erstellung
  modern_template_building_part_2+3.sxw (englisch)

- **Futuristic Template Building** (Stand: 02.02.2004)
  Dokumentation zur Projekterstellung mit der TemplaVoila-Erweiterung
  futuristic_template_building.sxw (englisch)

- **Details of Static Templates** (Stand: 28.06.2000)
  Informationen über die vordefinierten statischen Templates von TYPO3
  details_of_static_templates.sxw (englisch)

- **CSS Styled Page Content – Manual** (Stand: 2004)
  Erläuterungen zu CSS styled content
  css_styled_content_manual.sxw (englisch)

TypoScript und TSconfig

- **TypoScript By Example** (Stand: 14.12.2002)
  Sammlung von Beispielen zu TypoScript
  typoscript_by_example.sxw (englisch)

- **TypoScript Reference (TSref)** (Stand: 07.10.2005)
  Ausführliche Referenz zu allen Objekten von TypoScript
  typoscript_reference.sxw (englisch)

- **TypoScript Syntax and In-depth Study** (Stand: 06.04.2006)
  Ein Blick auf die Syntax von TypoScript
  doc_core_ts.sxw (englisch)

- **TSconfig Reference** (Stand: 05.06.2004)
  Beschreibung von USER TSconfig undPAGE TSconfig
  doc_core_tsconfig.sxw (englisch)

E.3 Erweiterungen

Eine vollständige Liste aller Erweiterungen finden Sie bei **www.typo3.org** unter **http://typo3.org/extensions/repository/fulllist/**

Hier können Sie die Erweiterungen als t3x-Dateien downloaden, um Sie manuell zu installieren. Dies kann erforderlich sein, falls Sie keine Onlineverbindung zum Repository aufbauen können, oder offline arbeiten möchten. Die im Buch vorgestellten Erweiterungen finden Sie daher auf der Begleit-DVD.

E.3.1 Volltextsuche

Diese Erweiterung ist in der TYPO3-Installation bereits vorhanden und muss normalerweise im Extension Manager lediglich aktiviert werden.

- **Indexed Search**
  T3X_indexed_search-2_9_0.t3x

Für dieses Modul existiert keine separate Dokumentation.

E.3.2 News

Für die Erweiterung »News« benötigen Sie folgendes Modul:

- **News-Erweiterung**
  tt_news_2.4.0.t3x

Die Dokumentation zur Erweiterung befindet sich als swx-Datei *extension_news_manual.sxw* im Ordner *Dokumentation*.

E.3.3 Newsletter

Sie brauchen folgende drei Module für die Newsletter-Erweiterung:

- **Direct Mail**
  direct_mail_2.1.0.t3x
- **Direct Mail Subscription**
  direct_mail_subscription_1.0.3.t3x
- **Address list** (tt_address)
  tt_address_1.0.3.t3x

Zusätzlich existiert noch ein installierbares Tutorial zur Erweiterung (optional):

- **Direct Mail Plugin Tutorial**
  direct_mail_tut_0.0.1.t3x

Das Tutorial steht als swx-Datei *direct_mail_extension_manual.sxw* im Ordner *Dokumentation* zur Verfügung.

E.3.4 TemplaVoilà

Vorbedingung zum Funktionieren von TemplaVoilà ist die Installation der Erweiterung »Static Info Tables«. Installieren Sie anschließend erst das Modul zur Installation der TemplaVoilà-Erweiterung.

- **Static Info Tables**
  static_info_tables_1.8.0.t3x
- **TemplaVoila 1.0.1**
  templavoila_1.0.1.t3x
- **TV Flexible ContentWizard**
  templavoila_cw_0.1.0.t3x

Zu TemplaVoila existiert ein als Erweiterung installierbares Tutorial:

- **TemplaVoila Tutorial German** (doc_tv_de)
  doc_tv_de_0.0.27.t3x

Das Tutorial befindet sich als swx-Datei *templavoila_manual.sxw* im Ordner *Dokumentation*.

E.4 Dateien_zum_Buch

Im Verzeichnis *Dateien_zum_Buch* finden Sie, sortiert in entsprechende Unterverzeichnisse, alle Dateien und Listings zu den Kapiteln 2 bis 14.

E.5 videotraining

Hier finden Sie ausgewählte Lektionen aus dem Video-Training »Einstieg in TYPO3 4.0« von Thomas Kötter. Starten Sie die Anwendung mit einem Klick auf die Datei *index.html*.

Index

+ext → Template

A

Access lists 292
Administrator 271
Administrator-Panel 290
Apache 35
Aufklappmenüs 253
 formatiert 256

B

Backend
 Arbeitsbereich 456
 Auswahlbox im oberen Frame 457
 Cache in typo3conf/ löschen 464
 FE-Cache löschen 464
 Hilfesymbol 463
 Logoutbutton 456
 Modul Aufgaben 461
 Modul Benutzer 461
 Modul Dateiliste 460
 Modul DB Überprüfung 462
 Modul Dokumente 460
 Modul Einstellungen 461
 Modul Ext Manager 462
 Modul Funktionen 459
 Modul Handbuch 463
 Modul Info 459
 Modul Installation 462
 Modul Konfiguration 462
 Modul Liste 459
 Modul Log 462
 Modul Seite 458
 Modul Template 459
 Modul Über Module 463
 Modul Über TYPO3 463
 Modul Versionierung 459
 Modul Workspace 461
 Modul Zugriff 459
 Modulgruppe Admin Funktionen 463
 Modulgruppe Benutzer 460
 Modulgruppe Datei 460
 Modulgruppe Dokumente 460
 Modulgruppe Hilfe 462
 Modulgruppe Tools 461
 Modulgruppe Web 458
 Modulgruppen 457
 Modulleiste 455
 Schmale Ansicht im Backend verwenden 456
 Symbole im oberen Frame 457
Backend-Benutzer 273
Backendsprache 76
 Translation Handling 78
 Umstellung 76
Bei Klick vergrößern-Funktion 238
Benutzer 279
Benutzer Administrator 271
Benutzereinstellungen
 Rekursives Kopieren zulassen 101
 Rekursives Löschen zulassen 101
Benutzergruppe 273
Benutzerverwaltung 271
Bildeffekte 237
Bildtitel 240
Bildverarbeitung 237
Bildverarbeitung in TYPO3 → Grafische Menü
Bildverarbeitungsfunktionen 61
Bildverwaltung 238

C

cache_ 496
Caching 245
CLEARGIF 405
 height 405
 width 406
 wrap 406
COA 393
 Positionsobjekt 394
 wrap 394
cObjects 112, 392
 CLEARGIF 405
 COA 113, 393
 COLUMNS 411
 CONTENT 136, 396
 CONTENT select.orderBy 136

CONTENT table 136
CTABLE 408
EDITPANEL 452
FILE 142, 395
GMENU 444
GMENU_LAYERS 446
HMENU 138, 431
HTML 402
IMAGE 130, 403
IMAGE_RESOURCE 405
Objekttypen 392
OTABLE 406
TEMPLATE 190, 399
TEXT 111, 402
TEXT wrap 111
TMENU 138, 436
TMENUITEM 437
COLUMNS 411
  after 413
  gapWidth 413
  rows 412
  tableParams 412
  totalWidth 413
Conditions 368
  AND 370
  ELSE 369
  END 369
  GLOBAL 369
  Object Browser 371
  OR 370
  Set Conditions 371
  Simulation 371
Confinement 114
Constant Editor 216
Constants 109
CONTENT 396
  renderObj 398
  select 397
  select.orderBy 398
  select.where 397
  table 397
  wrap 398
Content-Object-Array → cObjects
Content-Objekte 204, 213
CSS styled content 212
CSS-Templates 28
CTABLE 408
  c 409
  cMargins 409

cWidth 410
offset 409
tableParams 409

D

database.sql 68
Dateifreigaben 284, 288
DB Mounts 275
DBAL 1.0 30
Dedizierter Server 23
Deinstallation, Windows 468
deutsche Benutzeroberfläche 76
Direct Mail 326
Dokumente 460
Dynamische Grafiken 241

E

EDITPANEL
  allow 453
  label 452
  line 453
  newRecordFromTable 453
entryLevel 226
Entwickler 271
Erweiterungs-Manager 303
Erweiterungsmodule 303
Erweiterungstemplate → Template, Template-Erweiterung
excludefields 279
Extension
  Direct Mail 326
  Indexed Search Engine 318, 319
  News 307
  Newsletter 325
Extension Kickstarter Wizard 307
Extension Manager 303
  Enable unsupported extensions 325
  Extension entfernen 303
  Import extensions 308
  Online Repository 305
  t3x-Dateien 307
Extensions
  Static Info Tables 338
  TemplaVoila 337

F

fe_ 496
FILE 395
　file 395
　wrap 396
File Mounts 275
fileadmin 288
FILE-Objekt 191
FRAME
　obj 390
　params 391
FRAME-Objekt 387
FRAMESET
　cols 389
　params 389
　rows 389
FRAMESET-Objekt 388
FreeType 30
FreeType-Bibliothek 54, 242
Frontend Editing 289
Frontend-Benutzer 296

G

GD-Bibliothek 53
GDLib 30
geometrische Objekte, Erzeugung von 244
GIF 61
GIFBUILDER 241
GMENU
　collapse 445
　disableAltText 446
　expAll 444
　max 445
　min 445
　target 445
　useLargestItemX 446
　useLargestItemY 446
GMENU_LAYERS
　displayActiveOnLoad 450
　dontHideOnMouseUp 450
　hideMenuTimer 451
　hideMenuWhenNotOver 451
　layerStyle 448
　leftOffset 450
　lockPosition 448
　topOffset 449
　xPosOffset 449
　yPosOffset 449
Grafikressource
　Miniaturvorschau 130
Grafische Menüs 225, 237, 247
GraphicsMagick 58
Größenänderungen von Bildern 238

H

Hierarchisches Menü 226
HMENU
　ACT 432
　begin 435
　CUR 432
　entryLevel 433
　excludeUidList 435
　Hierarchieebene 432
　IFSUB 432
　maxItems 435
　minItems 435
　NO 432
　RO 432
　special 433
　special = directory 433
　special = keywords 434
　special = list 433
　special = rootline 434
　special = updated 434
　wrap 436
hover 234
HTML 402
　value 403
HTML-Designvorlagen 187
HTML-Grundgerüst 207

I

IMAGE 403
　alttext 404
　file 403
　params 404
　wrap 404
IMAGE_RESOURCE 405
　file 405
ImageMagick 30, 55, 58, 239
　Dateiformattest 62
　Installation 57
Include Access Lists 275

Include static 219
index.html 68
Indexed Search Engine 319
Install Tool 69
Installation
  Create default database tables 44
  Create new database 42
  Database-Dump 44
  Datenbankverbindung 41
  Einlesen eines Datenbank-Dumps 500
  Erzeugen der Datenbank 42
  FreeType-Fehler 54
  ImageMagick, Pfad 58
  Import database 45
  No pages are found on the rootlevel 45
  Please select a database dump 44, 500
  Select an existing EMPTY Database 42
  TYPO3 Install Tool 40
  Unterverzeichnissse, fehlende 52
  Update localconf.php 59
Installationsbereich 48

J

Joins 246

K

Klick-vergrößern-Funktion 240
Konfigurationsdatei 48
Konfigurationssprache 106
Konfigurationsverzeichnis 72
Konvertierung von Dateiformaten 237
Kundenzone 296

L

LAMP Testsite 481
Layer-/Aufklapp-Menüs 225
Layermenüs 253
  mehrstufige 259
Linux
  LAMP Testsite 481
localconf.php 66, 68, 71
Locking-Mechanismus 296
Logout 456
Logoutbutton 456

M

Make backup copy 70
Managed Server 34
Marker 209
Massenversand 333
Mehrsprachigkeit 263
MemoryLimit 32
Menü 208
  hierarchical menu 138
  HMENU 138
  linkWrap 138
  Normalzustand NO 138
  text based menu 138
  TMENU 138
Menüs erstellen 225
Modul
  Benutzer Administrator 271
  Template 106
MySQL 33
  Datenbankbenennung 42
  Root-Passwort 41, 478

N

Newserweiterung 308
Newsletter 325
  Versand 330

O

Object Browser 217
Objekt
  Kopieren 115
  Referenzieren 115
Online Repository 305
OptionSplit 227
Oracle 30
OTABLE 406
  offset 407
  tableParams 407

P

PAGE 379
  bodyTag 381
  bodyTagMargins 132, 381
  config 382
  config.baseURI 383

Index

config.doctype 382
config.xhtml_cleaning 382
config.xmlprologue 382
frameSet 387
headerData 385
IncludeCSS 384
includeLibs 385
meta 383
Positionobjekt 386
stylesheet 384
typeNum 380
PAGE-Objekt 379
pages 496
Passwort
  Backend 72
PHP 29, 33, 53
php.ini-Datei 53
PHP-Accelerator 29
phpMyAdmin 489
  Backup Einzeltabelle 498
  Exportformate 493
  Exportoptionen 493
  Spracheinstellung 490
  SQL-Dump 491
Platzhalter 195
PNG 61
PostgreSQL 30
Provideraccount 31
Providerwechsel 32

R

Rechteverwaltung 285
Redakteur 271
Redakteur, Bildbearbeitung 237
Resourcenbedarf 32
Rollover 234
Rollover-Effekt 226, 251
rootline 228
Root-Server 34

S

Seite 220
  Ansehen 103
  Attempt to delete page which has subpages 100
  Bearbeitungsverlauf 97

Bearbeitungsverlauf rückgängig machen 98
Betrachtungsmodus 103
Datensatzansicht 135
Drag & Drop, Kopiere Seite hinter 96
Drag & Drop, Kopiere Seite in 96
Drag & Drop, Kopieren 95
Drag & Drop, Verschiebe Seite hinter 96
Drag & Drop, Verschiebe Seite in 96
Drag & Drop, Verschieben 95
Kontextmenü 89
Kontextmenü, Einblenden 94
Kontextmenü, Erstellungsverlauf 97
Kontextmenü, Kopieren 92
Kontextmenü, Löschen 97
Kontextmenü, Weitere Einstellungen 90
Löschen mit Unterseiten 100
Rekursives Kopieren 100
Rekursives Kopieren, Hierarchie 101
Rekursives Löschen 100
Seite bearbeiten
  Betrachten-Button 92
  Buttonleiste 90
  Erstellungsverlauf-Button 92
  Listen-Button 91
  Rücknahme 100
  Seiteneigenschaften-Button 92
  Seitenerstellungsassistent-Button 92
  Seitenicon-Button 91
  Seiteninhalt erstellen-Button 92
  Verschieben-Button 92
Seitenbaum 85, 458
  Icon 86
  Kontextmenü 86
  Kontextmenü, Neu 86
  Weltkugel-Icon 85
Seitenerstellung
  Assistent 86
  Ausgangspunkt 88
  Positionierungsoptionen 86
  Seite verstecken 87
  Seiteneigenschaften bearbeiten 89
  Seitentitel 87
Seiteninhalt
  Anlegen 133
  Assistent 133
  Datenspalten 133
  Feldbeschreibung anzeigen 134
  Normaler Text 133

Position auswählen 133
Position Normal 133
Schalte Rich Text Editor (RTE) ab 134
Überschrift 135
Zweite Optionspalette anzeigen 133
Seitentyp
  Shortcut 140
Sicherungskopie 69, 70
Skårhøj, Kasper 26
Softwarevoraussetzungen 29
special 226
Sprachauswahl 208
Sprachpakete
  Installation 79
SQL-Dump 491
SSH-Zugriff 32
Staging 246
Standardlayouts 219
static_ 497
sys_ 497
SysOrdner 309
  Enthält Erweiterung 309
Systemvoraussetzungen 29

T

TEMPLATE 399
  markerWrap 401
  marks 400
  subparts 400
  template 400
  template.file 400
  workOnSubpart 401
Template 106
  Add Object Property 128
  Anweisungen überschreiben 123
  Clear Object 128
  Constants 109
  Create template for a new site 107
  CSS styled Content 137
  Edit Objekt 126
  Edit Property 126
  Erweiterungstemplate anlegen 122
  HELLO WORLD 107
  Include static (from extensions) 137
  löschen 124
  Make a copy of resource 143
  New text resource 143
  No Template found 105, 121

Object Tree 125
Ressource 129
Ressourcenliste 131
Setup 109
Template Information 108
Template Tools 108
Templateerstellung 106
Template-Erweiterung 121, 122
Templatemodul 137
Templatemodul static 137
Templatename 107
Textressource 141
Textressource editieren 142
Textressource kopieren 143
Textressource löschen 142
Textressource updaten 142
TypoScript Object Browser 124
Update Resource List 143
Value Updated 127
Vererbung 120
Warnmeldung NO TEMPLATE 107
Template Analyzer 212
Template Hierarchy 212
TEMPLATE-Objekt 191
Templates 194
TemplaVoilà 337
  Action 345
  Allgemeine Datensatzsammlung 341
  Ansicht Exploded Visual 343
  Ansicht HTML-Source 343
  CREATE TO and DS 348
  Editing Type 346
  Installation 337
  Kontextmenü 342
  Mapping 337
  Mapping Type 346
  ROOT-Bereich 345
  Sample Data 346
  Speichern des Mappings 348
  Static Info Tables 338
  Storage Folder Error 342
  Store in PID 348
  SysOrdner anlegen 339
  Template einbinden 342
  Title of DS/TS 348
  TypoScript, grundlegendes 342
TEXT 402
  value 402
Textmenüs 225, 230

TMENU
  after 441
  afterImg 441
  afterImgTagParams 442
  afterROImg 442
  afterWrap 441
  allWrap 438
  ATagParams 439
  before 440
  beforeImg 440
  beforeImgTagParams 440
  beforeROImg 441
  beforeWrap 440
  collapse 436
  expAll 437
  linkWrap 439
  RO 439
  target 436
TrueType-Schriftarten 54, 242
TrueType-Test 61
TSconfig 294
tt_content 204, 213, 498
TYPO3
  auf eigenem Server 33
  auf Managed Server 34
  auf Root-Server 34
  auf Virtual-Server 34
  Backup mit phpMyAdmin 491
  Database Abstraction Layer 29
  Dokumentenverzeichnis 39
  Dummy-Site 38
  Geschichte 26
  Hosting 31
  Hostingmöglichkeiten 31
  Installation 37
  Installation unter Windows 481
  Installation, Dummy-Site 38
  Installation, TYPO3-Source 38
  Positionierung 26
  Spezialisierter Hoster 32
  Systemvoraussetzungen 29
  Technische Hintergründe 28
TYPO3 4.0 Quickstart für OS X 481
TYPO3 WAMP 481
TYPO3 Winstaller 481
TYPO3_CONF_VARS 66
typo3conf 66, 69
TYPO3-Datenbank
  Backup 493
  Export mit phpMyAdmin 493
  Tabelle pages 496
  Tabelle tt_content 498
  *Tabellengruppe be_* 495
  *Tabellengruppe cache_* 496
  *Tabellengruppe fe_* 496
  *Tabellengruppe static_* 497
  *Tabellengruppe sys_* 497
  wichtige Tabellen 495
TYPO3-Entwickler
  Altmann, Werner 509
  Beutel, Andreas 481, 486
  Cohen, Marlies 509
  Eberhard, Andreas 481
  Germann, Rupert 509
  Lemke, Robert 509
  Leuchter, Lars 481, 485
  Skårhøj, Kasper 26
  Viereck, Alwin 483
TYPO3-Hoster 32
TYPO3-Installation
  Speicherplatzbedarf 39
TypoScript 28, 106
  Bedingungen 368
  Bezeichner 375
  case sensitivity 110
  cObjects 373
  Conditions 368
  Confinement 376
  Content Objekte 373
  Datentypen 371
  Einfache Datentypen 372
  Funktionale Datentypen 372
  geschweifte Klammern 376
  GIFBUILDER 373
  Grafikobjekte 373
  in Page TSconfig 366
  in Templates 365
  in User TSconfig 366
  Kommentar 109, 368
  Kopieren von Objekten 377
  Leerraumbehandlung 367
  Löschen von Objekten 377
  menuObj 374
  Menüobjekte 374
  Objektinstanzen 374
  Objektproperties 375
  Objekttypen 373
  Objektzugehörige Arrays 378

Operatoren 367
Referenzieren von Objekten 377
runde Klammern 375
TLO 373
Toplevelobjekte 373
Wertzuweisung 374
Whitespace 367
Zeichenkettenbegrenzer 116
Zuweisungsoperator 116

V

Virtual Server 34
Volltextsuche 318

W

Webredakteur 27
Weichzeichner 244
Windows Server 2003 35

X

XAMPP 37
  Add-Ons 467
  als Service 471
  Apachefriends 467
  Control Panel, Admin 471
  Control Panel, Explore 471
  Control Panel, Linux 470
  Control Panel, Refresh 471
  Control Panel, Settings 471
  Control Panel, Start/Stop 471
  Control Panel, Status 471
  Control Panel, Windows 470
  Deinstallation, Linux 473
  Dokumentation 479
  Installation, Linux 473
  Installation, Windows 468
  Konfiguration, Linux 473
  Konfiguration, Mac OS 476
  Konfiguration, Windows 469
  Linux 471
  Mac OS 474
  Mac OS, Deinstallation 475
  Mac OS, Installation 475
  Sicherheitscheck 477
  Sicherheitseinstellungen 477
  Solaris 474
  Status 476
  Steuerung, Linux 473
  Steuerung, Mac OS 475
  Steuerung, Windows 469
  Windows 467
  Windows, Nutzerprofil 471

Z

ZEND-Accelerator 29
Zugriffsrechte 271, 459

Automatisierung von Abläufen, Anpassung des TYPO3-Backends

TYPO3 im Unternehmenseinsatz, YAML mit TYPO3

Entwicklung von Extensions, Einsatz von TypoScript und Ajax

DVD, Win, Mac, Linux, ca. 45 Lektionen, 10 Stunden Spielzeit, 39,90 Euro, 64,90 CHF
ISBN 978-3-8362-1144-4, November 2007

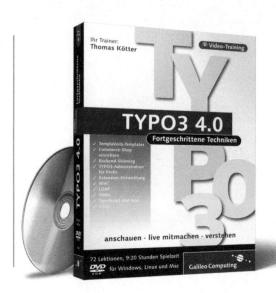

TYPO3 4

www.galileocomputing.de

Thomas Kötter

TYPO3 4

Fortgeschrittene Techniken

Mit dem neuen Video-Training von Thomas Kötter erhalten TYPO3-Entwickler und -Administratoren, die notwendigen Kenntnisse und Techniken, um laufende TYPO3-Installationen mit zusätzlichen Funktionen auszustatten, die professionellen Möglichkeiten von TYPO3 voll auszuschöpfen oder eigene Extensions zu entwickeln.

>> www.galileocomputing.de/1680

Komplette Einführung in
TYPO3 und TypoScript

Realisierung einer
vollständigen Website

Zahlreiche Praxistipps

DVD, Win, Mac, Linux
93 Lektionen, 12:00 Stunden Spielzeit, 39,90 Euro
ISBN 3-89842-856-7

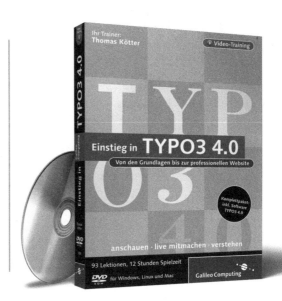

Einstieg in TYPO3 4.0

www.galileocomputing.de

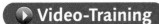

Thomas Kötter

Einstieg in TYPO3 4.0

Das Video-Training – Von den Grundlagen bis zum professionellen Webauftritt

Angefangen bei der Installation bis hin zum Umgang mit Templates und TypoScript zeigt Ihnen unser Video-Trainer Thomas Kötter alles, was Sie müssen, um auch anspruchsvolle Websites mit TYPO3 umzusetzen. Direkt am Bildschirm können Sie nachvollziehen, wie er Schritt für Schritt den Webauftritt eines Weinhandels realisiert – inkl. Aufbau eines Online-Shops.

>> www.galileocomputing.de/1352

Praxisorientierte Beispiele

Komplettpaket:
XAMPP light, Joomla und
alle Beispiele auf CD

Inkl. Templates, eigene
Layouts und Erweiterungen

DVD, Win, Mac, Linux, 76 Lektionen,
6:30 Stunden Spielzeit, 2006, 29,90 Euro
ISBN 3-89842-849-4

Einstieg in Joomla!

www.galileocomputing.de

Anja Ebersbach, Markus Glaser

Einstieg in Joomla!

Video-Training: Ihre eigene Website mit Joomla!

Unsere beiden Videotrainer bieten Ihnen einen besonders anschaulichen und praxisorientierten Einstieg in Joomla!. Sie zeigen Ihnen Schritt für Schritt, wie Sie eine Testserver-Umgebung einrichten, Joomla! installieren und schnell erste Webseiten veröffentlichen können. Anja Ebersbach und Markus Glaser haben ihr Beispielprojekt besonders schmackhaft aufbereitet: Ein Kochclub wird nach und nach mit allen Funktionalitäten ausgestatttet, die eine Community-Site benötigt.

>> www.galileocomputing.de/1342

Von der Installation bis zur Anpassung des Systems

Praxistipps, Tricks und Troubleshooting

Eigene Erweiterungen und professioneller Einsatz

496 S., 2006, mit CD, 29,90 Euro
ISBN 3-89842-632-7

Joomla!

www.galileocomputing.de

Anja Ebersbach, Markus Glaser, Radovan Kubani

Joomla!

Das Handbuch für Einsteiger

Das Buch bietet eine umfassende Einführung in Installation, Funktionsumfang und Betrieb des CMS. Dabei werden auch professionelle Themen wie Datenmigration, die Erstellung eigener Erweiterungen, die Integration neuer Funktionen – wie z. B. ein WiKi-Sytem – oder das Backup des Systems berücksichtigt.

>> www.galileocomputing.de/975

Optimierung von Web-2.0-Sites

Grundlagen, Funktionsweisen, Ranking-Optimierung

TYPO3- und WordPress-Optimierung

472 S., 3., aktualisierte und erweiterte Auflage 2007,
34,90 Euro, 59,90 CHF
ISBN 978-3-8362-1061-4

Suchmaschinen-Optimierung

www.galileocomputing.de

Sebastian Erlhofer

Suchmaschinen-Optimierung

Grundlagen, Funktionsweisen und Ranking-Optimierung

Ein Muss für die Optimierung von Webseiten! Das Werk bietet umfassendes Grundlagenwissen zur Arbeitsweise von Suchmaschinen im Internet und zeigt im umfangreichen Praxisteil, wie der Internetauftritt optimiert werden kann. Dabei reicht das Spektrum von Keyword-Optimierung, On-the-page- und Off-the-page-Optimierungen bis hin zu Monitoring, Controlling und Optimierung von CM-Systemen wie TYPO3, WordPress oder Web 2.0 Websites. Inkl. Usability und Suchmaschinenoptimierung

\>\> www.galileocomputing.de/1519

Grundlagen, Praxiseinsatz und Integration

Schnell zu robusten und flexiblen CSS-Layouts

Alle wichtigen Browser-Bugs von IE 5 bis IE 7

414 S., 2007, mit CD und Referenzkarte
29,90 Euro, 49,90 CHF
ISBN 978-3-89842-837-8

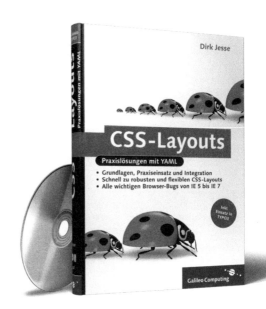

CSS-Layouts

www.galileocomputing.de

mit Referenzkarte

Dirk Jesse

CSS-Layouts

Praxislösungen mit YAML

Dirk Jesse beschreibt die unterschiedlichen Lösungswege, um mit CSS modernes Spaltenlayout zu realisieren. Der Praxisteil bietet einen umfassenden Zugang zu YAML (Yet Another Multicolumn Layout), ein Framework zur Erstellung flexibler Layouts, das sich als ausgereifte Lösung im täglichen Einsatz bewährt hat. Inkl. Einsatz mit TYPO3 und xt:commerce

>> www.galileocomputing.de/1325

Hat Ihnen dieses Buch gefallen?
Hat das Buch einen hohen Nutzwert?

Wir informieren Sie gern über alle Neuerscheinungen von Galileo Computing. Abonnieren Sie doch einfach unseren monatlichen Newsletter:

www.galileocomputing.de

Professionelle Bücher. Auch für Einsteiger.